한반도중립화

유 명 철

교육과학사

들/어/가/며

한반도는 대륙세력과 해양세력이 교차하는 동북아시아의 전략적 요충지이다. 이와 같이 한반도는 주변 강대국들의 이익이 상충되는 지정학적 중요성으로 인해 주변 강대국들은 한반도를 배타적으로 독점 지배하거나 또는 최소한 경쟁 세력의 영향을 배제하려 하였다. 그 결과는 강력한 일방의 배타적 독점을 위한 전쟁이나, 관계국 사이의 분할 지배 구상으로 나타났던 것이다. 식민지, 한국전쟁, 지금까지 계속되고 있는 분단 등이 모두 이러한 지정학적 위치와 관련되고 있는 것이다.

현재는 세계에서 4강의 안보상의 이익이 직접적으로 첨예하게 대립되고 있는 유일한 지역이 되고 있다. 미국, 중국, 일본은 경제력과 군사력 면에서 세계 1, 2, 3위를 서로 다투고 있는 국가들이다. 러시아는 여전히 동북아시아의 군사강국이다. 미국, 중국, 러시아가 핵무장국이고, 일본도 언제든지 핵무장을 할 수 있는 능력을 가진 잠재적인 핵무장국이다.

이와 같이, 한반도처럼 지정학적 위치가 주변 강대국 간의 완충지대에 위치한 국가가 주변 강대국 간의 세력균형을 유지하면서, 한반도의 정치적 독립과 영토의 보전을 보장받을 수 있는 가장 합리적으로 가능성이 큰 방안은 외세 격리를 가능하게 하는 중립화일 것이다.

남북통일은 남북의 합의와 동시에 주변 강대국의 동의와 협조가 필요하다. 통일은 민족 내부적 문제인 동시에 주변 강대국의 협조와 이해가 요구되는 국제적 문제인 것이다. 통일문제가 우리 민족끼리만의 일이 아니고 주변 강대국의 이해관계도 달려 있는 일이므로, 통일문제는 국제적 협조가 필요하다.

남북통일이 되기 위해서는 남북한 간에도, 주변 4강 간에도, 또 남북한과 주변 4강 간에도 공평하고 공동이익이 될 공통 분모 격의 남북통일

안이 요구되는데, 그와 같은 통일 방안이 중립화 통일 방안이다. 중립화 통일은 남북한 간에도 이익이 되고, 주변 4강 간에도 이익이 되며, 남북한과 주변 4강 간에도 동시에 이익이 되는 통일 방안이라고 할 수 있다. 남북한에게는 통일을 성취시켜주고 그 후에도 통일된 독립국가를 영구히 유지해 갈 수 있고, 주변 4강 간의 한반도를 둘러싼 알력과 마찰을 중화시켜 줄 수 있기 때문이다.

최근 2010년 4월에 열린 '통일과 통일 후 동북아 시대의 한반도'라는 주제의 국제세미나에서 미국의 전문가는 "미국의 많은 전문가들이 한반도의 최종 귀결점에 대하여 중국이 어떻게 생각하고 있을까, 방해를 하지 않을까라는 생각을 하고 있다. 만약 그렇게 된다면 동아시아의 긴장이 고조될 수 있다."고 하였다. 그리고 중국의 전문가는 "통일 한반도가 중국과 우호적이고 평화적이며 생산적인 관계를 갖기 위해서는 다양한 다자, 양자 협의가 필요하다."고 하였다. 또한 일본의 전문가는 "한반도 통일은 북한의 비핵화를 전제로 이뤄져야 하며 이를 위해 통일문제에 대한 국제적 협력이 필요하다. 통일한국에 국수주의가 퍼지고 중국의 영향권에 들어가는 경우 이는 동북아 지역의 안정을 해칠 수 있다."고 하였다. 이러한 미국, 중국, 일본의 전문가들의 우려를 동시에 해결해 줄 수 있는 방안이 바로 중립화이며, 중립화된 한반도는 동북아시아의 평화와 안정에 기여할 것이다.

위와 같은 관계로 한반도 중립화론은 한반도의 지정학적 특수성과 그에서 파생된 외세의 영향 속에서 한반도 문제의 해결책으로 조선조 말기부터 현재까지 계속 제기되고 있다.

여기서 중립화가 한반도 통일을 위해서나 통일 이후의 지속적인 발전을 위해서도 가장 바람직한 방안이라는 인식을 바탕으로 하여, 조선조 말기에서부터 현재까지 한반도 중립화와 관련하여 제기된 다양한 논의들을 체계적으로 종합 고찰하고, 특히 지금까지 계속하여 한반도 중립화론이 제기되어 왔음에도 불구하고 중립화가 실현되지 못한 원인을 중점적으로 분석해 보고자 하였다.

조선조 말기와 해방 이후의 중립화론이 중립화를 외세 격리의 방안으로서 원용하고 있다는 점에서는 같으나, 해방 이후의 중립화론은 통일

방안으로서의 중립화론이라는 점에서 차이가 있다. 해방 이후의 중립화론은 분단의 중요한 원인인 외세 격리와 함께 통일을 추구하는 방안으로 제기되고 있기 때문이다. 이러한 중립화 통일의 방안으로는 '통일과 동시에 중립화 하는 방안'과 '통일을 위한 수단으로서 중립화가 선행되어야 한다는 방안', 즉, 먼저 중립화 한 후 점진적으로 최종 단계의 통일을 성취한다는 방안으로 크게 구별된다.

앞으로 한반도 중립화를 위해서는 남북한 간에, 주변 4강 간에, 그리고 남북한과 주변 4강 간에 중립화에 대한 합의가 필요하다. 그런데 이 중립화에 대한 합의 가능성이 긍정적인 방향으로 흐르고 있다고 할 수 있다.

남북한 간에는 6.15남북공동선언에서 남측의 연합제 안과 북측의 낮은 단계의 연방제 안이 서로 공통점이 있다고 인정한 점, 금강산관광사업과 개성공단사업, 2차례의 남북정상회담 등은 앞으로 중립화에 합의할 가능성을 높이고 있다고 볼 수 있다. 남북한과 주변 4강 간에는 6자회담에서 미북 관계 정상화, 북일 관계 정상화, 별도의 포럼에서 한반도의 영구적 평화체제를 협상하기로 한 점 등은 한반도 중립화에의 합의 가능성을 높이고 있다고 할 수 있다. 그런데 6자회담에서 거론되는 미북 관계 정상화, 북일 관계 정상화, 한반도 평화 체제 등이 오히려 현상유지의 공고화로 흐르지 않도록 유의해야 할 필요가 있다.

한반도 중립화를 위해 이 6자회담을 적극 활용할 필요가 있다. 이 6자회담이 앞으로 동북아 다자안보체제로 발전할 가능성이 크기 때문이다. 이때 경제협력의 기회를 적극적으로 활용하여, 주변 4강의 한반도 중립화가 동북아에 평화와 안정과 번영을 가져올 수 있다는 점을 알리는 중립화 통일 외교를 전개할 필요가 있다. 왜냐하면 동북아의 안보구조는 냉전적 상태이지만, 경제협력구조는 탈냉전적이기 때문이다.

그리고 6자회담과 남북대화와 협력을 동시에 병행해서 추진할 필요가 있다. 남북대화와 협력을 6자회담의 결과에 따라 맞추려다 보면, 변화하는 동북아 질서 재편 과정에 능동적으로 대처할 수가 없다. 능동적으로 대처하기 위해서는, 비록 남북관계가 상황에 따라 결렬과 중단 그리고 재개와 복원을 거듭하면서 부침을 거듭하고 있지만, 대북 포용정책을 필요하다면 수정은 하더라도 지속적으로 유지해 나갈 필요가 있을 것이다.

그런데 현재 오스트리아의 중립화 존속 여부 논란과 관련하여 한반도 중립화의 적실성에 대하여 의문을 제기하는 경우도 있다. 오스트리아에는 탈냉전 이후 중립화가 더 이상 의미가 없다고 보는 견해가 있는 것이다. 왜냐하면 오스트리아를 둘러싼 동유럽의 바르샤바조약 기구에 속해 있었던 나라들이 이제 나토(NATO) 회원국이 되면서 오스트리아 중립화의 그 의미가 없어졌다고 보는 것이다. 예를 들면 나토에 체코, 폴란드, 헝가리가 1999년에 가입했고, 루마니아, 슬로바키아, 슬로베니아, 불가리아가 2004년에 가입하였으며, 2009년에는 크로아티아가 가입하여 오스트리아를 둘러싸고 있는 것이다.

그러나 중립화 자체가 냉전 분위기에서 기원된 것이 아니라, 세력균형 원리를 원용하여 외부세력의 경쟁적 간섭을 격리해 내는 세력관리 방안이고, 한반도를 둘러싼 한, 미, 일 대(對) 북, 중, 러라는 냉전적 상태가 여전히 계속되고 있기 때문에 한반도에는 중립화가 완벽한 적실성을 가지는 것이다.

1985년 황인관 교수님의 '한반도 중립화 통일은 가능한가?'라는 논문은 신선한 충격으로 다가왔고, 이것이 학위 논문을 작성하게 된 동기이자 계기가 되었다. 학위 논문을 쓴 지 20년이 지나, 이제 그 동안 나온 많은 연구 결과들을 바탕으로 하여 이 책을 완성하게 되었다.

그리고 이 책은 2008년도 경북대학교 연구비에 의하여 연구되었으며 이에 감사드린다. 지금까지 많은 한반도 중립화론이 제기되었지만, 어느 때 보다도 현재 중립화의 가능성이 높아져 가고 있다고 할 수 있다. 통일교육을 통해 가장 가능성이 많고 현실적이며 합리적인 한반도 통일 방안을 고심하고 있는 여러 선생님과 한반도 중립화를 성취시킬 수 있는 방안을 연구하고 있는 관련 전문가들의 애정어린 충고를 기대한다.

2010년 8월

저 자

차/례

=그림 및 표 목차=

제 1 장

서 론

제1절 연구의 목적

한반도는 주변 강대국들의 이익이 상충되는 전략적 요충지라는 지정학적 중요성으로 인해, 주변 강대국들은 한반도를 배타적으로 독점 지배하거나 또는 최소한 경쟁 세력의 영향을 배제하려 하였다. 그 결과는 강력한 일방의 배타적 독점을 위한 전쟁이나 관계국 사이의 분할 지배 구상으로 나타났던 것이다. 조선조 말기의 청일전쟁과 러일전쟁에 이은 일본에 의한 식민지화, 해방 이후의 38도선 획정과 남북분단의 고착화, 한국전쟁이 제한전쟁으로서 휴전 상태에 이른 이러한 모든 것이 지정학적 위치와 관련되고 있는 것이다. 현재는 세계에서 4강의 안보상의 이익이 직접적으로 첨예하게 대립되고 있는 유일한 지역이 되고 있다. 이와 같이 한반도처럼 지정학적 위치가 주변 열강의 완충지역에 위치한 국가가 정치적 독립과 영토의 보전을 보장받을 수 있는 가장 합리적이고 가능성이 큰 방안은 외세 격리를 가능케 하는 중립화일 것이다.

중립화는 평화유지를 위한 것으로서 국제분쟁 대상 지역을 국제적 분쟁으로부터 격리시킴으로써 분쟁을 종결시키거나 분쟁을 완화시키거나 분쟁을 회피하고자 하는데 목적이 있다. 약소국에게는 주변 열강으로부터 정치적 독립과 영토의 보전을 보장받는 방법이고, 또 주변 열강에게는 국제 세력균형이 자기 측에 불리하게 되는 것을 저지하는 한편 열강간의 세력 항쟁과 갈등을 제어함으로써 국제질서를 강화하고 국제평화를 유지하려는 것이다.

그것이 분단국일 경우에는 외세 격리를 통한 분단 극복과 재통일 방안이 될 것이다. 분단 상태가 경쟁적인 외세의 영향으로 계속되고 관계국의 어느 일방도 타국의 희생 없이는 아무것도 얻을 수 없다고 믿을 때 중립화는 가장 좋은 해결 방안인 것이다. 여기서 한반도의 분단은 국제형 분단의 성격이 우세한 속에서의 국제형 분단과 내쟁형 분단의 복합적인 특성을 가지고 있으므로 통일은 민족 내부문제이면서 동시에 국제문제인 것이다.

따라서 남북통일은 남북의 합의와 주변 강대국의 동의와 협조 없이는 불가능하다. 그러므로 남북한과 주변 4강이 동시에 합의할 수 있는 공약수적인 통일 접근 방법을 모색해야 한다. 현 남북 분단 상태에 있어서의 통일은 대내적으로는 남의 연장도 아니고 북의 연장도 아니며 동등하고 공평한 입장에서 타협 합의된 것이라야 되고 대외적으로는 미·러·중·일 주변 4강의 안보에 무해해야 된다고 볼 수 있다. 현 남북 분단 상태에서 유지되고 있는 미·러·중·일 간의 세력균형이 한반도 통일 후에도 이상 없이 계속 유지될 수 있어야 한다. 한반도 통일에 이러한 대내외적 조건을 충족시켜 합의에 도달할 수 있는 가장 가능한 방안은 외세 격리를 통한 통일 방안이라 할 수 있는 중립화를 전제로 하지 않을 수 없을 것이다.

한 국가가 자신의 생존을 유지하고 나아가 국익을 증진하는 방법(외교노선)으로 ① 자위력 유지 ② 지역적 집단안전보장체제 ③ 비동맹 ④ 중립화 등의 방법이 있을 수 있다. 그런데 한반도(통일한국)는 4강대국에 둘러싸여 있는 국가로 자위력 유지의 방법을 추구하기가 어려운 것이다. 지역적 집단안전보장체제는 집단안전보장 체제에 관계되지 않는 나라가 한반도에 개입할 위험성이 크기 때문에 이 방법도 실현 가능한 것이 아니다. 그리고 비동맹의 경우 비동맹국은 강대국에게 전략적으로 중요하지 않은 약소국가에 적합하나 한반도는 4강의 전략적 요충지이며, 또한 비동맹국은 강대국의 명시적 보장을 필요로 하지 않기 때문에 강대국은 비동맹국을 언제나 무시할 수 있으므로 명시적 보장을 필요로 하는 한반도에는 비동맹이 적합지 않다. 따라서 한반도의 지정학적 위치와 주변 열강의 세력균형을 고려하면서 한반도의 정치적 독립과 영토의 보전을 보장 받을 수 있는 유일한 방법은 중립화이다. 이러한 관계로 한반도의 중립화론은 한반도의 지정학적 특수성과 그에서 파생된 외세의 영향 속에서 한반도 문제의 해결책으로 조선조 말기부터 현재까지 자주 제기되어 왔다.

본 연구에서는 중립화가 한반도의 통일을 위해서나 통일 이후의 지속적인 발전을 위해서도 가장 바람직한 방안이라는 인식을 바탕으로 하여, 조선조 말기에서 현재까지 한반도 중립화와 관련하여 제시된 바 있는 다양한 논의들을 체계적으로 종합 고찰하고, 특히 지금까지 계속하여 한반도 중립화론이 제기되어 왔음에도 불구하고 중립화가 실현되지 못한 원인을 중점적으로 분석해 보고자 한다. 현시점에서 이러한 연구는 통일문제와 관련한 한국정치학의 중요한 과제의 하나가 될 것이며, 나아가 국내외 여건이 중립화를 불가피하게 할 경우의 대비책으로서도 긴요한 과제라고 본다.

제2절 연구의 대상과 방법

본 연구에서는 한반도 중립화와 관련하여 제기된 기존의 모든 논의를 연구의 대상으로 한다. 한반도 중립화론에서는 조선조 말기에서 지금까지 제기된 모든 중립화 논의들을 그 대상으로 한다. 그러므로 본 연구에서는 1) 조선조 말기의 중립화 2) 통일 방안으로서 중립화 3) 통일 이후의 중립화에 관한 모든 논의들을 그 대상으로 한다.

다음의 제3장에서 자세히 보게 되겠지만 한반도 중립화와 관련하여 참으로 다양한 논의들이 제기되어 왔는 바, 이러한 다양한 논의들을 체계적으로 종합 고찰하고 특히 중립화가 실현되지 못한 원인을 중점적으로 고찰하기 위하여 하나의 분석틀을 설정한 다음 그 분석틀에 입각하여 구체적인 연구를 진행하는 방법을 택하기로 하였는데 분석틀에 대한 구체적인 내용은 제2장에서 상론될 것이므로 여기서는 생략하기로 하겠다. 그리고 본 연구에서는 본 연구에서 필요한 자료들을 국내외 각종 관련 문헌에서 수집하였다는 점을 밝혀 두고자 한다.

본 연구는 크게 5개의 장으로 구성되어 있는데 각 장에서 다루어질 보다 구체적인 연구 문제들은 다음과 같다. 제1장에서는 이미 앞에서 언급한 바와 같이 연구 목적과 연구 대상과 방법을 다루었다.

제2장에서는 본 연구의 핵심 개념인 중립화의 개념 정의 문제와 본 논문의 분석틀의 설정 문제를 다루고자 하였는데, 중립화의 개념은 중립, 전시중립, 영세중립, 자기중립화, 중립주의로 나누어 비교 규명하고, 분석틀의 설정 문제에 있어서는 첫째, 한반도 중립화와 관련된 기존의 다양한 논의들을 어떠한 관점에서 개관해 볼 것인가의 문제, 둘째, 특히 한반도의 중립화가 지금까지 실현되지 못한 원인 분석을 어떠한 원인을 중심으로 해서 볼 것인가 하는 문제를 다루고자 하였다. 이러한 원인 분석 문제와 관련하여 제2장에서는 가정적인 차원에서 제시되고 있는 여러 원인들이 실제로 어느 정도의 경험적인 적실성이 있는가 하는 문제를 스위스와 오스트리아의 경우에 비추어 검증해 보고자 하였다.

제3장에서는 지금까지 제기된 다양한 한반도 중립화 논의들을 시대별로 체계적으로 고찰하였다. 조선조 말기의 중립화론은 1) 임오군란 이후의 중립화론 2) 거문도사건 이후의 중립화론 3) 청일전쟁 이후의 중립화론으로 나누어 각 시대별로 제기되어진 중립화론의 구체적

내용이 무엇인지 알아보고자 하였다. 해방 이후의 중립화론은 1) 1945년 이후의 중립화론 2) 1960년대의 중립화론 3) 1970년대의 중립화론 4) 1980년대의 중립화론 5)1990년대 이후의 중립화론으로 나누어 각 시대별로 제기 되어진 중립화론의 구체적인 내용이 무엇인지 알아보고자 하였다.

제4장에서는 제3장에서 구체적으로 개관해 본 제 중립화론이 1) 종합적으로 볼 때 어떠한 특징을 가지고 있는가 하는 문제와 2) 그러면 왜 그와 같은 중립화론들이 구현되지 못했는가 하는 원인 문제를 분석해 보기로 하였다. 원인 분석은 제2장의 분석틀에서 제시되어진 내적 조건과 외적 조건으로 나누어서 고찰해 보고자 하였다.

제5장의 결론에서는 본론에서 논의된 내용들을 종합적으로 요약 정리하고 한반도 중립화에 대한 장래를 전망하고자 한다.

제2장

중립화의 이론적 고찰

본 장에서는 본 연구의 핵심 개념인 중립화의 개념 정의의 문제와 본 연구의 분석틀의 설정 문제를 다루고자 한다. 중립화의 개념은 중립, 전시중립, 영세중립, 자기중립화, 중립주의로 나누어 비교 규명하고, 분석틀의 설정 문제에 있어서는 첫째, 한반도 중립화와 관련된 기존의 다양한 논의들을 어떠한 관점에서 개관해 볼 것인가의 문제, 둘째, 특히 한반도의 중립화가 지금까지 실현되지 못한 원인 분석을 어떠한 원인을 중심으로 해서 볼 것인가 하는 문제를 다루고자 한다. 이러한 원인 분석 문제와 관련하여 가정적인 차원에서 제시되고 있는 여러 원인들이 실제로 어느 정도의 경험적인 적실성이 있는가 하는 문제를 스위스와 오스트리아의 경우에 비추어 검증해 보고자 한다.

제1절 중립화의 개념

일반적으로 중립에는 전시중립, 영세중립, 자기중립에 의한 중립의 3가지 유형이 있으며 중립화란 곧 영세중립화를 의미한다. 본 절에서는 이러한 3가지 유형의 중립에 대해 자세히 다루고자 한다. 그리고 이러한 중립과 개념상의 혼란을 가져오는 중립주의에 대해서도 논의하고자 한다.

중립(Neutrality)이란 전쟁에 참가하지 않은 국가가 쌍방의 교전국에 대해서 갖는 공평(impartiality)·무차별·무원조를 내용으로 하는 국제법상의 지위이다.[1] 중립은 원래 전쟁을 전제로 하며, 중립적 지위를 선택함으로써 발생되는 중립국의 권리와 의무는 전쟁 기간에만 유효

1) 社會科學大事典編集委員會, 社會科學大事典 13 (東京 : 鹿島研究所出版會, 1971), 98面.

함을 원칙으로 한다.[2] 그런데 중립국이 교전국에 대하여 전쟁의 발생으로 인하여 새로 가지게 되는 새로운 권리는 거의 없다. 다만 중립국은 교전국의 군함이 자국의 영해 내에서 입항·정박 등에 관한 규칙을 준수하지 않을 때에는 평시에는 퇴거를 요구할 권리가 있을 뿐이나 전시에 있어서는 그 군함이 퇴거를 통고 받고도 체류할 권리없이 퇴거를 하지 않으면 그 군함을 나포하고 그 승무원을 억류할 권리가 있다. 이것이 중립국이 전시에 새로 가지는 권리라고 볼 수 있다.[3]

그리고 중립국은 전시에는 평화시에 가지지 않는 여러 가지 의무를 지게 된다. 사실 중립은 중립국의 의무를 중심으로 형성되는 지위라 할 수 있다. 전시에 있어서의 중립국의 의무는 첫째, 회피의 의무(abstention)이다. 이것은 중립국이 교전국의 일방에 대하여 직접 또는 간접으로 전쟁 수행에 관계되는 원조를 하지 않을 의무이다. 예컨대 군대, 무기, 군수품, 군자금 등을 공급하지 않을 의무이다. 구체적으로 보면 1) 중립국은 교전국에 대하여 군대를 제공할 수 없다. 2) 교전국에 대하여 직접 또는 간접으로 군함 기타 군용에 제공될 수 있는 선박·항공기, 병기·탄약 또는 일체의 군용 재료를 공급할 수 없다. 3) 교전국에게 금전을 대여하거나 교전국의 공채의 모집에 응할 수 없고 또 공채를 보증할 수도 없으며 보조금을 공급할 수도 없다.[4]

둘째, 방지의 의무(prevention)이다. 이것은 교전국이 중립국의 영역을 군사적으로 이용하지 못하도록 금지하여야 하는 의무이다. 구체적으로 보면, 1) 영토 내에서의 방지 의무 : ① 교전국이 중립국 영토 내에서 적대행위를 행하는 것을 방지하여야 한다. (비단, 영토 내에서의 육전뿐만 아니라 영공에서의 공중전과 영해 내에서의 해전도 방지하지 않으면 안 된다.) ② 교전국의 군대, 탄약, 군수품의 중립국 영토

2) 石本泰雄, 中立制度の史的硏究 (東京 : 有斐閣, 1958), 16-19面.
3) 大西公照, 中立の論理 (東京 : 日本工業新聞社, 1980), 33面.
4) 石本泰雄, 앞의 책, 26-27面.

통과를 방지할 의무를 진다. ③ 교전국이 무선전신국 또는 교전국 병력과의 통신의 용도에 제공될 일체의 설비를 중립국 영토에 설치하는 것을 방지하여야 한다. ④ 교전국이 중립국 영토 내에서 전투 부대를 편성하거나 또는 모병 사무소를 개설하는 것을 금지하여야 한다. ⑤ 교전국 부대가 중립국 영토 내에 피난하였을 경우 전지에서 격리된 일정한 장소에 유치·감시하여야 한다. 2) 영해 내에서의 방지 의무 : ① 중립국 영해에서 교전국 군함이 포획·임검·수색 기타 일체의 적대 행위를 행하는 것을 방지하여야 한다. ② 교전국이 중립국의 항이나 영해를 작전 근거지로 삼는 것을 방지하여야 하며, 특히 무선전신국이나 군사연락용 통신 기재 설치를 방지하여야 한다. ③ 교전국 군함은 중립국 항에서 항해의 안전에 필요한 정도 이상으로 그 파손을 수리하거나 또는 어떠한 방법에 의하든 간에 전투력을 증가하는 것을 방지하여야 한다. ④ 교전국 군함은 군수품이나 무장을 갱신 또는 증가하기 위하여 그리고 승무원을 보충하기 위하여 중립국 항을 이용하는 것을 방지하여야 한다. ⑤ 교전국의 군함은 원칙적으로 본국 항에 도달함에 필요한 이상의 연료를 중립국 항에서 적재하거나, 또는 중립국의 동일 항에서 3개월 이내에 재차 연료를 적재하는 것을 방지하여야 한다.[5)]

셋째, 묵인의 의무(acquiescence)이다. 이것은 중립국 국민이 일방에 유해한 행위 즉, 전시 금제품의 수송, 봉쇄의 침파, 군사적 원조 등을 할 때에 타방 교전국이 이에 대하여 일정한 제재를 가하는 것을 묵인하여야 할 의무이다. 구체적으로 보면, 1) 중립국 국민과 교전국과의 통상은 원칙적으로 자유이며 교전국은 이것을 방지할 수 없으나, 무기·탄약·군복·군함과 같은 전시 금제품에 한해서는 이것을 몰수할 수 있고 또 일정한 경우에는 선박도 몰수할 수 있다. 2) 교전국은 봉쇄

5) 石本泰雄, 위의 책, 27-29面.

침파의 중립국 선박 및 그 화물을 몰수할 권리가 있다. 봉쇄는 적국의 항구 또는 해안의 교통을 방지하기 위하여 해군력으로써 선박의 출입을 차단하는 것이고, 봉쇄 침파는 선박이 봉쇄선을 통과하여 봉쇄 지역을 출입하는 것을 말한다. 3) 교전국은 적국의 군대 수송, 정보의 전달과 같은 군사적 원조를 행하는 중립국의 선박과 화물을 몰수할 수 있다. 4) 교전국은 자국 영역내 또는 점령지내에 있는 중립국 국민 소유의 철도, 차량, 선박 기타의 수송 재료를 긴급의 필요가 있는 한 징용할 수 있는 비상 징용권이 있다. 이 권리의 행사에는 소유자의 동의가 필요없으나 완전한 배상을 해야 하며 또한 사용 후에는 조속히 반환할 것을 조건으로 한다. 5) 교전국은 적국 영토내의 중립국 국민의 사유재산을 전쟁 수행의 필요상 파괴 또는 압수할 수 있다. 또 절대적인 군사상의 필요가 있으면 적국과 중립국을 연결하는 해저 전선을 교전 구역 내에서 절단하는 것도 허용된다.[6)]

이러한 3가지 의무를 무원조의 의무라 하며, 중립국은 교전국 쌍방에 대하여 이와 같은 무원조의 의무를 공평하게 지는 것이다. 이러한 중립국의 권리와 의무는 전쟁의 개시로 시작되고(전쟁의 사실을 알게 된 후부터라는 설이 통설) 전쟁 종결과 동시에 종료된다. 평화시에는 아무런 권리나 의무도 발생되지 않는다.

그리고 이러한 중립에는 전시중립과 영세중립이 있다. 전시중립은 국외 중립, 단순 중립(simple neutrality), 통상 중립(ordinary neutrality), 잠정적 중립(occasional neutrality, temporary neutrality) 등으로도 표현한다. 전시중립은 특정한(particular, specific) 전쟁에 대하여만 중립을 유지하는 것이며, 다음에 발발할 다른 전쟁에 대하여는 중립을 지킬 수도 있고 그 반대의 태도를 취할 수도 있는 것이다.[7)] 그리고 영세중립

6) 위의 책, 30-32面.

7) Harto Hakovirta, East-West Conflict and European Neutrality (Oxford : Oxford University

(permanent neutrality, perpetual neutrality, eternal neutrality)은 계약을 통하여 모든 전쟁(all wars)뿐만 아니라 평화시(peacetime)에도 중립을 영구화하는 것이다.[8]

중립화(Neutralization)란 국제법상 일국가를 전시뿐만 아니라 평화시에도 영구한 중립의 지위가 보장되는 형태로 「제도화」하는 것을 말한다. 곧 영세중립화를 만드는 과정을 말하는 것이다(영세중립국화). 이러한 중립화는 중립을 보장할 국가[9]들과 중립화될 국가 사이의 국제적 조약이나(1815년의 스위스의 예[10]), 일방적 중립선언(즉 자기중립화)후 타국가(중립 보장국)들의 국제적 승인을 거쳐 당해 국가에 부과되는 중립 의무에 의하여 이루어 질 수 있다.[11] (1955년의 오스트리아의 예). 그리고 중립을 보장하는 국가들의 중립을 보장하는 방법에는 집단적(collective), 개별적(individual), 집단적-개별적(collective-individual)인 3가지의 방법이 있다.[12]

중립화는 근본적으로 평화유지를 위한 것으로서 중립국을 국제적 분쟁으로부터 격리시킴으로써 분쟁을 종결(conflict termination)시키거나, 분쟁을 완화(conflict moderation)시키거나, 분쟁을 회피(conflict avoidance)하고자 하는데 목적이 있다. 중립화는 중립화와 관련된 제국가의 입장에서 보면, 1) 불안정한 구체적 환경을 안정시키고 2) 어떤 지역 내의 현상유지가 전복되거나 무력에 의해 침해되는 것을 방지하며 3) 국제적 질서를 유지하고 국가 간의 무력 행사를 규제하며

Press, 1988), p.9.

8) 위의 책, p.9.

9) 중립 보장국에는 강대국 외에 소국도 포함될 수 있다(1962년 라오스의 예).

10) 1954년 스위스 정부는 공식적인 스위스 중립에 대한 성명에서, 1813년 일방적인 중립선언(자기중립)후, 1815년 5대 보장국에 의해 보장된 사례로 보고 있다.

11) Cyril E, Black et al., Neutralization and World Politics (Princeton : Princeton University Press, 1968), pp. xii-xiii, 타국에 의해 승인된 유형의 영세중립은 국제적 중립화 조약에 의한 경우보다 그 지위가 명백하지 못하며, 그 효력성도 조약보다 정치적 현실에 의존하게 된다.

12) Cyril E, Black et al., 위의 책, p. xiii.

4) 중립국과 관련된 국제적 분쟁을 국제적 규범과 제도의 작용 및 외교에 맡김으로써 위기의 확산을 막을 수 있는 것이다. 중립화국의 입장에서 보면, 1) 국제적 간섭을 중화 또는 배제시킴으로써 군사적 안전과 정치적 독립과 영토의 보전을 보장받을 수 있고, 2) 특히 분단국일 경우에는 분단 극복과 재통일 방안으로서 기능할 수도 있다. 분단상태가 경쟁적인 정치적 동맹체의 영향으로 영속화되고, 관계국의 어느 일방도 타국의 희생 없이는 아무것도 얻을 수 없다고 믿을 때 중립화는 가장 좋은 해결 방법인 것이다.[13] 보장국의 입장에서 보면, 1) 관련 경쟁국들 간의 위험한 전쟁을 회피하게 하며, 2) 국제적 세력균형이 불리한 방향으로 역전되는 것을 방지할 수 있는 것이다.[14]

전시중립국에 있어서는 전시가 아닌 평화시에는 어떤 권리와 의무도 발생하지 않는다. 그러나 영세중립국은 "전시뿐만 아니라 평화시에도" 중립국으로서의 권리와 의무가 있다.[15] 즉, 1) 영세중립국은 물론 타국가 간의 전쟁에 있어서 국제법상의 일반중립국의 권리와 의무를 가진다.[16] 2) 영세중립국은 어떠한 전쟁도 먼저 시작해서는 안될 의무가 있다.[17] 3) 영세중립국은 전쟁에 참가하지 않을 뿐이지 다

13) Cyril E, Black et al., 위의 책, pp. 66-67.

14) 위의 책, pp. ⅹⅴ-ⅹⅵ.
중립화는 주변 강대국에 의해서 약소국의 평화와 안전, 그리고 영토의 보전과 독립의 보장을 위하여, 또 약소국을 둘러싸고 있는 강대국간에 일어날 수 있는 알력을 방지하기 위한 국제 정치적 산물이다. 그러므로 중립화되는 약소국과 주변 강대국 사이에 공익이 되는 점이 있기 때문에 중립화가 가능하게 되는 것이다. 약소국을 국제분쟁의 초점에서 격리시켜 벗어나게 하면 자연히 강대국 사이에 경쟁, 충돌이 제거되므로 강대국 간에도 평화와 안전이 도모되게 되는 것이다. 즉, 약소국에도 이익이 되고 강대국에도 이익이 되는 국제정치상의 공약수의 역할을 하는 것이 중립화라 할 수 있다. 이른바 제로섬이 아니고 모두 득을 보는 윈윈 정치현상이라고 볼 수 있다(황인관, "한반도가 중립화 통일이 되어야 할 10가지 이유", 자유공론 395 (2000), 65면).

15) Efraim Karsh, Neutrality and Small States (London : Routledge, 1988), pp.26-27.

16) Hersh Lauterpacht (ed.), Oppenheim's International law. Vol.2.(London : Longmans, 1965), p.661.

17) Stephen Verosta, Die Dauernde Neutralität (Wien : Manzsche Verlags und Universitätbuchhandlung, 1967), SS.77-79.

른 나라의 침략에 대하여는 가능한 모든 수단과 방법을 동원하여 중립뿐만 아니라 자주 독립권을 방위하기 위한 군사 행동은 할 수 있다. 따라서 영세중립국은 무장중립이어야 한다.[18] 4) 영세중립국은 어떠한 국가와도 군사동맹조약을 체결해서는 안 되며, 어떠한 국가에게도 자국 영토 내에 기지를 허용해서도 안 된다.[19] 5) 영세중립국은 영세중립을 보장하고 있는 국가들로부터 영세중립국의 독립과 영토의 안전을 보장받을 수 있다. 영세중립을 보장하고 있는 국가들은 만일 조약국의 하나가 이 약속을 위반하여 영세중립국의 독립과 영토의 안전을 침해하거나 또는 조약국 이외의 국가가 영세중립국에 대하여 이러한 행동을 한 경우에 영세중립국을 원조해 주고 필요한 경우에는 무력을 행사해서까지 영세중립국의 독립과 영토의 안전을 수호할 의무가 있다.[20]

6) 영세중립국은 자국의 정치적 독립을 위태롭게 할 수 있는 관세동맹이나 경제동맹에 가입해서는 안 된다.[21] 7) 영세중립국은 중립에 위배되는 조약상의 의무를 초래하지 않는 범위 내에서 어떠한 국내적, 외교적인 면에서도 완전한 자유를 누린다. 따라서 영세중립국은 완전한 국제법상의 주체이며 주권 국가이다.[22] 8) 영세중립국에 있어서 도덕적 중립이나 이념상의 중립의 의무는 성립하지 않는다. 개인은 국제법상 중립 의무를 지킬 주체가 아니고 중립의 주체는 개인이

---

18) 위의 책, SS. 83-84.

19) Cyril E. Black et al., 앞의 책, p. 4.

20) 위의 책, pp. 4-5, p. 120, p. 143.
중립화를 효율적으로 유지하기 위하여 관리구조(Control Machinery)를 설치하여 공정성에 입각하여 중립화를 감시(observation), 감독(supervision), 강제(enforcement)하는 관리방안이 요구된다. 그런데 스위스는 1815년 이후, 오스트리아는 1955년 이후, 전혀 관리기구(통제장치)가 없이 중립을 유지하여 왔다. 라오스의 경우는 효과적인 통제장치를 가지고 있었으나 보장국이 중립을 파기하므로서 중립유지에 실패하였다.

21) 위의 책, p.23.

22) Alfred Verdross. Die immerwährende Neutralität der Republik Österreich (Vienna : Verlag für Geschichte und Politik, 1967), S.14.

아닌 국가인 것이다. 그러므로 언론의 자유와 의사표시의 자유는 근본적으로 제한을 받지 않는다.[23] 현재 이러한 영세중립국에는 스위스와 오스트리아가 있다. 스위스와 오스트리아의 중립화에 대하여는 다음의 「중립화가 실현되지 못한 원인에 대한 분석 관점」에서 자세히 고찰할 것이다.

그리고 현대의 핵무기와 관련하여 중립화를 보면, 핵무기의 발달로 일단 핵전쟁이 발생하면 비교전국이라 할지라도 핵전쟁의 영향에서 벗어날 수 없게 됨으로써 중립화의 의미를 약화시킨다고도 볼 수 있으나, 핵무기는 정치적 목적을 위한 폭력의 사용에는 상호 파괴의 위험성 속에서 너무나도 제한이 많고, 핵무기 보유 국가들 간의 이른바 공포의 균형(balance of terror)으로 오히려 재래식 무기에 의한 전통적 의미의 국지적인 제한 전쟁의 가능성이 증대되었기 때문에 중립화의 유용성은 현대에도 그대로 있는 것이며 그 유용성은 국제적 추세와 제 현실적 환경에 달려 있다고 할 수 있다. 따라서 중립국 환경 여하가 중요성을 가진다고 볼 수 있다.[24]

전시중립, 영세중립 이외에 자기중립화에 의한 중립이 있다. 자기중립화에 대한 중립의 특징을 전시중립, 영세중립과 관련하여 비교하면 다음과 같다.

먼저 자기중립화(Self-Neutralization)에 의한 중립과 전시중립의 차이점은 전시중립이 특정한 전쟁에 대하여만 중립을 유지하는 것인데 비하여 자기중립화에 의한 중립은 계속적인(continuous, repeated) 전시중립으로서 관습적인(Conventional) 중립이라고도 한다. 다음으로 영세중립은 국제법상의 조약이나 승인아래 영세중립의 지위가 설정되는 데 반하여, 자기중립화에 의한 중립은 한 국가가 스스로의 결단

23) 위의 책, S.14.
24) Roderick Ogley, The Theory and Practice of Neutrality in the Twentieth Century (New York : Barnes and Noble, 1970), P.205., Cyril E. Black et al., 앞의 책, p. 150.

으로 다른 국가의 보장 없이 일방적으로 중립을 선언하는 것으로서 이에 국제적 조약이나 승인이 따르지 않기 때문에 국제법상의 영세중립의 지위가 설정되지 않는다. 이와 같이 국제법에 구속되지 않음에도 불구하고 다른 국가들에 의해 비공식적으로 중립이 인정되고 있다. 자기중립화에 의한 중립에 국제법상의 조약이나 승인(international recognition)이 따른다면 자기중립화에 의한 중립은 곧 영세중립이 되는 것이다. 그런데 이러한 자기중립화에 의한 중립 국가들은 언제라도 자국의 의사대로 그들이 중립 정책을 자유로이 변경할 수 있다.[25)]

이러한 자기중립화에 의한 중립국으로는 현재 스웨덴, 핀란드, 아일랜드가 있으며 이에 대해 살펴보면 다음과 같다. 스웨덴은 1814년 이래 전통적으로 중립 정책을 수행해 왔으며, 현재 덴마크와 노르웨이가 그 국가의 운명을 NATO에 맡기고 있는 불안한 북부 유럽의 세력균형과 관련하여 계속 중립 정책을 수행하고 있다. 만일 스웨덴이 NATO에 가입한다면 소련이 핀란드를 점령하거나 핀란드에 대한 정책을 경색화 할지도 모른다는 두려움 때문이다.[26)]

스웨덴은 1·2차 대전의 경험 후 더욱 강력한 군비로 철저한 중무장 중립을 유지해오고 있다. 전투기, 탱크, 잠수함 생산과 같은 군수 산업이 발달하였으며 1955년 당시 세계 4위의 공군력을 가지고 있었다. 그런데 이러한 중무장도 바르샤바 동맹군의 침략에 대응하여 NATO의 충분한 지원을 가능케 하도록 하기 위해 7일간 버티는 문제라고 평가받고 있고 따라서 반공적 중립의 성격을 띠고 있다고 보고 있다.[27)]

---

25) Cyril E, Black et al., 위의 책, p. v iii, p.18.
Hakovirta는 자기중립화의 특징을 1) repeated Occasional Neutrality 2) 중립의 일반법을 적용하고 국내법에 일부를 채택하는데 영세중립보다는 규범내용이 덜 formal하다고 한다.
Harto Hakovirta, 앞의 책, p. 10.

26) Herbert Tingsten, "Issues in Swedish Foreign Policy", Foreign Affairs Vol.37, No.3 (April 1959), p.479.

27) Harto Hakovirta, 앞의 책, p.51.

핀란드는 1154년 스웨덴에 편입되었다가, 1809년 스웨덴과 러시아의 전쟁으로 이때부터 러시아의 지배하에 있었으며, 1917년 소련의 승인 하에 독립되었다. 이후 소련의 이해를 존중하지 않고 소련에 맞서서 중립과 독립을 유지하려 하였으나 무익한 결과만 초래하였다. 2차대전 중 독일 측에 가담하여 2차에 걸쳐 대 소전쟁을 수행하여 1939~45년 기간 동안 10만명이 전쟁으로 희생되었고 핀란드 영토의 1/10정도가 소련에 병합(Karelian 지협과 Ladoga 호수의 서쪽 연안)되었으며, 현재 소련과 1,159km를 접경하고 있다.[28)]

전후 핀란드는 중립과 독립을 유지하기 위해서는 소련으로부터의 신뢰 확보와 우호 관계를 수립할 수밖에 없다고 판단하여 1948년 4월 6일 소련과 우호협력 상호원조 조약(The Treaty of Friendship, Cooperation, and Mutual Assistance)을 체결하였다. 이 조약은 「핀란드는 독일이나 혹은 그 동맹국(NATO)이 핀란드를 공격하거나 핀란드 영토를 통해 소련에 공격을 가할 경우 핀란드는 핀란드 국경 내에서 자국의 영토 방어 의무를 지고 침략을 격퇴할 것이다. 이 경우 필요하다면 핀란드는 소련의 도움을 받거나 소련과 공동으로 대처하며, 이때 양국의 상호 협의에 의한 합의에 따라 공동 대책을 모색하도록 한다」는 것이다.[29)] 이 조약은 핀란드의 영토내에서만 소련과 군사 협력을 한다는 것이고, 군사 협력은 자동적인 것이 아니라 양국의 공동 인식에 의한 합의에 따른다는 것이다.[30)] 핀란드의 중립과 소련의 개입권은 상호 모순되는 것 같으나 핀란드는 이런 정도의 양보에 의해 소련의 신뢰를 받지 않고는 결코 핀란드의 중립이 성립 유지될 수 없다고 보고 있다.[31)]

---

28) Max Jacobson, "Substance and Appearance : Finland", Foreign Affairs Vol.58 (Summer 1980), p.1041.
29) J.A.S. Grenville (ed.), The major international treaties, 1914-1973 (London : Methuen & Co., 1974), p.364.
30) Heinrich Bechtoldt, "Finland and Its Specific Neutrality", Aussen Politik, Vol.30, No.3 (1979), pp.251-252.

아일랜드는 1918년 덴마크로부터 독립을 획득한 후 중립을 선언했으며, 그런데 아일랜드가 공격당할 경우 영국과의 협력이 불가피하고 영국을 공격할 수 있는 어떤 외국군에게도 아일랜드가 군사기지로 허용되어서는 안 된다고 보고 있다.[32] 그리고 지정학적인 고립이 중립 보호를 위한 군사력의 중요성을 크게 느끼지 못하고 비무장중립 상태에 있다.

여기서 스웨덴, 핀란드, 아일랜드의 무장 정도를 보면 <표 2-1>과 같다. 그리고 스웨덴, 핀란드, 아일랜드의 총 무역 가운데 NATO와 바르샤바 조약국과의 무역이 차지하는 비율(%)은 다음 <표 2-2>와 같다.

〈표 2-1〉 스웨덴, 핀란드, 아일랜드의 군사력 비교

구 분	스웨덴	핀란드	아일랜드
전시 동원가능 군인수	77만 6천	73만 4천	2만 9천
총인구중 전시 동원 가능한 군인수 %	9.3%	15.1%	0.8%
탱 크(대)	985	165	14
장 갑 차(대)	1,000	230	122
전 투 기(대)	501	80	15
GNP의 방위비 지출 %	3	1.4	1.6
1인당 방위비 지출액($)	341($)	168($)	80($)

※ 1987년 기준
자료 : The military balance 1986~87, 1987~88.
(The International Institute for Strategic Studies)

31) Ralf Törngren, "The Neutrality of Finland", Foreign Affairs Vol.39, No.4 (July 1961), p.604.
32) Raymond James Raymond, "Irish Neutrality : Ideology or Pragmatism?", International Affairs Vol.60 No.1 (Winter 1983-84), p.32.

〈표 2-2〉 스웨덴, 핀란드, 아일랜드의 총무역량에서 NATO와 바르샤바 조약국과의 무역이 차지하는 비율(%)

구 분	스웨덴	핀란드	아일랜드
NATO countries 1948	63	62	77
1958	74	56	83
1968	72	55	83
1978	65	46	83
1982	68	44	86
WP countries 1948	9	17	0.4
1958	4	24	1
1968	5	19	1
1978	5	22	1
1982	5	28	1

※자료 : Harto Hakovirta, 앞의 책, p.40.

또한 핀란드의 경우 공산당이 1966년까지는 의회선거에서 20~30%의 득표율을 획득하였으나 1983년 선거에서는 13.5%로 떨어졌다. 스웨덴에서는 공산당의 득표율이 2~5%정도이며, 아일랜드에서는 거의 없다. 소련의 시각에서는, 서구와 동맹할 가능성이 가장 강한 나라가 아일랜드이고, 스웨덴이 그 다음일 것으로 보고 있으며, 소련의 이러한 중립국에 대한 중립의 신뢰는 아주 낮은 것이다.33)

중립주의(Neutralism)는 비동맹(Non-alignment)과 동의어이다. 비동맹 중립주의는 50년대와 60년대의 국제정치에 있어서의 동·서 냉전(Cold War)이란 이데올로기의 대결과 미·소의 양대 군사블럭(패권주

33) Harto Hakovirta, 앞의 책, p. 107.

의)으로부터 멀리하고자 하는 신생 개발도상국들의 정치적 입장에서 비롯되었다.[34] 중립주의는 중립이나 중립화와는 달리 국제법상의 개념이 아니다. 따라서 국제법상의 권리, 의무의 발생이나 국가 간의 합의에 의한 법적 보증을 수반하지 않는다. 중립주의는 국제정치상의 개념이며 동·서간의 권력 투쟁에 개입되지 않겠다는 외교정책(적극적 중립정책)을 지칭하는 것이다.[35] 중립주의는 모든 군사적 분쟁에서 중립을 지키려는 것이 아니라 초강대국 간에 일어날 분쟁으로부터 초연하려는데 있는 것이다. 또 중립이 전쟁의 구체적 발생을 전제로 하는데 대하여 중립주의는 오히려 "평시"에 채택되는 외교정책이다.[36] 비동맹은 평시에 동서 분쟁에 대해서만 개입하지 않는 것이고 일단 미·소 간이나 동서 양진영 간에 전쟁이 발발하면 어느 편에 개입해도 무관한 것이다. 그리고 비동맹국은 강대국에게 전략적으로 중요하지 않는 약소국가에 적합한 것이다.[37] 역사적으로 보면 비동맹 중립주의 정책을 표방한 국가들은 동·서 간의 분쟁에만 불개입을 원했지 중립화를 원하지도 않았을 뿐만 아니라 중립화가 부과하는 의무를 수용하려 하지도 않았다.[38]

---

34) Peter Lyon, "Neutrality, Neutralism, Nonalignment", International Relations, Vol.3 No.6 (1968), pp.266-267.
George Liska는 중립주의는 비동맹보다 투쟁적인 것으로, M. Brecher는 중립주의는 비동맹보다 적극적인 태도와 정책을 의미한다고 하여, 중립주의와 비동맹을 구별하기도 한다.

35) Hanspeter Neuhold, "Permanent Neutrality and Nonalignment", in Robert A. Bauer (ed.), The Austrian Solution (Charlottesville : The University Press of Virginia, 1982), p.174.
1961년 8월 벨그라드 정상회담은 동년 6월 카이로 예비회담에서 작성한 5개 항목의 비동맹 회원국 자격 요건을 정식 채택하였다. 이에는 ① 평화공존의 원칙과 자주적 외교정책을 추구하고 ② 민족해방운동을 지지하고 ③ 동서 냉전에 휘말릴 지역별 집단안보체제에 가담하지 않으며 어떠한 쌍무적 방위조약도 체결하지 않고 ④ 동서 냉전 주역의 한쪽을 위하여 자국 영토내에 외국 군사기지를 금지하는 국가로 되어있다.
Simir N. Anabtawi, "Neutralists and Neutralism", The Journal of Politics, Vol.27 No.2 (May 1965), pp.352-353.

36) John W. Burton, International Relations : A General Theory (Cambridge University Press, 1965), p.220.

37) 중동 국가가 아프리카 국가보다 비동맹을 유지하기 어려운 이유는 중동 지역이 아프리카 지역보다 미·소에게 전략적으로 중요하기 때문이고, 중미 국가가 남미 국가보다 비동맹을 유지하기 어려운 이유는 중미가 남미보다 미국에 더 가깝기 때문이다.

제2절 본 연구의 분석의 틀

본 절에서는 첫째, 한반도 중립화와 관련한 기존의 다양한 논의들을 어떠한 관점에서 개관해 볼 것인가의 문제와, 둘째, 한반도의 중립화가 지금까지 실현되지 못한 원인 분석을 어떠한 원인들을 중심으로 해서 볼 것인가 하는 문제를 다룰 분석의 틀을 설정하고자 한다.

1. 기존 논의에 대한 개관 관점

중립화와 관련한 기존의 다양한 논의들에 대한 어떠한 개관이 체계적이고도 총체적인 논의가 되기 위해서는 중립화가 실현되지 못한 원인 문제도 당연히 포함되어야 하겠지만, 원인 문제는 중립화 논의에 있어서 가장 핵심적인 문제로 인식하고 이 문제는 일반적인 개관과 구분하여 별도로 자세하게 다루어 보고자 하였다. 이러한 점을 유념하면서 먼저 한반도 중립화를 전체적으로 다루고 있는 기존의 개관서나 논문을 살펴보도록 하겠다. 대표적인 개관서로는 황인관 교수[39]와 최봉윤 교수[40] 그리고 강광식 교수[41]의 단행본이 있고 논문으로는 오기평 교수[42]와 국토통일원(편)[43]의 논문을 들 수 있는데, 황인관 교

38) Cyril E. Black et al.,앞의 책, p. xiv.
39) In K. Hwang, One Korea via Permanent Neutrality : Peaceful Management of Korean Unification (Cambridge : Schenkman Books. 1987), pp.54-68.
40) Bong-Youn Choy, A History of the Korean Reunification(Peoria : Research Committee on Korean Unification, Bradley University 1984), pp.203-220.
41) 강광식, 중립화 정치론 (서울 : 인간사랑, 1989), 141-149면, 156-170면.
42) 오기평, "개항백년, 한반도 「중립화」안의 역사적 논거의 분석", 한국정치학회보 제10집

수와 최봉윤 교수의 경우에는 시대 구분 없이 개관하고 있고 오기평 교수와 국토통일원과 그리고 강광식 교수의 경우에는 조선조 말기와 해방 이후로 나누어 개관하고 있다. 비록 오기평 교수와 국토통일원이 조선조 말기와 해방 이후로는 구분하여 개관하고 있으나 조선조 말기의 중립화론과 해방 이후의 중립화론 자체를 시대별로 확연하게 구분하여 개관하지 않고 있으며, 다만 국토통일원의 경우 해방 이후의 중립화론을 제안자의 성격과 관련하여 국내, 해외교포, 외국인으로 나누어서 개관하고 있는 것이 특색이다. 강광식 교수의 경우 구한말(조선조 말기)의 중립화론은 청·일 각축기와 러·일 각축기로 시대 구분하고, 제2차대전(해방) 이후의 중립화론은 분단 고정화 직전, 한국전쟁 이후, 70년대 이후로 시대 구분하여 개관하고 있는데 지금까지의 논의 가운데는 가장 체계적으로 개관하고 있다고 할 수 있다. 연구자 역시 오기평 교수와 강광식 교수 그리고 국토통일원의 경우와 같은 입장에서 조선조 말기와 해방 이후로 나누어 개관하고자 한다. 조선조 말기와 해방 이후의 중립화론이 중립화를 외세 격리의 방안으로서 원용하고 있다는 점에서는 같으나, 해방 이후의 중립화는 통일 방안으로서의 중립화론이라는 점이기 때문이다. 해방 이후의 중립화론은 분단의 중요한 원인인 외세 격리와 함께 통일을 추구하는 방안으로 제기되고 있기 때문이다.

그리고 연구자는 한반도를 중심으로 한 주변 열강의 세력 관계에서의 세력균형 여부가 중립화의 가능 여부를 결정하는 중요한 조건의 하나라는 점을 고려하여, 조선조 말기의 중립화론과 해방 이후의 중립화론을 시대적 구분에 따라 개관하고자 한다. 조선조 말기의 중립화론을 임오군란 이후의 중립화론과 거문도사건 이후의 중립화론, 그

(1976), 281-286면.

43) 국토통일원(편), "중립화통일론에 대한 연구", 국토통일원 (1986), 17-34면.

리고 청일전쟁 이후의 중립화론으로 나누어 개관하고자 하는데 그 이유는, 임오군란에서 거문도사건 이전까지는 한반도를 중심으로 청국과 일본의 대립의 시기였고, 거문도사건에서 청일전쟁 이전까지는 청국과 일본의 대립뿐만 아니라 여기에다 영국과 러시아간의 상호 견제가 더해진 시기였다는 점, 그리고 청일전쟁 이후에는 러시아와 일본간의 대립의 시기였다는 점 때문이다. 해방 이후의 중립화론을 1945년 이후의 중립화론과 1960년대의 중립화론, 그리고 1970년대의 중립화론, 1980년대의 중립화론, 1990년대 이후의 중립화론으로 나누어 개관하고자 하는데 그 이유는, 1945년에서 1950년대에 걸쳐서는 미·소를 중심으로 한 양극 대립체제의 시기였고, 1960년대는 미·소·중의 3극 체제의 시기였다는 점, 그리고 1970년대에는 미·소·중·일의 4극 체제의 시기라는 점, 1980년대는 고르바초프의 신사고와 더불어 신데탕트가 전개되었다는 점, 1990년대 이후에는 탈냉전이라는 특징있는 변화 때문이다.

다음으로 기존의 개관서나 논문들에는 대체로 세력균형과 관련한 국제정치 상황과 그리고 국내정치 상황에 대한 언급이 없이 단편적으로 제안된 내용을 간략히 개관하는 정도에 그치고 있거나, 제안된 내용이 불분명하게 개관되고 있거나, 제안된 내용 자체가 누락되어 있는 경우가 많다고 할 수 있다. 따라서 이러한 점에 유의하여 구체적으로 다음과 같은 관점에서 기존의 다양한 논의들을 체계적으로 개관해 보고자 한다. 먼저 각 중립화론이 제기될 당시의 제안 배경에 대하여 언급하고자 한다. 제안 배경에서는 각 중립화론이 제기될 당시의 한반도를 위요한 세력 관계를 검토하고자 한다. 세력균형의 문제가 중립화의 중요한 하나의 변수이기 때문이다. 그리고 이러한 한반도를 위요한 세력 관계와 관련한 국내정치 상황도 다루고자 한다. 해방 이후의 중립화론은 통일 방안이므로 당시의 통일 논의도 이에 포함시키고자 한다.

그 다음으로 중립화론의 내용 전개에서는, ① 제안자의 성격 즉 개인적 차원에서의 제안이냐 정부적 차원에서의 제안이냐의 문제 ② 중립화 모델로 스위스, 벨기에, 오스트리아 (핀란드) 중 어느 모델을 제시하고 있느냐의 문제 ③ 중립 보장국으로서 어느 국가를 지적하고 있는가의 문제 ④ 중립화 주도국으로서 어느 국가를 지적하고 있는가의 문제 ⑤ 중립화 제안 목적으로 '수단'을 목적으로 하느냐, '목적' 그 자체가 목적이냐의 문제, '목적' 그 자체가 목적일 경우의 구체적 목적은 무엇인가의 문제에 유의하면서 내용을 전개하고자 한다.

여기서 해방 이후의 중립화론은 통일 방안으로서의 중립화론이므로 위의 5가지 내용뿐만 아니라 그 내용에, ① 중립화 통일의 합의의 주체와 관련하여 현 정권 해체냐 존립이냐의 문제 ② 중립화 통일을 위한 전제조건(여건조성)에서 ⓐ 군사적 정치적 긴장 완화가 먼저이냐 남북 교류와 협력이 먼저이냐 ⓑ 군사적 정치적 긴장 완화와 남북 교류와 협력이 먼저냐 중립화에의 합의가 먼저이냐의 문제 ③ 중립화 통일을 위한 중간 단계에서 총선거를 통하느냐 국가연합의 과도기적 단계를 거치느냐의 문제 ④ 중립화 통일의 정부 형태를 단일국가로 하느냐 연방국가로 하느냐의 문제 ⑤ 중립화 통일의 정치체제로 민주사회주의 체제의 문제 ⑥ 중립화 통일의 단계와 관련하여 선통일 후중립화냐, 선중립화 후 통일이냐의 문제에도 유의하여 내용을 전개하고자 한다.

2. 중립화가 실현되지 못한 원인에 대한 분석 관점

본 연구에서는 한반도의 중립화가 왜 실현되지 못했는가 하는 원인에 대한 문제를 분석하기 위해 첫째, 기존의 논의에서 제시되고 있는 중립화의 가능 조건에 대한 다양한 논의들을 개관해 보고, 둘째, 이러한 다양한 논의들 속에서 제시된 중립화의 가능 조건들 중에서 현실적인 경험의 세계에 비추어 보았을 때 보다 적실성이 높은 것으로 평가된 원인들을 중심으로 하는 그러한 관점에서 고찰해 보고자 한다. 그러면 먼저 중립화의 가능 조건에 대한 기존의 다양한 주장들부터 알아보도록 하였는데 그 구체적인 내용들은 다음과 같다.

- 高山岩男 : ① 약소국, 현상유지국 ② 강대국의 중립 존중의 의지, 강대국의 호의의 일치 ③ 중립 완충지대 ④ 국민일치의 초당파적 국시 ⑤ 영세중립 견지의 결정 ⑥ 군사상 통로가 아닐 것 ⑦ 군비의 충실[44)]
- 神川彦松 : ① 국제 중간지대 : 전략상의 요충, 열강 간의 완충지대 ② 열강의 균세(均勢) 정책의 소산 ③ 자위력의 구비[45)]
- 田岡良一 : ① 내재적 조건 - ㉠ 중립 필요에 대한 국민적 신념 ㉡ 신념 실현을 위한 행동 - ⓐ 신중하고 시종일관된 중립 외교정책 ⓑ 군비 충실 ② 외부적 조건 - ㉠ 자연적 사정 ㉡ 열강의 이해관계 일치라는 국제적 필요[46)]
- Black 외 : ① 중립화에 대한 국민적 합의(내부적 상황 : 통합성 및 대표성) ② 최소한의 내부적 자존 능력(내부 질서유지 능력) ③ 규모가 소국일 것 ④ 경제 자립 ⑤ 관련 국제체계 및 보장국의 보장 이행 ⑥ 지정학적 위치[47)]
- Karsh : ① 시종 일관된 지속적인 중립 정책으로 중립에 대한

---

44) 高山岩男, 國際的 中立の硏究 (東京 : 原書房, 1980), 132-162面.
45) 神川彦松, "中立主義槪觀", 日本國際問題硏究所(編), 中立主義の硏究(上) (東京 :日本國際問題硏究所, 1961), 14-15面.
46) 田岡良一, "スイス", 日本國際問題硏究所(編), 위의 책, 156-176面.
47) Cyril E, Black et al., Neutralization and World Politics (Princeton : Princeton University Press, 1968), p.23, pp.151-154.

신뢰와 존중 확보 ② 군비 충실 ③ 약소국 ④ 지정학적 위치 ⑤ 열강간의 세력균형48)

- Hägglöf : ① 국가내의 모든 정치집단의 지속적인 중립 지지 ② 세력균형 ③ 효율적인 방위 체제49)
- 강광식 : ① 환경적 조건 - ⓐ 지정학적 입지 조건 및 전략적 가치 ⓑ 관련 국제체계의 환경 ⓒ 내부적 상황(통합성 및 대표성) ⓓ 외부와의 연계적 상황(사회제도, 이념) ② 기술적 조건 - ⓐ 중립화 협상 ⓑ 중립화 관리 기구 ⓒ 중립화 감시·관리 방안50)

중립화의 가능 조건과 관련하여 이상에서 제시된 다양한 가능 조건들은 크게 내적 조건과 외적 조건으로 양대별할 수 있다고 생각되는데 내적 조건과 외적 조건에 포함되는 구체적인 내용들은 다음과 같다. 내적 조건으로는 ① 중립화에 대한 초당적, 범국민적 지지와 결의, 즉 국민의 내적 합의 ② 중립에 대한 전통과 시종 일관된 중립정책 추구로 주변 열강으로부터 중립에 대한 신뢰와 존중 확보 ③ 효율적인 방위력 보유 ④ 경제적 자립 ⑤ 약소국이며 현상유지국, 외적조건으로는 ① 지정학적 위치 : 완충지대 ② 주변 열강들의 세력균형 및 중립화에 대한 이해관계 일치를 통한 중립화에의 합의와 보장을 들 수 있다.

다음으로는 앞에서 살펴본 중립화의 내적, 외적 가능 조건들 중에서 어떠한 조건이 보다 더 경험적인 적실성이 더 있는가 하는 문제를 알아보도록 하겠다. 적실성의 평가 문제는 단, 자기중립화(Self-Neutralization)의 예인 스웨덴, 핀란드, 아일랜드의 경우는 중립에 대한

48) Efraim Karsh, Neutrality and Small States (London : Routledge, 1988), pp.98-101, pp.155-169.

49) Gunnar M. Hägglöf, "A Test of Neutrality : Sweden in the Second World War", International Affairs, Vol.36, No.2(1960), pp.166-167.

50) 강광식, "국제체계의 세력관리방안으로서 중립화에 관한 연구", 경희대 박사논문(1987), 66-78면.

보장 문제가 제기되는 한반도에는 적실성이 없다고 볼 수 있으므로 여기서 제외하고, 국제법상의 중립화된 국가인 스위스와 오스트리아와 관련하여 알아보도록 하겠다. 스위스와 오스트리아가 중립화될 당시의 내용이 중요한 것이므로 이를 중심으로 알아보고, 지금 현재의 스위스와 오스트리아와 관련되는 내용은 관계되는 각주에서 언급하고자 한다.

1) 내적인 조건

(1) 중립화에 대한 초당적 범국민적인 국내적 지지와 결의가 있어야 한다. 즉 국민의 내적 합의가 있어야 한다[51]는 조건을 제시하고 있는데 이러한 조건이 적실성이 있는지를 알아보고자 한다.

스위스연방은 다수 민족으로 구성되어 있기 때문에 외국간의 전쟁에 대하여 중립을 지키지 않으면 국민이 민족별로 분열된다고 믿고 있다. 중립성 유지를 통한 국민적 통일의 유지가 독립과 영토 보전의 길이라 믿고 있는 것이다.[52] 언어와 민족은 반드시 일치하는 것은 아니지만 대체로 관련성을 가지고 있다고 할 수 있다. 스위스 국민의 언어에 따른 구성비는 <표 2-3>과 같다.

51) 高山岩男, 앞의 책, 139-140面. 田岡良一, 앞의 논문, 156-162面. 중립화에 대한 국민적 통합성 및 대표성을 확보하여야 한다.

52) David E. Bohn, "Neutrality-Switzerland's Policy Dilemma : Options in the New Europe", ORBIS, Vol.21, No.2 (1977), p.340.
Edgar Bonjour, Swiss Neutrality : Its History and Meaning (London : George Allen and Unwin, 1946), pp.14-15.

〈표 2-3〉 스위스 국민의 언어 구성비

년도 / 언어구분	1910년	1941년
독일어계	72.7%	73.9%
프랑스계	22.1%	20.9%
이탈리아계	3.9%	3.9%
기타	2.3%	2.3%

※자료 : 高山岩男, 앞의 책, 167-168面.

그리고 스위스연방 23주의 공용어를 보면 16개주가 독어를, 4개주가 불어를, 1개주가 이탈리아어를, 1개 주가 독·불어를 각각 공용어로 하고 있다.[53)]

또한 종교적 대립도 스위스가 중립을 필요로 하게 된 원인 중의 하나인 것이다. 사실 30년 전쟁(1618-1648)기간에 스위스 프로테스탄트와 가톨릭간의 대립으로, 스위스 프로테스탄트는 독일 프로테스탄트와 스웨덴, 프랑스 측의 승리를 기대하였고, 스위스 가톨릭은 오스트리아와 스페인 측의 승리를 기대하여, 스위스 내부 분열의 위험성이 있었던 것이다.[54)] 이와 같이 스위스는 민족과 종교의 대립으로 중립의 필요성이 강하게 있었던 것이다.

그리고 스위스는 웨스트팔리아(Westphalia)회의(1648)와 비엔나(Vienna)회의(1815)같은 국제회의가 개최될 때 마다 스위스의 중립화를 주변 열강에 호소하여 주변 열강의 동조를 구하는데 온갖 노력을 다하였다. 19세기 전반까지 유럽에서의 이러한 국제회의는 전쟁후의 평화회의로서 개최되었기 때문에 중립국인 스위스는 당사국으로서의 자격은 없었다.

53) 田岡良一, "スイス", 日本國際問題研究所(編), 앞의 책, 178面.
54) 今井潔, "スイスの永世中立", 日本憲法研究所(編), 永世中立の諸問題 (京都 : 法律文化社 1969), 84面.

나폴레옹의 침략으로 스위스의 중립이 일시 중단(1798-1813)되었으나 나폴레옹의 몰락(1813.10)과 더불어, 1813년 11월 18일 스위스 국민들은 "스위스가 모든 강대국들에게 공평한 중립을 유지할 것이며, 중립은 스위스 국민의 민족적 생존을 위한 보호 수단이므로 모든 가능한 수단을 사용하여 스위스의 중립을 보호할 것"이라고[55]하여 스위스의 중립 회복을 선언하였으며, 1814년 5월 30일 제1차 파리 강화 회의에서는 오직 스위스의 독립을 회복시키는 문제에 관해서만 논의되었으나, 비엔나 회의에 20명의 스위스 대표를 보내 회의참가국 8개국으로 하여금 스위스의 영세중립을 승인시켰을 뿐만 아니라 스위스의 영세중립을 8개국 보장하에 둘 것을 약속받기에 이르렀던 것이다.[56]

즉 1815년 1월 15일 비엔나회의에서 위촉된 스위스위원회는 다음과 같은 내용의 보고서를 작성 제출한 바 있다. 그것은 스위스의 영세중립을 승인하고 보장할 것을 유럽 강대국의 의무로 규정하고 특히 스위스의 중립과 불가침 그리고 모든 외세로부터의 독립이 유럽의 이익에 도움이 된다는 사실을 보충적으로 부연 설명하였다. 이 보고서는 당시까지 국내법에만 그 기초를 두었던 스위스의 중립에 국제법적 보장을 부여할 것을 권고하고 있다. 이 권고 제안에 따라서 동년 3월 20일 영국, 프랑스, 오스트리아, 프러시아(독일), 소련, 스페인, 포르투갈, 스웨덴 등 8개국[57]의 중립 보장국 선언에서 스위스의 영세중립을 승인할 것을 명시하자 스위스 의회는 5월 27일 그것을 수락하고 11월 20일 파리에서 「스위스의 영세중립 및 그 영토의 불가침의 승인과 보장에 관한 의정서」가 8개국에 의해 조인됨으로써 스위스의 영세중립이 국제적으로 보장되었고 그 영토의 보전과 불가침이 보장받게 되었

55) Edgar Bonjour, 앞의 책, p.48.

56) 日本國際問題研究所(編), 앞의 책, 163面.

57) 비엔나회의의 기구인 5개국위원회(영국, 러시아, 프러시아, 프랑스, 오스트리아)가 모든 것을 실질적으로 진행시켰지만, 형식상 8개국위원회(5개국 위원회 외에 스페인, 스웨덴, 포르투갈)가 있었다.

다.[58] 그 후 1848년 스위스 연방 헌법에 영세중립을 명확히 규정하였고, 1919년 베르사이유 조약에 의해 스위스의 영세중립은 재확인 받게 되었던 것이다. 그리고 1954년 11월 26일 스위스 정부의 스위스 중립에 관한 공식적인 성명에서 영세중립국이 준수해야 할 세 가지 주요 의무 사항을 제시하고 있다. 즉, ① 전쟁의 개시를 삼가야 하며, ② 자국의 중립을 방어해야 하며, ③ 미래의 항쟁에 개입될지도 모를 어떤 정책이나 행위도 피해야 한다는 것이다.[59]

오스트리아는 1918-1938년의 오스트리아 제1공화정 때, 집권당인 기독교사회당과 「오스트리아 공산주의」라는 급진적 정치 노선을 추구하는 사회민주당간의 격렬한 투쟁 속에서 기독교사회당의 사회민주당 제거는, 오스트리아의 나치에 의한 지배를 자초하게 되었다. 만일 사회민주당이 제거되지 않았다면 나치에 대항하여 기독교사회당과 사회민주당이 연합 전선을 형성하였을 것으로 보인다. 정당간의 지나친 적대감과 각 정당의 정치적 독단주의가 결과적으로 오스트리아의 자멸을 자초하였다고 할 수 있다. 이러한 쓴 경험이 중립화에 대한 비이데올로기적인 협력과 정치적 성숙과 결속을 가져왔다.[60]

1938년 독일에 합병된 후 1945년 7월 4일 미·소·영·불의 4개국에 의한 점령 관리가 시작되자, 연정 협약하에 인민당, 사회당, 공산당의 통일연립정부를 구성하여 연정의 모든 결정은 완전 합의에 의해서만 가능하게 하고, 레너(Karl Renner) 대통령의 중도적 입장에서의 좌·우파 간의 균형 유지를 통하여 국민적 합의를 가능케 하는 기반을 마련하였다.[61]

58) Edgar Bonjour, 앞의 책, pp.54-63.

59) Cyril E, Black, 앞의 책, pp.22-23.

60) Robert A. Bauer, "Austria 1918-38 - An Overview -", Robert A. Bauer(ed), The Austrian Solution (Charlottesville : The University Press of Virginia, 1982), pp.1-15.

61) Heinrich Siegler, Austria : Problems and Achievements since 1945 (Bonn : Siegler and Co. KG., 1969), pp.151-152. 당시 Karl Renner라는 사회당의 온건좌익 지도자와 Leopold

그리고 오스트리아는 영세중립에 기초한 독립을 획득하기 위하여 다음과 같이 노력하였다. 1947년 1월에 레너(Karl Renner) 대통령은 스위스형에 따른 중립이 오스트리아 독립 보장에 이바지할 것이라 하였고, 1949년에 피글(Leopold Figl) 수상도 오스트리아 정부는 블록에의 가담이나 혹은 외국 세력에의 의존을 고려하지 않는다고 하였다. 그리고 1951년에는 레너의 후임자인 쾨르너(D. Körner)도 영세중립이야말로 오스트리아의 국가적 독립을 지켜주고 장차 유럽에서의 전쟁을 피할 수 있도록 해줄 것이라 하였다. 1952년 4월 오스트리아 외상 그루버(Karl Gruber)는 오스트리아는 「국제적 중립」을 추구하며, 국제적 중립이란 전쟁에 참여할 수 없으며, 타국에게 군사적 이점을 제공할 수 없으며, 군사적 동맹에의 불가입을 포함한다고 하였다. 이는 1949년 4월 4일 창설된 NATO에 오스트리아가 완전 독립한 후 가입하게 될지도 모른다는 의구심을 가지고 있는 소련을 무마시킬 목적과 오스트리아 자신의 중립화 의도에 대한 소련의 반응을 파악해 보려는 것이다. 이어서 1953년 6월 Gruber는 인도 수상 Nehru에게 오스트리아 중립 실현을 위한 중개자로서의 역할을 맡아줄 것을 요청하여, 네루는 주소 인도대사 메논(K. P.S. Menon)을 통해 소련 외상 몰로토프(V.M. Molotov)에게 오스트리아의 영세중립의 열망을 전하게 하였다. 그리고 1954년 1~2월 사이의 베를린에서의 4대국 외상회의에서도 오스트리아 외상 피글은 오스트리아는 차후로 어떠한 외부의 군사적 영향력으로부터도 자신을 지킬 것이며 자국 영토내에 어떠한 외군 기지도 허용치 않을 것임을 밝히며 중립화 통일에의 결의를 분명히 하였다.[62] 그 결과 1955년 2월 8일 소련 외상 몰로토프의 오스트리아 중립화 시사가 있게 되었고, 이에 따라 오스트리아의 청원에 의해 1955년

Figl이란 인민당의 온건우익 지도자가 사실상 소련의 위협을 막기 위해 중립화하겠다는 결의를 다졌던 것이다.

62) Heinrich Siegler, 위의 책, pp. 26-27.

4월 15일 오스트리아와 소련 간에 「모스크바 각서」가 교환되었다. 모스크바 각서는 오스트리아 정부가 영세중립을 선언하며 오스트리아 영토불가침에 대한 보장을 받도록 노력하고, 소련 정부는 오스트리아의 중립선언이 발표되면 이를 승인하며 오스트리아 영토불가침에 대한 보장에 적극 참가할 것을 약속하고 있다.[63]

1955년 5월 15일 이 모스크바 각서에 다른 3개국도 동의하여 4개 점령국의 외무장관과 오스트리아 외무장관 사이에 「독립민주국 오스트리아 재건에 관한 국가조약(State Treaty)」이 체결되었다. 이 국가조약 체결을 위하여 오스트리아는 375회의 협상을 인내를 가지고 추진하였던 것이다.[64] 이 조약에서 4개국은 오스트리아가 주권적, 독립적 및 민주적 국가로 재건되었음을 승인하고(국가조약 제1조) 동시에 오스트리아의 독립과 영토 보전을 존중할 것을 약속하였다. 이에 따라 4개국 점령군은 1955년 10월 25일 완전 철수하였다.[65] 다음날인 1955년 10월 26일 오스트리아는 오스트리아 중립에 관한 사실을 연방헌법 조문에 규정함으로서 자진해서 영세중립을 선언하였다. 그 규정은 2개 조문으로 되어있는데, 제1조는 영세중립을 선언하고, 제2조는 그 실행 의무를 연방정부에 부여하고 있다. 즉, 제1조 제1항에서는 「외부에 대해 그 독립을 영구히 유지하고 또 그 영토를 불가침한 것으로 하기 위하여 오스트리아는 자유의사에 따라 영세중립을 선언한다. 오스트리아는 그 중립을 자국이 할 수 있는 바 모든 수단으로서 유지하며 또한 방어할 것이다」라고 규정하고, 제1조 제2항에서는 「오스트리아는 이 목적을 장래 영구히 확보하기 위해 어떠한 군사동맹에도 참가하지 않으며 또 자국영토상에 어떠한 외군 기지의 설치도 허용하지

63) Heinrich Siegler, 위의 책, pp. 192-194.
64) William B. Bader, Austria between East and West 1945-1955 (Stanford : Stanford University Press, 1966), p.186.
65) Heinrich Siegler, 앞의 책, pp.178-192.

않을 것이다」라고 규정하고, 제2조에서는 「이 연방헌법 규정의 집행 책임은 연방정부에 위임한다」고 규정하고 있다. 그리고 이 헌법 규정의 내용을 오스트리아와 외교관계를 맺고 있는 모든 국가에 통고하여 미·영·불·소를 포함하여 1955년 11월에서 1957년 3월 사이에 60여 개국으로부터 승인을 받았다.66) 이와 같이 각국의 개별적 승인이라는 형식으로 오스트리아는 영세중립이 확립되었다. 전후 연정 협약하에 통일 연방정부 구성을 시작으로 하여 오스트리아는 중립화를 실현시키기 위하여 10년이란 세월을 투자하였던 것이다. 이와 같이 스위스와 오스트리아는 국민적 합의의 조건을 충족시키고 있는 것이다.

(2) 중립화의 내적 조건의 두 번째로, 중립의 역사적 경험이나 그와 비슷한 전통이 있을 때 중립은 성공될 수 있으며, 그리고 시종 일관되게 지속적인(consistently) 중립정책 추구로 중립에 대한 신뢰(credibility)와 존중(respectability)을 주변 열강들로부터 확보할 수 있을 때 중립은 지속될 수 있다는 조건이 제시되고 있다.67) 이에 대한 경험적 적실성을 살펴보도록 하겠다. 그런데 중립에 대한 신뢰와 존중의 문제는 직접적으로는 한반도와는 관계되지 않으나 중립화를 위해서는 중요한 문제이기 때문에 이에 대해서도 보기로 한다. 특히 오늘날의 중립은 이러한 적극적인 중립의 양상을 띠고 있다. 평시의 지속적인 중립정책이 전시에도 중립을 유지할 가능성에 대한 신뢰와 존중을 가져오는 것이다.68)

먼저 중립의 역사적 경험이나 전통의 조건에 대한 경험적 적실성을 살펴보도록 하겠다. 국토의 협소함과 자원 빈곤에 비하여 인구 과

66) Heinrich Siegler, 위의 책, pp.29-30.
67) 田岡良一, 앞의 논문, 162-164면.
68) Efraim Karsh, 앞의 책, p.36.

잉에 고민한 스위스가 인력 해외 진출의 한 방편으로 용병을 유럽 주요국에 공평히 공급했던 것이 스위스의 중립적 특수 지위를 인정하게 했던 주요 요인의 하나이다.[69] 그리고 스위스가 최초로 중립국이 될 것임을 결정한 것은 1516년 마리그나노(Marignano) 전투에서 프랑스에게 패배한 이후부터이다. 30년 종교전쟁(1618-1648)을 경험하고 외국군의 무해 통과권을 중대한 안보 위협으로 간주하여 외국군의 스위스령 통과의 권리를 인정하지 않고 이를 무력으로 저지할 것이라고 결의하고 이를 엄격히 실천하였다.[70] 1648년 웨스트팔리아 조약에 의하여 스위스의 독립과 중립을 정식으로 승인받게 되었던 것이다.[71]

그리고 프랑스와 오스트리아간의 전쟁(1688~1697)에는 프랑스와 오스트리아 양국이 공히 스위스의 완충 지대화를 원하고 있음을 기회로 스위스는 다음과 같은 내용의 조약을 맺었다. 즉 양국에 용병을 공급하되 방위 목적에만 사용하고 스위스 병사 상호간에 대전을 시키지 않는다는 것을 조건으로 하고, 또 양국의 요청과 양국의 비용으로 스위스의 북부 콘스탄쯔 지방에 스위스군을 파견하여 국경을 방위한다는 것이다. 이어서 스페인 왕위계승 전쟁(1701~1714)과 폴란드 왕위계승 전쟁(1735~1737) 오스트리아 왕위계승 전쟁(1740~1748) 그리고 7년 전쟁(1756~1763)등에서 중립을 유지하였다.[72] 그러나 1798년 프랑스의 강제에 의해 프랑스와 동맹조약을 체결함에 따라 스위스는 프랑스가 참가하는 모든 전쟁에 가담하여야 하며 스위스 내에 2개의 군사도로를 프랑스에 제공할 의무가 부과되었던 것이다. 이와 같이 나폴레옹의 침략으로 스위스의 중립이 일시 중단되었으나, 나폴레옹의 몰락

69) 今井潔, "スイスの永世中立", 日本憲法研究所(編), 永世中立の諸問題 (京都 : 法律文化社 1969), 81面.

70) 日本憲法研究所(編), 위의 책, 84-87面.

71) 高山岩男, 앞의 책, 186面.

72) Edgar Bonjour, 앞의 책, p.26.

과 더불어 1813년 다시 중립 회복을 선언하였으며 1815년 비엔나회의에서 스위스의 영세중립을 승인받고 보장받기에 이르렀다.

그 후 1870년 프랑스와 프러시아간의 전쟁에도 스위스는 중립을 옹호할 것을 선언하고 그 영토에 피난한 8만명 이상의 프랑스 군대를 무장 해제하여 전쟁이 종료될 때까지 억류하였다. 제1차대전 때에도 전쟁이 발발하자 스위스는 중립을 선언하였을 뿐만 아니라 1917년 2월 미국이 독일과 외교 관계를 단절하고 스위스에게도 동일하게 행동을 취하도록 권고하였으나 스위스는 이에 응하지 않고 중립을 유지하였으며, 제2차 세계대전 중에도 스위스는 중립 유지에 성공하였던 것이다.

그런데 오스트리아의 경우는 스위스와는 달리, 중립에 대한 역사적 경험이나 전통 없이 중립화된 국가이다. 이렇게 볼 때 중립의 역사적 경험이나 전통은 필수적인 조건은 아니라고 할 수 있다.

다음으로 중립에 대한 신뢰와 존중의 조건에 대한 경험적 적실성을 살펴보도록 하겠다. 직접적으로 한반도와는 관련이 없으나 중립의 전통과 중립에 대한 신뢰와 존중은 유기적 관계가 있으므로 여기서 언급하고자 한다. 중립에 대한 신뢰와 존중이 곧 중립의 전통을 형성하는 것이기 때문이다.

중립의 규범으로서 균형(Symmetry)은 중요하다. 그런데 스위스나 오스트리아의 다원주의적 민주주의 정치체제는 근본적으로 서구 사회와의 관계와 의존 속에 있다. 스위스 공산당은 1947년 선거에서 5%의 득표율을 보인 이후 3% 정도로 득표율이 떨어져 있다. 오스트리아에는 공산당의 지지가 거의 없다.[73] 경제적 관계와 의존도 서구 자본주의 시장경제 체제와 밀접히 관련되어 있고 동구와는 그 관계가 약하다. NATO 국가들과의 스위스, 오스트리아의 무역은 약 60~75%인 반면, 바르샤바 조약 국가들과의 무역은 스위스 3~5%, 오스트리아 10% 정도이다. 무기구입 면

73) Harto Hakovirta, 앞의 책, p.45.

에서 보면 스위스는 항공기를 미국과 영국으로부터, 미사일을 미국, 프랑스, 스웨덴으로부터 구입하였다. 오스트리아는 미국으로부터 탱크와 헬리콥터를, 이스라엘로부터 전투폭격기를 구입하였다.74) 이러한 기능적인 서구 의존에도 불구하고, 엄격한 중립정책 추진이 중립을 가능케 하고 있다.75) 그리고 적극적인 평화구축(평화에 대한 적극적 기여)이 그 바탕이 되고 있다. 중립의 의무는 이데올로기적인 면이 아니라 실제적인 군사적이고 외교적인 면에서 균형과 공평성을 유지하는 것이다.76)

〈표 2-4〉 스위스와 오스트리아의 총무역량에서 NATO와 바르샤바 조약국과의 무역이 차지하는 비율(%)

구 분	스위스	오스트리아
NATO countries 1948	61	70
1958	72	67
1968	71	65
1978	67	65
1982	76	67
WP countries 1948	6	13
1958	3	12
1968	3	12
1978	4	11
1982	4	10

※ 자료 : Harto Hakovirta, 앞의 책, p46.

74) 위의 책, p.48.

75) 중립국 스스로 중립을 가치있고 필요한 것으로 만들어야 중립을 지켜 나갈 수 있다는 것이다.

76) Harto Hakovirta, 위의 책, p.98. Efraim Karsh, 앞의 책, p.38.
그리고 참고적으로 중립국가의 수와 중립입장의 동질성에 대해 보면, 중립국가의 수가 증가할 때 중립입장의 동질성은 감소하는 경향 있고, 중립국가의 수가 감소할 때는 중립입장의 동질성은 증가할 것이다. 중립국의 수의 증가는 중립국 간의 중립 역할에 대한 경쟁을 증가시키고 현 중립국들도 새로운 중립국을 부정적으로 볼 것이다. 그러나 중립국가의 증가는 국제정치에서 중립의 목소리를 강화시켜 줄 것이다. Harto Hakovirta, 위의 책, p.57.

여기서 동서 냉전에 대해 오스트리아와 스위스가 어떠한 태도를 나타냈으며, 어디까지가 중립에 대한 신뢰와 존중을 파괴하지 않고 있는가를 검토하고자 한다. 동서 위기는 중립국들에게는 엄격하게 중립을 지킬 수 있는 의지와 능력이 있는지를 시험하는 기회가 되었다. 동서 냉전을 미·소를 중심으로 한 냉전 위기, 소련의 개입으로 인한 위기, 미국의 개입으로 인한 위기, 국제화된 제3세계의 위기로 나누어, 이에 대한 스위스와 오스트리아의 태도를 살펴보면 다음과 같다.

① 먼저 미·소를 중심으로 한 냉전 위기로서는 베를린에 대한 1948~1949년의 소련의 베를린 봉쇄, 1958년의 소련에 의한 4강국의 베를린 점령 종결과 서베를린의 비군사지역도시화 요구, 1961년의 소련 탱크의 동·서 베를린 경계선 배치 문제, 1958년 대만 소유의 금문도와 마조도를 중국이 위협하자 미국정부가 대만해협에 대규모 해군을 파견하였고 소련이 전쟁 직전 상황임을 경고한 사태, 1961년 쿠바에서의 소련 미사일기지 건설에 대한 미국 공군과 해군의 봉쇄 문제를 들 수 있다. 오스트리아는 쿠바 위기 때 소련이 이 사태에 책임이 있다는 미국 주장에 동조하기를 회피했다.[77] 이러한 5차례의 위기에 대해 스위스와 오스트리아의 태도는 <표 2-5>와 같다.

77) Harto Hakovirta, 위의 책, pp. 151-156.

〈표 2-5〉 미·소를 중심으로 한 5차례의 냉전 위기에 대한 스위스와 오스트리아의 태도

구 분	스위스	오스트리아
Berlin 1948-1949	-	-
Berlin 1958-1959	-	-
Berlin 1961	-	-
금문도 마조도 1958	-	-
Cuba 1961	-	U

※ Bias
- = Unclassifiable
U = Unbiased or balanced
W = Weakly biased
M = Moderately biased
S = Strongly biased

※ PW = Pro-West, Pro-US anti-East anti-USSR
PE = Pro-East, Pro-USSR anti-West anti-US

② 소련개입으로 인한 위기로는, 1956년 헝가리 사태와 1968년 체코 사태 1969~1988까지의 아프가니스탄 사태가 있다. 그런데 1956년 헝가리 사태는 오스트리아의 중립을 시험하는 최초의 시련이었다. 이때 오스트리아는 국경 경비를 강화하고 미국, 영국, 프랑스, 소련의 무관들을 국경지대 시찰에 초대하고 오스트리아가 국제법과 헌법에 기초한 중립주의를 성실히 수행하기 위해 적절한 조치를 취하고 있음을 확인시켰다. 오스트리아 국경을 넘어온 헝가리군을 무장 해제시키고 연금시키는 조취를 취했으며 이들이 타고 온 군용 차량을 헝가리국의 정부 재산으로 인정한 바 있다. 오스트리아의 신문도 자율적 규제를 통해 보도에 냉정을 기하는 조치를 취했다.78) 이어서 1968년의 체코 사태도 오스트리아의 중립을 시험하는 기회가 되었다. 오스트리아는

78) Thomas O. Schlesinger, Austrian Neutrality in Postwar Europe (Wien : Wilhelm Braumüller, 1972), pp.50-51.

헝가리와 체코 사태 때 소련에 대해 헝가리와 체코에 대한 군사적 적대 관계와 유혈 사태의 종식을 요구하였고 평화회담 주선의 용의를 표명하였다. 아프가니스탄 사태에 대하여는 아주 강한 비판을 하였다.[79]

〈표 2-6〉 소련의 개입으로 인한 3차례의 위기에 대한 스위스와 오스트리아의 태도

구　분	스위스	오스트리아
헝가리 1956	M(PW)	M(PW)
체코 1958	M(PW)	M(PW)
아프가니스탄 1969-1988	S(PW)	S(PW)

③ 미국의 개입으로 인한 3차례의 위기로는 레바논-요르단 사태, 도미니카공화국 문제, 베트남 문제가 있다. 먼저 1958년의 레바논-요르단 사태도 오스트리아의 중립을 시험하는 또 하나의 기회가 되었다. 이때 미국이 보병 사단을 오스트리아 영공을 통과해서 터키로 수송하자 소련은 제트 전투기를 오스트리아에 제공하려 하였다. 이는 이라크에서 친서구 정부의 붕괴 위기로 미국과 영국이 레바논과 요르단에 각각 군대를 파견하는 과정에서 발생한 문제이다. 이 당시 오스트리아는 소련의 제안을 거부했고 미국으로부터는 사과와 영토 주권 존중에 대한 보장을 얻어냈다.[80] 거기다가 1960년대 초에는 소련이 오스트리아의 중립에 대한 보증인을 자처하고 나서자 서구 진영의 항의가 있었으나 오스트리아의 능동적인 적극적 중립정책으로 이를 극복했다. 그리고 1965년의 도미니카공화국에서 좌파군 격퇴를 위한 미국 개입과 1965~1975년 사이의 미국의 월남 지원이 있었다. 그런데 오스

79) Harto Hakovirta, 앞의 책, pp.161-167.
80) Thomas O. Schlesinger, 앞의 책, pp. 121-122.

트리아는 월남에 대한 미국의 적극 개입이 월남 사태를 오히려 더욱 악화시킨다고 비난하였다.81)

〈표 2-7〉 미국의 개입으로 인한 3차례의 위기에 대한 스위스와 오스트리아의 태도

구 분	스위스	오스트리아
레바논 - 요르단 1958	-	U
도미니카공화국 1965	-	-
베트남 1965 - 1975	U	M(PE)

④ 제3세계의 위기로는, 먼저 친미 정권과 친소 정권 수립을 위한 경쟁이 문제되었던 1960~63년의 콩고 사태, 쿠바·자이레 남아프리카의 군사 개입으로 국제적 내전이 된 1975~1977년의 앙골라 사태, 친 동구 정권인 헹삼린과 친서구인 폴포트간의 1978~1980년의 캄푸치아 사태가 있으며, 이에 대해 오스트리아는 친서구적인 태도를 나타내었다.82)

〈표 2-8〉 국제화된 3차례의 제3세계의 위기에 대한 스위스와 오스트리아의 태도

구 분	스위스	오스트리아
콩고 1960-1963	-	W(PW)
앙골라 1975-1977	-	U
캄푸치아 1978-1980	-	S(PW)

이상의 14차례의 동·서간의 위기에 대한 스위스와 오스트리아가

81) Harto Hakovirta, 앞의책, pp. 173-178.
82) 위의 책, pp. 188-198.

취한 입장은 <표 2-9>와 같다.

〈표 2-9〉 14차례의 동·서 간의 위기에 대한 스위스와 오스트리아가 취한 입장

구 분		스위스	오스트리아
입장을 취하지 않음 No stand		10	5
공평한 입장 Unbiased stand		1	3
서구편향 Western bias	약한 편향 Weak	-	1
	중간정도의 편향 Moderate	2	2
	강한 편향 Strong	1	2
동구편향 Eastern bias	약한 편향 Weak	-	-
	중간정도의 편향 Moderate	-	1
	강한 편향 Strong	-	-
계		14	14

이러한 14차례의 위기에 대하여 스위스와 오스트리아가 취한 공평 또는 편향된 입장의 비율은 <표 2-10>과 같다.

〈표 2-10〉 14차례의 동·서 간의 위기에 대해 스위스와 오스트리아가 취한 공평 또는 편향된 입장의 비율(%)

	스위스	오스트리아
공평한 입장	79%	57%
불공평한(편향된) 입장	21%	43%

※ 공평한 입장 = No stand와 Unbiased stand 포함.

이와 같이 미·소 냉전과 직접 관련된 문제에 대해서는 입장을 취하지 않는 편이고, 미국의 개입에 대하여는 대체로 약한 입장을 취하

나 소련의 개입에 대한 문제에는 훨씬 강한 입장을 나타내고 있다. 제3세계에 대해서는 스위스와 오스트리아가 입장이 다르다. 위의 표에서와 같은 정도의 공평한 입장과 편향된 입장은, 중립에 대한 신뢰와 존중을 파괴하지 않음을 보여주고 있다 할 것이다.

그리고 스위스와 오스트리아는 동서 갈등의 조정자로서 기여하여 동서 갈등 중재자 역할(bridge-building)과 조정·중재·화해(mediation)와, 제네바와 비엔나와 같은 훌륭한 국제회의 장소를 제공하여 중립에 대한 존중을 향상시키고 있다.[83)] 예를 들면 비엔나에 국제원자력기구(IAEA)의 본부가 있다. 오스트리아는 UN에 가입한 후 비엔나를 UN활동이나 UN이 주최하는 국제적 행사의 중심지로 제공하고 있다. 오스트리아의 UN 가입문제는 1955년 오스트리아 국가조약 협상 과정에서 사실상 안보리 4개 상임이사국인 조약 당사국에 의해서 정치적 약속을 받았다. 1955년 4월 모스크바각서 협상과정에서 소련측으로부터 오스트리아 영세중립과 UN 가입에는 어떤 모순도 없다는 확약을 받았다.[84)] 오스트리아 외상 크라이스키(Kreisky)는 오스트리아가 UN에 가입하는데 대하여 여러 가지 이론이 있었으나, 가입하는 것이 최대의 안전 보장이라는 생각에서 단행한 것이라고 한다. 중립화가 국가의 독립과 영토를 존중하여 침해하지 않는다는 의미를 당연히 갖는 것이지만, 그 위에 UN의 보장이 있으면 더욱 안전하다는 것이었다. 그리고 SALT I 협상은 비엔나에서 개최되었고, SALT II는 제네바에서 개최되어 SALT II 협정체결은 비엔나에서 행해진 바 있다.[85)]

---

83) Thomas O. Schlesinger, Austrian Neutrality in Postwar Europe (Wien : Wilhelm Braumüller, 1972), pp.142-143.

84) Harto Hakovirta, "The Soviet Union and the Varieties of Neutrality in Western Europe", World Politics, Vol.35 (July 1983), pp.63-86.
Josef L. Kunz, "Austria's Permanent Neutrality", American Journal of International Law. Vol.50 (April 1956), p.424. 경제적, 군사적 제재에 참가하지 않는다는 것을 전제로 하고 있다.

85) Robert A. Bauer, The Austrian Solution (Charlottesville : The University Press of Virginia,

스위스는 UN 가입 문제에 대해, UN이라는 집단안전보장 체제는 중립과 양립하지 않는다고 보고 UN 가입을 포기하고 있으나 비정치적인 UN의 모든 산하기관 즉 UN 총회의 각종 보조기관과 대부분의 UN 전문기구와 긴밀한 관계를 유지해 오고 있으며 국제평화 유지에 충실하고 있다.86) 그리고 스위스는 국제적십자 위원회 활동을 주도적으로 수행하여 전쟁이나 폭력 상황에 대하여 옳고 그름의 입장 표명을 회피하고 인도주의에 입각하여 공평성을 가지고 인간 고통을 치유한다.87) 특히 한국정전협정체결의 적극적인 역할을 수행하였었다. 제2차대전 동안에는 35개국이 스위스 정부에 적국에 있는 자국의 포로들을 보호해 주기를 요청하였고, 이에 스위스 정부는 40척의 선대(船隊)로 적국에 있는 포로들의 음식물 개선을 위해 노력하였고 제네바에 있는 국제적십자사는 2차대전과 관련된 1500백만에 달하는 시민과, 군사포로, 실종자 명단을 작성하기도 하였다.88)

1982), p.186.

86) 그 이유는 국제연맹에서의 경험 때문이다. 즉 1차 대전 종결 후 "스위스는 국제연맹 규약을 파괴하는 국가에 대한 경제적, 재정적인 제재에는 참가할 수 있으나 결코 어떠한 군사적 행동에의 참여나 외국군의 영토 통과 승낙 및 영토 내에서의 군사작전 준비 허용 등은 할 수 없다"는 단서 아래 국제연맹 회원국이 되었으나, 1935년 에티오피아를 침공한 무솔리니와 1938년에 오스트리아를 침략한 히틀러에 대한 경제적 제재조치에 참가한 이후 스위스는 장차 어떠한 방식의 제재에도 참여하지 않을 것임을 결의하였다. 이 공약은 1938년 5월 14일 국제연맹총회에 의해 승인되었으며 그 내용은 다음과 같다. "영세중립에 따른 스위스의 특수한 상황을 고려하여 국제연맹은 차후 스위스가 국제연맹규약에 따른 어떠한 방식의 제재조치에 참가하도록 요구받지 않을 것임을 선포한다." 이러한 국제연맹에서의 경험으로 스위스는 국제연합에는 가입하지 않았다. 그리고 당시의 여론조사에 의하면 일반적으로 스위스 국민의 1/3은 UN가입에 찬성하고, 1/3은 반대하고, 다른 1/3은 UN가입문제에 관심조차 없는 것으로 나타났었다. Cyril E, Black et al, 앞의 책, pp.51-52.
그런데 스위스는 국제정치 환경의 변화에 따라, UN을 평화와 안전을 증진시키기 위한 기구로 보고 2002년 UN에 가입하였다.

87) Albert Weitnauer, "Switzerland's Foreign Policy Today", Aussen Politik. Vol.28, No.2 (1977), p.125.
냉전 종식후 국제 정치 영역도 변화하여, 안보적인 이슈는 오직 군사적인 영역에만 있는 것이 아니라 다양하고 복합적인 것이 되었다. 예를 들면 스위스는 현재 테러리즘, 대량 살상무기 확산, 약물, 조직적인 범죄, 환경오염, 인종갈등 등의 문제해결에 적극 나서고 있다.

이와 같이 스위스는 중립의 전통이 있으나 오스트리아는 중립의 전통이 없다. 그러나 오스트리아는 중립화 이후에는 스위스와 마찬가지로 일관되게 중립에 대한 신뢰와 존중을 확보해오고 있다. 이 점은 한반도 중립화를 위해 시사해 주는 바가 크다고 할 수 있다.

(3) 중립화의 내적 조건의 세 번째로 독력으로 중립과 독립을 유지할 수 있는 효과적인 방위력을 보유하여야 한다는 조건이 제시되고 있는데 이에 적실성이 있는지를 검토해 보고자 한다. 자체의 방위력으로 외세의 개입을 제어하고 침략에 효과적으로 대처할 수 있는 능력이 있어야 한다.[89)]

스위스는 30년 전쟁 기간 동안 가톨릭과 프로테스탄트간의 대립으로 국내 세력과 외국 세력이 연계됨에 따라, 국내의 분열과 외세 개입의 위험성을 제거하기 위해 연방諸주의 공동 방위의 필요성을 절실히 느끼고 1647년 처음으로 3만 6천명의 군인을 소집하여 연방군을 결성하여 무장 중립의 전통을 형성하기 시작하였다.[90)] 그 후 1907년에 20만 예비군을 포함한 28만의 군 병력을 창설하였고, 1차대전 때에는 20만을 동원하였고, 2차대전 때에는 현역 40만명을 동원하였으며 예비군과 국민군을 합쳐 85만에 달하는 철저한 방어 태세를 갖추었었다. 어떤 교전국도 다른 전선에 배치된 상당 규모의 병력을 철수하지 않고서는 스위스를 침공할 수 없을 정도의 군사력을 보유하고 있었다.[91)] 물론 전면전에서 스위스는 독일에게 패할 수밖에 없지만, 1차대전 당시 독일은 "스위스를 경유한" 프랑스에 대한 공격은 이익보다

88) Max Habicht, "The special position of Switzerland in International affairs", International Affairs Vol.29 (1953), p.460.
89) 高山岩男, 앞의 책, 139-140面. Efraim Karsh, 앞의 책, pp. 155-169.
90) Edgar Bonjour, 앞의 책, p.30.
91) Cyril E, Black, 앞의 책, p.39.

손실이 더 클 것으로 판단했던 것이다.[92)]

스위스의 경우, 모든 남자는 병역의 의무를 지고 있으며 20~36세까지 현역(전투군), 37~48세까지 후방 예비군(국경여단에 투입, 요새에 배치), 49~60세까지는 국민국(경계근무)으로 복무하게 되어 있었으나, 1960년부터 20~32세까지 현역, 33~42세까지 후방 예비군, 43~50세까지 국민국으로 실시하였다.[93)] 이후 1995년 스위스연방 군대 조직법 개정으로 군복무 기간이 20~50세(30년)에서 20~42세(22년)로 대폭 줄어들었고, 과거 연령대별로 현역, 후방 예비군, 국민군의 3가지 종류로 나누던 부대구분을 없앴다. 교육일수는 20세에 입대하여 118일간, 그 후 현역 중에 3회 소집되어 1회에 20일간씩 그리고 후방 예비군 중에 3회 소집되어 1회 13일간씩 합계 317일간의 교육을 받도록 되어있었다.[94)] 이것도 1995년 스위스연방 군대조직법 개정 후에는 20세가 된 스위스 남성은 15주 동안 신병 교육을 받은 후, 42세까지 매 2년마다 19일씩 10회(총 293일) 병과 훈련을 받거나 매년 12일씩 16회(총 295일) 병과 훈련을 받도록 되어 있다.

그리고 전쟁 발발 48시간이내 65만 명을 동원할 수 있는 국민 총동원형 민병제이며, 무기, 장비, 탄약을 개인이 유지 관리하여 동원시 완전 무장으로 즉각 전장에 투입할 수 있도록 준비되어 있다. 스위스의 국방은 '전면방위'라는 개념으로 총괄되고 있다.

통계에 의하면 1953~1966년 사이의 스위스의 군사비 지출은 <표 2-11>에서와 같이 연방정부 예산의 30% 정도로 정하고 있고 국민소득(GNP) 중 군사비가 차지하는 비율은 3.0% 정도이다. 그리고 스위스

---

92) Cyril E, Black, 위의 책, p.36.

93) George A. Codding, "The New Swiss Military Capability" Foreign Affairs Vol.40, No.3 (April 1960), pp.490-492.

94) 田岡良一, 앞의 논문, 165面. 안성호, "스위스의 민병제와 민방위", 스위스연방민주주의 연구 (서울: 대영문화사, 2001), 394면.

의 방위산업은 탱크, 경비행기, 소형무기를 생산하고 있으며, 식량, 의약품, 연료(가스, 석유), 윤활유와 같은 전략적 비축물을 평화시 소비의 6~12개월에 달하는 양을 비축해 놓고 있어 경제적 방어 체제도 갖추고 있다.[95]

〈표 2-11〉 스위스의 방위비 지출 (1953~1966)

(단위는 1억 스위스·프랑)

구분	국방비(A)	연방정부예산(B)	국민소득(C)	A/B(%)	A/C(%)
1953	7.752	18.840	207	41.2	3.7
1954	6.881	19.592	221	35.1	3.1
1955	7.495	19.487	234	38.5	3.2
1956	6.816	19.636	250	34.7	2.7
1957	9.301	22.382	264	41.6	3.5
1958	10.091	26.432	272	38.2	3.7
1959	9.724	24.824	290	39.2	3.4
1960	9.241	26.011	313	35.5	3.0
1961	10.959	32.671	349	33.5	3.1
1962	12.641	36.842	388	34.3	3.3
1963	13.163	40.830	423	32.2	3.1
1964	14.655	48.566	466	30.2	3.0
1965	15.329	49.203	501	31.2	3.1
1966	16.693	58.672	-	28.5	-

※자료 : 高山岩男, 앞의 책, 212-213面.

95) Hans Vogel, "Switzerland and the New Cold War", in Bengt Sundelius(ed.), The Neutral Democracies and the New Cold War (Boulder, Colorado : Westview, 1987), p.106.

물론 현대의 공포의 균형 속에서 핵무기의 파괴력은 중립 방어 노력과 전쟁에 대한 공평, 불개입에 대해 의문을 제기하게 되었다.96) 핵무장이 중립에 대한 신뢰를 침해하는 문제가 있기는 하지만97) 중립 수호를 위한 현대적 방어력 강화를 위해 핵병기가 불가피한 것이라고 스위스 연방정부는 1958년 7월 11일 다음과 같은 성명을 발표했다. "국방 문제에 관한 수세기의 전통을 충실히 답습하는 연방정부는 스위스군으로 하여금 우리의 독립을 유지하고 우리의 중립을 수호하기 위한 가능성을 증대시키는 보다 유효한 제 수단을 채용해야 된다는 결론에 도달하였다. 원자(原子)병기는 이러한 수단의 일부를 이루고 있는 것이다."98) 이어서 1960년에는 스위스연방의회는 핵병기를 보유할 것을 결의하였다. 그런데 단 하나의 전술핵탄두는 7200문의 대포가 3분간 포격을 가하는 위력을 내며, 또는 30만의 군인과 800트럭분의 탄약을 요하는 군사 행동에 해당된다.99) 스위스연방회의는 1962년 3월 「핵병기의 제조, 수입, 운반, 저장 등을 금지」하는 헌법개정안을 찬성 4주, 반대 21주로 부결시켰으며, 동년 10월에는 스위스 연방정부는 핵전쟁에 대비하여 연간 20만명의 핵대피호 건설 12년 계획을 발표하였으며, 현재 전체 인구의 85%가 대피할 수 있는 시설을 갖추어 놓고 있다.100) 그런데 1963년부터 유럽 정세가 안정화되면서 핵무장론은 정체 상태에 있다고 할 수 있다.101) 소련은 핵무장 능력은 영세중립으로부터의 이탈을 의미한다고 보고 있다. 핵무기로 무장된 중립국가는 갈등 발생 때에는 중립을 요구할 어떠한 권리도 없다는 것이

96) Harto Hakovirta, 앞의 책, p.40.
97) Efraim Karsh, 앞의 책, p.174.
98) L. Beaton and J. Maddox, The spread of nuclear weapons (London : Chatto & Windus, 1962), p.162.
99) Gustav Däniker, Strategies des Kleinstaats (Frauenfeld : Verlag Huber, 1966), p.162.
100) Efraim Karsh, 앞의 책, p.179.
101) 高山岩男, 앞의 책, 214面.

다.[102] 그런데 원자력 발전 능력과 원자로 현황으로 미루어 볼 때 스위스뿐만 아니라 오스트리아도 핵잠재능력 국가라 볼 수 있다.[103]

위와 같이 스위스는 언제든지 전쟁을 수행할 수 있는 준비가 되어있다는 것을 보여줌으로써 전쟁을 방지하고 있다고 할 수 있다. 그런데 오스트리아는 스위스에 비해 방위비 지출도 낮고(현재 NATO국가들의 방위비의 평균의 절반도 안되는 수준임) 상대적으로 무장 중립 정도로 약하다.

〈표 2-12〉 스위스와 오스트리아의 군사력 비교

구 분	오스트리아	스위스
동원가능한 군인수	24만	64만 5천
총인구중 동원가능한 군인수의 %	3.2%	9.8%
탱크(대)	170	875
장갑차(대)	460	1,475
전투기(대)	32	295
GNP의 방위비 지출 %	1.3%	2.3%
1인당 방위비 지출액 $	106 $	301 $

※ 1987년 기준 통계
※ 자료 : The military balance 1986-1987, 1987-1988
(The International Institute for Strategic Studies)

이러한 문제를 극복하고자 오스트리아는 1975년 게릴라전술을 도입하였고, 1985년부터는 군사력 확장을 위해 적극 노력하고 있으며 전면방어를 목표로 삼고 있다.[104] 핵무기와 관련하여, 오스트리아 국

102) P.M. Vigor, The Soviet View of War, Peace and Neutrality (London : Routledge & Kegan Paul, 1975), p.180.
103) 이호재, 핵의 세계와 한국핵정책 (서울 : 법문사, 1987), 223-227면.
104) H. Neuhold, "Austrian Neutrality on the east-west axis", in K. Birnbaum and H. Neuhold

가조약 13조는 대량 파괴를 가능케 하는 핵무기를 금지하고 있어, 13조에 대한 오스트리아의 무장중립을 위한 재해석 요구를 소련은 거부하였다.105)

그리고 오스트리아와 스위스의 주변 국가들과 비교한 방위비 지출은 <표 2-13>과 같다.

〈표 2-13〉 주변 국가와 오스트리아 및 스위스의 방위비 지출 비율 (1968년도 기준)

구 분	1인당 방위비 지출액(1968년도)	GNP의 방위비 지출%(1968년도)	1968년도 GNP (단위:billions)
오스트리아	19 $	1.2%	$ 11.3
스위스	68 $	2.5%	$ 16.9
핀란드	27 $	1.8%	$ 7.2
스웨덴	128 $	3.8%	$ 26.5
노르웨이	84 $	3.8%	$ 8.5
덴마크	60 $	2.3%	$ 12.5
유고슬라비아	24 $	5.7%	$ 9.6

※자료 : Thomas O. Schlesinger, Austrian Neutrality in Postwar Europe (Wien : Wilhelm Braumüller, 1972), p.124.

이렇게 볼 때 스위스는 무장중립이나, 오스트리아의 경우는 사실상의 비무장중립으로 볼 수 있기 때문에 국방력은 필수적인 조건은 아니라고 할 수 있다.

(eds), Neutrality and Nonalignment in Europe (Vienna : Braumüller for Austrian Institute for International Affairs, 1982), pp.65-67.

105) Efraim Karsh, 앞의 책, p.150.
그리고 국가조약 13조는 핵무기 외에, 유도탄, 수뢰, 잠수함, 시정거리 30Km이상의 화기와 같은 무기 형태에 대해서는 제한을 둔다. 따라서 오스트리아의 중립을 사실상의 비무장중립으로 보기도 한다. 田畑忍, 非戰··永世中立國 (東京 : 法律文化社 1981), 76面.

(4) 중립화의 내적조건 중 4번째는 경제적 자립이 어느 정도 이룩되어 어떤 특정국에 의존하지 않도록 되어야 한다. 중립에 대한 신뢰를 파괴할 정도로의 특정국과의 긴밀한 경제적 유대 관계는 피해야 한다[106]는 조건에 대한 적실성을 검토해 보고자 한다.

스위스와 오스트리아는 고도의 산업 국가들로 경제적 완전자립이 이룩되어 있다. 그리고 이러한 경제자립에는 산업부문에서의 식량자급자족 문제도 포함된다. 중립국은 장기전으로부터 생존하기 위해 농업부문 식량자급자족이 필요하다. 왜냐하면 어느 일방에 식량을 의존하게 되면 중립에 대한 신뢰를 파괴하기 때문이다.[107] 스위스와 오스트리아는 이점도 완전히 충족시키고 있다.

스위스와 오스트리아가 1961년 10월에 경제적, 정치적 통합을 지향하는 EEC에 준회원 자격으로 가입하자, 소련은 오스트리아에 대해 오스트리아 국가조약과 모스크바 각서의 영세중립 의무에 위배된다는 견해를 고수했다. 즉, ① EEC는 NATO의 한 수단이므로 EEC참가는 평화시라 하더라도 NATO를 지원하는 결과를 초래한다. ② NATO와의 유대는 전시에 중립을 유지할 수 없게 하며, 더구나 중립국 영토가 NATO의 군사적 목적을 위해 사용될 위험이 있다. ③ EEC참가는 중립국의 주권과 독립을 구속하고 동구진영국가들에 대한 차별 없는 무역이 어렵다.[108]

그러나 스위스와 오스트리아는 EEC와의 조약체결 협상에서 영세중립을 위한 유보조항을 포함시킴으로써 이러한 문제를 극복하였다. 정치·군사적 성격의 유대가 아닌, 경제적 유대 관계만 허용하는 것이

---

106) Robert A. Bauer, 앞의 책, p.166., Cyril E, Black, et al., 앞의 책, p.23.

107) David E. Bohn, "Neutrality-Swizerland's Policy Dilemma : Options in the New Europe", ORBIS, Vol.21, No.2 (1977), p.347.

108) Daniel Tarschys, "Neutrality and the Common Market : the Soviet View", Cooperation and Conflict Vol.7 (1971), p.169. 伊津野重滿, 永世中立と國際法 (東京 : 學陽書房, 1982), 141-145面.

다.[109] 그런데 스위스와 오스트리아가 창립 회원국인 European Free Trade Association(EFTA)와 같은 조직은 문제시 되지 않는다.[110] 이와 같이 스위스와 오스트리아는 경제적 자립의 조건을 충족시키고 있다.

(5) 중립화의 내적 조건으로서 5번째는, 약소국[111]이며 현상유지국이어야 한다는 조건이 제시되고 있는데[112] 적실성을 검토해 보고자 한다. 대국은 중립을 하기가 어렵다. 대국 자체가 대부분 분쟁의 당사자이기 때문이기도 하고 다른 나라에 분쟁이 있는 경우에도 대국은 그곳에 이해관계를 많이 가지고 있어 개입하는 경우가 많기 때문이다. 설사 일시적인 중립을 특정 시기에서 취한다고 해도 영세중립을 할 수는 없다. 이와는 달리 약소국은 강대국으로부터의 희생과 연합이 두렵기 때문에 어느 한편에 서지 않으며 영세중립을 지향할 수 있고 그 경우 성공할 수 있는 것이다. 강대국은 스스로의 힘으로 독립과 영토 보전을 할 수 있어서 약소국으로부터의 보장이 필요하지 않으나, 약소국은 그 반대이기 때문이다. 스위스와 오스트리아가 중립화된 당

109) Daniel Tarschys, 위의 논문, p.72.
그런데 소련 해체와 같은 국제정세 변화와 더불어 오스트리아는 1995년 EC(EU:유럽연합)에 가입하였다. EC는 1993년 마스트리히트(Maastricht) 조약 발효 이후 1994년 EU로 공식 명칭을 바꾸었다. 그러나 스위스는 EU에 가입하지 않은 상태이다. 스위스는 자치권에 침해가 생길 것을 우려하여 아직까지 가입하지 않고 있다. 스위스는 현재까지도 자신들의 영세중립을 국정 운용의 가장 중요한 기본노선으로 하고 있다.

110) 그리고 N+N (Neutral and Nonalignment) Group과 Conference on Security and Cooperation in Europe (CSCE) 가입은 문제시 되지 않는다.

111) 약소국의 일반적인 특징은, 인구 및 영토 면에서 소규모이며, 경제면에서 저수준의 GNP, 협소한 국내시장, 자본의 대외 의존, 군사면에서 대외 의존적 방위체계, 저수준의 전쟁 잠재력, 국제체계상의 지위 면에서 수동적 대외정책, 국제법과 국제기구 의존, 국지적 또는 한정된 지역적 이익추구라 한다. Michael Handel, Weak States in the International System (London : Frank Cass and Company Ltd., 1981), pp.52-53.
그러나 작은 국가(小國)가 반드시 약한 국가를 의미하는 것은 아니다. 소국에 속하는 국가도 면적에 비한 인구, 인구에 비한 국민소득, 면적과 인구에 비교한 병력 즉 사단의 수, 사단의 수에 비교한 화력 등이 상대적으로 막강한 경우도 있다.

112) Efraim Karsh, 앞의 책, p.7., Cyril E. Black et al., 앞의 책, p.151., 高山岩男, 앞의 책, 132-133面.

시의 연구를 보면, 스위스의 경우에는 면적 41,000㎢ 인구 480만, 오스트리아의 경우에는 면적 84,000㎢, 인구 730만이었다.[113)]

그리고 중립을 하려는 나라가 현재의 영토를 변경시키지 않으려고 할 때 중립이 가능하다는 것이다.[114)] 자국의 현 상태에 만족하고 인구 증가나 산업구조 발전으로 해외 식민지를 획득하지 않으려는 나라에서 중립이 가능하다. 스위스와 오스트리아는 현상유지국인 것이다.

그런데 중립화의 내적 조건 중 중립의 전통에 대해 오스트리아는 중립의 전통을 가진 적이 없다는 점, 군사력에 대하여 오스트리아는 사실상의 비무장중립이며 소련의 공격에 패배할 수밖에 없고 스위스도 독일과의 전면전에서 패배할 수밖에 없다는 점, 경제력에 대해 비록 스위스와 오스트리아는 경제력 문제를 충족시키고 있었으나 다른 국제법상의 중립화된 국가인 라오스의 경우는 낙후된 경제 상황이었으나 중립화되었다는 점을 두고 볼 때, 중립의 전통, 군사력, 경제력은 중립화의 내적 조건에 있어 부차적인 것이라 할 수 있고, 가장 중요한 조건은 국민적 합의라고 할 수 있을 것이다.

2) 외적 조건

(1) 지정학적 위치가 열강 경쟁의 중간지역에 위치하여 열강들이 그 약소국이 다른 나라(열강)로 병합되는 것을 방지하기 위해 서로 중립을 보장할 수 있는 완충국가(buffer state)에 적합하다[115)]는 조건이 제시되고 있는데 적실성을 검토해 보고자 한다. 이 완충국은 열강들

---

113) 高山岩男, 위의 책, 132面. 현재의 스위스 인구는 762만 정도이고, 오스트리아는 834만 정도이다.

114) 高山岩男, 위의 책, 134面.

115) 高山岩男, 위의 책, 135-136面., 田岡良一, 앞의 논문, 170-173面., Cyril E. Black et al., 앞의 책, p.66., Martin Wright, Power Politics (Harmondsworth : Penguin Books, 1979), pp.160-161.

에게는 갈등 억제를 위한 유용한 수단이 되는 것이다. 완충국이라 함은 강대국들 가까이에 위치하여 그들의 군사적 안전에 기여하고 있는 약소국을 일컫는다.

스위스는 중립화 당시 특히 서쪽의 프랑스와 동쪽의 오스트리아 간의 완충국이었고, 그리고 북쪽의 독일, 남쪽의 이탈리아와도 국경을 접하는 중간적 위치에 있어 이러한 주변 강국들이 다른 나라로의 병합을 막기 위한 방편으로 중립을 서로 보장하게 되었다.[116] 특히 나폴레옹전쟁의 여파 속에서 프랑스의 팽창주의를 위축시킬 필요성에서, 스위스를 완충국으로 하여 프랑스를 잠재적인 경쟁국들로부터 격리시키고자 하였던 것이다.[117] 그 후에는 프랑스, 독일, 이탈리아 간의 완충 역할을 담당하고 있다.[118]

오스트리아는 헝가리와 체코라는 바르샤바조약기구 국가들과, 서독과 이탈리아라는 NATO 국가들 간의 완충국이다. 서구 측에서 볼 때, 오스트리아는 서독과 이탈리아를 연결하는 결정적인 연결부이고[119] 동구 측에서 볼 때는 오스트리아는 NATO의 북부와 남부 간에 쐐기역할을 할 수 있게 하는 대(對) NATO 전초기지로서[120] 서구의 공격으로 부터의 완충지대(방벽역할)의 의미가 가장 큰 지역이다.[121]

그리고 열강 경쟁의 중간지역에 위치하되, 군사적 통로로서 유일한 곳일 경우에는 중립을 유린당할 위험성이 크다.[122] 스위스의 경우,

116) Efraim Karsh, 앞의 책, pp.82-83., David E. Bohn, “Neutrality-Swizerland's Policy Dilemma : Options in the New Europe”, ORBIS, Vol.21, No.2 (1977), p.339.
117) Cyril E. Black et al., 앞의 책, p.106.
118) 오스트리아는 1859년 이탈리아와의 전쟁에서 패배하고, 이어 1864년 프로이센과의 전쟁에서 패배한 이후 오스트리아의 역할은 급속도로 감소되었고, 1955년에는 중립화된 입장에 처하게 되었던 것이다.(독일은 1870-1871, 1914-1918, 1939-1945년에 프랑스와 전쟁을 치루었다.)
119) William B. Bader, Austria between East and West 1945-1955 (Stanford : Stanford University Press, 1966), p.204.
120) Efraim Karsh, 앞의 책, p.146.
121) Harto Hakovirta, 앞의 책, p.107.
122) 高山岩男, 앞의 책, 137-138面.

지세가 산악(전 국토의 75%)이 많고 자연의 요새지가 많기 때문에 대군이 아니고는 통과할 수 없는 위험 지대를 이루고 있다. 또한 독·불 관계에 있어서의 통로문제는 벨기에의 존재가 스위스 침공을 회피하게 해주는 역할을 해왔다고 할 수 있다.[123] 이에 반해 오스트리아는 슬라브계 지역과 게르만계 지역 및 라틴계 지역의 접촉 중개역할을 담당하는 곳으로 벨기에와 같이 군사적 통로의 위험을 안고 있다. 그런데 스위스는 독일과의 전면전에서, 오스트리아는 소련과의 전면전에서 패할 수밖에 없으므로[124] 외적 조건에서는 세력균형이 1차적인 문제이고, 지정학적인 문제는 2차적인 것이라 할 수 있다.

(2) 중립화의 가능 조건 중 외적 조건의 두 번째는, 주변 열강들이 중립화된 국가의 영세중립을 보장하려는 세력균형(balance of power)과 이해관계가 일치되어야 한다는 조건이 제시되고 있는데[125] 적실성을 검토해 보고자 한다. 여기서 세력균형이란 힘(power)이 국가 또는 국제적 행위자(동맹, 블록 등) 간에 거의 비슷하게 균등히 분배되어 있는 실제적인 상태(situation)를 의미한다.[126] 이러한 세력균형은 현상유지를 가능케 하며 중립의 외적인 기본적인 것이다.

세력균형과 관련하여 양극화되어 있을수록 중립화의 가능성은

123) 벨기에는 독일이 프랑스를 침략해 들어가는데 가장 좋은 군사적 통로였고, 영국을 침략하려는 유럽 강대국은 벨기에를 통과하지 않고는 침략이 불가능한 것이다.

124) Efraim Karsh, 앞의 책, p.100.

125) 高山岩男, 앞의 책, 135-136面, 153-155面., 田岡良一, 앞의 논문, 174-176面., Cyril E. Black et al., 앞의 책, p.44, pp.152-154.

126) H.J. Morgenthau, Politics among Nations (New York : Alfred A. Knopf, 1973), p.213., Efraim Karsh, 앞의 책, p.107.
세력균형에서의 '힘'은 대체로 전쟁 능력을 말한다. 과거에는 전쟁 능력이 병력수에 크게 지배받았다. 따라서 인구와 영토는 '힘'의 잠재력으로 곧 세력균형을 논하는 힘의 척도로도 사용될 수 있었다. 그러나 오늘날의 전쟁 능력에서는 병력보다는 무기 체계, 특히 핵무기 체계가 더 중요한 힘의 구성 요소로 되어가고 있다. 따라서 오늘날 국제정치에서 세력균형을 논할 때는 무기의 보유량과 무기생산 능력이 주요 평가 기준이 되어야 한다. 이상우, 국제관계이론 (서울 : 박영사, 1987), 239면.

감소하고 다극화 될수록 증가한다. 양극체제에서는 중립국을 자기 진영으로 끌어들이려 압력을 가하기 때문이다.[127] 양극체제에서는 양극 진영 간의 세력균형을 유지시킬 때에만 중립화가 인정된다. 다극화는 중립화의 수락 가능성을 높이고, 중립국의 행동의 자유를 증가시키며 전체 체계(whole system)의 안정화에 기여하는 적극적 역할을 수행하게 한다.[128]

---

127) Efraim Karsh, 위의 책, p.101.

128) Harto Hakovirta, 앞의 책, p.39.
여기서 중립화가 적용될 수 있는 국제체제모형으로는 Kaplan의 세력균형체제(balance of power system)와 Rosecrance의 양·다극체제(bi-multipolar system)를 들 수 있다.
Kaplan은 세력균형체제의 특징적 행위를 결정하는 기본행위 원칙을 다음과 같이 제시하고 있다.
A. 합리성의 원칙(Rationality) :
(1) 행위자(국가)는 능력을 증가하려고 행위하나 싸우기 보다는 협상을 택하려 한다.
(2) 그러나 싸우지 않고 능력 증가에 실패하게 된다면 싸움을 선택한다.
B. 행위자 보존의 원칙(Preservation of Actors) :
(3) 주요 행위자(강대국)들이 제거당하기 전에 싸움은 중지되어야 한다.
(4) 패배했거나 행동의 제약을 받고 있던 강대국이 이 체재내의 주요 역할을 담당할 수 있도록 다시 국력을 회복하는 것을 허용하며 과거에는 주요하지 않았던 행위자가 주요 행위자로 되는 것을 허용하며, 모든 주요 행위자를 역할 담당자로 똑같이 취급한다.
C. 체제 보존의 원칙((Preservation of the system) :
(5) 어느 행위자도 한 강대국의 힘이 너무 커지거나 또는 몇 강대국이 동맹을 이루어 강대해져서 전체 체제를 지배하는 것에 반대한다.
(6) 초국가적 조직 원리에 따르려는 행위자를 견제한다.
Rosecrance는 다극체제론과 양극체제론을 종합하여 양다극체제를 주장하였다. 그에 따르면 다극체제에서는 보다 많은 이해관계와 요구의 다양성 때문에 갈등의 빈도는 더욱 증가할 것이다. 여기서는 정책결정을 복잡하게 만들며 세력균형을 전반적으로 유지하면서도 부분적으로 나타나는 갈등에 대처 방안은 더욱 불확실해지기 때문에 안정된 결과를 성취하기 어렵게 된다고 보았다. 다극체제의 특징이 고도의 다양성과 불확실성이라면 이와 반대로 양극체제는 국제관리가 훨씬 용이하도록 단순하고 정책결과에 대한 예측은 상대적으로 확실하다는 장점을 가지고 있다. 그러나 양극체제론도 두 진영이 고도의 적대감을 견지할 때 계속적으로 대응함으로써 팽팽한 세력균형을 유지하지 않을 수 없는 zero-sum game이라고 주장하면서 로즈크랜스는 이를 비판한다. 따라서 국제적 평화와 안정에 기여할 수 있는 국제체제는 다극체제와 양극체제의 결합체가 되어야 한다고 본 것이다.
이러한 양·다극체제에서, 양극의 주요 국가는 외부 지역에서 일어나는 갈등의 조정자로서 행동할 수 있고, 그 외의 다수 국가들은 그 양대국 사이에 일어나는 갈등의 중재자 또는 완충자로서 행동할 수 있음으로써 비록 갈등을 완전히 없앨 수는 없어도 그것을 견제할 수 있을 것이라는 것이다. 그리하여 초강대국들은 상대방이 우세

그리고 세력균형에 관련된 행위자(국가)를 포함하는 중립화 보장국들의 중립화에 대한 합의와 보장이 있어야 한다.

1815년 비엔나회의의 주목적은 유럽 열강간의 "힘의 공정한 배분에 기초하여 확고한 평화를 협약한다"는 것으로 세력균형의 원칙이 그 기본이었다. 이 원칙은 나폴레옹전쟁으로 나폴레옹이 제국적으로 세계패권을 차지함으로써 유럽대륙의 힘의 균형이 파괴된 후, 유럽 대륙에 다시 세력균형을 형성하여 유럽의 안전을 도모하자는 것이었다.

특히 Vienna회의의 주요한 관심은 스위스를 중립화시켜 완충국으로 만듦으로써 주변 강국이었던 프랑스와 오스트리아(Habsburg家) 간의 세력균형을 이룩하는데 있었다.[129] 사실 오스트리아는 프랑스혁명이 자국에 파급될 것을 우려하여 1792년부터 프랑스와 전쟁을 치러, 1793년에는 제1차 對佛동맹, 1799년에는 제2차 대불동맹을 체결하여 대항하였으며, 나폴레옹전쟁 때에는 1803년에 제3차 대불동맹을 체결하여 프랑스에 대항하였으나, 1809년경에는 나폴레옹전쟁으로 프랑스가 유럽을 지배하게 되었다. 그러나 1814년에는 오스트리아와 함께 대불동맹국이었던 영국, 프러시아, 러시아의 동맹국이 프랑스를 패배시켰던 것이다.

해지는 것을 억제하는 한편 다극화 지역에서의 갈등이나 도전을 억제하는데서 공통 이익을 찾을 수 있으며, 그리고 다극화 국가들은 그들 상호간의 이해관계상의 상충적인 요인에도 불구하고 초강대국의 전횡을 억제하는데서 공통 이익을 갖게 된다는 것이다.

그리고 참고로 Deutsch와 Singer는 국제체계가 양극화에서 다극화로 옮겨갈수록 동맹이나 블록이 타국과 상호 작용할 수 있는 동맹체성원국들의 자유를 제한함으로써 전쟁발발의 빈도는 줄어든다고 하였다.

도이치와 싱거의 주장과는 대조적으로 Waltz는 초강대국과 여타 국가들 사이에 엄청난 국력의 차이를 전제로 하는 양극체제는 다극체제보다 더 안정을 정착시킨다고 주장하고 있다. 양대 초강대국은 자기 보존의 본능 때문에 군사력과 기술 능력을 위시한 광범위한 영역에 걸쳐 세력균형을 계속 유지하려할 것이기 때문에 체계 자체에 불안정을 초래할 수 있는 다른 국가들의 폭력 행사를 조정하고 통제할 것으로 보았다.

129) Edgar Bonjour,앞의 책, p.62, pp.66-67., Cyril E. Black. 앞의 책, p.38.

그런데 프랑스로서는 스위스를 중립화시킴으로써, 스위스를 이용하여 직접 프랑스의 중앙부에 침입하는 것을 막을 수 있고, 프랑스군의 방어 전선을 단축하는 이익이 있었기 때문에 스위스의 중립화를 승인하였다.[130] 나폴레옹에 대항한 영국, 오스트리아, 프러시아, 러시아의 동맹국이 스위스의 중립화에 찬성한 이유는, 프랑스가 재기할 가능성도 있고 동맹諸국의 이해관계의 일치가 영구적일 수도 없고, 스위스의 중립화가 프랑스를 격리시켜 각각 자국의 안전에 도움이 된다고 보았기 때문이다. 당시 비엔나회의의 중심적 역할을 한 오스트리아의 Metternich도 1789년 이전 구체제로의 복귀를 통하여 유럽에서의 세력균형을 원했던 것이다.[131] 그리고 오스트리아는 발칸반도로의 팽창정책을 생각하고 있었으나 러시아의 저항과 유럽 열강 간의 화해가 파괴된다는 점에서 유럽에서의 세력균형을 원했던 것이다. 이러한 프랑스와 오스트리아간의 세력균형을 유지하는 역할은 영국과 프러시아가 담당하고 있었던 것이다.[132] 이와 같이 스위스의 주변 국가들은 대체로 유럽의 세력균형을 유지하고 있었으므로 어느 한 나라가 스위스를 병합하게 되는 경우 다른 국가들이 위협을 느껴 이를 허용하지 않는 분위기가 스위스의 영세중립을 보장케 한 큰 요인이 되고 있다.[133]

오스트리아의 경우, 소련이 오스트리아의 중립화를 가능하게 해준 이유에 대하여 Bader는 다음과 같은 사항을 들고 있다. 1) 소련은 1955년 5월 14일의 바르샤바조약에 의해 루마니아, 헝가리, 체코슬로바키아 등에 소련군 주둔의 권리를 확보함으로써 더 이상 오스트리아

130) 日本 國際問題硏究所(編), 앞의 책, 174面.
131) 위의 책, 175面.
132) H.J. Morgenthau, 앞의 책, p.161.
133) 스위스의 이러한 세력균형과 관련한 경험은 스위스로 하여금 아직도 NATO와 같은 군사동맹의 회원국이 될 수 없다는 입장을 견지하게 하고 있다. 그렇지만, NATO와 평화를 위한 협력관계(partnership for peace)는 유지하고 있다. http://www.edu.admin.ch/eda/en/home/topics/peasec/ses/neutr.enc...

에 전진 기지를 유지해야할 정치적 전략적 필요성이 없어졌기 때문이다. 2) 독일과 오스트리아의 재합병(Anschluss)을 막음으로써 중부 유럽에 군사적 진공상태를 만들 수 있기 때문이다. 3) 오스트리아를 중립화함으로써 NATO의 전략에 차질을 주게 되어 서독과 이탈리아의 직접적인 연결을 단절시킬 수 있기 때문이다. 사실 서독의 엘베강으로부터 이탈리아의 베로나까지의 병력과 군수품의 직수송이 불가능하게 되어 프랑스를 거쳐 우회해야만 되는 어려움이 있었다.[134)]

소련은 오스트리아를 중립화시킴으로써 스위스와 오스트리아를 잇는 길이가 800㎞ 이상에 달하는 중립지대를 형성하여 NATO의 북부와 남부 간에 쐐기를 박고 있는 것이다.[135)]

그리고 오스트리아의 경우 서구의 정치체제를 유지하고 의회민주제에서 공산당원이 불과 4석의 의석만을 차지하는 현상이 벌어지자 소련으로서는 오스트리아의 NATO 가입의 가능성을 두려워했다는 것이다.[136)]

---

134) William B. Bader, 앞의 책, p.204.

135) William L. Stearman, "An Analysis of Soviet objectives in Austria", in Robert A. Bauer(ed.), 위의 책, p.105. 그리고 소련은 유고, 오스트리아, 서독, 스웨덴, 핀란드를 잇는 중립지대를 형성하고자 1955년 5월 오스트리아 중립화 직후 오스트리아의 예에 따라 서독을 중립화시키려 했으나 서독, 미국, 영국, 프랑스의 반대로 서독을 중립화시키지는 못했다. Robert A. Bauer, 위의 책, pp.108-109. 이미 1952년에 스탈린은 서독이 NATO에 가입을 하지 않는 조건에서 동·서독의 중립화 통일을 제안한 바 있었다. 그러나 당시 반공 외교와 멸공 통독을 생각하고 있던 아데나워(Adenauer) 수상은 스탈린의 제안을 거절하였었다.

136) Efraim Karsh, 앞의 책, p.137.

〈표 2-14〉 오스트리아의 연도별 총선의석 분포

연도별 총선의석 분포	인민당 (ÖVP)	사회당 (SPÖ)	자유당 (FPÖ)	공산당 (KPÖ)
1945년 총선 의석 분포	85	76	-	4
1949년 // //	77	67	16	5
1953년 // //	74	73	14	4
1956년 // //	82	74	6	3
1959년 // //	79	78	8	-
1962년 // //	81	76	8	-
1966년 // //	85	74	6	-
1970년 // //	78	81	6	-
1971년 // //	80	93	10	-
1975년 // //	80	93	10	-
1979년 // //	77	95	11	-
1983년 // //	81	90	12	-

※ 자유당 : 1949년에 연합독립당으로 창당되어 1956년부터 자유당으로 흡수 통합됨.
자료 : Heinrich Siegler, Austria : Problems and Achievement since 1945 (Bonn : Siegler and CO. KG., 1969), p.147.
Melanie Ann Sully, "Austrian Social Democracy", in Willian E. Paterson, Alastair H. Thomas (ed.) The Future of Social Democracy (Oxford : Oxford University Press, 1986), p.154.

그런데 오스트리아의 중립화는 사실상 NATO보다 소련에 더 큰 이익을 주고 있다고 할 수 있다.[137] 여하튼 소련은 중앙유럽의 당시 세력균형을 전복시키지 않고 오스트리아에 독립을 부여하는 방법으로 오스트리아를 중립화시켰던 것이다.

다음은 오스트리아의 중립화에 대한 미국의 입장을 보면, 덜레스

137) Manfried Rauchensteiner, "Austria under Allied Occupation between 1945 and 1955", in Robert A. Bauer(ed.), 앞의 책, p.137.

(John Foster Dulles)는 오스트리아와 같은 자위 능력이 불충분한 소국의 경우 큰 동맹체제에 귀속되는 것이 아무런 군사적 동맹체제에도 속하지 않는 것보다 훨씬 유리할 것이라 하였으나, 오스트리아의 외상 피글(Leopold Figl)과 차관 크라이스키(B.Kreisky)는 오스트리아의 지리적 정치적 조건으로 보아 어떠한 동맹체제에 가입한다면 오스트리아는 분단을 자초할 것이 분명하다고 하였다.

덜레스는 1955년까지의 지난 8년 동안을 우려와 도덕적 우월감이 뒤섞인 기간이었다고 평가하였다.[138] 사실 미국으로서도 동독, 헝가리, 체코 등과 인접해 있는 오스트리아를 우방으로 그대로 확보한다는 것이 쉽지 않다고 생각했을 것이다. 결국 덜레스는 오스트리아가 자발적으로 스위스와 같은 영세중립국이 되고자할 경우 이를 존중할 것이라 하였던 것이다.[139] 이렇게 미국과 소련의 이해관계가 일치하여 오스트리아를 중립화시킴으로써, 오스트리아를 동서의 완충지대로 하여 동서 간의 세력균형이 이루어졌던 것이다.[140]

---

138) William B. Bader, 앞의 책, p.207.

139) William B. Bader, 위의 책, p.205.

140) 그런데 오스트리아는 1950년대에서 1980년대에 걸쳐서는 중립화가 그 의미가 있었으나, 탈냉전 이후 이제는 중립화가 더 이상 의미가 없다고 보는 견해가 있다. 중립화가 그 매력의 대부분을 상실했다고 보고 있다. 이제 평형을 유지하는 중재자로서의 역할의 의미가 없어졌다고 보는 것이다. 국제정치 환경 변화에 따라 중립화의 의미와 기능이 변화되었다는 것이다.

Pelinka, A. and Wodak, R., "Austrian Neutrality", in Bischof, G., Pelinka, A., and Wodak, R., Neutrality in Austria (New Brunswick: Transaction Publishers, 2001), p.3, p.24.

1991년의 바르샤바조약 기구 해체와 소련 해체 이전에 오스트리아를 둘러싸고 있는 NATO 회원국들은 독일, 프랑스, 이탈리아 등 이었으나, 1991년 바르샤바조약 기구 해체와 소련 해체 이후에는 동유럽의 여러 국가들이 NATO에 가입하여 오스트리아를 둘러싸고 있다. 체코 ,폴란드, 헝가리가 1999년에 가입하였고, 루마니아, 슬로바키아, 슬로베니아, 불가리아가 2004년에 가입하였고, 2009년에는 크로아티아가 가입하여 오스트리아를 둘러싸고 있다. 여기서 오스트리아는 현재 NATO와 평화를 위한 협력 관계를 유지하면서 NATO 가입을 논의 중인데, 이에 관하여 오스트리아 중립화 여부 논란이 벌어지고 있으며 2001년 1월에는 오스트리아 정부가 중립화 수정 의사를 표명하기도 하였다. NATO 가입 여부는 향후 오스트리아의 중립화에 큰 영향을 미칠 것으로 예상된다. 현재의 NATO는 영토 방어 보다는 위기관리와 평화유지에 초점을 두고 있다.

이렇게 볼 때, 나폴레옹전쟁 후의 스위스의 중립화와, 2차대전 후의 오스트리아의 중립화의 유사성은 세력균형을 통하여 국제적 안정을 재설정하고 유지해야 할 필요성이 각각 전후에 지배적이었다는 점이다.[141)]

그런데 앞에서도 언급한 바와 같이, 스위스는 독일과는 전면전에서 오스트리아는 소련과의 전면전에서 패할 수밖에 없으므로, 중립화의 외적 조건에서는 세력균형이 중요한 문제이고, 지정학적 문제는 부차적인 것이라 할 수 있다.

이상에서 분석한 바와 같이 중립화의 가능 조건의 가정적인 내용을 스위스와 오스트리아의 경험적인 면으로 검증한 결과 중립화의 가능 조건 중, 내적 조건에서는 중립화에 대한 국민적 합의의 문제가 중요한 조건이고 중립의 전통, 군사력, 경제력은 부차적인 조건이며, 외적 조건에서는 주변 열강의 세력균형과 중립화에 대한 합의의 문제가 중요한 조건이며 지정학적 위치는 부차적인 것으로 나타나고 있다.

본 연구에서는 중립화의 가능 조건을 전체적으로 다루기 위해 중립화의 가능 조건의 가정적인 내용을 바탕으로 하여 고찰하되, 경험적인 면에서 검증한 결과 내적 조건에서는 국민적 합의, 외적 조건에서는 주변 열강의 세력균형과 중립화 합의의 조건이 중요한 조건인 바 국민적 합의와 주변 열강의 세력균형과 중립화 합의 문제를 중심으로 하여 조선조 말기의 중립화론과 해방 이후 중립화론의 중립화 가능 조건 충족 문제를 평가하고자 한다.

141) Cyril E. Black et al.,앞의 책, p.105.

제3장

한반도 중립화론의 개관

본 장에서는 지금까지 제기된 다양한 논의들을 구체적으로 알아보고자 한다. 조선조 말기의 중립화론은 임오군란 이후의 중립화론, 거문도사건 이후의 중립화론, 청일전쟁 이후의 중립화론으로 나누어 각 시대별로 제기되어진 중립화론의 구체적인 내용이 무엇인지 알아보고자 한다. 해방 이후의 중립화론은 1945년 이후의 중립화론, 1960년대의 중립화론, 1970년대의 중립화론, 1980년대의 중립화론, 1990년대 이후의 중립화론으로 나누어 각 시대별로 제기되어진 중립화론의 구체적인 내용이 무엇인지 알아보고자 한다. 그리고 이러한 중립화론에 대한 총체적 종합 고찰은 4장에서 다루고자 한다.

제 1 절 조선조 말기의 중립화론

조선조 말기의 중립화론은 임오군란 직후(1882)부터 제기되고 있고, 임오군란 이후에서 거문도사건 직전(1885)까지는 청·일 간의 대립이 주된 특징이다. 갑신정변, 거문도사건(1885)에서 청일개전(1894)까지는 청·일 대립과 영·러 견제라는 특징을 가지고 한반도를 둘러싼 세력균형이 이루어진 기간이다. 다음으로 청일전쟁후 Waeber-小村협정(1896)부터 러일전쟁 개전(1904)까지는 러·일 대립이라는 특징을 가지고 한반도를 둘러싼 세력균형이 또 한 차례 이루어진 기간이다. 이러한 시기별 특징을 감안하여 조선조 말기의 중립화론을 임오군란 이후의 중립화론, 거문도사건 이후의 중립화론, 청일전쟁 이후의 중립화론으로 나누어 살펴보고자 한다.

1. 임오군란 이후의 중립화론

임오군란 이후의 중립화론에는 井上馨, 報知新聞, 井上毅, 보아쏘나드, 竹添進一郞, 묄렌도르프, 부들러, 오코너의 안을 들 수 있는데 차례로 자세히 알아보도록 하겠다.

井上馨, 報知新聞, 井上毅의 안

1882년 7월 신식군대 별기군에 대한 구식군대의 불만으로 임오군란이 발발하였다. 임오군란의 실제적인 원인으로는 당시 조선정부의 개화에 따른 정부 비용 증가로 인한 재정 궁핍과 이에 따른 사회경제적 모순의 파탄과, 신식군대와 군제 개혁 등을 통하여 권력기구의 내부를 친일화하고자 한 일본의 의도와 밀접히 관련되어 있다. 임오군란 당시 일본의 국내정치 상황은 야당과 재야의 자유민권운동이 절정기에 달했던 시기로 명치유신체제가 확립된 이후로 최초로 맞이하는 정치적 불안기였다. 이에 명치정부는 임오군란에 모든 정치적 관심을 집중시켜 자유민권운동을 희석시키려 하였다. 그런데 청국은 對韓 적극간섭 정책을 전개하기 시작하여 일본을 견제하였고 또한 군란에 깊이 개입하였던 대원군을 청국으로 압송하기도 하였다. 이에 일본은 조선에 있어서의 군사력이 아직 청국에 미치지 못한다는 인식에서 군비가 충분하기 전에는 청국과의 충돌을 피하며 군비확장을 한다는 것을 對韓정책 방침으로 정하였다.[1)]

이러한 상황에서 임오군란 직후 당시 일본 외무대신 井上馨은 조약을 통하여 조선을 스위스나 벨기에와 같은 영구국외중립국으로 할

1) 林子侯, "朝鮮壬午軍亂之探討(下)," 食貨 Vol.16, No.5-6, 中華民國(1987), 234面.

것[2)]이라 하였고, 報知新聞도 조선이 유럽의 대국 사이에서 자주독립을 유지하고 있는 스위스, 벨기에와 같은 지위를 가지기를 바라며, 이를 위해 淸韓 양국과 이 두 나라와 조약관계를 맺고 있는 영·미·독·불 등 6개국의 사신회의를 동경에 소집하여 조선의 독립지위를 국제적인 조약으로 확보할 것[3)]을 논하고 있다. 이때 참사원 의관 井上毅는 일·청·미·영·독 5개국으로 조선의 독립을 공동 보호할 것을 주장하였다. 5개국 가운데서 이 약속을 어기는 국가가 있으면 타국이 죄를 묻고, 5개국 이 외의 국가가 조선을 침략하는 경우에는 5개국이 동맹하여 이를 방어한다. 조선은 청의 공국이지만 속국은 아니며 하나의 독립국이다. 따라서 청은 다른 4개국과 함께 보호국이기 때문에 4개국의 동의없이 단독으로 조선의 내정을 간섭할 수 없다. 이와 같이 되면 주변 정세가 안정되고 조선은 영구중립국으로서 청의 굴레를 벗어날 수 있고, 청은 조공국의 명의를 보존할 수 있다는 것[4)]을 주장하였다. 그러나 사실은 중립화나 공동보호라는 명분하에 각국의 균세에 의하여 독점적인 청국 세력의 구축을 저지하기 위한 것이었다.

보아쏘나드의 안

프랑스는 강화도를 침략하여 병인양요(1866)를 일으킨 일이 있지만 베트남 식민지 경영에 여념이 없었으므로 조선 진출에는 관심이 없었다. 구미 각국에 비해 '조, 불수호통상조약' 체결(1886)도 그만큼 늦었다.

이 당시, 프랑스의 법학자로서 1873년에 도일하여 일본의 국가자

2) 王信忠, 中日甲午戰爭之外交背景 (台北 : 文海出版社, 1937), 107-108面.
3) 王信忠, 위의 책, 51面.
4) 林子侯, 앞의 책, 234面., 長谷川直子, "壬午軍亂後の日本の朝鮮中立化構想", 朝鮮史硏究會論文集 32(東京 : 綠蔭書房, 1994), 145面.

문역이었던 보아쏘나드(Gustave Emile Boissonade de Fontarabie)는 1882년 '영구중립에 관한 의견서'와 '恒守국외중립신론'에서 벨기에, 스위스, 룩셈부르크가 영구중립국으로 된 것은 각국의 협의에 의한 것이며 한번 중립국으로 결정되면 일반적으로 회의에 참가한 일국이 이의를 제기해도 회의가 해산되지 않는 한 결의가 효력을 갖고 있을 뿐만 아니라 불참한 일국이 이의를 제기해도 결의를 번복할 수 없음을 설명하며, 특히 러시아를 경계하면서 청, 러, 일 3국을 중심으로 한 관련 국가들의 인정에 따라 조선이 영세중립화하는 방안을 주장하였다. 중립화 모형으로는 스위스, 벨기에, 세르비아, 룩셈부르크의 4개국을 들고 있다. 보아쏘나드가 세르비아가 1856년 파리조약으로 중립화 했다고 하지만 시실은 자치권을 확인받았을 뿐이다. 그는 터키, 세르비아의 관계를 청과 조선의 관계로 비교하여 종속국의 자치권이 열강에 의해 확인된 데 주목하여 이렇게 주장한 것으로 보인다.[5]

竹添進一郎의 안

그리고 1884년 10월 주한 일본공사 竹添進一郎이 귀임하여 고종에게 1884년 1월 이래의 청·불전쟁(1884-1885)에 대해 일본의 입장은 엄정국외중립을 유지하는데 있으니 조선도 청국만을 의지하지 말고 국외중립을 지킬 것을 권고하였다. 이에 대하여 고종은 「모쪼록 청불의 和好가 절실히 희망되는 바이다. 그렇지 않을 때는 국외중립은 대단히 곤란하다고 생각된다」[6]고 하였다.

그리고 고종은 이에 대해 중신들의 견해를 물었는데 개화독립파의 김옥균·홍영식·서광범은 청국과의 관계를 끊고 자주 독립의 實을 올릴

5) 박희호, "구한말 한반도중립화론 연구", 동국대 박사논문 (1997), 52-54면.
6) 伊藤博文(編), 秘書類纂 朝鮮交涉資料 上卷 (東京 : 原書房, 1970), 259-260面.

것을 주장하였고, 민영익, 민태호, 한규직 등 사대파는 조선은 중립을 유지할 능력이 없으니 청국에 의지해야 한다는 의견을 표명하였다.[7]

그런데 위와 같은 竹添 공사의 주장도 청국의 독점적 세력을 견제 또는 저지하고 재진출의 기회를 노린 대한정책의 일환에 불과한 것이다.

당시 청국은 사대자소의 의례적인 관계를 유지해 왔으나, 임오군란 직후부터는 朝中商民水陸무역章程을 체결(1882. 8)하여 청한종속관계를 견고히 하였으며, 묄렌도르프와 馬建常을 외교와 상무 고문으로 파견하여 외교와 통상권을 지배하였다. 또한 임오군란이 평정된 후에도 청군은 3,000명을 주유시키고 청국士官에 의하여 조선군대를 훈련시킴으로서 일본을 견제하였다.[8] 그리고 청국은 以夷制夷책으로 조선으로 하여 영·미·독·불 등과 立約케 하여[9] 일본과 러시아의 침략 야욕을 견제하려 하였다. 특히 이때 李鴻章은 聯美론으로 일본과 러시아를 견제하고 대한종주권을 유지하고자 하였다.[10] 당시 영국은 러시아와 대립하고 있었기 때문에 극동에서 러시아의 남하를 막기 위해서는 청의 도움이 필요했다. 그래서 영국은 청한종속문제에서 청국의 종주권을 묵인하고 있었으며 청국으로부터 경제적 이권을 얻고자 했다.[11]

7) 신기석, "안전보장과 한말정국", 국제법학회논총, 제11권, 제 1호 (1966), 289-290면.
8) 신기석, 한말외교사연구 (서울 : 일조각, 1967), 87-101면.
9) 1876年 韓日修好條約
1882年 韓美修好通商條約
1883年 韓英修好通商條約
1883年 韓獨修好通商條約
1884年 韓露修好通商條約
1884年 韓伊修好通商條約
1886年 韓佛修好通商條約
1892年 韓墺修好通商條約
10) 권석봉, 청말대조선정책사연구 (서울 : 일조각, 1986), 112-116면.
11) William L. Langer, The Diplomacy of Imperialism 1890-1902 (New York : Alfred A. Knopf, 1972), p.167.

묄렌도르프, 부들러의 안

1884년 5월 청국은 프랑스와의 월남을 둘러싼 청불전쟁(1884~1885)을 위하여, 조선에 주둔시킨 3,000명의 병력 중에서 1,500명을 월남으로 이동시켰다. 1884년 8월 청국의 패보가 전해지자 조선에 대한 청국의 종주권은 실추되었고 일본은 對韓 소극정책을 적극정책으로 전환하였으며, 개화당의 대두를 촉진시켰던 것이다. 이러한 청국 세력 약화의 기회를 이용하여 일본은 개화파 세력을 책동하여 친군영 전영의 조선군 500명과 일본공사관의 일본군 150명 등 650명의 무력에 기초하여 1884년 12월 갑신정변을 일으켜, 청국 세력을 몰아내고 조선에 지배권을 수립하려고 하였으나 청군의 개입으로 좌절되었다.

그러나 갑신정변후 청·일양국은 천진조약을 체결(1885. 4), 청·일 양군의 동시철병·동시출병권과 관련하여 청·일간의 세력균형을 이루게 되었다.[12] 이러한 세력균형에는 바로 청불전쟁이 작용하였다. 이때 프랑스는 일본과 연합하여 청국에 대한 제2전선을 조선에 펴고자 하였다. 사실 이홍장은 일본이 프랑스와 연합할 가능성을 두려워했던 것이다.[13]

갑신정변 당시 일본에는 黑田淸隆을 중심으로 한 주전파가 있었으나, 伊藤博文과 井上馨 등의 주화파는 청국과 전쟁을 벌이면 러시아만 어부지리를 얻게 될 것이라며, 부국 강병이 선결 과제임을 주장하였다. 그러면서 위와 같이 천진조약으로 세력균형을 이루는데 만족하고 부국 강병책으로 군수산업 육성에 전력을 기울이기 시작하였다.[14]

---

12) 채중묵, 한국외교사 (서울 : 형설출판사, 1986), 191면.
13) 故宮博物院(編), 淸光緖朝中日交涉史料 卷 5 (台北 : 文海出版社, 1963), 24面, 31面.
John K. Fairbank and Kwang-Ching Liu, The Cambridge History of China, Vol Ⅱ, Late Ching. 1800-1911, part2, (Cambridge : Cambridge University Press, 1980), p.251.
14) 1888~1889년에는 어떤 대륙에서도 작전할 수 있을 정도의 군사력 증강을 이룩하였다.

이러한 상황에서 조선정부가 채용한 외교고문인 묄렌도르프(P.G. von Möllendorff)는 청·일 양국의 정치적 세력이 너무나 강대하기 때문에 조선의 독립을 크게 저해하고 있다고 보고, 청일 양국의 대항 세력을 중화시켜야 한다고 보았다. 여기서 묄렌도르프는 청·일·러 3국의 보장에 의한 벨기에형의 조선중립화를 구상하였다.

그런데 현재까지 한국의 역사서와 정치외교 관계서에는 이것이 부들러(H. Budler)나 젬부쉬(Zembsch)의 구상에 근거하여 제안된 중립화안으로 설명되고 있으나, Budler의 청·일·러 3국에 의한 조선중립화안이 Möllendorff의 구상이었음은 1885년 2월에 조선중립화론을 제기했던 駐朝 독일부영사 Budler 자신뿐만 아니라 주조 독일총영사 Zembsch와 주청 독일영사 브란트(Von Brandt)의 본국에로의 보고서에 나타나 있다. 이는 다음과 같다.

먼저 조선중립화안의 제안자인 Budler는 1885년 1월 14일발로 된 서울에서 본국에의 보고서에서 「Möllendorff는 강대국들 특히 청국, 일본, 러시아가 보장하는 국제조약에 의하여 벨기에가 강대국의 보장으로 중립화된 것과 같이 조선을 중립화하려는 계획을 내놓았다. 이 계획은 일본외무상의 의중에 들었던 것으로 보였으며 앞으로 있을 청국과 일본의 회담에서 논의될 것으로 예상했었다」[15]고 하고 있다.

그리고 자신이 1885년 2월 제안 당시 "이 뜻을 Möllendorff(穆麟德)에게 알려 분명한 논설은 아직 받지 못했으나", 「此意, 達于穆君麟德, 而未援引明論說[16]」에서도 Möllendorff의 구상이었음을 나타낸다고 할 수 있다. 또한 1885년 2월 18일자 Brandt의 북경발 본국 정부에의 보고서에서, "조선에 머물고 있는 묄렌도르프가 강대국들이 벨기에에서 했

15) 김우현, "P.G. von Möllendorff의 조선중립화 구상", 평화연구 제8집, 경북대평화문제연구소(1983), 50면, 63면, Pol. Arch. A.A., Korea 1, Bd.4, A 1559 Pr.9, März 1885.
16) 고려대학교 아세아문제연구소, 구한국외교문서 제15권 德案 1, 1966, 49면.

던 것과 유사하게 러시아, 일본, 청국으로 하여금 조선의 중립성을 보장하도록 하는 계획을 지니고 있음이 아마도 다른 경로로 전하께 이미 보고 되었을 것입니다."라고 하고 있다.[17] 그리고 1885년 6월 29일자 Zembsch의 서울발 본국 정부에의 보고서에도, "강대한 이웃과 우방의 공격에 대항하여 단독으로 방어할 수 없는 연약한 국가의 상황에 대하여 평가할 때 그는 유럽에서 벨기에의 위치를 알고 조선도 그와 비슷한 안정을 희망한다고 말했습니다. 묄렌도르프는 앞서 여러 차례 벨기에에서 일어났던 것과 유사한 방법으로 조선의 중립화에 대한 생각을 제기했습니다."라고 하고 있다.[18]

이와 같이 Möllendorff는 청국, 일본, 러시아의 3국의 보장에 의한 벨기에형의 조선중립화를 구상하였던 것이다. 여기서 묄렌도르프는 청·일·러 3국 중 친러적인 경향을 띠고 있는데 이점에 대해서 보면 다음과 같다. 조선은 자주적으로 독립할 능력을 가지고 있지 못하기 때문에 청·일 이외에 청·일 보다 강력한 제3국의 보호 하에 있는 것이 필요하며 강력한 이 제3국이 청일 양국의 세력에 대해서 균형을 잡아주지 않는다면 청·일 양국의 상호 적대관계가 조선의 평화로운 발전을 저해하게 될 것이며, 이 제3국으로서 러시아가 가장 적당하다고 보았다.[19] 러시아는 청과 정상적인 관계를 유지하고 있으며 더욱이 그들의 국경이 태평양까지 뻗은 이래로 일본과는 스스로 적대관계에 서서 자국과 일본 사이에 위치한 조선이 자주국이 되어 하나의 완충국으로서 존재해 주기를 크게 기대하고 있는 실정이었다.[20] 여기서 러

17) 김우현, 앞의 논문, 50면., Pol. Arch. A.A., Korea 1, Bd.4, A 3046, 21, April 1885.
18) 김우현, 위의 논문, 76면., Pol. Arch. A.A., Korea 1, Bd.4, A 6926, Pr24, August 1885, p.m.
19) Rosalie von Möllendorff, P.G. von Möllendorff: Ein Lebensbild (Leipzig : Otto Harrasswitz, 1930), 묄렌도르프부부 지음, 신복룡,김운경 옮김, 묄렌도르프문서 (서울: 평민사, 1987), 85면.
20) 위의 책, 67면.

시아가 조선을 보호하려면, "우선 러시아의 단독보호로 할 것인가 아니면 청·일과의 공동보호로 할 것인가를 선택해야 하는데 만약 러시아의 단독보호를 택하게 되면 조선이 러시아를 우대하는 것 같이 보일 것이므로 이는 조선을 위해서라도 있어서는 안될 일이다. 따라서 엄격한 중립상태에서 모든 국가에 동등한 대우를 하는 것이 최상의 방법이다. 이를 위해서 조선은 열강과의 조약체결을 서둘러야 하는 바, 그 결과로 열국의 외교사절이 조선에 계속 체류한다면 청·일 간의 충돌 속에서도 안도하게 될 것이다."[21]라고 하였다. 그리고 당시 묄렌도르프는 정부의 협판교섭통상사무였는데 1884년 7월에 웨베르(Karl Waeber)를 보좌하여 한러수호통상조약 체결을 위해 진력한 공로로 후일 러시아황제로부터 성안나3등 훈장을 받기도 하였다.[22]

그런데 묄렌도르프가 이홍장과의 결별을 무릅쓰고 러시아를 조선에 끌어들인 이유는, 러시아를 동아시아로 유인하라는 독일외무성의 암시를 받았기 때문이었을 것이라고 본다.[23] 이는 러시아를 동아시아에 묶어 놓음으로써 유럽에서 독일의 안전을 도모할 수 있었을 뿐만 아니라 동아시아에서 영·러 간의 분쟁을 조장시킴으로써 그 틈을 중동 진출의 호기로 이용하려는 비스마르크의 대아시아정책과 그 궤를 완전히 같이 하는 것이기 때문이다.[24] 주청 영국공사 오코너도 묄렌도르프를 러시아의 관심을 유럽으로부터 극동으로 유인한 음모자라고 비난하였던 것이다.

이러한 Möllendorff의 구상에 근거한 조선중립화안을 독일정부가 파견한 부영사 Budler는 총영사 Zembsch의 뜻을 받들어 갑신정변후 한

21) 위의 책, 68면.
22) 田保橋潔, 近代日鮮關係の硏究 下卷 (朝鮮總督府中樞院, 1940), 4面.
23) T.F. Tsiang, "Sino-Japanese Diplomatic Relations 1870-1894", The Chinese Social and Political Science Review Vol. xvii, No.1(1933), p.88.
24) 최문형, "한러수교의 배경과 경위", 한러관계100년사 (서울 : 정화인쇄문화사, 1984), 68면.

성조약체결(1885. 1)을 위해 전권대신으로 내한한 井上馨으로부터 동의를 구하고, 이어서 외무독판 김윤식에게 전달하여 조선중립화를 권고하기에 이르렀다. Budler가 제기한 조선중립화론의 내용은 다음과 같다.

「서양에 2, 3의 소국이 있는데 각 대국이 상호 입약하여 보호함으로써 영원히 평안무사하게 되어 그 소국이 받는 이익은 실로 크다. 만약 타일 양대국이 교전을 하더라도 소국은 단지 천여 명을 경계에 주둔시켜 자국을 지키고 적병이 국경을 통과하려고 하면 금지임을 명시하여 월경하지 못하게 한다. 설혹 국경을 넘어오는 군인이 있으면 소국 정부는 적국에게 공한을 보내고 그 군인의 무장을 해제하고 억류시켰다가 양국이 전쟁을 종식하고 국교를 수복했을 때 방환 귀국 시킨다. 그러므로 국민은 전쟁상태가 있더라도 우려할 것이 없고 국왕도 또한 안전 무사할 수 있다. 이는 강대국이 서로 입약하여 보호함으로서 얻게 되는 이익이다. 예컨대 1870년 독불전쟁의 경우 8만의 불군이 패하여 불변계의 스위스에 들어왔는데 스위스는 소국에 불과하나 공문으로서 조약에 따라 처리하였다. 또 각국은 조약을 체결하여 만약 타국간에 전쟁이 있더라도 국토를 차용할 수 없다고 명백히 함으로써 독군이 불란서를 공격할 때 만약 길을 스위스에 빌린다면 근편함에도 불구하고 멀리 돌아서 전진한 것은 각국이 互立한 조약을 위배할 수 없었기 때문이다. 소국이 대국 상호간의 조약에 의하여 보호되는 것은 실로 유익하고 無損하다는 것은 이로서도 명백히 증명될 수 있다.

지금의 조선의 정치 형세로 논하면 청국이 군대를 파견하여 세비를 써가면서 조선에 주둔하고 있는 이유는 대체로 境內를 지키지 못하여 강한 인국이 침입할 것을 두려워하고 있기 때문이라고 생각된다. 조선은 청국의 후정이자 또한 러·일 양국과 더불어 경계를 접하고 있어서 반드시 서로 다투는 곳으로 되어있다. 비록 천만인을 조선에 주둔시킨다 해도 무슨 이익이 있을 것인가. 이에 따라 서양에서 실시하고 있는 법에 따라 청·일·러 3국이 상호 입약하여 조선을 영원히 보전하는 것이 요청되는 것이다. 설혹 후일에 전쟁이 있더라도 조선은 길을 빌려주지 않으며 동시에 조선 스스로 수천 명의 군대를 파견하여 국경을 지키게 하고 한편 조약을 체결한 각국과 통상을 하면 조선은 영원히 큰 이익을 얻을 것이다.[25]」

이와 같이 부들러는 조선중립화를 실현하기 위해 조선정부가 중립화를 선언하고 청·일·러 3국이 중립화를 보장하는 조약을 맺도록 권고하였던 것이다. 그런데 구한국외교문서 德(독일)안에는 부들러의 조선중립화 모형이 묄렌도르프의 구상에 따른 벨기에형이 아니라, 스위스형을 그 예로 들고 있는 것이다.

이에 대해 외무독판 김윤식은 1885년 3월 18일 「청국이 이유 없이 군대를 증원하거나 새로운 분쟁을 일으키지 않을 것이며 일본도 평화 위주의 정책을 써서 경거망동하지 않을 것이므로 조선을 둘러싼 국제정세의 전망은 밝을 따름이다[26]」라고 하였다. 그리고 청의 사대관계에 기초를 두고 대외정책을 추진하였던 김윤식[27]은 중립화안을 거부하는 태도로 그 원본을 반환하고 사본을 작성하여 북양대신 이홍장에게 송부하였다. 조선정부는 국가안전문제를 청한종속관계에 입각하여 청국에 의존하여 왔기 때문에 자주적 외교방침을 당시 정부가 받아들이기가 어려웠던 것으로 보인다. 이에 이홍장도 부들러가 일본과 손잡을 위험이 있고 또한 조선으로 하여금 미혹하게 할 우려가 있다는 점에서 이 안에 반대하였다.[28] 이와 같이 청한종속관계로 이 안은 조선과 청국에 의해 반대되었다.

---

25) 구한국외교문서 제15권 德案 1, 1966, 49면.
26) 위의 책, 51면.
27) 原田環, "1880年代前半の閔氏政權と金允植", 朝鮮史研究會論文集, No.22 (東京 : 綠蔭書房, 1985), 103面.
28) 淸光緖朝中日交涉史料 卷 8, 1面.

오코너의 안

그리고 갑신정변의 사후 문제를 협의하기 위한 청·일 간의 천진회담이 개시되기 전인 1885년 2월에 주청 영국공사 오코너(N.R. O'Conor)는 한반도에로의 러시아의 세력 확장을 견제29)하기 위해 청일 양국의 조선에 대한 공동보호론을 주청 일본공사 榎本武揚을 통해 일본외무대신 井上馨에게 건의하였다. 그러나 井上馨은 1) 조선에는 유력한 族門이 많아서 각각 정권을 잡으려고 하나 그들 자신은 충분한 권력을 가지지 못하고 청국 또는 일본의 보호를 희망하고 있기 때문에 양국이 공동으로 보호한다는 것은 그들에게 불화의 씨를 뿌리게 되며 2) 청국은 종주권을 유지하려고 하는 까닭에 청·일에 의한 공동보호는 불가능하다고 하였다.30)

2. 거문도사건 이후의 중립화론

거문도사건 이후의 중립화론에는 김윤식, 유길준, 로즈베리, 김옥균, 김가진의 안을 들 수 있는데 차례로 자세히 알아보도록 하겠다.

갑신정변의 사후책인 천진조약으로 청·일 양국군이 철수하여 군사적 간섭이 없어지고 청일 간에 세력균형이 이루어져 공백 상태가 생기자 제3국에 의지하려는 친러파가 대두하기 시작하였다. 이때 갑신정변에 자극을 받은 고종은 묄렌도르프를 중심한 친러파들의 친러

29) 이것은 한러밀약의 영향으로 보인다. 이와 같은 견해는 당시 주청 독일총영사 Brandt에 의해서도 나타났는데, 청일 양국이 동시 철병한 후 반드시 러시아의 간섭을 초래하게 될 것이라고 우려하였다.

30) 日本外交文書, 第18卷 文書番號 169.

정책을 받아들여 한러밀약(제1차 한러밀약 1884년 12월말, 제2차 한러밀약 1885년 1월)을 추진하였다. 그 내용은 러국 군사교관을 고용하는 대가로 영홍만내에 있는 송전만을 러시아에 조차하여 준다는 것이었다.[31)]

이러한 한러밀약은 실현되지는 못했으나, 영국의 거문도점거(1885. 4. 15~1887. 2. 28)를 초래하게 된 직접적인 원인이 되었던 것이다. 당시 영국과 러시아는 세계의 2대강국으로서 세계적 규모로 대항하고 있었는데 아프가니스탄 국경 문제로 인하여 절박한 갈등 관계에 있었다. 영국은 거문도 점거가 러시아의 조선에 대한 진출을 견제하고 영·러 양국의 동아시아에 있어서의 세력균형을 취하는데 있다고 하였다.

거문도는 러시아 동양함대의 요로인 대한해협의 관문에 해당되므로 그 점령은 러시아를 놀라게 하였다.[32)] 러시아는 영국에 대항하기 위하여 조선의 일부를 점령하겠다고 주장하였다.

그런데 1885년 9월초 영·러 간의 아프가니스탄 협정 타결로 급박했던 위기가 해소되고, 이홍장과 주청 러국공사 라디겐스키 간에 러시아가 한반도의 어느 지점도 점령하지 않겠다는 천진협의(1886. 10)가 이루어져 조선 영역의 타국 不점거의 조건으로 1887년 2월 영국군은 거문도에서 철거하였던 것이다.[33)] 이 거문도 사건을 계기로 한반도에 있어 영·러 간의 세력균형이 이루어졌다고 할 수 있다.

---

31) 노계현, 한국외교사연구 (서울 : 갑인출판사, 1983), 25면, 27면.
한러밀약은 청·일 양국의 각축으로부터 벗어나 조선의 자주 독립을 유지하고자, 제3세력인 러시아를 끌어 들임으로서 열강의 세력균형을 형성하고자 시도한 사건이었다.

32) 세계 제일의 영군 해군력의 견제대상이 될 수밖에 없었던 당시의 러시아로서는 자국의 동아시아령 방위를 해군력에만 의존할 수는 없는 일이었던 바, 육군을 활용한다는 그들의 새로운 방위정책을 실현시키기 위한 구체적 조치로서 1886년경부터 시베리아철도의 건설 계획이 논의되기 시작하였던 것이다. Andrew Malozemoff, Russian Far Eastern Policy 1881-1904 (Berkeley : University of California Press, 1958), pp.34-35.

33) 이에 대한 자세한 논의는 이용희, "영국의 거문도점거", 한영수교100년사 (서울 : 정화인쇄문화사, 1984), 65-105면.

이 당시 이홍장은 러시아에 대해 청국의 대한종주권을 인정해 줄 것을 요구한 바 있으며, 1885년 11월에는 袁世凱를 조선총리교섭통상사의라는 직함으로 조선에 주재시켜 대한종주권을 강화하고자 하였다. 그리고 1886년 이후에는 청국은 상권확장을 통하여 일본의 경제적 지배관계를 배제하고 실질적인 지배관계를 보존하려 하였다.34) 또한 이때도 영국은 청국을 지원하여 러시아의 남하정책을 저지하고자 하였다.

김윤식의 안

영국이 거문도를 점거한 사실을 알고 金允植은 1885년 5월 20일 주한 독일총영사 젬부쉬(Zembsch)를 찾아가 묄렌도르프의 구상과 같이 조선을 벨기에와 같은 중립화를 하고자 하는 뜻을 비쳤다.35) 1885

34) C.I Eugene Kim and Han-Kyo Kim, Korea and The Politics of Imperialism, 1876-1910 (Berkeley : University of California Press, 1967), p.70.
김달중, "1880년대 한국국내정치와 외교정책", 한국정치학회보 제10집 (1976), 247-249면.

〈표 3-1〉 청일 간의 상권 경쟁

(단위 : 멕시코弗)

연도	청국에서의 수입액	일본에서의 수입액	청국	일본(백분율)
1885	313,342	1,377,392	19%	81%
1886	455,015	2,064,353	17%	83%
1887	742,661	2,080,787	26%	74%
1888	860,328	2,196,115	28%	72%
1889	1,101,584	2,299,116	32%	68%
1890	1,659,542	3,086,897	32%	68%
1891	2,048,294	3,226,468	40%	60%
1892	2,055,555	2,555,675	45%	55%

※자료 : 監川一太郎 著「朝鮮通商事情」pp. 57-67에서 인천, 원산, 부산 항구의 수입액을 합계하여 작성.

그리고 당시 일본은 한러밀약과 영국의 거문도점거사건이 일어나자, 러시아와 영국이 연안도서를 점령함은 일본국방상 위험이 될 것이라 생각하고, 아직 국력이 미비한 상태여서 일시적으로 청국의 조선에 대한 종주권을 묵인하기도 하였다.

35) 김우현, 앞의 논문, 55면., Pol. Arch. A.A., Korea 2, Bd.2, A 6926, Pr24, August 1885, p.m.

년 5월 25일 독일총영사 젬부쉬가 본국에 보내는 보고에서 「조선정부는 조선을 중립화하기를 원한다. 영국이 거문도를 점령한 것이 이러한 제안을 하게 하고, 조약관계를 가진 국가들이 공동으로 보장하여 이 제안을 실현시키는 데에 좋은 계기가 되었다[36]」고 하였던 것이다. 이는 비공식적인 의사 표시로 보인다. 공식적인 중립화의 의사 표시는 1885년 6월 25일의 1차문서와 6월 27일의 2차문서로 조약 관계를 맺고 있는 모든 국가들에게 보내는 글에서 이루어졌다. 여기서 조선의 중립화를 직접 제안하지는 않았고 조약국들의 조약에 따른 우호적인 협력을 부탁하였다. 이는 조선이 청국의 보호에서 이탈하려한다는 인상을 청국에 주지 않기 위해서인 것으로 보인다.

중립화가 김윤식에 의해 제안되었을 때, 젬부쉬는 실현가능성을 다음과 같이 보았다. 즉 영국이 중립화에 동의하여 거문도에서 철수한다면 러시아도 중립화에 동의할 것이고 청국도 일본에 만족할 것이며 독일, 미국, 이태리, 오스트리아, 프랑스도 중립화됨으로써 이득을 보게 될 것이라 하였다.[37] 이러한 상황에서 묄렌도르프가 1885년 7월 27일 외교 고문직에서 러시아와의 밀약설의 책임을 지고 물러나고, 영국이 거문도를 점령하고 난 다음 조선에서 청국의 영향력이 커지므로 묄렌도르프가 구상했던 벨기에형의 조선중립화는 수포로 돌아갔다.

유길준의 안

거문도사건 이후인 1885년 12월 兪吉濬도 중립화를 주장하였다. 당시 유길준은 갑신정변에 연루되어 수구세력의 집권으로 연금 상태에 있었기 때문에 중립화 주장은 더 이상 논의될 수 없었다.

36) 위의 논문, 56면., Pol. Arch. A.A., Korea 2, Bd.1, A 5726, Pr13, Juli 1885, p.m.
37) 위의 논문, 56-57면., Pol. Arch. A.A., Korea 2, Bd.1, A 5726, Pr13, Juli 1885, p.m.

먼저 유길준은 영국의 거문도점거 사건에 대한 인식과 일본 유학시 황준헌의 조선책략[38](防俄論)에 대한 공감으로 러시아를 무도하고 탐욕스럽고 포악한 나라로 지목하면서 러시아의 남하정책을 저지하는 것이 조선의 안전을 보장하는 길이라고 보았다.[39] 그리고 일본도 천진조약후 철병한 것은 감히 중국과 항쟁할 힘이 없었기 때문이며 힘만 갖추어지면 언제든지 침략할 것이라는 현실주의적인 일본관을 가지고 있었다.[40] 또 미국은 통상의 상대일 뿐이지 외교적·군사적인 지원을 기대할 수는 없다고 하였다.[41] 유길준은 위와 같이 한반도에 대한 일본과 러시아의 침략 그 중에서도 특히 러시아의 침략의 심각성을 예상하고 러시아의 남하정책을 저지하고 조선의 안전을 보장받을 수 있는 외교 전략은 중립화라고 보았다.[42] 그리고 중립화의 유형에는 전시중립과 영세중립이 있음을 설명하고 조선중립화는 영세중립임을 밝히고 있다.[43]

중립화의 모델로는 벨기에와 불가리아(정확하게는 중립화된 나라가 아닌데도 불구하고)를 예로 들고 있다. 그는 벨기에와 불가리아의 국제정치상의 위치를 조선과 비교하면서, 조선이 지리적으로 아시아의 인후에 위치하고 있는 것은 유럽에 있어서의 벨기에의 경우와 같고, 그 국제적 지위가 청국의 貢邦인 점은 불가리아와 터키와의 관계와 같다하고, 그러나 조선은 세계 각국과 동등지례로 조약을 맺고

38) 조선책략은, 조선이 러시아를 막기 위해서는 친중국, 결일본, 연미국할 것을 권유하고 있다. 또한 스위스나 벨기에와 같은 소국도 지금은 전부 자립하여 대국이 이들 국가를 간섭하거나 착취하지 못한다고 하면서, 스위스나 벨기에와 같은 영세중립국을 예로 들어, 조선의 자강을 촉구하고 있다.

39) 유길준전서편찬위원회(편), 유길준전서 권 4, 정치경제편, 「중립론」(서울 : 일조각, 1975), 321면.

40) 위의 책, 324-325면.

41) 위의 책, 323면.

42) 유길준은 국제사회에 있어서 힘의 강약에 따라서 나타나는 불균형이나 여러 모순은 만국공법을 매개로 하여 규범적 사회로 변화 발전할 것으로 보았다. 유길준전서, 권 1 「서유견문」, 95면.

43) 위의 책, 319-320면.

있지만 불가리아는 그렇지 못하며, 또 다른 나라의 책봉을 받는 점에 있어서는 벨기에와 같지 못하므로 결국 조선의 국제정치적 위치는 벨기에와 불가리아 두 나라의 경우를 겸하고 있는 것이라 하였다. 불가리아의 중립화[44]는 유럽 강대국들의 러시아 남하정책 저지책에서 나왔고 벨기에의 중립화[45]는 유럽 강대국들 상호 간의 자기 안보책에서 나온 것이다. 이와 같은 논리로 설명하면 조선이 아시아의 중립국이 되는 것은 러시아의 남하정책을 저지하는 큰 계기가 될 것이며, 또 아시아 강대국들의 안전을 보장하는 전략이 될 것이라 하여 조선의 중립화가 가져오는 국제정치적 효과 역시 벨기에와 불가리아의 경우를 종합한 것과 같을 것이라고 보았다.[46]

그리고 유길준은 「우리는 혼자서 중립화를 이룩할 수는 없다. 청국이 어떤 이유를 핑계 삼아 들어주지 않더라도 오늘 청하고 내일 또 청해서 청국이 그렇게 할 때까지 계속하여 요청해야 한다. 청국이 조약의 주창자가 되어 영·불·러·일 등 아시아 지역과 관계있는 나라들을 모으고 여기에 조선도 참가하여 중립화를 위한 조약을 맺어야 할 것이다. 조선의 중립화는 조선만을 위하는 것이 아니라 청국의 이익을 도모하는 것이며 또 관계제국의 안전보장책이 되는 것이다[47]」라고 하였다.

이와 같이 청국의 주도아래 영·불·러·일이 보장국이 되어야 한다고 하였다. 여기서 청국이 주도적 역할을 하지 않을 수 없는 이유로서,

---

44) 제6차 러터전쟁(1877~1878) 이후 러시아가 불가리아를 터키 주권 밑의 자치공국으로 만들자 1878년 영국, 프랑스 등이 러시아의 남하정책을 저지하기 위해 베를린회의를 열어 터키와의 종속적 관계에도 불구하고 터키군의 불가리아 주둔을 금지하는 등 불가리아를 일종의 완충지역화한 것을 말한다. In Kwan Hwang, "A Translation and Critical Review of Yu Kil Chun's on Neutrality," Korean Studies, Vol.9 (1985), p.10.

45) 벨기에는 유럽 강대국들의 세력이 상충하는 지점에 위치하여 스페인, 오스트리아, 프랑스, 네덜란드 등에게 번갈아 병합되었다. 1839년 영국과 프랑스, 프러시아, 오스트리아, 러시아 등의 공동보장아래 영세중립국이 되었다.

46) 유길준전서 권 4, 정치경제편, 「중립론」, 320-321면.

47) 위의 책, 327면.

청국은 조선과 4천년의 전통적인 유대 관계를 가지고 있고,[48] 조선이 만약 러시아의 침략을 받게 되면 청국의 위신 문제에 그치지 않고 청국 안보상 순망치한의 위기를 당하게 된다는 점과, 러시아의 침략이 시작되고 난후에 원군을 파견하면 때가 이미 늦을 것이고 그렇다고 조선의 국경지대에 미리 군대를 주둔시키면 오히려 러시아에게 침략의 구실을 주게 될 뿐만 아니라 일본의 망동을 유발할 우려가 있다는 점을 들고 있다.[49] 곧 어떤 경우에도 청국이 단독적인 군사력만으로는 조선 침략을 저지할 수 없으며, 조선이 침략을 받는 경우 청국의 안전이 위협을 받게 되므로(순치상의) 조선의 중립화를 지지하고 그것을 실현시키기 위한 주도적 역할을 담당하지 않을 수 없는 것이라고 보았던 것이다. 이와 같이 청한종속관계는 더 이상 조선을 위한 보장이 될 수 없으며 국제적 보장이 필요하다는 것이었다.

로즈베리의 안

그리고 1886년 4월 영국외상 로즈베리(A.P. Rosebery)는 거문도에서 철수하는 조건과 관련하여, 청국이 거문도를 외국이 점령하지 못하도록 하겠다는 보증을 한다면 영국은 거문도 점령의 일목적을 달성한 것이나, 만약 청국이 이것을 책임지지 못한다면 러시아 및 관계제국과 조선의 독립을 보장하는 국제조약을 체결하자고 이홍장에게 제의하였다.[50] 이 당시 영국 런던타임즈지는 이홍장을 내세워 영·일·청 3국의 공동보장으로 조선을 중립화하고자 한다고 시사하였다.[51]

48) 유길준은 조선조와 중국대륙 사이에 설정되어 왔던 「사대」내지는 「조공」관계는 단지 그것이 「형세」의 강약에 의해서 지속된 것 이외의 아무것도 아니었다고 하여, 국가 간의 관계를 평등 관계에 두고 있다. 박충석, 한국정치사상사(서울 : 삼영사, 1982), 232-233면.
49) 유길준전서 권 4, 정치경제편, 「중립론」, 325-326면.
50) 伊藤博文(編), 秘書類纂 朝鮮交涉資料 中卷 (東京 : 原書房, 1970), 173-181面 참조.
51) 이선근, 한국사(최근세편) (진단학회, 1974), 787면.

영국은 동아시아의 극동정책 수행상 조선에서의 균세를 유지할 필요가 있었던 것이다. 이 문제는 이홍장과 주청 러시아공사 라디겐스키 간의 협약(1886. 10)으로 러시아가 거문도를 비롯한 조선령의 어느 부분도 차지할 생각이 없다고 함으로서 종결되었다. 이때 이홍장은 조선중립화론에 찬동할 의향을 가지면서도 清廷내부의 중상을 염려하여 건의하지 못하였던 것으로 알려지고 있다. 사실 이홍장은 당시 영중추부사였던 이유원에게 벨기에 등 구라파의 소국이 대국과 병립할 수 있는 것은 국제법과 국제 이해관계의 균형의 소치라고 강조한 바 있었다.[52]

김옥균의 안

그 후 1886년 7월에 조선중립화론은 일본에 망명하고 있던 金玉均에 의하여 다시 제기되었다. 김옥균은 임오군란 이후에는 청국의 속방화를 분쇄하고 부국강병책을 통한 완전 자주독립국가를 주장한 대국주의자였다. 「論箕和形勢」에서 일본(화)이 동양의 영국이라면 조선(기)은 이탈리아와 비교하여 면적과 인구의 수도 같고 지정학상으로도 같아 동아시아에서의 이탈리아와 비슷한 역할을 해야 한다. 또는 일본이 동방의 영국 노릇을 하려하니 조선을 아시아의 프랑스로 만들어야 한다고 하였다.[53] 그리고 1884년 청불전쟁 때에는 이 기회를 청국으로부터 자주독립을 기할 수 있는 절호의 기회로 삼아야 한다고 하였다.

그러나 김옥균은 갑신정변 실패 이후에는 청·일의 세력균형과 거문도사건 이후 영러의 세력균형 하에서, 열강 간의 세력균형을 이용

52) 송병기, 근대한중관계사연구 (서울 : 단대출판부, 1985), 29면.
53) 趙景達, "朝鮮における大國主義と小國主義の相克", 朝鮮史硏究會論文集, No.22 (東京 : 綠蔭書房, 1985), 64-69面.

하여 소국이 자립할 수 있는 방안을 모색한 결과 소국주의자로 전회하여 조선중립화를 제기하게 되었다.[54] 김옥균은 1886년 7월 「與이홍장서」에서 조선을 중립국으로 세울 것을 제의하고 중립국이 되면 당시의 열강의 각축 속에서 조선이 만전무위의 나라가 될 수 있으며 청국에도 득책이 되어 동서의 안전책을 도모할 수 있는 바, 이를 위해서 조선 조정에 영향력을 갖고 있던 청국이 주도적으로 구미 열강과 공론을 만들어서 외교적으로 국제 열강의 합의를 지을 것을 요구하고 있다.[55] 그리고 김옥균이 1894년 3월 일본에서 청일전쟁이 급박해 오는 것을 보고 청국으로 건너가서 이홍장과 조선 문제에 대하여 담판하려고 했던 점도 바로 이 조선중립화를 추진하려 했던 것이라고 생각된다.[56]

김가진의 안

그리고 1890년 11월 조선의 외무독판 金嘉鎭은 당시 주한 미국공사관의 서기관이었으며 후에 미국공사였던 알렌(Horace N. Allen)에게, 청국과 러시아의 위협으로부터 조선의 독립이 위태롭기 때문에 조선을 구제하는 유일한 방책은 여러 열강 간에 협정을 맺어 스위스와 같은 형태로 조선을 중립화하는 것이라고 하고, 미국은 조선의 사심없는 친구이므로 미국의 주도 아래,[57] 프랑스, 이태리, 독일, 일본과

54) 趙景達, 위의 논문, 76面.

55) 아세아문화사(편), 김옥균전집(서울 : 아세아문화사, 1979), 152면. 그리고 김옥균은 興亞策에서 三和주의 곧 조선, 일본, 청국의 3국이 제휴하여 구미의 동점 침략에 대항하여야 한다고 한 바도 있다.

56) 신용하, "김옥균의 개화사상", 동방학지 제46,47,48합집, 연세대학교 국학연구원 (1985), 200-201면. 이에 대해 김영작 교수는, 김옥균이 한반도를 둘러싼 국제 간의 대립이 언젠가는 일본과 러시아 양국의 대립 형태로 첨예화될 것을 예측하고 중립국으로서의 독립 방안을 생각하고 있었던 것으로 보고 있다. 김영작, "한말내쇼날리즘과 김옥균", 법정논총 제4집, 국민대학교 법학연구소 (1981), 239면.

의 협력 아래, 협정을 체결한 후에 청국, 러시아, 영국을 이 협정에 포함시키자는 것이었다. 여기서 영국을 러시아, 청국과 같은 그룹으로 분류한 것은 당시 영국이 러시아의 남하를 막기 위해, 한반도에서 조선의 독립을 저해하는 세력인 청국을 지지한 것을 반영한 것으로 볼 수 있다.

그러나 당시 조선은 청국의 제약을 받고 있던 시기였으며, 고종은 미국을 위급할 때 의지할 수 있는 사심 없는 우방으로 보고 있었으나 미국은 갑신정변 이후 청·일에 비해 경제적 이익이 보잘것 없자[58] 대한 불개입정책을 견지하여 한미수호조약 제1조에서 약속한 거중 조정(good offices)을 이미 외면하기 시작한 때였다.

3. 청일전쟁 이후의 중립화론

청일전쟁 이후의 중립화론과 관련하여, 주한 영국공사(폭스, 윌킨슨)의 인천국외중립안, 陸奥宗光, 영국정부, 독립협회, 대한제국정부, 샌즈, 조병식, 포크레프스키, 이즈볼스키, 이하영, 파블로프, 현영운, 현상건, 이한응, 이승만의 안을 들 수 있는데 차례로 자세히 알아보도록 하겠다.

---

57) F.H. Harrington, God, Mammon and the Japanese : Dr. Horace N. Allen and Korean-American Relations, 1884-1905 (Wisconsin : The University of Wisconsin Press, 1944), 이광린 역, 개화기의 한미관계 (서울 : 일조각, 1983), p.340.
구영록·배영수 (편), 한미관계 1882-1982 자료집 (서울 : 서울대미국학연구소, 1982), 24면.

58) 1895년 미국의 대한무역은 수출이 111,803달러로 미국 총수출의 0.013%, 조선의 총수입 중 미국이 차지하는 비율은 2.7%였다.

주한 영국공사(폭스, 윌킨슨)의 인천국외중립안

일본은 1885년부터 대청 전쟁준비를 시작한 결과, 1890년에 山縣有朋은 조선을 일본의 이익선으로 확보하여야 한다고 하였고 1893년에는 총지출액의 32%를 군사비로 편성할 뿐만 아니라 출사준비품취급위원회를 구성하고 전시대본영조례를 제정하여 대청 개전의 구실만을 찾고 있었다. 이때 동학혁명이 발발하여 1894년 5월 31일 동학군이 전주를 공략하게 되자 정부는 1894년 6월 4일 청국에 파병을 요청하였고, 청국은 천진조약에 따라 일본에 행문지조하였다. 이에 따른 청일 양군의 출병 소식에 전봉준은 6월 11일 전주성을 자진 철수하기에 이르렀다. 그런데 파병 요청에 따라 청은 6월 8일 3,000명의 군대를 아산으로 파견한데 반하여, 일본은 6월 10일 동학혁명과도 관계없는 인천으로 13,800명의 대군을 파견한 사실은 일본이 동학혁명을 대청전쟁을 위한 구실로 이용했다는 증거이다.[59] 전봉준의 자진 철수로 동학혁명이 일단 진압되자 袁世凱는 공동철병을 요구하였으나, 1894년 7월 일본은 일본군 駐兵 구실로서 또한 열강의 간섭을 피해보려는 술책으로 조선 내정개혁 문제를 제기하여 대청 개전을 기도하고 있었다.

이때 주한 영국공사인 폭스(H.H. Fox)와 윌킨슨(W.H. Wilkinson)을 중심으로[60] 주한 각국 공사들은 청일전쟁에 대한 엄정중립을 결의하고 인천을 국외중립지로 하여 일본군의 상륙저지와 군수품 및 군량에 대한 군사행동을 방지하려고 했다.[61] 이는 영국이 대청무역에서

59) R.S. McCordock, British Far Eastern Policy, 1894-1900 (New York : Columbia University Press, 1931), pp.79-80. 이때 파견된 청일군의 수를 청국군 1,500명, 일본군 10,400명이라고도 한다. C.I. Eugene Kim and Han-Kyo Kim,, 앞의 책, p.78.

60) 仁川府史(1933年刊) 411-412面.

61) 그 이유는 영국이 대청국 무역을 주도하여 압도적인 지위를 차지하며, 경제적 상업적으로 큰 이익을 확보하고 있었기 때문이다. 1894년 당시 대청국 무역에서 영국이 차지하는 비율이 64%, 총수출입 상품의 영국 상선 이용률은 85%였다. William L. Langer,

압도적인 지위를 차지하고 있었을 뿐만 아니라 경제적으로 큰 권익을 확보하고 있었기 때문이다. 그러나 일본이 인천상륙을 강행하고 각국은 청일전쟁에 불개입 태도[62]를 취하였던 관계로 인천국외중립지화안은 흐지부지되고 말았던 것이다.

陸奧宗光의 안

이어서 일본은 선전 포고 없이 7월 25일 풍도 전투, 7월 29일 아산, 성환 전투를 기점으로 전쟁을 개시하여 1894년 8월 1일 청일양국은 선전 포고를 하기에 이른다. 이때 1894년 8월 17일 일본외상 陸奧宗光은 각의에서 대한정책의 4가지 대안 중 조선중립화를 구상한 바 있다. 조선이 자력으로서 독립국을 이룬다는 일은 도저히 바랄 수 없고 또 일본이 단독으로 이를 보호함도 불리하며 또 일·청 양국에서 그 독립을 공동으로 담보함도 그 가망성이 없다고 할 때에 조선을 세계의 중립국으로 만들 것을 일본이 구미제국과 청국을 초청 권유하여 조선으로 하여금 벨기에 스위스와 같은 지위에 설 수 있도록 하자는 것이었다.[63] 이는 청의 대한종주권을 배제하고, 중립국으로 만든 다음에 침략대상지화 한다는 것이었으며, 공식적인 대한정책으로는 전쟁 목적과 일본 국민의 여론을 고려하여 일본에 의한 조선 단독보호안을 채택하였다.

앞의 책, p.167.

62) 미·독·불·러가 국외중립의 입장을 나타내었고, 후에 영국도 국외중립의 입장을 나타내었다.

63) 日本外交文書, 第27卷 第1冊 文書番號 438.

영국정부의 안

이에 따라 1894년 8월 20일 한일잠정합동조관, 8월 26일 대일본·대조선양국맹약을 체결하여 조선을 군사기지화 시켰으며, 마침내 1895년 4월 17일 강화조약이 체결되어 청국으로부터 요동반도와 대만, 팽호열도를 할양받게 된다. 여기서부터 청국은 열강의 이익 분할의 대상이 되었다. 이때 영국은 러시아를 견제하는데 청국대신 일본을 선택함으로써 영·일 대 러·청이라는 양대 진영의 대립이 나타나게 되었다.[64]

그러나 1895년 4월 23일 러시아는 일본의 요동반도 획득을 남하정책과 관련하여 러시아의 만주 진출에 대한 위협으로 판단하여 러·독·불 3국에 의한 삼국간섭을 가하게 된다. 여기서 영국은 간섭 3국과의 무력 충돌 없이는 일본을 도울 수가 없게 되자 일본의 지원 요청을 외면하였다. 이때 세력 만회를 위해 일본에 의한 민비시해사건 즉, 을미사변(1895. 10)으로 친러세력을 급격히 증가시킨 결과 아관파천(1896. 2)으로 친러정권이 들어서게 된다.[65]

이어서 러시아는 일본으로부터 Waeber - 小村壽太郎의정서(1896. 5)에서 아관파천 후의 친러정권 승인과 동수의 駐兵權을 인정받게 되어,[66] 러시아는 한반도에서 우월적인 위신을 확보하면서 일본과 균형을 이루었다.

이러한 상황에서 영국 정부는 아관파천 시기인 1896년 5월 주일영국공사관을 통하여 일본외무대신 陸奧에게 "금일 조선의 형세는 러시아로 하여금 그 보호권을 선언하도록 만들거나 조선국 스스로 청국

64) 최문형, "청일전쟁전후 영국의 동아시아정책과 한국", 한영수교100년사 (서울 : 정화인쇄문화사, 1984), 123면.

65) Andrew Malozemoff, Russian Far Eastern Policy 1881-1904 (Berkeley : University of California Press, 1958), pp.85-87.

66) 日本外交文書, 第29卷 文書番號 458.

의 속방임을 선언해야 할 처지에 놓여 있다. 이에 일본은 조선을 중립국으로 또는 열강의 담보하의 독립국으로 선언하는 제안에 동의할 것인가"라는 전문을 보냈다.[67] 영국은 일본이 동의한다면 영국은 솔선 진력할 것이고, 또한 독일, 미국에도 그러한 내용의 협상을 제의하였으며 오로지 러시아만 반대할 것으로 보았다. 이는 조선에 있어서 아관파천이라는 새로운 국면 곧 러시아에 절대적으로 유리할 것 같은 국면이 전개됨에 따라 영국으로서는 조선이 혹시 러시아의 보호국으로 전락되는 것이 아닌가하는 의구심이 있었다. 영국은 조선으로 하여금 어느 일방에 기울어지지 않는 현상 그 자체를 유지하도록 하기 위하여, 러·일 양국 간의 협상 대신에 일본을 끌어들인 열강 보장하의 조선중립화를 구상하였던 것이다.

독립협회의 안

곧이어 山縣有朋-Lobanov의정서(1896. 6)에서는 38도선을 기준으로 한 남북분할을 제의받았으나 이를 거절하였으며,[68] 러시아의 시베리아 횡단철도(1896년 착공)의 일환으로 만주를 통과하여 블라디보스토크에 이르는 동청철도 부설, 동청철도와 여순, 대련을 연결하는 남만주철도 부설추진, 여순, 대련조차(1898. 3)등 1895년 4월에서 1898년 3월까지는 러시아가 우세한 속에서 러·일 간의 상호견제를 통한 세력균형을 이루고 있었다.[69]

그러나 여순, 대련조차(1898. 3) 이후, 특히 만주에서의 러시아세력을 견제하기 위해 일본의 힘을 북돋아 주어야 한다는데 미국과 영

67) 日本外交文書, 第29卷 文書番號 300.
68) 日本外交文書, 第29卷 文書番號 475.
69) Andrew Malozemoff, 앞의 책, pp.87-92., William L. Langer, 앞의 책, p.404,

국이 의견을 같이 하였다.[70] 미국은 1898년 필리핀 병합을 시작하여 동아시아 진출을 적극적으로 추진하였다. 미국무장관 헤이(John Hay)는 문호개방 및 기회균등의 요구 선언을 통해 러시아의 문호폐쇄에 부정적 입장을 분명히 하였다. 이리하여 西德二郎-Rosen (1898. 4) 협정에서 상호 세력균형을 확인하였으나 러시아는 대한제국에 있어서 일본의 상업상 및 공업상의 기업이 크게 발전된 사실과 조선에 거류하는 일본의 신민들이 다수임을 인정하는 동시에 한·일 양국 간의 상업상 공업상의 관계가 발전되는 것을 방해하지 않는다[71]고 함으로써 일본의 경제적 우월권을 인정하게 되었다. 이와 같이 1895년 4월에서 1898년 3월까지는 러시아가 우세한 속에서 일본과의 세력균형을 유지하였으나, 1895년 3월 이후부터는 한반도에서 일본의 영향력이 증대되어 우세를 보이게 된다.[72] 이때부터 일본의 대한제국 식민지 지배는 사실상 시간문제이었다.

이러한 상황 하에서 독립협회[73](1896-1899)는 러일 대립의 와중에 휘말려 들어가는 것을 막기 위해 불편부당한 중립외교를 전개해야 한다고 주장하였다. 이러한 주장은 정동구락부를 중심으로 전개된 것으로 대한제국인 민영환, 윤치호, 이상재, 서재필 등이 있고 외국인으로서는 미국공사 실(Sill), 미국선교사 언더우드(Underwood), 아펜젤러(Appenzeller), 프랑스영사 플랑시(Plancy)와 대한제국 정부의 고문인 다이(Dye)와 리젠드르(Legendre)등이 소속되어 있었다.[74]

독립협회가 중립외교를 주장하게 된 이유는 1) 만일 자주 중립외

70) 최문형, 열강의 동아시아정책 (서울 : 일조각, 1982), 164면.
71) 日本外交文書, 第31卷 第1冊 文書番號 164.
72) Seung Kwon Synn, The Russo-Japanese Rivalry over Korea 1876-1904 (Seoul : Yuk Phub Sa, 1981), pp.270-284 참조.
73) 1861년 4월 독립신문을 발간하여 국민 계몽에 나섰던 선각자들은 7월 2일 독립협회를 조직하고 국왕의 환궁을 실현시키고, 1897년 2월에는 국호를 대한제국이라 하였다.
74) 주로 친미파를 중심으로 하고 있었다. 문일평, 한미50년사 (서울 : 탐구당, 1975), 232-233면.

교를 하지 않고 어느 한나라에 편중된 외교를 편다면 그에 반대되는 다른 열강은 내정 간섭을 하여 정부를 전복시키려 기도하므로 국내 정정이 불안하여 진다고 보았기 때문이다.[75] 대한제국 외교는 강대국 사이의 약소국의 외교이니 강대국들에게 트집을 잡힐 기회를 주지 말아야 한다는 것이었다. 2) 러시아와 일본은 이미 많은 이권을 침탈하여 갔고 일본이 군비증강에 광분하여 러일전쟁이 발발할 개연성이 높은데 정부의 외교가 어느 일국에 편중되어 자주 중립외교를 전개하지 않을 경우, 러일전쟁이 한국 영토위에서 발발할 위험이 있고 이 경우에 대한제국이 전화를 입게 된다는 것이다.[76]

독립협회는 자주 중립외교를 전개하여 대외적으로 열강의 세력 균형을 유지시키고 그 동안에 대내적으로는 국정을 개혁하여 자강을 실현함으로써 언젠가는 세력균형이 깨어져 열강사이에 전쟁이 발발하더라도 자주독립을 지킬 수 있도록 하자는 것이었다.[77] 이때 일본은 독립협회가 반러세력이라는 점[78]에서 만족하였으나, 정치적 성격이 반제국주의 반침략주의임이 명백하자 러시아와 제휴까지 하여 독립협회를 탄압하려 하였다. 특히 웨베르 후임의 러국공사 스페예르 (Alexeide Speyer)는 1897년 독립협회를 적극 탄압하였다.

대한제국 정부의 안

그리고 1899년 당시 대한제국 정부는 1890년에 이어 재차 알렌 (H.N. Allen)을 통해 미국 맥킨리(W. Mckinley) 대통령(1897-1901)과 헤

75) 독립신문, 1897년 5월 25일자 논설.
76) 독립신문, 1897년 1월 14일자 논설.
77) 세력균형을 토대로 하는 등거리의 무차별 평등 외교라 할 수 있다. 한홍수, 근대한국민족주의연구 (서울 : 연세대출판부, 1977), 130면.
78) 러시아를 대한제국을 강탈하려는 존재로 파악하고 경계를 촉구하고 있다. 독립신문, 1897년 11월 18일자 논설.

이(J. Hay) 국무장관에게 미국의 주도로 중립화의 추진을 요청하였으나 긍정적인 반응을 얻지 못하였다.[79] 이때 미국무성에서는 알렌의 존재를 별로 필요로 하지 않았고 그를 완전히 불신했으며, 미국은 이미 친일정책을 추진하고 있었던 것이다.

샌즈의 안

이러한 상황에서 주한 미국공사관의 서기관이었으며 당시 궁내부 고문으로 있던 샌즈(W.F. Sands)가 1900년 1월 대한제국 중립화를 주장하였다. 샌즈는 러·일 간에 조만간 충돌이 일어나는 경우에는 대한제국으로 하여금 영세중립국이 되게 하자는 것인데, 영세중립과 절대독립을 함에는 열강의 동의를 얻어야 하겠는 바, 먼저 내정 개혁과 교육 개혁이 급선무라 하였다.[80] 중립화의 형식은 스위스와 벨기에와 같은 모형에 따른 중립화 방안을 제시하였다.

그런데 대한제국 정부가 샌즈를 고용한 목적은 그를 통한 미국정부의 정치적 지원과 일본과 러시아 및 열국 간의 중재자로서 미국이 행동해 주기를 바랐던 데 있었다. 그러나 미국은 자국의 만주 진출을 위해 만주에서의 러시아세력을 약화시키는데 일본을 견제 세력으로 이용하고 있었기 때문에 이러한 제안을 반대하였다. 이때 러일 양국 공사도 자국 정책에 저촉된다고 하여 찬성하지 않았었다. 이러한 제안에 미국무장관 Hay는 「미리 명언하여 둘 것은 귀하 개인으로 인하여 여하한 분규가 일어나든지 미국정부에서는 결코 거기에 간섭하지 못하겠다. 귀하는 어떠한 의미에서든지 미국을 대표하지 못한다. 정부로서는 귀하를 다만 한 모험자로 간주할 뿐이라 하였던 것이다.[81]」

79) F.H. Harrington, 앞의 책, p.340.
80) W.F. Sands, Undiplomatic Memories (London : John Hamilton Ltd., 1935), p.120.

조병식의 안

그리고 1900년 8월 특명전권공사로 일본에 파견된 趙秉式과 주일 한국공사 이하영은 동경에서 대한제국 중립화를 淸木周藏 일본외상을 비롯하여 미국 등 각국 정부에 제의하였다.

대한제국 측의 제안은 대한제국이 5만명의 상비군을 보유하도록 제반 조치를 취한다는 조건 아래 열강들이 대한제국의 중립화를 보장하는데 합의할 수 있는지를 타진하는 것이었다.[82] 일본은 대한제국이 조건을 결코 충족시킬 수 없으므로 이 제안을 고려할 가치가 없다는 반응을 보였다. 대한제국의 중립화 준비 부족을 지적하면서 국방은 일본에 위임하고 대한제국은 내치에 전념하라는 요구와 함께 이를 거절하였다. 1900년 10월 조병식은 주일 미국공사 버크(Alfred E. Buck)를 만나 러·일 간의 대립이 격화되고 있으며 곧 일본이 대한제국을 병합하려고 획책하고 있으며 러·일 간에 곧 전쟁이 발발할 것 같다고 하면서, 대한제국이 스위스와 같은 형태의 중립국이 되어 독립과 영토보전을 보장받기를 원하며 열강의 보장만 있으면 가능하므로 이 문제를 미국이 주도해 줄 것을 요청하였다.[83] 그러나 이것은 미국정부에 의해 묵살되었으며, 이때 미국은 반러친일정책을 추진하고 있었다. 버크 공사는 대한제국의 중립화와 같이 중요한 정치문제는 대한제국정부가 워싱턴 주재 공사를 통해 정식 외교문서로 미국정부에 직접 제안하는 것이 바람직할 것이라고 충고하면서 접수를 거부하였다.

그런데 조병식이 1897년 스페예르(Alexeide Speyer)공사의 압력으로 입각한 친러파라는 점과 이즈볼스키가 1897년 12월 20일 加藤과 처

81) 문일평, 앞의 책, 250面.
82) F.H. Harrington, 앞의 책, p.340.
83) 구영록·배영수 (편), 앞의 책, 26면.

음으로 대한제국 문제를 논의하는 자리에서 조병식의 대한제국 중립화를 어떻게 생각하는가를 질문한 사실로 미루어 조병식의 중립화 제안은 러시아의 사주에 의한 것으로 보인다.

포크레프스키, 이즈볼스키, 위테의 안

의화단사건으로 만주를 점령한 러시아는 러시아의 당면 목표를 만주 지배에 두고 한반도는 부수적인 문제로 인식한 반면에, 일본은 당면 목표를 한반도 지배에 두고 지리적으로 보아 만주도 부수적인 문제가 아니라 한반도 지배와 직결되는 것으로 인식하였다.[84] 따라서 러시아의 만주 점령은, 그 철수 문제로 일본을 비롯한 열강들의 반발을 사고 있었다. 그리고 이 당시 일본에서는 2개의 노선 즉 러시아와 타협하여 만주와 한반도를 각각 러·일의 세력범위로 하자는 대러제휴론자(伊藤博文, 井上馨)와, 영국과 동맹하여 러시아의 남하정책에 대항하자는 영일동맹론자(桂太郎, 山縣有朋등)로 대립되고 있었다.

이러한 상황에서 1900년 10월 주일 러국참사관 포크레프스키(Poklevski)는 대러제휴론자인 伊藤과 井上 등에게 러·일의 공동보호하에 대한제국을 중립화할 것을 제의하였고, 곧이어 1901년 1월 주일 러국공사 이즈볼스키(A.P. Isvolsky)가 加藤高明 외상에게 "러시아정부는 열국의 공동보장하에 대한제국을 중립화하고자 하는 계획을 제의한다. 그러나 본건에 관하여 어떠한 수단을 취함에 앞서 대한제국에 있어서의 일본의 이해관계 및 러·일 양국 간에 현존하는 협상에 비추어 이 계획이 실행될 조건을 일본정부와 협의할 것이다."라고 하였다.[85] 이때 이즈볼스키는 加藤에게 대한제국을 중립화한다는 것은 일본의

84) 류수현, 한국근대정치사 (서울 : 정음문화사, 1984), 137면

85) 日本外交文書, 第34卷 文書番號 393.

의구 즉 러시아의 만주 병합과 대한제국 침입의 위험을 제거해 주는 것이 아닌가[86]라 하였다.

그리고 1901년 7월에는 러시아의 동아시아 정책의 총수였던 위테(S.Y. Witte)가 대한제국 중립화를 제안하였다. 위테가 대한제국 중립화를 재개하려고 나선 이유는 이 시기 만주에 관한 청과의 협약교섭 부조의 원인이 청국에 대한 일본의 압력에 있었음을 포착하고 대청교섭의 국면 타개 및 일본과의 관계 악화 방지를 일본과의 교섭에서 구하기로 했기 때문이다. 위테는 러·일 교섭의 원칙을 "대한제국을 중립지역으로 해 둔다. 그러나 일본은 대한제국에 행정고문, 재정고문 및 고급경찰관리와 그 하급원을 둘 권리를 가진다. 이것에 대한 보상으로 일본은 만주에 있어서의 러시아의 우월적 지위를 승인하지 않으면 안된다."고 하였다.[87] 이러한 구상은 대한제국의 중립화 및 러시아의 만주에서의 우월적 지위를 일본이 승인하도록 요구한다는 점에서 종래의 입장과 변함이 없는 것이다. 이와 같이 대한제국에서의 러·일 간의 기존 이해관계를 유지하는 선상에서 열국의 공동 보장에 의한 대한제국 중립화안을 제안한 것이다.

이러한 러시아의 대한제국 중립화 제안은 대한제국을 일본의 세력으로부터 벗어나게 하고 또한 만주 침략을 위한 발판으로 이용할 수 없도록 막아 놓음으로써 러시아의 만주 점령을 기정사실화 하며, 대한해협을 자유롭게 왕래하여 블라디보스토크와 여순 사이의 항로를 연결하려는데 있었다. 또 한반도에 대한 적극정책을 추진할 수 있을 때까지 시간을 확보할 수 있다는 것이다. 이에 대해 일본은 만주를 먼저 중립화한다면 대한제국의 중립화도 무방하고 이것이 불가능하다면 일본은 대한제국을, 러시아는 만주를 각각 점령할 수밖에 없다는 한만교환론을 내세움으로서 이를 반대하였다.[88]

86) 伊藤正德(編), 加藤高明 上卷 (東京 : 原書房, 1929), 416-420面.
87) 박희호, "구한말 한반도중립화론 연구", 동국대 박사논문, 1997, 147면.

이하영의 안

이어서 의화단사건을 기화로 러시아가 만주를 점령하자 영국은 러시아를 가상敵으로 하여 일본과 1902년 영일동맹을 체결하게 되었다. 이 영일동맹은 영국이 일본에게 러시아에 대항할 수 있는 힘을 준 것이었다. 이때 미국도 극동에서 영국과 이해관계가 일치한다고 하여 반러를 위한 친일정책을 추진하고 있었으므로 영일동맹을 환영하였다. 영일동맹은 일본의 국제적 지위를 강화하였고 대한제국에서의 일본의 정치적 경제적 우월권을 인정받는 것이었다.89)

이때 러시아는 영일동맹에 대항하여 고립상태에서 벗어나기 위하여, 독일에게 러·독·불 3국 간의 제휴를 제의하였으나 독일은 이러한 3국의 제휴는 영·미·일 3국 제휴를 유발시킬 뿐이라며 애매한 입장을 취하였고, 프랑스와는 러불동맹(1894년 체결)의 효력 범위를 극동에까지 확대시켰으나 佛國으로서는 일본에 대하여 경고를 하기 위해 행해진 것일 뿐이었으므로 露國으로서는 실제적인 고립에서 벗어나지 못하였다. 사실 프랑스는 러일 개전시 중립정책을 취하였던 것이다.90)

이러한 상황에서 주한 러일공사 파블로프(A. L. Pavlov)는 영일동맹으로 극동에서 러시아의 지위가 약화되어 가고 있음을 우려하여 대한제국 정부로 하여금 중립화안을 제안케 하고 그 스스로도 그 실현을 위해 앞장섰던 것이다. 이때 李夏榮은 외무대신이 된 후 1902년에 다시금 한반도의 중립화를 통한 국제적 보장을 열강에 제시하였다.

---

88) 日本外交文書, 第34卷 文書番號 397, 399.

89) Ian Nish, The Anglo-Japanese Alliance : The Diplomacy of Two Island Empires, 1894-1907 (London : Athlone Press, 1966), p.233.

90) 이창훈, "20世紀初 프랑스의 대한정책", 한불외교사 1886~1987, 한국정치외교사학회논총 제3집 (서울 : 평민사, 1987), 113-117면.
김정환, "러일전쟁과 프랑스의 대한정책", 한불수교100년사 (서울 : 정문사, 1986), 178-205면.

이는 1900년 8월의 조병식(이하영)의 안과 같이 러시아의 영향력 아래 혹은 러시아와 협력하여 나온 것으로 보인다.

파블로프의 안

그리고 1902년 9월 주한 러국공사 파블로프(A. L. Pavlov)는 주일 러국공사 이즈볼스키(A.D. Isvolsky)와 주미 러국공사 카시니(A.P. Cassini)와 논의한 결과, 한반도에서 러·일 간의 긴장 상태를 제거할 수 있는 유일한 해결책은 러·일·미 3국 공동 보장하에 한반도를 중립화해야 한다는데 합의하고, 미국이 중립화를 주도 발의하도록 Isvolsky는 주일 미국공사 버크(A.E. Buck)에게 카시니는 미국무장관 헤이(J. Hay)에게 권고하였다.[91] 그러나 영일동맹 후 한반도를 독점하려는 일본이 이에 동의할 이유가 없었고, 루즈벨트도 일본의 러시아 견제에 찬동을 표함으로써 이는 거부되었다. 일본은 이 안을 한반도에서 일본의 우월한 지위를 위태롭게 하며 만주에서 러시아의 행동에 대한 제약을 완화하기 위한 술책이라 보았던 것이다.

현영운, 현상건의 안

그런데 1903년 러일전쟁의 도화선이 된 용암포사건이 발생하였다. 이 당시 러시아의 강경파인 베조브라조프(A. M. Bezobrazov)의 전진정책이 Witte의 협상론을 압도하기 시작하여 만주에서의 철병을 거부함과 동시에 만주에서 뿐만 아니라 대한제국에서도 러시아의 우위

91) 日本外交文書, 第35卷 文書番號 182.
Seung Kwon Synn, The Russo-Japanese Rivalry over Korea 1876-1904 (Seoul : Yuk phub sa, 1981), pp.332-333.

를 확보하고자 하여, 1903년 5월 러시아는 용암포를 점령하여 포대를 설치하고 1개 여단 병력을 배치하고 1903년 7월에는 용암포 조차를 대한제국에 요구하였다.[92] 이에 일본은 대한제국이 러시아의 요구를 들어줄 경우 일본도 이에 상응하는 조치를 취한다고 위압을 가하는 한편, 용암포 문제를 계기로 러시아의 만주 철병을 적극적으로 추진하려 하였다.[93]

이러한 상황이 되자 러시아에 의해 1903년 19월에 한반도를 러·일 양국의 완충지대로 하기 위하여, 북위 39도선 이북의 한반도를 중립지역으로 하고 그 이남에는 일본의 특수이익을 인정한다는 로오젠(B.R. Rosen)의 제안[94]이 있었으나 이를 거절하였고,[95] 이미 일본에는 용암포사건을 계기로 주전론이 득세하여 시베리아횡단철도와 동청철도가 단선이며 미완성으로 러시아가 본토로부터 병력과 물자를 순조롭게 만주로 수송할 수 없고, 러시아의 동양함대가 확장도상에 있는 '현재'가 승리의 기회라고 하여 대러 개전을 재촉하였던 것이다.[96]

이와 같이 용암포사건으로 러·일간에 긴장이 고조되자 1903년 9월 玄暎運 특사를 일본에, 그리고 玄尙健 특사를 러시아에 보내 러·일이 개전하더라도 대한제국의 국외중립만은 인정해 줄 것을 요청하였다.[97] 그러나 러·일 양국은 모두 대한제국이 자기편에 가담하기를 원

---

92) Andrew Malozemoff, Russian Far Eastern Policy 1881-1904 (Berkeley : University of California Press, 1958), pp.218-222.

93) 일본이 영·미 후원하에 청국 정부로 하여금 극력 저항케 한 결과 러시아는 만주를 보호령화하려고 하는 조건을 철회하고, 1902년 4월 8일 드디어 1년 반을 3기로 나누어 6개월마다 차례로 전만주로부터 철병하는 협약에 조인하고, 제1기 철병기간인 1902년 10월 8일에는 약속대로 철병했으나, 제2기 철병기간인 1903년 4월 8일 때는 철병을 실행하지 않았고 또 실행할 의사도 없었다. 김경창, 동양외교사 (서울 : 집문당, 1984), 515면.

94) 日本外交文書, 第36卷 第 1 冊 文書番號 25.

95) 이때 일본은 중립지대 설치에는 동의하나 그 중립지역을 한국과 만주의 국경에 걸쳐 남북으로 각각 5km로 하자고 대안을 제시하였다. 이것은 일본이 韓滿 교환조건으로 제시한 것인데 러시아로 하여금 만주에서의 우월권을 인정해주고 그 대신 일본은 한국에 있어서의 배타적 우월권을 가지자는 것이다.

96) 임종국, 일본군의 조선침략사 Ⅰ(서울 : 일월서각, 1988), 102면.

해 이를 반대하였다. 특히 대한제국을 독점 지배하려는 일본이 이에 찬성할 리가 없었다.

대한제국 정부의 안

그렇지만 대한제국 정부는 1903년 11월 23일 러·일전쟁이 발발하면 전시국외중립을 선언하겠다고 하였으며,[98] 1904년 1월 21일 재차 전시국외중립을 선언했으나 열강의 지지를 받지 못하였다. 전시국외중립의 다음 내용 즉 "러·일 간에 발생하고 있는 미묘한 관계를 보거나 또는 그 문제를 평화적으로 해결하려면 당면하지 않으면 안될 것 같이 보이는 어려운 문제들을 생각할 때에 대한제국 정부는 그 양 국가와 대한제국과의 사전 협의가 어떻게 되는지를 불문하고 엄정중립을 지킬 확고한 결심을 하였음을 황제 폐하의 어명을 받들어 선언하는 바이다."라는 선언을 각국에 타전하였다.[99] 이러한 전시국외중립은 이용익의 주도로 이루어진 것이다.[100]

1904년 2월 8일 일본의 여순항 기습 공격으로 러일전쟁이 개시된 후, 대한제국은 서울만이라도 국외중립시키려 하였으나 2월 9일 일본군이 인천에 상륙하고 곧 서울에 입성함으로써 대한제국의 전시국외중립은 무산되었다. 다음날인 2월 10일 일본은 러시아가 대한제국의 독립을 위협해왔으며 일본이 러시아의 팽창을 저지하지 않을 경우 대한제국은 러시아의 식민지가 될 것이라는 이유로 러시아에 선전 포고를 하였다.[101] 그리고 2월 23일에 한일의정서가 조인되어 한국은 사실

97) 日本外交文書, 第36卷 第1冊 文書番號 464, 542.
98) 日本外交文書, 第36卷 第1冊 文書番號 464.
99) 日本外交文書, 第37卷 第1冊 文書番號 332.
100) 廣瀨貞三, "李容翊の政治活動", 朝鮮史硏究會論文集, No.25 (東京 : 綠蔭書房, 1988), 83-102面 참조.

상 일본의 보호 하에 들어가게 되었다.

이미 1904년 1월 당시 伊藤博文은 루즈벨트 대통령(1901~1909)의 하버드대학 동창생인 金子堅太郎을 파견하여 일본의 대한제국 점령은 영·미의 공동이익에 부합되고 중국에 대한 이권을 보장한다고 하여 루즈벨트의 양해를 얻었던 것이다. 루즈벨트는 대한제국을 대단히 경멸하고 있었고 대한제국이 일본의 지배를 받기를 철두철미 바라고 있었다. 일본에 의한 대한제국 합병은 대한제국 국민과 극동 평화를 위해서도 다행한 일이 될 것이라 하였던 것이다.[102)]

당시 영·미 양국은 러시아의 남하에 공동대처하기 위하여, 러시아에 대한 일본의 침략을 묵인, 지지하여 영·미·일 3국은 실질적으로 동맹관계를 확보하였다고 할 수 있다.[103)] 이는 러일전쟁에 소요된 전비가 19억 8,400만원이었는데, 이 중 12억 원은 영미의 외채로 충당되었던 사실[104)]로도 알 수 있다. 러일전쟁 직후 대한제국은 위와 같은 영·미의 동의로 일본의 식민지가 되었던 것이다.

이한응의 안

그리고 1904년 1월 당시 주영 서리공사 李漢應은 영·불이 중심이 되어 일·러와 함께 4개국 조약에 의해 대한제국을 중립화할 것을 영국외무성에 제안하였다. 유럽에서는 영국과 프랑스가 기존의 세계질서를 유지하려는 보수 세력으로 세력균형의 축을 이루고 있으나, 극

101) M.F. Nelson, Korea and the Old Orders in Eastern Asia (Louisiana : Louisiana State University Press, 1946), pp.248-250.

102) F.H. Harrington, 앞의 책, pp.341-342. 서중석, 미국의 대극동정책 1900~1905 (서울 : 경희대 한일문화연구소, 1973), 77-95면.

103) Harley F. MacNair and Donald F. Lach, Modern Far Eastern International Relations (New York : D. Van Nostrand Company, INC., 1955), pp.100-101.

104) 信夫淸三郎, 中山治一, 日露戰爭史の硏究 (東京 : 河出書房新社, 1959), 337面.

동에서는 일본과 러시아가 불안정한 세력균형 하에서 서로 상대방을 제거하기 위해 경쟁하고 있으며 대한제국은 보호를 원하고 있다. 여기서 영·일동맹과 러·불동맹 관계를 이용하여, 영·불이 중심이 되어 4국 조약을 체결하여 영국과 프랑스가 일본과 러시아 간의 세력균형의 축을 강화함으로써 극동에서 일본이나 러시아가 상대방을 압도할 수 있는 실력을 상쇄시켜 극동에서 안정된 세력균형을 이룩할 수 있다. 나아가서 대한제국의 독립 유지와 극동의 현상유지가 이룩될 수 있다는 것이다. 영국의 균형자(balancer) 역할에 의해 유럽의 세력균형체제가 유지되고 있는 것과 같이, 극동에서도 영국과 프랑스가 균형자로서의 역할을 해주기를 기대하였던 것이다.[105] 그러나 영국은 한반도 문제에 불개입을 표명했으며 동맹국인 일본의 의사에 반하는 외교적 역할을 수행할 이유가 없었던 것이다. 그리고 일본세력의 강화로 세력균형이 깨져가고 있었으므로 실현 가능성은 약한 것이었다.

이승만의 안

중립화의 모든 기회는 1905년 7월 29일 태프트-桂 협정과, 1905년 11월 17일의 을사보호조약에 이은, 1910년 8월 22일의 한일합병으로 인한 대한제국 독립의 상실로 끝나버렸다. 이러한 상황에서, 1919년 3.1 한국독립운동 직후 상해에 수립되었던 한국임시정부의 대통령 당선자이던 李承晩은 일본의 병합으로부터 한국독립을 되찾기 위해 노력하였다.

그런데 이승만이 1911년 미국 프린스턴대학에서 학위를 받은 박

105) 구대열, "이한응과 한영관계", 성곡논총 제16집 (1985), 511-515면.
Emmanuel Ofori Adu, British Diplomatic Attitudes toward Japanese Economic and Political Activities in Korea, South Manchuria, Kwantung and Shantung 1904-1922 (University of London, Ph. D. dissertation, 1976) 참조.

사논문 '미국의 영향을 받은 중립'106)은 영세중립론과는 다른 국제법상의 전시중립 문제를 다룬 것이었다. 이승만은 이 논문에서 중립제도의 역사적 변천 과정을 시간적 순서에 따라 다루고 있으며, 1776년 미국의 독립 이전과 비교할 때 중립제도는 국제법의 다른 어떤 분야보다도 커다란 발전을 하였으며, 이에는 미국의 공헌이 절대적이었다고 결론을 내리고 있다. 전시에 적대 행위의 대상 영역을 축소시키고, 무엇보다도 중립국 통상의 자유(중립교역의 자유)가 확대되고 보장되었으며, 유럽의 해양 강국들이 제기하였던 반대에도 불구하고 미국에 의해 이러한 성과가 달성되었다고 주장하였다. 이승만이 어떠한 동기로 학위논문의 주제를 전시중립으로 잡았는지는 알려져 있지 않지만, 청일전쟁과 러일전쟁이 이 땅에서 펼쳐졌고 대한제국의 국외중립선언은 무참히 짓밟히는 현실을 목도한 그가 국제법상의 전시중립의 실체와 역사에 관심을 기울인 것은 자연스러운 일로 보인다.

그리고 이승만은 1919년 제1차 세계대전이 종결되는 파리강화회의에 윌슨 미국대통령(1913~1921)에게 「한국이 일본의 속박을 벗고 자유를 획득하고자 하는데 한국이 완전한 정부를 설립하고 내치와 외교의 권리가 있을 때까지 국제연맹의 위임통치에 붙여서 보호를 받게 하여 달라107)」고 하여 국제연맹위임통치를 청원한 바도 있었다. 이에 대해 안창호는 묵인 또는 동의하였으나, 김규식, 김창숙, 신채호 등은 위임통치청원을 강렬히 성토하였으며, 이 문제는 1925년 3월 임시정부 의정원에서 대통령에 대한 탄핵안 가결로 일단락되었다.

---

106) Syngman Rhee, Neutrality as Influenced by United States (New Jersey : Princeton University Press,1912). 그의 지도교수는 당시 프린스턴대학의 교수 및 총장이었던 Woodrow Wilson이었다. 이승만 저, 정인섭 역, 이승만의 전시중립론: 미국의 영향을 받은 중립 (서울: 나남, 2000) 참조.

107) 국사편찬위원회, 일제침략하 한국 36년사, 4 (서울 :국사편찬위원회, 1969), 322면.

제2절 해방 이후의 중립화론

국제정치에서 냉전은 몇 시기로 나누어 볼 수 있는데, 첫번째는 1945-1955년의 기간으로 냉전의 분위기가 형성되기 시작해 독일의 NATO 가입과 바르샤바조약기구(WTO)의 설립으로 냉전적 분위기가 하나의 체제로 성립 되어가던 시기이다. 두 번째는 1956-1970년의 기간으로 냉전이 심화되고 냉전체제가 중·소분쟁, 프랑스 자주외교, 비동맹세력의 부상 등으로 인해 다극화되는 시기이다. 세 번째는 1971-1979년의 기간으로 냉전의 해빙기인 데탕트 시기이다. 즉 닉슨 독트린과 미·중 간의 핑퐁외교 및 화해, 베트남 전쟁의 종결, 카터 행정부의 이상주의적 정책으로 인해 해빙 무드가 조성된 시기이다. 마지막 시기는 1979-1989년의 기간으로 제2의 냉전기이다. 이 시기는 소련의 아프카니스탄 침공(1979년 12월), 폴란드 무력 개입(1980년 12월), 대소 강경 성향의 레이건, 부시 정부의 등장 등으로 새롭게 냉전이 강화된 시기이다. 그런데 1979-1985년까지를 제2의 냉전기(신냉전기)로, 1985-1991년까지를 냉전의 종식기로 보기도 한다. 즉 1985년 고르바초프 등장 때부터, 1989년 폴란드 공산정권 종식, 1990년 독일통일, 1991년 소련 해체까지를 냉전의 종식기로 본다. 1991년 소련 해체 이후부터 탈냉전이라 한다. 이러한 국제정치상의 특징을 감안하면서 한국과 관련하여 제기된 중립화론을 논의의 편의상, 1945년 이후의 중립화론, 1960년대의 중립화론, 1970년대의 중립화론, 1980년대의 중립화론, 1990년대 이후의 중립화론으로 나누어 살펴 보고자 한다.

1. 1945년 이후의 중립화론

1945년 이후의 중립화론에는 중간파, 웨드마이어, 미국국가안전보장회의, 미국무성극동국, 맥아더, 올리버, 덜레스, 노우랜드, Economist지의 안을 들 수 있는데, 차례로 자세히 알아보도록 하겠다.

그런데 조선조 말기의 중립화론은 한국이 어느 한 외세의 지배하에 들어가는 것을 방지하고 한국의 안전보장과 독립을 확보하기 위한 차원에서 제기된 것인데, 해방 이후의 중립화론은 분단 이후 그 극복 대안으로서 제기된 중립화 통일론이라는 점에서 비교된다. 해방 이후의 중립화론은 중립화 통일과 함께 한국의 안전보장과 독립을 동시에 확보하고자 하는 차원에서 제기되고 있다.

중간파의 안

1945년 9월 2일 연합군최고사령관 맥아더(Douglas MacArthur)장군이 포고한 일반명령 제1호에서, 북위 38도선 이북의 일본군은 소련 극동사령관에게 항복하고, 북위 38도선 이남의 일본군은 미국 태평양지역 최고사령관에게 항복하라고 함으로서 일본군의 항복 접수를 위하여 군사적 편의상[108] 38선이 획정되었다. 이때 38도선 이남에 진주한 미국은, 1945~1949년에 이르는 시기에 있어서 중국 장개석 정부를 아시아의 지도국으로 삼아 소련의 팽창을 저지하고 일본을 비무장상태의 약소국가로 격하시키려 하였다.

108) 이에 대해 이용희교수는, 단일 세력에 의한 한국의 군사점령은 중대한 정치적 역효과를 가져올 것이기 때문에 미국은 한국을 공동 점령하여 정부수립 또한 국제공동관리를 통하여 실행하려 하였다고 한다. 이용희, "38선 획정신고", 브루스커밍스 외, 분단전후의 현대사 (서울 : 일월서각, 1983), 230-232면.

8·15광복 이후 9월 9일의 미군정이 선포되기까지의 남한의 정치 상황은, 여운형을 중심으로 한 건국준비위원회는 전국인민대표자회의를 소집하여 조선인민공화국을 선포하였는데 반하여, 송진우를 중심으로 조선인민공화국을 반대하며 대한민국임시정부를 합법적인 정부로 지지한다는 2가지의 입장으로 대립되고 있었다. 이때 북한에서는 소련에 의해 소비에트체제화가 진행되고 있었다.

9월 9일 Hodge장군은 미군정이 38선 이남의 남한에서 유일한 합법정부라 발표하여, 인민공화국과 임시정부의 권위를 부인하였다. 그리고 미군정은 미·영·중·소에 의한 한국신탁통치 실시를 준비하였다.[109] 그 결과 1945년 12월 27일 모스크바협정(모스크바 3상회의)이 공식화되었다. 이에 중국 정부도 이 협정을 지지하였다. 모스크바 3상회의에서 협정된 내용은 다음과 같다. (1) 한국을 독립국가로 재건설하며 한국을 민주주의적 원칙하에 발전시키기 위한 조건을 조성하고 가능한 한 조속히 장구한 일본의 한국통치의 참담한 결과를 청산하기 위하여 한국의 공업, 교통, 농업과 한국 국민의 민족문화 발전에 필요한 모든 조치를 취한 한국임시정부를 수립할 것이다. (2) 한국임시정부 구성을 원조할 목적으로 먼저 그 적절한 방책을 연구 조정하기 위하여 남한의 미국 점령군과 북한의 소련 점령군의 대표자들로 공동위원회가 설치될 것이다. 공동위원회는 그 제안을 작성하는데 있어서 한국의 민주주의 제 정당 및 사회단체와 협의하여야 한다. 그들이 작성한 제안은 공동위원회 대표들의 양국 정부가 최종 결정을 하기 전에 미·영·중·소 각국 정부에 참고가 되도록 제출되어야 한다. (3) 한

109) 1945년 9월 13일에 미국무성 극동국의 빈센트는 주미 영국대사 관원을 불러 한국이 자립정부를 수립할 때까지 4대국의 신탁통치하에 둘 것을 제안하고 신탁통치만이 38도선에 의한 한반도의 분단 상태를 하루라도 종식시키고 군정으로부터 민간인에 의한 민주적인 정부로 교체할 수 있는 방법이 될 것이라고 하였다. 안몽필, “영국외교문서에서 찾아낸 새 사실 : 한반도분단과 연합국의 구상”, 신동아, 1989년 5월호, 576면.

국 국민의 정치적·경제적·사회적 진보와 민주주의적 자치 발전과 독립 국가의 수립을 원조 협력할 방안의 작성은 한국 임시정부와 민주주의 단체의 참여하에 공동위원회가 수행한다. 공동위원회의 제안은 한국임시정부와 협의한 후 최장 5년 기한의 4개국 신탁통치에 관한 협정 작성을 위하여 미·영·중·소 정부의 공동 심의를 받아야 한다. (4) 남북한에 관련된 긴급한 제문제를 고려하기 위하여 또한 남한의 미국 관할구역과 북한의 소련관할구역의 행정·경제면의 항구적 균형을 수립하기 위하여 2주 이내에 한국에 주둔하는 미·소양군사령부대표로서 회의를 소집할 것이다[110]라고 하였다.

이와 같은 신탁통치안이 국내에 전해지자 좌파의 찬탁과 우파의 반탁으로 대립되기 시작하였다. 이때 우파세력은 신탁통치 문제를 신탁통치=소련의 지배=공산주의로 정식화시키면서 반탁운동을 통해 좌파가 헤게모니를 장악하고 있는 한국정치의 주도권을 완전히 탈환하는 계기로 이용하였다.[111] 결과적으로 신탁논쟁은 한국정치세력을 찬탁세력과 반탁세력으로 양극화시켜 좌우 대립을 격화시켰던 것이다. 그런데 찬탁이냐 반탁이냐의 문제는, 모스크바 협정중의 일부인 「신탁통치」 부분에만 관심을 집중시켰지, 더 중요한 부분인 「한국임시정부」(통일정부)수립 부분에 관해서는 크게 주의를 하지 않았던 결과라 할 수 있다.

모스크바협정 제4항에 의거하여 미·소예비회담(1946. 1. 16~2. 5)이 개최된 후 제1차 미·소공동위원회(1946. 3. 20~5. 8)가 개최되었다. 여기서 소련은 신탁통치를 반대한 어떠한 정당도 한국임시정부 수립을 위한 회담에 참여할 자격이 없다고 함으로써 제1차 미소공동위원회는 결렬되었다.

110) United States Department of State, Moscow Meeting of Foreign Ministers : December 16-26, 1945 (Washington, D.C. : United States Government Printing Office, 1946), pp.14-16.

111) 그러나 우파 가운데에도 송진우와 장덕수는 신탁통치를 지지하였었다.

이러한 상황에서 중간우익 김규식과 중간좌익의 여운형 등의 중간파는 찬탁과 반탁으로의 좌우파간의 지나친 대립은 통일정부수립에 방해가 될 것을 우려하여 좌우합작운동을 전개하였다.112) 그 결과 좌우합작 7원칙을 발표하였다. 이 중 중요한 3항까지는 다음과 같다.

---

112) 제 1, 2차 좌우합작위원회에 참여한 정당과 지도자는 다음과 같다.
① 제1차 구성 (1946. 7. 10)
우측대표
주석 - 김규식 (舊 민족혁명당, 民議부의장)
대표 - 원세훈 (한민당), 안재홍, 김붕준(조선혁명당), 최동오(조선혁명당, 비상국민회의 부의장)
좌측대표
주석 - 여운형 (인민당, 民戰의장단)
대표 - 허헌 (民戰의장단), 이강국(공산당), 정노식(신민당), 성주식(조선혁명당→인민공화당)
② 제2차 개편 (1947. 6. 19)
주석 - 김규식 (舊 민족혁명당, 民議부의장), 여운형 (근민당)
從前委員 - 안재홍(신한국민당), 원세훈(조선농민당), 최동오(舊 조선혁명당, 비상국민회의 부의장), 김붕준(신한민주당→신진당), 정이형(舊 在滿 고려혁명당, 광복군國內支隊), 여운홍(사회민주당), 박건웅(해방동맹→근민당)
新委員 - 이극로(건민회), 김평(신진당), 엄우용(신한국민당), 신숙(천도교보국당), 장자일(민중동맹), 손두환(근민당), 이선근(조선청년당), 류석현(민주통일당), 이응진(청우당), 박주병(한독당 민주파), 오하영(기독교), 김성규(유교), 이시설(불교), 유기태(대한노총), 김시현(고려동지회), 강원용(기청), 박사성(애국부대동맹).
김재홍, 한국의 좌우익이념과 해방 후 정당 활동에 관한 연구, 서울대학교 박사학위논문 (1987), 127-128면.
그리고 중간파 정당을 해방 후 등장한 정당들의 이념 분산과 관련하여 살펴보면 <표 3-2>와 같다.

〈표 3-2〉 해방 후 등장한 정당들의 이념 분산

이념분산 / 구분	좌파(공산주의)	중간좌파 (민주사회주의)	중간우파 (진보적 민족주의)	우파(민족주의)
정당	조선공산당 신민당 남·북노동당	인민당 근로인민당 신진당	조선민족당 조선국민당 신한민족당	한국국민당 한독당 한민당
전국적 정치권위체	인민공화당 (북조선 임시인민위) 민주주의 민족전선	건국준비위원회	과도입법의원	독립촉성중앙협의회 민주의원
지도자	박헌영, 오기섭, 이강국 최창익, 한 빈, 백남운 김일성, 허가이, 김 책	여운형, 이만규, 김오성 김붕준, 김원봉, 성주식 장건상, 이여성, 김성숙	김규식, 안재홍, 원세훈 김병로, 백관수, 박명환 이규갑, 김여식, 정인과	이승만, 김 구, 송진우 김성수, 조완구, 김준연 백남훈, 김도연, 장덕수

※자료: 김재홍, 위의 논문, 128면.

(1) 한국의 민주독립을 보장한 모스크바협정의 결정에 의하여 남북을 통한 좌우합작으로 민주주의임시정부를 수립할 것 (2) 미·소공동위원회의 속개 요청 등 모스크바협정을 전면적으로 지지할 것 (3) 토지개혁을 실시하고 토지를 농민에게 무상 분여하고 중요 산업을 국유화하고 사회노동법 및 정치적 자유를 기본으로 지방자치제 실시, 민생문제 등을 조속히 처리할 것[113] 이다.

이와 같이 좌우합작 7원칙은 모스크바협정에 의하여 남북을 통한 좌우합작으로 민주주의임시정부 수립을 주장하여 우회적인 표현이긴 하지만, 신탁통치 지지에 의한 통일임시정부 수립을 시사하였던 것이다. 좌우합작의 중간파세력을 중심으로 남북한을 통한 통일정부를 수립하거나 그것이 불가능할 경우, 남한만이라도 중간파 세력의 정권을 형성하였다가 그것을 바탕으로 하여 북한측과의 합작 교섭을 벌이려 한 것이라 할 수 있다.[114]

이때 중간파 세력은 미군정 당국의 강력한 지지를 받고 있었다.[115] 미군정 당국이 중간파 세력을 지지하게 된 이유에 대해 미소공동위원회 미국측 대표단의 실무자였던 로버트 키니는 다음과 같이 지적하고 있다. “우익 및 민족진영에서 신탁통치를 반대하자 미국으로서는 소련측에 대하여 입장이 매우 난처하였다. 결국 남한에서 다수가 신탁을 반대하였기 때문에 미소공위는 크게 영향력을 행사하지 못하였다. 미국은 하는 수 없이 중간파로 하여금 임시정부를 구성, 이들로 하여금 통일정부에 대한 아이디어를 얻으려 했다. 당시 한국에는

113) 국사편찬위원회, 자료 대한민국사 3 (서울 : 국사편찬위원회, 1948), 468면.

114) 이 당시 소련측의 분류에 의하면, 남한내에는 우파단체 44, 중간우파 18, 중간파 9, 중간좌파 6, 좌익민주주의 민족전선(民戰) 41, 북한에는 좌익民戰만 38개의 단체가 있다고 파악하고 있다.
Soon Sung Cho, Korea in World Politics, 1940-1950 (Berkeley : University of California Press, 1967), pp.148-149.

115) 송남헌, 해방 3년사 II (서울 : 까치, 1985), 375면.

이승만, 김구 등을 중심으로 한 극우세력, 그리고 박헌영을 중심으로 한 극좌공산주의 세력이 있었다. 그 당시 소련의 정책은 팽창주의 강경노선으로 한반도를 공산화시키는 것이었다. 미국의 정책은 이를 저지하고, 한국에 소련의 괴뢰가 아닌 미국에 우호적인 정부를 수립하는 것이었다. 그러자니 자연히 미군정은 중간파를 지지할 수밖에 없었는데, 그 이유는 만일 미국이 중간파를 제외하고 이승만, 김구 등의 우익세력을 지지한다면 중간파들은 공산당과 합류하여 큰 세력을 형성할지 모르나, 중간파를 지지할 경우 민족주의를 표방하는 우익세력이 좌익과 합작할 리가 없었기 때문이다"[116]라고 당시의 정황과 미군정 당국의 입장을 밝혔다.

그리고 좌우합작 7원칙중 위의 3항과 같이 통일정부의 체제로는 전형적인 자본주의체제나 공산주의체제를 피한 민주사회주의체제를 지향하고 있었다.[117]

여기서 중간파는 좌우합작운동의 연장선상에서 중립화를 논의한 것으로 보인다. 모스크바협정이 루즈벨트의 신탁통치정책 즉 일본이 패망하게 되는 경우 일본에 의하여 구축되어 있던 극동의 세력균형이 깨어지는 결과를 초래하여 중·소가 그들의 전통적 이익을 획득하기 위해 남하정책을 펼 것이라 생각하고 이것을 저지하기 위한 극동에서의 세력균형정책[118]에서 비롯되었다는 점, 그리고 미·소·중·영의 공동관리에 의한 한국임시정부(통일정부) 수립을 전제로 한 것이었기 때문에 본질적으로 통일지향안이지 분할지향안이 아니었다는 점 등을 고려한다면, 신탁통치를 받아들였더라면 4개국 신탁통치하에 중립화 통일 정부로 발전하였을 가능성이 컸던 것이다.[119]

116) 조규하 외, 남북의 대화 (서울 : 한얼문고, 1972), 265-266면.
117) 강만길, "좌우합작운동의 경위와 그 성격". 한국민족주의론 II (서울 : 창작과 비평사, 1983), 104면.
118) 이우영, "미소의 군정과 對한반도통일정책", 경북대학교 사회과학 제2집 (1983), 42면.

사실 모스크바협정에서의 결정사항 4개 항목 중 위에서와 같이 3개항목이 통일정부 수립에 관한 것이었기 때문에 오스트리아의 경우처럼 신탁통치가 끝날 때 4개국 점령군의 철수를 위한 조건으로 영세중립의 원리를 통해 통일을 촉진시킬 수 있었다.[120] 즉 ① 국내적 좌우연립정부 ② 국제적으로는 미·소 양국의 이해를 절충한 중립적 통일 정부 ③ 4대국 보장하의 중립화 통일 정부의 수립의 가능성이 매우 컸던 것이다.[121]

이어서 제2차 미·소공동위원회(1947. 5. 21~8. 12)가 개최되자 좌우합작운동은 활기를 띠게 되었다. 그러나 제2차 미·소공동위원회도 제1차 미·소공동위원회와 마찬가지로 협의대상자 문제로 대립이 되어 결렬되고 말았다. 이러한 제2차 미·소공동위원회 결렬에는 동서냉전이 작용하였다. 동구의 소비에트화를 포함한 스탈린의 팽창정책이 노골화하자 미국은 대소협조정책을 버리고 서구에 대한 경제지원, 방위조약, 동맹체제를 발전시키기 시작하였다. 이러한 변화는 미국이 케난(George F. Kennan)의 봉쇄정책을 채택하여 소련의 팽창정책을 저지[122]하려는 트루만(Harry S. Truman) 독트린(1947. 3. 12)에 의해서 구체화되었다. 이와 같이 제2차 미소공위 결렬에는 미국의 봉쇄정책이

119) 미군정 여론국은 1946년 4월 15일부터 30일까지 전국적인 표본집단 651명을 대상으로 정부형태에 대한 여론조사를 실시하였다. 이 여론조사 결과 ① 미국형 37% ② 미·소 혼합형 34% ③ 소련공산주의 11% ④ 어느 것도 지지 안한다 18% 등의 순서로 나타났다. 이는 이 당시 한국문제에 대한 미·소 간의 협의와 그에 따라 첨예화되었던 좌우익 갈등 속에서 미국과 소련 어느 편에도 압도적 지지를 나타내지 않았으며 오히려 중간 절충적 태도 (②+④)가 다수파임을 보여주고 있는 것이다. 김재홍, 앞의 논문, 165면. 그리고 이 당시 미군정청이 1946년 7월에 실시한 여론조사 결과에도 표본집단(10,000명)의 응답자(8,476명) 중 54%가 자신을 중립이라고 답하고 있고, 우익은 30%, 그리고 좌익은 16%로 나타나 있는 것이다. 이석근, "해방직후 미군정하의 여론동향에 관한 분석" 국제정치논총 제25집 (1985), 119-131면.

120) In K. Hwang, One Korea via Permanent Neutrality : Peaceful Management of Korean Unification (Cambridge : Schenkman Books. 1987), p.60.

121) 이호재, 새로운 한민족외교 (서울 : 나남, 1987), 136면.

122) George F. Kennan, Diplomacy 1900-1950 (Chicago : University of Chicago Press, 1954), p.117.

작용하였던 것이다. 그런데 미소공위의 실제적인 결렬 이유는, 미국은 소련에 우호적인 한국정부의 수립을 봉쇄하려고 하였고, 소련도 한반도에 친미정권을 갖게 되는 것을 거부하였던 결과라 할 수 있다.

이와 같이 제2차 미·소공위가 결렬되고 여운형이 암살(1947. 7. 19)됨으로서 좌우합작운동은 큰 타격을 받게 되었다. 물론 박헌영과 남로당의 좌파세력은 좌우합작을 좌파세력의 분열 고립 및 약화인 반면에 우파세력의 결집 강화를 의미한다고 하여 반대하였고, 우파세력의 이승만과 한민당은 소련이 결코 한반도 전체에 자유민주정부를 수립하는데 동의하지 않을 것이기 때문에 남한만의 단독정부 수립을 주장하여 좌우합작을 반대함으로서, 중간파는 좌우로부터 협공을 당하였던 것이다. 이렇게 하여 중간파의 좌우합작운동은 좌익과 우익세력을 통합하지 못하고 결국 해체(1947. 12. 6)되고 말았다.

미국은 미·소공위가 결렬되자 모스크바협정을 포기하고 한반도 문제를 유엔에 이관키로 결정하여, 제3차 유엔총회의 의제로 제출(1947. 9. 17)하였다. 이것은 신탁통치안의 전면 포기와 단정수립으로의 정책 전환을 의미하는 것이었다. 격렬한 반탁운동은 미국을 딜레마에 빠뜨렸고, 이어 미국의 신탁통치로부터 단정수립으로의 태도 변경은 미·소 간에 원래 일본군 무장해제를 목적으로 획정된 북위 38도선이 1민족 2국가의 국경선으로 고착시키는 결과를 초래하고 말았던 것이다.

이에 따라 1947년 11월 유엔 한국임시위원단(UNTCOK)을 통하여 대한민국 정부를 수립하기로 하였다. 이때 38도선 이북에서는 유엔한국임시위원단의 입북을 거부(1948년 1월)하였으므로, 유엔 한국임시위원단의 활동이 가능한 지역에서만 우선 총선거를 실시하기로 하였다. 여기서 가능지역선거로 단독정부수립을 주장(1946년 6월 정읍 발언 이후 단정수립 주장)하는 이승만 지지 세력과, 그것을 반대하여 남북협상(1948년 2월~4월)을 통한 남북한 총선거로 통일정부수립을 주장하는 김구, 김규식 지지 세력으로 분열되었다. 결국 38도선 이남에서만 1948년 5월 10일에 단독 선거가 실시되고 제헌의회가 소집되어 헌법을 제정하고 국호를 대한민국이라 하여 1948년 8월 15일에 대한민국 정부수립을 선포하였다.[123] 그리고 북한에서는 1948년 9월 9일 조선민주주의인민공화국 정부의 수립을 선포하였다. 그런데 1950년 5월 국회의원 선거에서는 1948년 유엔 감시하의 총선거에 불참했던 중간파가 전체 의석수 210석 중 130석을 확보하였던 것이다.

웨드마이어의 안

1947년 4월부터 중국의 장개석 군대가 모택동의 팔로군에게 패하기 시작하여 1947년 여름에는 모택동 군대가 전만주 지역을 장악함에 따라, 중국에서의 정치적 불안은 남한주둔 미군의 안보에 심각한 위협 요인으로 대두되었다. 트루만은 중국과 한국에서의 사태 간에 정치적, 군사적 연관성이 있음을 인정하고 아시아에서의 미국의 정책을 재평가하기 위해 1947년 9월 웨드마이어(Albert C. Wedemeyer) 장군을 양국에 파견, 현지의 상황을 조사하게 했다. 이때 미국은 한국 문제를 유엔에 이관키로 결정하고 있었다.

웨드마이어는 1947년 9월 19일 남한에 관한 보고서에서, 미국이 한국의 무장중립화를 보장할 것을 권고하였다. 그런데, 북한에 소련군이 남아있는 한 미국은 남한에 미군을 주둔시켜야 하며, 미군을 조기에 철수시키는 것은 아시아 전역을 장악하기 위한 거대한 계획을 수행하고 있는 소련의 완전한 승리만 보장하게 되고 일본에서의 미국의 지위를 약화시킬 것이라고 하였다.

123) 김인곤, 한국정치론 (대구 : 이문출판사, 1987), 327-335면.

그렇지만 남한에서의 미군은 아시아에서 소련에 대항할 무장 충돌이 발생하였을 경우 그것이 적절히 방위될 수 없음으로 인하여 미국에게 중대한 부담이 될 것이라고 보고 소련군이 철수하면 동시에 미군도 철수해야 한다고 제의하였다. 이러한 동시 철수의 선행 작업으로 소련이 후원하는 침략 음모에 대항하기 위하여 남한에 충분한 군사력을 발전시켜야 하며 미군장교가 지휘하는 남한토착방위군을 창설한다면 남한은 아시아에서 자유의 보루가 될 것이라 하였다. 미국이 이와 같이 남한의 군사력을 증강시키면, 소련이 동북아시아에서의 완충지대로서 중립화된 한국을 받아들이게 될 것으로 보았던 것이다.[124] 이때 하지(J.R. Hodge) 사령관도 웨드마이어의 건의를 실천에 옮길 것을 강력히 요청하였다.[125]

그러나 중립화에 대한 웨드마이어의 권고는 미국정책입안자들에 의해 묵살되었다. 미국은 군사안보라는 관점에서 한국에 현재 군대와 기지를 유지하는데 거의 전략적 이해를 보유하고 있지 않다고 하였다.[126] 사실 그것은 극동에서의 전쟁이 있을 경우 남한의 미군은 군사적 부담이 될 것이라는 합참회의의 판단이었다.[127] 여기서 미국은 미소공위의 결렬도 작용하였지만, 가능한 한 빨리 한국에 대한 부담을 벗어버리기 위하여 한국 문제를 유엔에 이관키로 결정하였던 것이다.[128]

---

124) Wedemeyer Report to the President, September 1947, Korea (Washington D.C. : U.S.G.P.O., 1951), pp.24-27., James Irving Matray, The Reluctant Crusade : American Policy in Korea 1941-1950 (Honolulu : University of Hawaii Press, 1985) 구대열 역, 한반도의 분단과 미국 (서울 : 을유문화사, 1989), pp.158-159.

125) James Irving Matray, 위의 책, p.161.

126) James Irving Matray, 위의 책, p.160.

127) Harry S. Truman, Years of Trial and Hope (New York : Doubleday and Co., 1956), pp.325-326.

128) Soon Sung Cho, “American Policy toward Korea Unification, 1945-1980”, in Tae- Hwan Kwak, John Chay(ed), U.S.- Korean Relations 1882-1982 (Seoul : Kyungnam University Press, 1982), p.70

미국 국가안전보장회의의 안 — (1)

소련군은 최신 소련제 군사장비로 소위 인민군을 북한에 양성시킨 후 1948년에 철수한데 반하여, 미국은 소수 군사고문만을 남한에 남겨놓은 채 1949년에 철수하였다. 1950년 1월 12일 Acheson 국무장관은 아시아에서의 미국의 방위선은 이미 한국을 포함하고 있지 않다고 언명하였다. 미국의 극동방어선을 Alaska - Aleutian - Japan - Okinawa를 연결하는 A.J.O선이며 일본을 아시아에서 가장 중요한 반공방어벽으로 재건한다고 하였다. 이러한 상황에서, 국내적 냉전[129]과 국제적 냉전의 결합의 결과로 한국전쟁(1950. 6. 25)이 발발하였다.[130] 그런데 한국전쟁은 소련이 지원한 북한 주도의 남침이었다.[131]

---

129) 냉전의 기원에 대하여 전통주의 학파는 냉전의 책임을 미국에 돌리며 주로 이데올로기적인 접근 방법을 취하였다. 수정주의 학파는 미국이 전후의 국제질서를 미국을 중심부로 삼는 자본주의 국가들의 통합이라는 방향으로 개편해 갔다고 전제하고 냉전의 책임을 미국에 돌리며 주로 경제적 접근 방법을 취하였다. 최근의 후수정주의 학파는 전통주의 학파와 수정주의 학파의 견해를 융합하여 냉전의 책임을 미·소에 거의 균등한 비율로 두고 냉전을 미·소 간의 도전과 응전, 작용과 반작용의 관계로 보고 있다.
김용구·박상섭, "냉전의 기원과 수정주의", 서울대학교 국제문제연구소논문집 제10집 (1986), 69-87면.
김진웅, "후수정주의(Post-Revisionism)와 냉전의 기원", 경북대학교 교육대학원논문집 제19집 (1987), 60-64면.

130) 이호재 교수와 小此木政夫 교수가 이러한 입장이다.
이호재, 한국외교정책의 이상과 현실 (서울 : 법문사, 1986).
小此木政夫, 朝鮮戰爭, 東京 : 中央公論社, 1986, 현대사연구소 역, 한국전쟁 (서울 : 청계연구소, 1986).

131) 김학준, 한국전쟁 (서울 : 박영사, 1989).
한국전쟁의 기원에 관하여 스탈린 주도설, 중·소 공모설, 북한 내부의 권력투쟁설, 그리고 수정주의자들의 견해가 있다. 수정주의자들은 북침설 또는 남침유도설을 제기한다. 한국전쟁을 이승만의 호전성과 이승만의 세력기반이 크게 약화되어 있던 남한 국내정치와의 함수관계에서 유추하며, 또한 미국행정부가 강력한 반공적 세계정책을 전개할 계기를 찾기위해 한국전쟁을 유도했다고 유추하고 있다.
Bruce Cumings는 1945년 9월부터 한반도에서 미국의 봉쇄정책이 추구되었으며 1946년과 1947년의 기간을 거치면서 점차 실질적인 봉쇄정책으로 전개되어 1949년 말까지는 이미 반격형태로서의 봉쇄정책(롤백정책 : Roll Back Policy)이 추구되었다고 한다. 신탁논쟁과 좌우합작운동 등도 미국의 이러한 봉쇄정책의 연장선상에서 분석되어야 하며 봉쇄정책의 일환으로 좌익세력에 대한 견제가 있었다고 한다. 이와 같이 이때 트루만 행정부가 신속히 한국전쟁에 개입한 까닭은, 북한의 남침은 소련의 세계 적화 시도의 하나로 보았으며 직접적으로는 미·일 군사안보체제의 대항 조치로 인식하여 남한이 공산화하는 경우 일본의 국내적 안정이 크게 흔들리고 일본이 좌경화할 것을 우려했기 때문이다.132) 그리고 미국은 원상회복이라는 선에서 한반도 문제를 해결한다는 방침아래 제한전쟁을 수행하였다.133)

이러한 한국전쟁의 소용돌이 속에서 공산군이 낙동강까지 진출하여 남한의 대부분을 점령하고 있을 때 미국 국가안전보장회의는 트루만 대통령에게 한반도의 중립화를 건의하였다. 1950년 9월 9일 국가안전보장회의는 건의문에서 유엔위원단(United Nation Commission)은 한국의 영세중립화가 바람직하며 유엔의 중립화 보장 문제를 고려해야 할 것이며 북한이 유엔통제 하에 들어가는 경우 자유선거를 실시하고 남한 및 다른 회원국가와 협의하여 한국통일문제가 해결되어야 한다고 하였다.134)

한국전쟁의 기원을 미국의 봉쇄정책아래 롤백정책의 시도와 특히 한국 내부적 계급갈등간의 작용, 반적용에서 찾아야 한다고 주장한다.

Bruce Cumings, The Origins of the Korean War : Liberation and the Emergence of Separate Regimes, 1945-1947 (New Jersey : Princeton University Press, 1981).

Bruce Cumings(ed), Child of Conflict : The Korean-American Relations 1943-1953 (Washington : University of Washington Press, 1983).

그런데 하영선 교수는 미국의 대한정책의 적극적인 봉쇄정책으로 전환된 것을 한국전쟁 이후라고 비판하고 있다. 하영선, “냉전과 한국”, 서울대학교 국제문제연구소논문집 제10집 (1986), 102면.

그리고 John Merrill도 Bruce Cumings와 유사한 입장이다.

John Merrill, Internal Warfare in Korea, 1948-1950 : The Local Setting of the Korean War, Delaware University Ph. D. dissertation, 신성환 역, 침략인가 해방전쟁인가 (서울 : 과학과 사상사, 1988). 그런데 이러한 입장의 교수들은 한국전쟁을 1차적으로 내전으로 파악하는 경향이 있다. 그리고 좌파적인 입장에서는 내전일 뿐만 아니라 인민해방전쟁 또는 민족해방전쟁으로 까지 보고 있다.

132) 김학준, “한국전쟁”, 현대한국정치론 (서울 : 법문사, 1986), 174면.

133) 김학준, 한국문제와 국제정치 (서울 : 박영사, 1987), 243-244면.
김영식, “제한전쟁으로서의 한국전쟁”, 한국정치외교사학회논총 제5집, 한국전쟁의 정치외교사적 고찰 (서울 : 평민사, 1989), 237-253면.

134) U.S. Department of State, Foreign Relations of the United States 1950, Vol. Ⅶ, Korea

미국무성극동국의 안

그 후 9월 15일 인천상륙작전이 성공하면서 유엔군은 서울을 탈환(9. 28)하고 38도선을 넘어 북진 중에 있었을 때인 10월 16일에 미국무성 극동국도 9월 9일의 미국가안전보장회의의 안에 근거하여, 한국의 중립화가 소련을 포함한 다른 나라로부터의 침략을 예방하기 위하여 필요하며, 이 문제는 유엔위원단이 검토하고 유엔총회에서 의결되어야 한다고 하였다.[135]

미국무성 극동국은 3일후인 10월 19일에는 「한반도의 영세중립화」를 주제로 하여 의견서를 작성하였다. 그 내용은 중립화의 일반론을 중심으로 (1) 영세중립화된 국가란 열강들의 국제조약에 의해 독립과 영토 보전을 보장받고 있는 국가라 정의하였고 (2) 중립화된 국가의 예로 스위스, 벨기에 등을 들고 있으며 (3) 중립화의 목적은 열강 사이에서 평화를 유지하며 전쟁을 방지하는 데 있다고 하였으며 (4) 소련과 중국이 한반도에 침략자가 될 가능성이 명백하므로 유엔은 이를 방어하는 대책을 강구해야 한다고 하였다.[136]

미국무성 극동국은 이어서 10월 27일에도 한반도 중립화가, 미국이 소련과 중국에 대해서 한반도에서 그들에게 적대적인 활동으로 쓰일 수 있는 기지를 만들지 않는다는 것을 합리적으로 보장하는 방안이라 하였다.[137] 이와 같이 동서 냉전체제에서 한국전쟁의 평화적인 해결 방법으로 이러한 중립화가 제기되었던 것이다. 미국은 유엔이 주관하여 통일된 한국의 중립화로 소련과 중국의 개입을 막고 유엔이 통일된 한국의 중립화를 보장하는 방식을 검토하였던 것이다. 그러나

(Washington D.C. : U.S. Government Printing Office, 1976), pp.712-721.

135) 위의 책, pp.973-974.

136) 위의 책, pp.981-984.

137) 위의 책, pp.1002-1003.

10월말경 한반도 전체가 미국의 세력권에 편입되는 것을 방지하고자 하여 개입한 중국군[138]의 인해전술로 인해, 12월 들어서는 유엔군이 다시 38도선 이남으로 후퇴하면서 이러한 구상은 실현되지 못하였다.

맥아더의 안

이후 유엔군은 1951년 3월 15일 서울을 재탈환하고 38도선에 당도하기 시작하였다. 이때 맥아더(Douglas MacArthur)는 중국과의 전면전을 주장하였으나 트루만은 중국과의 전면전은 소련의 개입을 낳을 것이며 종국에는 제3차 세계대전을 일으키게 될 것이라 하여 1951년 4월 10일 맥아더를 해임시켰다. 맥아더를 해임한 직후에는 미국은 휴전을 적극적으로 추진하였다. 이러한 상황에서 맥아더는 1952년 12월 17일 덜레스와 아이젠하워 대통령을 만난 자리에서, 한반도에서 국민총선거에 입각하여 통일정부가 수립되고, 한반도의 중립화를 미·소 양대국 및 기타 관계국이 보장하여야 한다고 주장하였던 것이다.[139]

올리버의 안

그리고 1952년 올리버(Robert T. Oliver)는 이승만의 정치고문으로 있으면서, 한반도는 중·소·일에 둘러싸여 있는 동북아시아의 전략적 중심지이며 완충국이기 때문에 스위스 모델에 기초한 영세중립화가 실현되어야 한다고 주장하였던 것이다.[140] 그러나 이승만은 북진능력

138) 이에 대한 자세한 분석은 박두복, "중국의 한국전쟁개입의 원인에 관한 연구", 한국정치외교사학회논총 제5집, 한국전쟁의 정치외교사적 고찰 (서울 : 평민사, 1989), 113-143면.
139) Douglas MacArthur, Reminiscences (New York : McGraw-Hill Book Co., 1964), pp.410-412. 이때 맥아더는 독일, 오스트리아, 일본도 한국과 같이 중립화시킬 것을 주장하였다.
140) Robert T. Oliver, Verdict in Korea (Lebanon PA : Bald Eagle Press, 1952), p.32.

도 없으면서 북진통일을 주장하였다. 그 이유는 대내적으로 반공이데올로기를 심화시켜 그의 계속 집권을 옹호하기 위한 것이었다.

덜레스의 안 — (1)

한국전쟁의 휴전협정이 있기 약 1개월 전인 1953년 6월 15일, 휴전협정과 관련한 한국에 대한 미국의 기본목표 결정과 관련하여 미국무장관 덜레스(John Foster Dulles)는 국가안전보장회의에 제출할 정책초안서에서 한국의 중립화를 제안하였다. 이러한 중립화 제안에는 1953년 3월 스탈린 사후, 과도기의 소련공산당 서기장이었던 말렌코프(Georgi Malenkov)에 의해 시작된 "평화공존론"에 영향을 받은 것으로 보인다.[141]

이때 덜레스는 (1) 중국 공산주의자들은 한반도의 중립화가 만주 및 북부 중국으로부터 몇 백마일 이내 미군기지의 설치를 방지하는 수단이 되고, 또 북한에 대한 경제적인 지원 부담을 회피할 수 있게 하는 방안으로 인식하고 한반도 중립화를 수용할 것이라 하였고,[142] (2) 유럽과 아시아의 자유세계의 국가들도 미국과 공산주의자 사이의 전쟁의 위험을 감소시킬 것으로 보고 한반도의 중립화를 옹호할 것이라 하였다. 그런데 대만의 민족주의자들은 중국과 미국 간의 어떤 긴장완화를 두려워하는 것으로 보이며 따라서 이들은 한국 중립화를 호의적으로 여기지 않을 것이며, 대체로 일본은 한국 중립화를 지지할 것이라 하였다.[143] (3) 대한민국의 입장에서는 이승만 대통령은 남한

---

141) In Kwan Hwang, "The 1953 U.S Initiative for Korean Neutralization," Korea and World Affairs, Vol.10, No.4 (Winter 1986), p.820.
한국에 대한 중립화된 통일 개념은 미국무성의 힉커슨(John D. Hickerson) 차관과 로버트슨(Walter S. Robertson) 극동문제 담당관이 1953년 6월 8일 덜레스 장관에게 제출했다.

142) U.S Department of State, Foreign Relations of the United States 1952-1954, Vol. XV, Korea Part 2 (Washington D.C. : U.S. Government Printing Office, 1984), p.1181.

143) 위의 책, p.1182.

만의 반쪽의 대통령 보다는 오히려 해방자(liberator)나 통합자(unifier)가 되고 싶을 것이며, 이승만은 미국과 공산주의 진영에 의한 중립화된 통일한국의 보장은 한국과 미국 간의 상호안보조약(bilateral security pact)을 포기하는 것을 상쇄시킬 것으로 생각할 것이라고 보았다.[144) (4) 미국으로서는 한반도를 중립화함으로서 남한에 미군 기지를 지원하고 대규모의 중무장한 한국군을 지원할 필요성이 감소함에 따라 미국은 가능한 한 다른 지역에서 자유세계의 군사적 지위를 강화하게 할 것이라 하였다.[145) 이와 같이 중립화된 통일한국(통일, 중립화된 한국)을 확보하는 것이 미국의 이익이며 미국의 목표가 되어야 한다고 하였다. 즉, 한반도가 통일되고 중립화되어 외국군이 모두 한반도에서 철수하는 것이 미국이 한국전쟁 이후 한반도에서 장기적이고 궁극적으로 추구하는 목표가 되어야 한다는 것이다. 미국무장관 덜레스의 한국 중립화론은 기본적으로 당장 현실에 적용할 정책이라기보다 어디까지나 장기적 목표와 관련된 정책이었다.[146)

덜레스의 한국중립화제안 문제를 다루기 위한 1953년 6월 16일의 합동참모회의(JCS : Joint Chiefs of Staff)에 국방성, 국무성, CIA, 국가안전보장회의(NSC : National Security Council)를 대표한 21명이 참가하여 11명이 토론에 나섰던 것으로 나타나 있다. 이들은 대부분 한국중립화는 군사적 진공 상태를 유발할 것으로 보았으며, 덜레스의 제안과는 다르게 공산주의자들이 미국이 한국을 만주나 시베리아를 향한 도약 장소로 이용할 것을 두려워하지 않고 있으며, 또한 공산주의자들은 북한에 대하여 경제적 책임도 느끼지 않는다고 보았다. 그러나 이때 국방성을 대표한 내쉬(Nash)와 미국무성 극동국 차관보 로버트슨(Robertson)은 중립화된 통일한국을 지지하였다.[147)

144) 위와 같음.
145) 위와 같음.
146) 홍석률, "중립화통일 논의의 역사적 맥락", 역사문제연구 제12호(2004. 6), 59면.

이어서 6월 30일의 국방장관에게 제출하는 합동참모회의의 의견서에서도 (1) 중립화된 한국을 북한이 동의하고, 공산주의자들이 중립화에 따른 합의규정이나 정치적 결정을 준수하느냐에 의문을 가진다고 하였고 (2) 중립화된 한국에 의해서 형성된 진공 상태를 채우기 위해 재침략이 있는 경우 일본에 주둔하고 있는 미국의 무장군대가 너무 멀리 떨어져 있기 때문에 이에 대처하기가 어렵다. (3) 중국 공산주의자들이 한국의 국경선에 강력한 군대를 보유하고 있는 상황하에서 한국중립화를 위하여 미국과 공산주의자들이 동시에 철수한다면, 이는 공산주의자들에게는 침투할 수 있는 상황을 제공하는 양보로 보일 것이며, 또한 자유세계에는 미국이 공산주의의 침략에 대하여 계속하여 저지할 의지를 갖고 있지 않다는 증거로 보일 것이다. (4) 중립화된 통일한국은 미국의 전략적 이익이 되지 못하며, 이것을 선례로 하여 독일에 적용된다면 큰 해를 자초할 것이다. (5) 한국에 기지를 가지는 것이 일본열도의 안보를 위해서도 필요한 것이다. (6) 한국에 대한 미국의 목표는 통일되고 독립된 비공산주의의 한국이어야 하므로, 이러한 목적이 실현될 때까지 대한민국이 적절한 무장군을 유지할 수 있도록 지속적인 군사적 지원이 필요하다. 이러한 군사적인 지원과 병행하여 대한민국을 자유세계와의 협력을 통하여 정치적 경제적으로 이익을 확보하는 모범적인 예로 수립하여야 한다. 그리고 북한에 대하여는 북한 주민들이 통일되고 독립된 비공산주의의 한국을 수립하는데 참가하도록 고무하기 위하여 북한에 불만과 불안을 조성해야 한다고 하였다.[148] 이와 같이 합동참모회의에서 중립화안은 결국 한국의 공산화를 가져올 것이라고 보고 덜레스의 안을 거부하고 있었던 것이다.

147) U.S Department of State, 앞의 책, pp.1183-1188.
148) U.S Department of State, 위의 책, pp.1288-1291.

미국 국가안전보장회의의 안 — (2)

그러나 1953년 7월 2일 미국 국가안전보장회의 제152차 회의에서는 한국이 스웨덴식의 중립국이 되면 미국에 큰 이익이 될 것이나, 현실적으로는 스위스형의 무장중립국이 되는 것이 미국의 이익이며 목표라 하였으며, 한국이 중립화되면 독일이나 오스트리아 그리고 인도차이나에 대한 선례가 될 것이라고 보았다.149) 이어서 1953년 7월 7일, 휴전협정 추진에 따른 한국 문제와 관련하여 미국의 목표에 관한 국가안전보장회의에서도 1953년 6월 15일의 Dulles의 안에 근거하여 덜레스의 안과 동일한 내용으로 한반도 중립화를 제안하고 있다.150)

그러나 당시 미국 군부 장성들은 한국이 중립화되는 경우 공산측이 만주에 강력한 군사기지를 구축할 수 있는 반면, 미국은 바다 밖에 있게 될 것이므로 군사전략적으로 불리하고 공산주의자의 침투로 내란이 일어나 공산화되는 것을 방지하기 어렵다고 했다. 또한 한국에 미군기지를 두는 것은 기본적으로 일본을 방위하기 위함인데, 만약 한국이 중립화된다면 일본에 더 많은 군대와 기지를 두어야 하고, 이는 훨씬 많은 비용을 유발한다는 것이었다. 당시 국가안전보장회의(국무부)의 입장은 중립화와 같은 획기적이고 현실성있는 제안으로 공산측의 선전 공세를 압도해야 한다는 것이었고, 합동참모회의(군부)는 여기에 우려를 나타내고 있었다.151)

149) 위의 책, pp.1303-1307.
150) 위의 책, pp.1344-1346.
151) 홍석률, 앞의 논문, 59-60면.

노우랜드의 안

그리고 1953년 7월 당시에, 미국상원의원 노우랜드(William Knowland)도 동북아시아에서 평화를 유지하고 한반도 통일을 가능케 하는 유일한 방법은 미·소·중·일의 보장으로 한반도를 중립화시키는데 있다고 하였다. 즉 유엔의 신탁통치가 아닌 자유독립국가로서 모든 관련 강대국에 의해 중립화가 보장된다면 한반도 통일을 실현하는 것은 가능하다. 이 경우에 한반도가 중·소를 적으로 하는 전쟁의 발판으로 사용되지 않는다는 취지가 중·소 양국에 납득되어져야 할 것이다. 동시에 미국이나 일본도 한반도가 자기 나라를 침략하는 도약대로 사용되지 않는다는 보장을 받아야 할 것이라고 하였던 것이다.152)

덜레스의 안 — (2)

군사적 수단에 의한 한반도 통일이 이루어지기 전에는 어떠한 협상도 할 수 없다는 이승만 대통령의 극렬한 항의에도 불구하고, 1953년 7월 27일 미국과 북한 및 중국 간에 한국휴전협정이 조인되었다.

1953년 8월 7일 서울에서의 이승만과 덜레스와의 회담(외무장관 변영태 참석)에서 이승만은 한국의 장래를 위한 가능한 여러 대안과 관련하여, 한반도 중립화는 극동의 상황이 안정될 때까지 절대로 받아들일 수 없다고 하였다.153)

Dulles는 위에서와 같이 합동참모회의와 이승만 대통령의 한국중

152) John Kotch, "The Origins of the American Security Commitment to Korea", in Bruce Cumings(ed), Child of Conflict : The Korean-American Relations 1943-1953 (Washington : University of Washington Press, 1983), p.250.

153) U.S Department of State, Foreign Relations of the United States 1952-1954, Vol. XV, Korea Part 2 (Washington D.C. : U.S. Government Printing Office, 1984), p.1481.

립화 반대에도 불구하고 1953년 8월 17일 유엔임시총회가 개최된 이후인 9월 25일에 공산측이 모든 외국군의 철수와 자유 독립의 한국을 창설하는데 동의한다면 미국은 한국의 중립화를 위한 국제적 보장에 참가할 것이며 그러한 통일정부는 자체의 무장군대를 계속 보유할 것이지만 한반도가 소련이나 중국을 위협하지 않으면 그 반대의 경우에도 마찬가지라는 상호 간의 보장 조치가 수반되어야 할 것이라고 하였다.[154]

이러한 덜레스의 제안은 이미 이승만의 반대가 있었음에도 참전 16개국 간에 진지하게 논의되고 있었던 것이다. 당시의 New York Times에 의하면 이때 미국은 한국중립화의 보장국으로서 미·소·중 3국을 고려했으며, 일본은 평화헌법 때문에 중립보장국이 되는데 문제가 있을 것으로 보았다. 그리고 스위스나 벨기에와 비슷한 국제적 보장을 미국이 선호하고 있다고 보도하고 있다.[155]

이때 유엔임시총회에 참석하고 있던 변영태 외무장관은 다음과 같은 4가지의 이유를 들어 한국중립화를 반대(9. 28)하였다.[156] 첫째, 세계침략자가 중립을 대수롭지 않게 알고 있기 때문에 중립은 시대역행이다. 벨기에가 두 번이나 침략을 당하지 않았는가. 둘째, 여태까지 국제신의라고는 조금도 보여주지 않던 소련의 자비에 한국의 방위를 내맡길 수는 없다. 셋째, 한국민은 국가생존을 위하여 국민개병의 정신으로 사투의 태세를 언제나 갖추고 있어야 하는데, 국민들에게 중립이라는 허망한 안정감을 줄 수 없다. 넷째, 중립이란 결국 미국측으로 볼 때에는 한국의 비무장화 즉 지금까지 애써 증강시킨 한국군

154) The New York Times, September 25, 1953.
155) 위와 같음.
156) 그런데 변영태 외무장관과 덜레스 국무장관 사이에 중립화 문제가 9월에도 논의되었으며, 변영태는 미·중·소·유엔에 의한 보장이 된다면 반대하지 않을 것이라 하였다. U.S. Department of State, FRUS 1952-1954, Vol.XV, Korea, Part 2, pp.1516-1519.

의 전투 능력을 근본적으로 거세하는 것일 것이고, 소련측으로 볼 때에는 힘 안들이고 희생도 치르지 않고 한국을 병합하라는 초청을 받는 것과 같을 것이라고 하였다.157)

그리고 또한 1953년 11월 17일, 미국방장관에게 제출하는 합동참모회의의 의견서에서도 1953년 6월 30일에 제출한 내용과 동일한 논거에서 한국중립화를 반대하고 있다. 극동에서 공산주의자들이 팽창주의 정책을 계속 추구하고 있는 한 중립화된 통일한국의 영토와 정치적 독립에 대한 공산주의자들의 보장은 아무런 의미가 없으며 공산주의자들은 모든 수단을 이용하여 중립화된 통일한국을 전복하여 위성국(satellite)으로 만들려고 할 것이라 하였다.158)

위와 같이 덜레스 국무장관과 미국무성 극동국 그리고 국가안전보장회의에서는 한반도에서의 전쟁 재발을 방지하고, 평화를 유지하기 위한 국제적 보장 장치로서 중립화를 지지 제안하였으나, 합동참모회의에서는 이를 반대하여 의견의 대립을 보이고 있었다. 그리고 이승만 대통령은 중립화는 절대로 수용될 수 없다고 하였으며 북진통일론만이 허용되는 반공 반북한 노선을 고수하였다. 한국전쟁으로 남북한 간에 적대감이 작용하고 있었기 때문에 중립화는 해방 직후보다는 실현 가능성이 약화되었다고도 볼 수 있다.

그렇지만 이때에 이승만 대통령을 비롯한 한국정부의 끈질긴 반대만 없었다면, 비록 합동참모회의의 반대가 있긴 하였지만, 덜레스 국무장관과 국가안전보장회의가 중립화를 지지하였고 참전 16개국 간에도 덜레스의 중립화안을 진지하게 논의하고 있었기 때문에 중립화의 실현 가능성을 전적으로 부정할 수는 없다고 할 수 있다.

이어서 1954년 4월 한반도가 분단되어 있는 한 또 다른 전쟁의 가

---

157) 변영태, 외교여록 (서울 : 한국일보사, 1959), 46-47면.
158) U.S. Department of State, 앞의 책, p.1612.

능성이 존재한다는 현실의 압박으로 미국의 참가하에 제네바 정치회담이 개최되어 남한은 유엔감시하의 총선안을 제시하였으나, 북한은 유엔이 한국전쟁에서의 교전상대이므로 한반도 통일을 다룰 도덕적 권한과 자격을 상실했다는 이유로 유엔감시하의 총선안을 거부하고 그 대신 중립국으로 구성된 위원회의 선거 감시안을 제시하였다. 그리고 남한은 통일정부를 유엔이 인준한 후 외군을 철수시켜야 한다고 하였으나, 북한은 총선거전에 외군을 철수시켜야 한다고 주장하였다. 이러한 문제에 대한 합의가 이루어지지 않아 1954년 6월에 회담이 결렬되었다. 이때 1954년 6월 15일, 한국전쟁 참전 16개국은 공동선언을 통하여 남한의 안과 동일하게 유엔감시하의 인구비례에 따른 총선거안을 지지하였다.

그리고 1954년에는 민국당 대표최고위원 신익희가 1953년 여름에 뉴델리에서 북한의 오경심과의 밀담에서 남북협상 중립화의 추진을 거론하였다는 성명서가 발표되자, 1954년 11월 4일 국회는 「남북협상 중립화 배격에 관한 결의안」을 가결하였다. 이 결의안의 주요 내용은 다음과 같다. 소련의 세계침략 방안은 냉전·열전을 통하여 위장된 평화안을 내걸고 위성국가를 규합하고 있는 것이다. 금년 이른 봄에 베를린에서 열린 4대국 회담에서 소련은 독일 문제에 있어서 서독의 재무장과 유럽과의 연결을 저지하기 위하여 통일독일의 중립화를 주장하였으며, 제네바 회의에서 인도지나 휴전조약을 체결함에 있어 소련은 캄보디아와 라오스의 중립화를 주장하였다. 소련과 중국은 침략대상 지역을 중립화시켜 자유진영으로부터 고립시킴으로써 위성국가에의 전단계를 삼는 음모를 진행중에 있다는 것은 의심할 수 없는 사실이다. 한국문제 해결에 남북협상이나 중립화는 있을 수 없으며 이는 공산진영의 세계침략의 일환이므로 이를 단호히 배격할 것을 결의한다.[159]고 하였던 것이다. 그러나 오스트리아는 1955년 중립화로

159) 대한민국국회사무처, 국회사 제1권 (서울 : 대한민국국회사무처, 1971), 1112-1113면.

영토 보전과 정치적 독립을 보장받기에 이르렀던 것이다.

Economist지의 안

그 후 1956년 5월 16일 진보당 당수 조봉암은 북진통일론을 배격하고 평화통일론을 제시하였으며, 1956년 11월 10일 진보당 창당대회에서는 통일방안으로 남북한 대표로 구성되는 전한국위원회와 이를 감독 감시하기 위해 인도 스위스 체코슬로바키아 대표로 구성되는 국제감시위원회에 의한 남북한 총선거를 주장하였으며, 모든 외국군의 철수는 통일선거 합의 후 및 선거실시 전부터 시작하여 통일정부가 치안 책임을 담당한 후 완전 철수한다고 하였다. 그런데 조봉암은 비록 중립화통일을 직접 주장하지는 않았지만, 제2공화정하의 활발한 중립화 통일 논의의 전조가 되었다고 할 수 있다. 1956년 대통령선거에서 조봉암은 30퍼센트(2백16만 표) 이상의 유효투표를 획득했을 뿐만 아니라 대구, 전주, 목포, 진주, 정읍 등 선거 간섭이 비교적 없었다고 생각되는 대도시에서 최다득표자가 됨으로써 이승만에게 커다란 위협이 되었다. 다른 대도시에서도 매우 적은 표차로 이승만의 바로 뒤를 쫓았었다.160)

그러나 1957년 9월 10일 국회는 ① 중국만이 북한지역에서 철수 ② 유엔감시하에 북한지역만의 자유선거 ③ 한국의 유엔가입을 통일방안으로 채택하였다. 자유당정권의 통일에 관한 기본입장은 남북한 총선거가 아니라 유엔감시하의 북한만의 총선거에 의한 북한대표의 남한국회에의 편입이었다. 남북한 총선거는 대한민국 정부를 북한의 괴뢰 정권과 동일시하는 것이며 따라서 남북한 총선거를 주장하는 것

160) 한승주, 제2공화국과 한국의 민주주의 (서울 : 종로서적, 1983), 82면.

은 대한민국의 주권을 부인하는 것이라 하여 용공시 되었다. 다만 1954년 제네바 정치회담에서는 북한만의 선거안이 우방들에게서 조차 받아들여지지 않자, 결국 유엔감시하의 남북한 총선거안을 수락했던 것인데, 정부는 이 '제네바 방식' 역시 대한민국 주권하에서의 남북한 총선거로 해석했었다. 민주당도 제네바 방식에 따른 유엔감시하의 총선거를 주장하였다.

그렇지만, 또 다시 진보당 당수 조봉암은 1957년 10월 진보당 기관지 「중앙정치」10월호에 <평화통일에의 길>을 발표하였다. 그 결과 1958년 1월 13일 평화통일을 주장한 조봉암 등 진보당 간부들을 간첩혐의로 구속하였으며, 1958년 2월 25일 진보당을 불법화하여 등록 취소하였고, 1959년 7월 31일 조봉암을 처형함으로써 혁신운동 자체를 동면시켰던 것이다.

이러한 상황에서 1958년 5월 30일 영국의 Economist지는 한국의 핀란드식 중립화 통일을 제시하였다. 통일된 한국은 핀란드가 그렇듯이 언제나 중국의 선의하에서만 존속하게 될 것이다. 공산블럭과 특별한 교역관계를 추구함은 유익한 일이다[161]라고 하였던 것이다.

이 당시 1945년부터 1950년대에 있어서 강대국의 힘의 균형은 미·소의 양극화 대결(얄타체제)로 특정지어졌다. 아시아에서의 냉전체제도 중·소 우호상호원조조약(1950. 2)과 미·일 안보조약(1952. 4)의 대립 구조였다. 1950년대의 미국의 극동정책은 1949년 모택동 정권 수립과 한국전쟁을 계기로 중국이 새로운 행위자로 등장하자 중국의 성장하는 「힘」을 견제, 대비하기 위하여 중국봉쇄 정책을 추진하였고 이에 일본의 경제부흥과 재군비를 적극 추진함으로써 일본을 새로 등장시켜 일본을 아시아의 중추국으로 삼아 반공 군사기지화하고 남한을 일본의 안정을 위한 전초 기지로서 미국의 극동방위의 최전선을 담당

161) 노중선, 민족과 통일 I : 자료집 (서울 : 사계절, 1985), 360면.

케 하였던 것이다. 이와 같이 하여 휴전협정이 성립된 후 동북아시아에는 북방 3각관계와 남방 3각관계가 형성되었던 것이다.

2. 1960년대의 중립화론

1960년대의 중립화론에는 김삼규, 이영근, 김용중, 맨스필드, 사회대중당, 통일사회당, 중립화조국통일총연맹, 김석길, 드골의 안을 들 수 있는데 차례로 자세히 알아보겠다.

김삼규의 안 — (1)

제1공화정 하에서는 중립화 논의 자체를 용공시하였기 때문에 한국인에 의한 중립화 논의는 전적으로 금기된 상황이어서 국외에서만 번번이 주장되고 있었다. 그러나 1960년 4.19혁명과 더불어 제2공화정이 시작되면서 중립화 논의가 활발하게 전개되었다.

이 당시 남북의 통일 논의를 보면, 4.19혁명 이후 7.29총선을 통해 집권한 제2공화정의 장면 정부는 이승만 정권의 북진통일론을 폐기하고 평화통일론을 주창했지만, 유엔 감시하의 남북한 자유선거에 의한 통일이라는 방안을 그대로 고수하고 외교정책의 한 부분으로 통일정책을 추진했다. 이에 따라 장면 정부는 남북대화와 협상을 여전히 금기시 했고, 유엔 외교를 통해 대서방 및 중립국 접근 활동을 적극화함으로써 한국의 단독 유엔 가입과 북한 고립화를 촉진하는데 총력을 기울였다. 이러한 통일방안을 기반으로 장면 정부는 선 건설 후 통일 정책 기조를 확고히 견지했다.[162)]

이 때 북한의 김일성은 1960년 8.15해방 15주년 기념 연설에서 경제적 자신감을 바탕으로 먼저 어떠한 외국의 간섭 없이 자유로운 남북 총선거를 실시할 것을 제시하였고, 다음으로 이것을 남한 정부가 받아들일 수 없다면 과도적 조치로서 남북한의 연방제를 제의하였다. 북한이 연방제를 제의한 것은 당시로서는 경제적 우위를 확신한 데다가, 4.19혁명 이후 남한에서 남북교류와 협력을 앞세운 혁신 세력의 지지 기반이 확대되어 간다고 판단했기 때문이었다.163)

이러한 남북한의 상황 속에서, 金三奎는 1953년 5월 이래로 중립화 통일을 주장하여164) 1954년 4월 제네바 정치회담 때에는 참가한 각국 대표들에게 중립화 통일을 제안하였으며, 1955년에는 동경에서 한국중립화위원회를 조직하여 한국중립화위원회 명의로 중립화 통일을 제안하기도 하였고, 1955년 비동맹운동의 반둥회의에도 중립화 통일을 제안하였다. 1958년에는 중립화 통일론자를 한 사람이라도 늘리기 위해 월간 「코리아평론」지를 동경에서 발행하기 시작하여 1989년 5월(타계)까지 통권 323호를 발간하였다. 김삼규는 코리아평론지 뿐만 아니라 일본의 「Japan Times」에도 계속하여 중립화 통일을 주장하였다. 그렇지만 1959년까지는 자유당 정권이 중립화 통일을 용공시하였기 때문에 김삼규의 중립화 통일론은 국내에 영향을 파급시키지 못하였던 것이다.

그러나 4.19혁명 후 제2공화정 출범과 더불어 1960년 6월 김삼규가 일본에서 일시 귀국하여 「세계」, 「사상계」, 「새벽」지와 「민족일보」, 「서울신문」등을 통하여 중립화 통일을 주장함으로서, 제2공화정하의

162) 신영석, 역대정권의 통일정책 변천사 (서울 : 평화문제연구소, 2008), 94-96면.

163) 신영석, 위의 책, 98-99면.

164) 1951년 당시 동아일보 주필이며 편집국장이던 김삼규는 1951년 9월 사설삭제 사건 후, 전 자의, 후 타의에 의해 일본에서의 망명생활을 시작하였으며, 이것은 한국전쟁을 냉정히 바라볼 수 있는 기회가 되었으며 이 과정에서 중립화 통일론을 구상하여 타계할 때까지 한결같이 이를 주장해 왔다.

중립화 통일론에 가장 큰 영향을 주었으며, 그 동조 세력이 형성되기 시작하였으며 특히 혁신계 정당과 대학생들이 이에 크게 호응하였다. 김삼규의 중립화 통일론을 정리하면 다음과 같다.

1) 한반도가 양대 진영의 어느 한쪽으로 편입되면 이것은 타방에게 위협이 되고 끊임없는 음모와 위험의 원인이 되므로 통일 한국은 국제적 동의에 의해 중립화되어야 한다.
2) 남북한 정권은 대립적 강국의 지지에 의해서 수립되었으며 그들의 이익 대변자에 지나지 않으므로 양 정권은 자유총선거에 의해 수립된 통일정부에 의해 대치되어야 한다.
3) 남북한 정권은 그네들의 정책을 강요하는 것과 같은 여하한 선언도 배제하고 자유로운 총선거를 확보하기 위해서 한반도에 아무런 이해관계도 없는 중립국에 의한 선거위원회든지 또는 중국까지도 가맹시킨 국제연합에 의한 선거위원회가 곧 구성되어 헌법제정을 제일의 사명으로 하는 대의원의 선거준비를 하도록 한다.
4) 통일된 중립한국은 동·서 어느 쪽과도 군사동맹을 맺지 않고 군사기지를 제공하지 아니하며 미·소·중·일의 국제적 보장에 의해 정치적 독립과 영토적 보전이 준수되어야 한다.
5) 중립화 통일이 되기 위해서는 초당적인 범국민적 중립화 운동이 전개되어야 하는데 북한에는 기본적 인권이 확보되지 않기 때문에 민족적 평화적인 중립화 운동이 전개될 리가 없고 기본적인 인권이 보장된 남한동포들 사이에서 적극적으로 전개되어야 한다.[165)]

165) 김삼규, 한국의 중립화는 가능한가, 세계, 1960년 8월호, 127-133면.
김삼규, 통일독립공화국에의 길, 사상계, 1960년 9월호, 99-105면.

그런데 중국이 1971년에 유엔에 가맹된 이후인, 1978년에는 중립화 통일을 위한 총선거를 국제연합이 주도할 것을 제안하였다. 이와 같이 김삼규는 미국, 소련, 중국, 일본의 한국 중립화 협정을 전제 조건으로 하여, 남북 양 정권을 모두 배제하고, 중립국 감시하 또는 유엔감시하 총선으로 통일을 한다는 것이었다.

그러나 조순승 교수는 김삼규의 중립화론이 가장 이론 정연하고 체계적이라 평가한 뒤, 「여기서 혼동해서는 안될 것은 한국의 중립화가 성립될 가능성이 있느냐 하는 문제와 중립화된 한국이 중립을 계속 유지할 수 있느냐의 문제」라 하여 반론을 제기하기도 하였다. 즉 "강대국이 한국을 중립화시켜 준다는 것과 중립화된 한국이 딴 세력에 흡수되지 않고 중립화를 계속 유지할 수 있느냐의 문제는 완전히 별개의 문제이다. 전자는 국제정치상의 문제이지만, 후자는 국내정치의 문제이다. 아무리 강대국이 중립화를 시켜준다 하더라도 또 국제협약에 의해서 중립이 보장되었다 하더라도 한국 자체의 국내정치에서 이 중립을 유지할 만한 역량이 없을 때 강대국에 의한 중립화는 결국 한국의 공산화를 초래하기 쉬운 여건만을 만들어 주기 때문이다."[166]라고 하여, 김삼규의 중립화론에 반론을 제기하였던 것이다.

한국은 아직 여러 가지 면에서 중립 유지를 위한 기본 요건을 갖추지 못하고 있다고 지적한 내용을 요약 정리하면 다음과 같다. 1) 남북 간의 이데올로기적 대립 문제가 한국통일과 중립화를 어렵게 하는 하나의 장애 요인이 될 것이다. 2) 교육수준이 높지 못하기 때문에 공산주의와 자본주의의 공과에 대한 정당한 평가를 할 역량이 없고 또한 공산주의에 대항할 이념 체계가 정립되어 있지 않는 이념의 빈곤

김삼규, 중립화統韓論을 해명한다, 새벽, 1960년 12월호, 86-95면.
민족일보, 1960년 7월 20일자, 서울신문 1960년 9월 19일자.

166) 조순승, 한국중립화는 가능한가 - 김삼규씨의 이론을 중심으로 -, 사상계, 1960년 12월호, 38-39면.

내지 진공 상태이므로, 공산주의자들의 조직적인 대중운동에 무비판적인 추종을 하게 되어 공산주의자들에게 정권을 빼앗길 가능성이 많다. 3) 오스트리아는 4개국 점령 하에서도 단일정부를 유지하여 중립화되었으나, 현재 남북으로 대립하고 있으며 이러한 남북의 기존 정부의 해체도 현실성이 없다. 4) 중립화된 통일한국내의 정치세력에 있어서 합법화된 공산당의 조직력 때문에 정치적 평형상태가 이루어질 가능성이 적다. 5) 스위스와 같이 자체의 특수한 민병대 조직으로 말미암아 인접 국가가 무시할 수 없는 강력한 군대를 갖고 있지 못하다. 6) 경제적 자립 능력이 없기 때문에 강대국 사이에서 방황하다가 결국 강대국의 경제 침략의 희생물이 되기 쉽다. 7) 스위스처럼 험준한 지리적 조건 때문에 침략 통로로 이용당하지 않는 것이 아니라, 벨기에나 라오스처럼 국제정세에 변동이 생기고 강대국 간의 힘의 균형이 깨어질 때마다 강대국의 침략 통로로 이용될 것이다. 벨기에는 프랑스세력권에 들어가면 독일이 위협을 받고, 독일의 세력권에 들어가면 프랑스와 영국이 위협을 받는 위치에 있다. 라오스는 북쪽으로 중국과 접하고 있고 동쪽으로는 월맹과 접하는 입지적 조건으로 공산화될 위험이 많다는 것이다. 물론 핀란드는 소련과 긴 국경선을 접하고 있으나 높은 교육수준과 경제자립으로 중립화를 지켜나가고 있다는 것이다. 8) 현 극동정세를 볼 때 세력균형이 이루어지고 있지 않다는 점이다. 미·소 간에는 균형으로 미·소의 영향력이 중화되어가고 있으나, 일본에 비하여 중국이 월등히 강하다는 것이다. 중국이 한국내의 공산당으로 하여금 쿠데타를 일으키거나 혹은 중국군이 한국에 침입한다면 미국이나 일본이 이것을 막아내기 위해 특히 미국이 다시 한국을 지원하리라고는 생각되지 않는다. 미국은 한국을 중립화시켜 주었다는 구실아래 한국에서의 명예로운 철수를 하고자 하는 것으로 보여진다[167]는 것이다.

이와 같이 조순승 교수는 "문제는 중립화를 이룩하는데 있는 것이 아니라 중립화된 한국이 중립을 유지할 수 있느냐에 있다"고 보고 현 단계에서는 중립을 유지하기 위한 요건을 구비하지 못하고 있으므로 현 단계에 있어서의 중립화는 불리한 결과만을 자초할 것이다. 그러나 중립을 유지할 요건이 구비된다면 중립화 통일을 반대할 하등의 이유가 없다고 하였다.

이영근의 안

또한 이 당시, 중립화 통일론은 재일교포 이영근에 의해서도 제기되고 있다. 李榮根은 1955년 8월 21일 이래 「조선통일문제연구소」를 설립하여 중립화 통일을 주장해왔으며, 그 내용은 다음과 같다. 1) 현재 한국에 주둔하고 있는 유엔군을 한국전에 참가하지 않은 국가들의 군대로 구성되는 유엔 경찰군과 교체시킬 것 2) 한국문제를 제네바식 관련 국제회의에 회부시킬 것 3) 동 국제회의에서는 한국전쟁에 참가하지 않은 국가 중에서 국제선거감시단원을 선정하고 선거실시의 세부 규정을 조정할 것 4) 통일한국의 평화적 발전, 비군사기지화 및 내정불간섭 원칙을 국제회의 참가 각국이 보장할 것[168]이라 하였다.

김용중의 안

金龍中도 1952년 이래 오스트리아식 중립화 통일을 재미 한국문제연구소에서 「The Voice of Korea」지와 미국 내 신문 등에서 제안하

167) 조순승, 위의 논문, 39-46면.

168) 대한민국공보부, 한국의 중립화통일은 이래서 불가능하다 (서울 : 대한민국공보부, 1964), 21면.

였다. 그의 주장은 다음과 같다.

1) 한국은 지정학적 위치가 중·소·일에 포위되어 있기 때문에 통일독립국으로서 번영하기 위해서는 엄정중립국이 되어야 하며 이러한 중립은 유엔과 중국에 의하여 보장되어야 한다. 2) 비동맹국가로 구성되는 중립국위원단의 선거감시하에 인구비례대표제에 의하여 전국적으로 실시되는 자유선거를 통하여 단일정부아래 한국통일을 달성해야하며, 동 중립국위원단은 이외에도 외군철수감시, 남북협상주선, 중앙정부 수립시까지의 임시국가기관으로서의 권한을 대행한다. 3) 공정한 선거 분위기를 조성하기 위하여 현 남북정권은 해체되어야 하며, 모든 미군은 철수하고 남북한 군대는 국제치안군 정도(10만명)로 감축해야 하고, 남북의 저명한 시민으로 구성되는 한국인자문위원회가 중립국위원단을 보조케 한다[169]는 것이다.

그리고 김용중은 1960년 10월 30일에는 종래의 주장에 절차상의 문제를 추가한 방안을 제시하였고, 1961년 1월 14일에는 장면 총리에의 공한에서, 1962년 12월 6일에도 유엔각국 대표에의 서한에서, 1963년 12월 5일에는 유엔 사무총장에게 전한 統韓방안에서 중립화 통일안을 제시하였다. 1960. 10. 30~1963. 12. 5 사이에 추가된 절차상의 주요 문제를 요약하면 다음과 같다.

1) 군사정전위원회를 인도, 버마(미얀마), 실론, 스웨덴, 스위스와 같은 어느 세력권에도 속하지 않는 중립국위원회와 대체시킨다(1960. 10. 30). 1963년 12월 5일 안에는 군사정전위원회를 9개국 대표로 구성되는 「해방통일위원단」과 대치한다. 해방통일위원단은 교전당사국 쌍방에서 각각 2개국, 아시아의 중립국에서 3개국, 구주 및 미주의 중립국에서 각각 1개국으로 구성한다고 하였다. 2) 남북 간의 비무장지대를 양분 각 20마일씩 확대한다. 3) 중립국위원단의 감시하에 외군철수

169) 대한민국공보부, 위의 책, 22-24면.

와 남북한 군대를 점차로 감축시킨다. 4) 중립국위원단의 감시하에 통일한국 헌법을 제정할 제헌국회선거를 인구비례대표제에 의한 전국적 자유선거로 실시한다. 5) 남북 현 정권이 체결한 모든 협정, 조약을 무효로 한다.[170)]

이와 같이 김용중은 유엔과 중국이 보장하는 한국 중립화 협정 체결을 전제 조건으로 하여, 공정한 선거를 위하여 남북 양 정권을 해체한 후, 중립국위원단 감시하 총선으로 통일을 이루자는 것이었다.

김용중은 1964년 11월 12일에는 남한 및 북한 수뇌에 대한 서한에서 계속하여 중립화 통일안을 다음과 같이 제시하였다. 1)불가분의 조국을 그 본래 상태에 복귀시키기 위한 협상을 하기 위해 11명의 위원으로 구성된 통일위원회를 수립하되 위원은 남북에서 5명씩 선출하며 11번째 위원은 쌍방이 동 위원회 위원장으로 선출할 것, 2)정치적 해결의 서막으로 아래와 같은 일련의 긴급한 인도주의적 조치를 즉시 실시할 것 -이산가족이 다시 모여 그들이 거주지를 어디라도 희망하는 대로 선택하는 자유, 국가 양부분 간에 무역할 수 있는 무제한한 자유, 남북 간의 이주와 여행의 자유, 국가 양부분 간의 우편, 전화, 전신, 수송과 전력 공급의 재개, 전국을 통한 학술과 체육 활동에 참가, 3)통일위원회의 지도하에 한반도로부터 모든 외국 군대를 동시에 철거시키고 한국의 병력을 다만 국내의 안전과 질서를 유지하기 위한 경비대 수준으로 축소할 것, 4)통일위원회는 38도선에 있는 '외국의 장벽'을 철폐하고 군사 휴전위원회를 해체할 수 있는 권한을 부여할 것, 5)전국적인 정부 수립을 목적으로 하는 제헌국회 선거를 위한 통일위원회의 지도와 감시하에 인구비례대표제에 의해 실시될 자유로운 전조선 선거를 준비할 것, 6)현재의 양 정권이 체결한 모든 협정조

170) 외무부외교연구원, 통일문제연구 I 집, 1966, 322-323면, 327면.
국회도서관입법조사국, 통일백서(국회국토통일연구특별위원회보고서), 1967, 300-302면.

약과 공약을 무효화시킴에 따라 미국과 유엔이 인방 제국에 의해 보장될 한국의 중립적 지위를 확립할 것을 주장하고 있다. 이는 이전의 김용중의 안과는 다른 새로운 견해를 보이고 있는데, 무엇보다도 중요한 것은 비동맹국가의 개입을 완전히 배제하고 통일위원회 구성을 제의하여 민족자주적인 성격을 명확하게 하고 있다는 점이다.[171]

맨스필드의 안 — (1)

맨스필드(Mike Mansfield) 미 상원의원은 극동시찰을 마친 후, 1960년 10월 22일 상원 외교위원장에게 제출할 보고서에서 한국중립화 통일을 제안하였다. 맨스필드의 제안은 그가 11월로 임박한 대통령선거에서 민주당이 승리하는 경우 거론될 수 있는 국무장관 후보중의 한사람이라는 풍문과 함께 국내에 큰 파문을 일으키게 되었다. 맨스필드의 안은 김용중의 영향을 받은 것이라고 알려지고 있다. 맨스필드의 안에는 1950년대 말기부터 꾸준히 추진되어 온 미·소 간의 데탕트와 1955년의 오스트리아 중립화의 성공적 사례가 영향을 주었다고 할 수 있다.

김삼규의 안과 더불어 매스필드의 안이 국내에 알려지면서 중립화 통일론은 가열, 확산되어 4.19혁명 직후 혁신정당과 대학생들을 중심으로 하여 운동, 조직화 단계로 발전하였다.[172] 맨스필드의 중립화 통일안은 다음과 같다. 1) 통한문제를 해결하기 위하여 미국이 제강대국과 협의를 통하여 1955년 오스트리아를 중립화하였던 바와 같은 토

171) 한호석, “김용중의 민족자주, 통일운동”, 강종일,이재봉 편저, 한반도의 중립화통일은 가능한가 (서울: 들녘, 2001), 150-151면.

172) 이때 대학생들도 중립화 통일론에 크게 동조하여 1960. 9. 24 고대 주최 전국 대학생 토론회와 1960. 11. 12 서울대 극동문제연구소 주최 심포지엄에서 중립화 통일을 위하여 중립화 통일 운동이 전개되어야 한다고 하였다. 고대 주최 전국 대학생 토론회에서는 발표자(25명)가운데 80%이상이 중립화 통일을 지지하였다.

대위에서 한국의 중립화 통일을 모색해야 한다. 2) 만일 이것이 불가능하다면 한국 전체에 그 자체의 운명을 결정하는 자결권을 보장하는 통일방안이 마련되어야 한다. 3) 중립이 실현되면 그 중립이 보장되어야 하는데, 한국을 둘러싸고 있는 3국이 한국보다 훨씬 강한 한 중립보장이 어려울 것이므로 한국의 힘이 강화되어야 한다. 4) 유엔감시하의 총선거도 고려할 수 있다.173)

이어서 1967년 1월 23일의 중립화 통일안에서는 다음과 같은 절차상의 문제를 추가하였다. 1) 1955년에 이룩된 오스트리아 통일노선을 따라 미·소·중의 3개국에 의해 보장되는 중립을 토대로 남북한을 통일시킨다. 2) 중립화를 토대로 한 한반도 통일의 제1단계 조치로 남북한 전역에 걸쳐 자유롭고 공정한 선거를 실시하기 위한 상호 합의할 수 있는 기초를 다져놓도록 직접 관계의 당사자측 즉 남북한 관계자들의 회담을 열도록 할 수 있을 것이다174) 라고 하였다.

중립화 통일 논의가 가열되자 1960년 8월 24일 정일형 외무장관이 오스트리아식의 중립화 통일을 받아들일 수 없는 이유를 4가지로 언급하였고, 맨스필드의 제안으로 중립화 통일 논의가 더욱 가열되자 장면 총리는 정일형 외무장관의 반대 논리에 기초하여 1960년 11월 2일 오스트리아식 중립화 통일을 반대하는 다음과 같은 5개항의 성명을 발표하였다. 1) 한국은 오스트리아와는 달리 소련 및 중국과 인접하여 전략적 요충에 위치하고 있다. 2) 오스트리아는 사실상 강력한 북대서양조약기구(NATO)의 보호를 받고 있는데 반해, 한국은 한국

173) New York Times, Octber 22, 1960.
한국일보, 1960년 1월 12일자.
버클리대학의 스칼라피노(Robert A. Scalapino) 교수는 1961년 3월에 맨스필드가 제기한 한국에 대한 오스트리아식 중립화의 그 실현성은 희박하나, 외국군대를 철수시키고 한국의 중립화를 모색할 가치는 충분히 있다고 하였다. 2000년 11월에는 한국의 중립화는 한국 국민들의 의사에 달려있다고 재강조하였다.

174) 조일문 김명진, 한국통일 방안에 관한 고찰, 건국대학교학술지 제17집 (1974), 89면.

자신의 국방력이 극동에 있어서 자유진영 방위의 중요한 일부분을 차지하고 있다. 3) 오스트리아는 중립 침범이 있는 경우 즉각적으로 민주진영측의 유효한 개입이 가능한 지리적 조건하에 접경하고 있는데 반해, 한국은 소련 및 중국군이 북한에 접근하고 있는 반면, 자유진영의 군대는 바다 저쪽에 있어서 중립 침범시 유효한 적시내원이 불가능하다. 4) 오스트리아는 4개국 점령하에서도 단일정부를 유지하여 확고한 공산세력의 부식이 없었음에 반하여, 한국은 공산괴뢰가 10여년 북한에 존속하고 있다. 5) 한국의 정치적 사회적 및 문화적 제 조건이 오스트리아 보다도 뒤떨어져 있다.[175)]

이러한 장면 총리의 거부 이유에 대하여, 중립화 통일론자인 최봉윤 교수는 맨스필드의 제안에 반대한 장면정부의 반대 이유는 근거 없는 것이라고 하여 다음과 같이 비판하였다. 1) 한국이 공산국가들에게 둘러싸여 있다면 오스트리아도 마찬가지이다. 오스트리아는 헝가리, 체코슬로바키아, 유고슬라비아와 국경을 접하고 있다. 2) 소련에 있어 오스트리아를 침공하는 것쯤은 군사적으로 하등 문제가 될 것이 없다. 3) 현재 한국이 분단되어 있는 것이 중립화를 더욱 어렵게 만드는 요소로 작용할 것이라는 주장은 어느 정도 타당성을 지니고 있다. 그러나 동시에 한국은 수세기 동안 공통의 문화적 인종적 언어적 역사적 일체감 내지 동질성을 보유해 왔다는 사실을 간과해서는 안 된다. 사실 한국은 스위스나 오스트리아가 중립화되었을 때 그들이 가지고 있었던 것보다도 훨씬 강한 민족적 일체감을 가지고 있는 것이다. 4) 중립화된 남한이 공산화될 가능성이 있다는 주장이다. 중립화된 한국에서는 다양한 이념 집단들 간의 사상의 치열한 경합이 있을 수 있다. 그러나 민주주의가 사상의 시장에서 승리를 거둘 승산이 더 큰 것이다. 더구나 인구면에서 남한은 북한의 두 배가 되며, 또한 국민의 대다수는 여태

175) 한국혁명재판사편찬위원회, 한국혁명재판사 제1집, 1962, 216면.

까지 열렬한 반공주의자로서 이는 남한에서 공산주의 이데올로기가 소수의 견해라는 것을 입증해 주고 있다는 것이다.[176]

최봉윤 교수는 1940년대부터 한국중립화 통일을 주장하여 왔으나 주로 미국에서의 논의였고, 제6공화정의 출범과 더불어 그의 주장이 국내에 소개되고 있기 때문에 최교수의 중립화 통일론은 다음에서 자세히 고찰할 것이다.

그리고 1960년 12월 20일 정부는 「유엔감시하의 남북통일」이 공식적인 통일 방안이라고 천명하였다. 유엔감시하에 남북한을 통한 선거를 실시함으로써 평화적인 방법에 의한 자유민주주의의 통일을 성취하는 것이며, 유엔감시는 선거의 공정과 자유를 보장하여 국민의 진정한 의사의 표현을 확보하는 것이라 하였다.

그리고 1961년 1월 8일 민주당은 중립화 통일론을 반대하는 공식 입장을 표명하였던 것이다. 이는 다음과 같다. 「스위스나 오스트리아와는 판이한 한국의 지리적 위치와 공산진영의 아시아 적화 정략을 망각한 위험천만한 의견이다. 신뢰할만한 국제안보도 없는 금일 군사적으로 고립 무원한 중립적 위치에 섰다가는 일단 공산침략이 개시되면 위험할 수밖에 없는 것이다. 뿐만 아니라 경제적 군사적 자립도 없고, 지리적 위치마저 극히 불리한 한국의 중립이란 언제나 북방 공산군의 침투와 침략을 면할 길이 없으며 또한 이러한 여건을 이용하는 국내 공산분자들의 동란을 막기가 매우 힘들 것」[177]이라고 하였다.

이와 같이 민주당 정권도 반공을 국시로 하여 혁신=비우익=좌익=공산당이라는 논리적 비약아래[178] 한국중립화 통일론을 용공론으로 규정하였던 것이다. 통일문제에 관한 소극적인 자세에 있어서 민주당

176) Bong-Youn Choy, A History of the Korean Reunification Movement : Its Issues and Prospects (Peoria : Research Committee on Korean Unification, Bradley University, 1984), p.210.

177) 한국일보, 1961년 1월 8일자.

178) 윤형섭, 한국정치론 (서울 : 박영사, 1988), 394면.

정권은 본질적으로 자유당 정권과 같았던 것이다. 차이점이 있다면 국내 경제건설보다는 비록 전향적으로 대처하지는 않았지만 통일문제에 정책의 역점을 두었던 자유당 정권과는 달리, 민주당 정권은 통일문제는 오히려 부차적인 위치로 내리고 국내 경제건설에 정책의 역점을 두어 선건설·후통일의 논리였다는 점이다.

사회대중당의 안

이와 같은 집권 보수세력측의 반대에도 불구하고 혁신세력의 한국중립화 통일론이 전혀 수그러들지 않았던 것이 당시의 실상이었다. 사실 당시 한국일보의 여론조사 결과(1960. 12. 27~1961. 1. 7)에 의하면, "설문 : 만약 남북이 통일되었을 경우 한국중립화를 어떻게 생각하십니까?"에 대하여 <표 3-3>과 같은 반응을 나타내었다.[179] 이렇게 볼 때, 지지율과 반대율은 근소한 차이에 불과한 것이며, 국민의 상당한 지지가 정부에 의해 무시되었다고 볼 수 있다. 정부 당국의 중립화론 반대 선전이 여론 조성에 미치는 중요한 기능을 감안한다면 반대율은 매우 저조한 것이라 할 수 있으며, 상대적으로 오히려 지지율이 상당히 높았다고 볼 수 있을 것이다.

179) 한국일보, 1961년 1월 15일자.
한국이 통일된 뒤 미국이나 소련의 간섭이 없는 중립화를 지지하는 시민이 전체의 32.1%로 나타나고 있다. 중립화 반대자는 한국의 중립화는 곧 공산화를 초래할 것으로 보고 있다. 한국중립화 지지자를 연령별로 보면 고령일수록 소극적이며, 젊은 층일수록 적극적이다. 중립화를 지지하는 32.1%의 시민 중, 11.4%가 20대 청년이며, 9.4%가 30대, 6.8%가 40대, 50대 이상은 불과 4.5%이다. 직업별로 보면 학생층이 가장 적극적일 것이라는 예상과는 달리 변호사, 의사, 교사 등 전문직에 종사하는 국민의 지도자층이 42.3%로 가장 높고, 학생은 35.3%이고, 가장 낮은 율을 보이는 것은 가정주부로 29%이다.

〈표 3-3〉 중립화에 대한 국민여론

「설문 : 만약 남북이 통일되었을 경우 한국중립화를 어떻게 생각하십니까?」

질문 응답	백 분 율
1. 지 지	32.1%
2. 반 대	39.6%
3. 기 타	1,7%
4. 모르겠다	26,5%
5. 무 응 답	0.2%

※ 조사대상자 : 1,690명

4.19혁명 후 혁신계의 일반적 특징은 1) 자본주의와 기존의 한국사회경제질서의 부정이었으며, 혁신계는 이것이 경제적 불평등을 합법화하고 영속화시킨다고 보았다. 2) 한반도의 평화통일을 지지하며 이러한 목적을 위해서 북한 공산주의자들과 가능한 범위 내에서 타협과 화해가 필요하다고 믿고 있었다는 점이다.[180] 그런데 특히 혁신세력과 보수세력 간의 쟁점은 통일정책의 차이점에서 비롯되었던 것이다.[181]

7.29총선 후[182] 혁신계는 좌파혁신계로서 김달호를 중심으로 한 사회대중당과 최근우의 사회당, 중도혁신계로 1960년 9월 사회대중당에서 이탈한 민주혁신당계의 서상일, 이동화, 진보당계의 윤길중, 박기출, 사회혁신당의 조정훈 등이 주축이 된 통일사회당, 우파혁신계로서 민족통일당으로 재편되었다.

중립화 통일론의 양대 지주였던 사회대중당과 통일사회당은 한

180) 한승주, 제2공화국과 한국의 민주주의 (서울 : 종로서적 1983), 8-9면.

181) 권희경, 한국혁신정당과 사회주의 인터내셔널 (서울 : 태양, 1989), 48면.

182) 7.29총선거에서 혁신정당은 민의원 선거에서 5석, 참의원 선거에서 2석만을 얻었을 뿐이다. 혁신정당의 참패에는, 이념의 불일치, 극단적 이합집단, 각 파벌간의 헤게모니 쟁탈전, 유권자의 정치문화, 매표 매수 행위, 선거자금 부족, 자유당 세력의 출마 저지를 빙자한 사상 초유의 폭력과 난동, 선거제도 자체가 큰 원인으로 작용하였다. 그러나 이러한 결과에 관계없이 중립화 통일론은 가열되었던 것이다. 이점에 대해서는 다음을 참조하였음. 김민하, 한국정당정치론 (서울 : 대왕사, 1983), 144-147면., 길승흠, 김광웅, 안병만, 한국선거론 (서울 : 다산출판사, 1987), 43면. 윤형섭, 앞의 책, 420면.

국중립화 통일의 전제 조건으로서 남한에 있어서의 민주사회주의체제의 확립을 주장하였다.[183] 민주사회주의 체제의 확립을 위한 산업국유화정책에 대한 사회대중당의 입장은 ① 대규모적 독점적 기간산업 ② 공익유지상 필요부득이한 기업 ③ 경제자립 추구에 있어 필요불가결의 산업이면서도 채산관계로 민간이 투자하지 못하는 기업 ④ 중요 금융기관 등을 국유화한다는 것이다. 그리고 공익에 반하지 않는 한 토지와 자본의 사유를 인정한다고 하였다.[184]

이러한 민주사회주의의 확립은 남한이 북한에 대해 우위에 서게 하며, 그리고 민주사회주의는 남북한의 이데올로기와 체제를 서로 수렴시키는 통일 논리이기도 하다고 주장하였다.[185]

1961년 1월 사회대중당은 중립화 통일안을 공식 채택하였으며 그 내용은 다음과 같다.

1) 외군을 한반도로부터 철퇴시키고, 영세중립이 보장되는 조국통일을 기본으로 한다.
2) 본당의 통일방안과 현 정부의 통일방안과 현 정부의 통일방안 및 공산측이 주장한 연방제 위에 민족최고위원회를 설치한다.
3) 미·소를 중심으로 유관국가 국제회의를 설치해서 남북대표의 참석하에 영세중립보장에 필요한 각서를 상호 교환한다.
4) 통일 총선거의 준비와 실시를 위해 정치적, 군사적 이해관계를 갖지 아니하는 중립국으로 구성된 감시위원단을 설치한다.

---

183) 이동화는 혁신이란 4.19혁명 이후 대체에 있어서는 공동적으로 '민주적 사회주의'를 표시하는 개념이다라고 지적하고 있다. "토론 : 민주사회주의를 말한다", 세계 1960년 7월호, 135면.

184) 유병묵, 사회대중당의 산업국유화정책, 사상계, 1960년 10월호, 182-184면.
권희경, 앞의 책, 52-61면 그리고 통일사회당의 경제정책은 권희경, 앞의 책, 67-68면, 76-82면.

185) 민주사회주의는 현대 의회제도를 신봉하면서 민주주의적 복지사회 노선을 추구하는 입장이라 하였고, 민주사회주의의 예로 스웨덴, 노르웨이, 핀란드, 덴마크, 영국, 서독 등을 들고 있다. 한국혁명재판사편찬위원회, 한국혁명재판사 제3집, 1962, 858면.

5) 영세중립에 대한 확고한 보장 하에 남북군대의 무장해제를 한다.
6) 총선거 후 2개월 내에 전 외군을 철수한다.
7) 총선거로 수립된 전국의회와 통일정부는 기존 군사관계 조약을 폐기한다.
8) 통일의 전제 절차로서 남북한의 정치적, 경제적 체제를 개편한다.
9) 서신교환, 남북시찰단 교섭, 과잉생산품을 교환하여 경제교류를 한다.[186]

이와 같이 사회대중당은 '선통일·후건설'의 입장에 있었고, 통일을 위한 북한과의 무조건 협력과 교류, 중립국감시하에 총선거를 통한 중립화 통일, 그리고 남북군대의 무장해제와 외군철수 등을 제시하였다는 점에서 상당이 급진적인 면을 보였다.

통일사회당의 안

사회대중당에 비하여, 통일사회당도 1961년 4월 중립화 통일을 통일정책으로 채택하였으나 대한민국적 여건을 상당히 고려하고 있다. 즉 통일사회당은 북한과의 협상을 시도하기에 앞서 민주사회주의를 통한 남한체제의 공고화를 우선시하였고[187] 민주적 절차에 의한

186) 한국혁명재판사편찬위원회, 한국혁명재판사 제3집, 1962, 683-684면.
187) 이점에 대해 김학준 교수는, "통일사회당이 소련과 공산주의의 수정주의화 그리고 북한의 수정주의화를 비교적 낙관했던 것 같다. 소련이 자유화와 민주화의 방향으로 나가고 그리하여 소비에트 공산주의가 본질적인 변화를 일으키며 그 물결이 북한에, 더더구나 김일성이 쫓겨난 뒤 북한에 밀려들면 북한의 폐쇄적 독재체제도 불가피하게 자유화와 민주화 적어도 사회민주주의화 할 것으로 전망한 것 같다. 공산권 일반과 북한이 그렇게 변하면 대한민국도 민주사회주의의 길을 걷게 되어 결국 남북한이 같은 지점으로 수렴될 것이므로 동서 진영의 수렴과 남북한의 수렴 속에서 영세중립화 통일이 가능하지 않겠느냐고 낙관적으로 생각한 것 같다. 그러나 이러한 가정은 특히 북한에 관한한 잘못이었다. 북한은 수정주의의 길을 걷기는커녕 오히려 김일성 유일체제를 강화해 나갔고 대남무력폭력 노선을 더욱더 굳혀나갔기 때문이다."라고 지적

남북한 총선거를 전제로 한반도 중립화 통일을 내세웠다. 또한 그러한 중립화는 북한에서 김일성 집단이 쫓겨난 뒤에야 가능하다는 점도 명시하였다. 이에 관련된 세부절차는 다음과 같다.

1) 통일에 앞서 내전 범죄자인 김일성 일파를 제거하기 위한 조치를 촉구하기 위해 유엔 및 소련에 대한 외교 공세를 전개한다.
2) 김일성의 퇴진을 조건으로 하는 남북 정치지도자 회담을 모색한다.
3) 남북한 대표가 참가하는 관계국 회의는 적당한 시기를 택하여 개최한다.
4) 통일전에 남북 군비축소 가능성을 검토한다.
5) 유엔에서 승인된 중립제국의 감시아래 유엔이 새로 파견하는 경찰군이 상당한 민주적 권리를 보장하는 가운데 실시되는 남북한 총선거를 통하여 통일을 성취한다.
6) 통일한국의 중립적 지위를 관계국의 조약상의 보장으로 획득한다.
7) 통일한국의 중국 및 소련과의 경계선을 중심으로 유엔이 감시하는 완충지대를 설치한다.[188)]

중통련의 안

이러한 사회대중당과 통일사회당 양당 간의 견해차는 양당이 각각 주도권을 행사한 민족자주통일중앙협의회(민자통)와 중립화조국통일운동총연맹(중통련)의 통일론에도 반영되었다.

하고 있다. 김학준, 이동화평전 (서울 : 민음사, 1987), 238면.

188) 한국혁명재판사편찬위원회, 한국혁명재판사 제3집, 1962, 855-856면. 중앙선거관리위원회, 정당연구자료 - 제1집 (서울 : 중앙선거관리위원회, 1965), 231-238면.

그런데 민자통은 1961년 9월 자주, 평화, 민주의 3대 원칙아래 ① 즉각적인 남북협상 ② 남북 민족대표자들에 의한 민족통일건국최고위원회 구성 ③ 외세의 배격 ④ 통일협의를 위한 남북 대표자회담 개최 ⑤ 통일후 오스트리아식 중립, 인도식 중립 등에 대하여 토의한 뒤 민족자주정신에 입각하여 국제협력하에 중립통일을 기한다고 하였다.[189] 민자통이 사회대중당에 의해 주도되고 있었으나, 사회당, 천도교, 유생회, 민족민주청년동맹, 통일민주청년동맹, 4월학생혁명연합회가 참여하고 있는 상황에서는, 사회대중당의 위에서와 같은 과격한 중립화 통일론 대신, 남북협상에 의해 「인도와 같은 중립」을 추구하고 있다고 평가받고 있었다.[190] 민자통은 남북협상과 중립화 통일 협상의 병행을 주장하여, 남북한의 협상과 통일을 위한 강대국의 관계를 조절하는 중립화 통일 협상을 동시에 추진한다는 입장을 보였다.

여기서 원래 민자통에 가입해있던 통일사회당은 민자통의 민주, 자주, 평화란 원칙이 너무 다양하게 해석될 수 있고 중립화 통일에 동조치 않음으로 민자통을 탈퇴하고 1961년 2월 21일 중립화조국통일운동총연맹(중통련)을 발족시켰던 것이다. 중통련은 1) 국제회의를 통한 국제적 보장하에 중립통일을 하여야 하며 2) 이러한 영세중립 통일을 성취하기 위하여 국민 서명운동을 전개하여야 한다는 것이다.[191] 이와 같이 중통련은 스위스와 오스트리아와 같은 영세중립을 추진하고 있었던 것이다. 중통련은 민자통과 비교할 때 남북협상과 중립화 통일 협상의 병행 보다는 중립화 통일 협상을 우선시 하는 입장이었다. 그리고 중통련의 경우도 통일사회당이 통일운동 보다 혁신정당의 정치적 활동에 주력했기 때문에 통일운동이라는 측면에서는 그렇게 활발하지 못했다는 지적을 받고 있다.

189) 한국혁명재판사편찬위원회, 한국혁명재판사 제4집, 1962, 8-10면, 162면.
190) 민족일보, 1961년 2월 21일자.
191) 대한민국공보부, 앞의 책, 26면.

김석길의 안

중립화 통일론은 계속되어 언론인 김석길은 1961년 4월 25일 다음과 같이 중립화 통일 방안을 제시하였다. 중립화의 과정과 결과에 친공적인 성향이 개재되어서는 안 된다는 점을 전제로 하고 있다는 점이 특색이다.

1) 한국 민주 중립화의 통일을 한다는 전제 조건하에 유엔주관밑에 남북 총선거를 실시한다. 단, 선거주관체는 중립국에 국한하여 구성함을 조건으로 한다.
2) 동 선거주관기관은 한국의 비상 국민대표자회의를 주선할 수 있으며 가급적 선거감시를 겸임하는 것이 좋다.
3) 현행의 헌법의 존폐와 개정 및 신제도 수립 등의 문제는 장차 통일국회의 권한으로 한다.
4) 한국의 민주 중립화 통일은 오스트리아의 예에 의함이 무방하다.
5) 민주 중립화로 통일정부가 수립된 뒤에 주한 외국군은 철수하고 동시에 외국과의 군사협정도 일체 폐지한다.[192)]

제2공화정 당시, 북한은 남한내부의 통일논의에 편승하여 통일공세를 적극화하여 남한의 유엔감시하의 총선거를 반대하고 「남북연방제」를 제시하였다. 1960년 8월 14일 김일성의 제의는 다음과 같다.

1) 어떠한 외국의 간섭도 없는 민주주의적 기반위에서 자유로운 남북 총선거를 실시할 것이다.
2) 아직 남조선 당국이 자유로운 총선거를 받아들일 수 없다면

192) 김석길, 민주중립화統韓의 신방안 (서울 : 국제정경연구소, 1961), 137-204면.

과도적 조처로서 남북조선의 「연방제」를 제의한다. 남북조선에 현존하는 정치제도를 그대로 두고 양정부의 독자적인 활동을 보장하는 동시에 양정부 대표로 구성되는 최고민족위원회를 조직하여 주로 남북 간의 경제, 문화 발전을 통일적으로 조절한다.

3) 만일 상기제안 등을 남조선 정부당국이 동의치 않는다면 남북조선 실업계대표로 구성되는 순전한 경제위원회라도 조직하자.
4) 남북조선 문화사절 왕래와 과학, 문화, 예술, 체육 등 모든 분야에서 교류를 다시 한번 제의한다.
5) 남조선에서의 미군의 즉시 철퇴를 요구하며 남북조선 군대를 각각 10만 또는 그 이하로 축소할 것을 제의한다.
6) 이상의 제 문제를 협의하기 위해 남조선 대표들이 평양이나 서울 또는 판문점에서 합의할 것을 남조선 당국과 정당, 사회단체 및 개인인사에게 제의한다.[193)]

여기서 북한이 남북 경제교류를 강력히 들고 나온 것은 북한의 경제적 우위에 대한 자신감에서 연유한 것이었다. 사실 북한은 1954~1961년까지 경제재건에 중점을 두고 대남 평화통일 공세를 전개하였으며 남한보다 월등한 경제성장을 이룩하는데 성공하였던 것이다. 1958년의 천리마 운동도 이러한 과정에서 나온 것이었다. 현재까지 계속되어 제안되고 있는 북한의 연방제 안은 바로 1960년의 이러한 연방제 안에 근거하고 있는 것이다. 북한은 60년대에 이러한 연방제를 내세우면서 한편으로는 무력을 통한 병합에 의한 통일을 추구하였다.

북한은 중립화 통일론에는 반대하여 1956년 8월 중립화에 근거한 통일을 주장한 최창익 일파를 숙청하기도 하였다.[194)] 그러나 북한은

193) 외무부외교연구원, 통일문제연구 제1집, 1966, 319-320면.

남북연방제 통일만을 관철시키기 위하여, 평화공세 내지 전술적인 차원에서 중립화 통일론자들의 주장인 미군철수, 유엔감시하의 총선거 거부 등을 이용하려 하였다.[195] 김일성은 1967년 1월 남조선이 중립화 된다면 통일을 이루는데 큰 난관은 없을 것이라고 하였던 것이다.[196]

드골의 안

2공화정 시기의 활발했던 한국중립화 논의는 1961년 5.16쿠데타 이후에는, 국내에서는 국가안보를 위태롭게 하는 용공적 이적행위로 매도되어 반국가 행위로 탄압되었지만, 국외에서는 계속 주장되어 현재까지 논의가 계속되고 있다. 5.16쿠데타가 없었다면 중립화 통일 논의가 더욱 활발히 전개되었을 것이다. 이러한 중립화 통일 논의의 열기는 5.16쿠데타의 하나의 명분으로 이용되기도 하였던 것이다.

제3공화정은 통일을 위해서는 공산주의와 대결할 수 있는 실력 배양에 전력을 기울여야 한다고 하여 선건설, 후통일을 내세워 경제건설과 국가방위를 중심으로 정책을 추진한 결과, 1966년과 1967년을 고비로 남북간의 경제경쟁은 역전되어 남한이 경제면에서 앞서게 되었으며, 제네바 정치회담에서의 한국안을 그대로 답습한 민주당 정권의 통일안과 마찬가지로 유엔감시하의 남북한 토착 인구비례에 따라 자유선거를 실시한다고 하였다.

이 당시 1960년 1월 미·일 안보조약이 갱신되면서 일본은 북한을 적국으로 간주하면서 한국 휴전선을 일본의 방위선으로 인식하여 남한은 자국 방위에 필수적이라는 입장을 취하게 되었다. 그리하여 1965년 4월에는 미국의 극동정책의 일환으로 미국의 주선으로 한일협정이

194) 대한민국공보부, 앞의 책, 52면.
195) 외무부외교연구원, 통일문제연구 제1집, 1966, 52면.
196) 1967년 1월, 김일성이 김용중에게 보낸 서신.

체결되어 한·미·일 안보협력관계가 형성되기 이른다. 이 1960년대의 미국의 한반도 정책은 공산주의자들의 파괴를 막아낼 수 있는 강력하고 안정된 남한정부를 건설하는데 있었다.[197] 그리고 중·소 간에는 1954년 후르시쵸프의 등장과 더불어 평화공존론이 제기되자 1956년부터 이념 논쟁이 시작되어 1960년부터 본격적인 이념 논쟁이 전개되었다. 1963년부터는 국경 분쟁까지 겹치게 되었으며, 1969년의 우수리강에서의 무력 충돌로 중·소 관계는 더욱 악화되었다.

이때 북한은 5.16직후인 1961. 7. 6와 7. 11에 소련, 중국과 각각 우호협력 및 상호원조조약을 체결하고, 1962년 12월에는 전인민의 무장화, 전지역의 요새화, 전군의 간부화, 전군의 현대화라는 4대 군사노선을 채택하여 군사력 강화에 전력을 기울였으며, 1964년 2월에는 혁명기지의 강화, 남조선 혁명역량의 강화, 국제혁명역량의 강화라는 3대 혁명역량 강화 전략을 수립하였다. 이와 같이 북한은 1961~1966년까지 폭력혁명을 준비하였다. 1967년 1968년에는 무력도발이 절정에 달하여 청와대 기습미수사건, 플레블로호 납치사건, 울진삼척 무장공비사건, KAL기 납치사건 등을 도발하였던 것이다.

이러한 상황에서 1964년 1월 27일 드골(De Gaulle)은 "동남아에는 중국과 관련되지 않는 정치적 현실은 존재하지 않는다. 중국없이는 평화이든 전쟁이든 생각할 수 없다. 따라서 프랑스가 원하는 동남아와 한국의 중립화에는 중국의 참가없이는 그 가능성을 상상할 수 없을 정도로 중국은 필수적 존재이다."라고 하였다.[198] 이에 미국은 중국이 전베트남의 중립화에 동의한다면 한반도 중립화를 고려할 수 있을 것이라는 반응을 보였다.[199] 이것은 프랑스가 중국의 협력을 얻어 베트남을

197) Soon Sung Cho, "American Policy toward Korea Unification, 1945-1980", in Tae-Hwan Kwak, John Chay (ed), U.S.- Korean Relations 1882-1982 (Seoul : Kyungnam University Press, 1982), p.79, p.82.

198) 대한민국공보부, 앞의 책, 35면.

중립화시킬 뿐만 아니라 지금까지 미·소에 의해 좌우되던 국제정치(얄타체제)에서 프랑스가 주도권을 장악해 보려는 시도라고 할 수 있다.

이때 이러한 드골의 한반도 중립화 논의는 국내에 또 한차례의 파문을 던졌던 것이다. 여기서 제3공화정은 중립화 통일의 반대를 분명히 하여 대한민국 공보부는 다음과 같이 한국은 중립화를 가능케 할 어떠한 조건도 구비하고 있지 못하다고 하였다. 1) 한국민의 대다수가 중립화 통일을 지지하지 않는다. 2) 중립화 통일이 될 경우 오랜 기간 이질적인 정치체제에서 굳어진 사상적 대립과 공산당의 합법화로 정쟁만을 계속하여 정국의 불안정을 초래하여 공산화의 위험을 자초할 것이다. 3) 소련과 중국이 중립화된 통일한국을 자기의 세력권에 끌어넣으려는 공작을 끊임없이 전개할 것이며 국민은 친소파, 친중국파, 친일파, 친미파로 분열되어 파쟁을 함으로서 제2의 라오스가 될 것이다. 4) 외군철수와 남북한 군대해체는 군사적 진공 상태를 초래할 것이고 이를 계기로 공산지하조직이 준동할 것이며, 결국 5만의 군대를 통합하지 못하고 내란만 계속하고 있는 라오스의 경우와 같게 될 것이다. 5) 현 극동정세를 볼 때 미·소 간에는 세력균형이 이루어지고 있으나 비대해질 대로 비대해진 중국과 일본 사이에는 세력균형이 현 단계로서는 유지되지 않고 있다. 중국이 압력을 가하여 한국내의 공산당으로 하여금 쿠데타를 일으키거나 혹은 공산군이 한국내에 침입해 오면 미국이나 일본이 한국전쟁에 참전하러 오지 않을 것이다. 6) 중립화 통일론은 한국을 사회주의화 혁명으로 이끄는 과정으로서 전술론에 불과하다는 것이다.[200]

그리고 중간적 국가의 안전보장을 위해서는 ① 대국과 동맹을 맺는 것 ② 대국의 위성국이 되는 것 ③ 중립을 유지하는 것 ④ 강대국

199) 위의 책, 36면.
200) 대한민국공보부, 앞의 책, 64-72면.

간에 반목을 조장시켜 어부지리를 얻는 것의 4가지 패턴 중의 하나를 외교정책의 기초로 삼을 수 있는데, 여기서 한국의 안전보장을 확보하는 길은 대국과 동맹을 체결하여 국가 방위력을 강화하는 방법밖에 없다고 하였다.[201)]

그리고 주요한도 중립화 통일에 대하여 다음과 같이 반론을 제기하였다.

1) 한국의 역사가 중립화의 가능성을 보여준 적이 없다. 2) 오스트리아는 국경의 3면이 소련의 위성국가와는 접경하고 있으나 직접 소련과는 접경하고 있지 않으며, 국내의 자유민주적 정치체계와 경제력으로 인하여 침략 세력의 위협을 덜 받고 있다. 그러나 한국은 중·소 및 일본과 직접 대면하고 있으며 정치, 경제의 안정이 아직 뒤떨어져 있다. 3) 벨기에는 독·불·영 3국의 군사적 교차로에 위치해 있으면서 제1, 2차 대전 때에 독일군의 침략을 면치 못하였는데, 한국은 바로 이 벨기에와 같은 경우에 처해 있는 것이다. 4) 중립화 통일은 공산독재주의의 전략·전술이며, 중립화 통일 이후에는 정쟁으로 라오스의 경우가 될 것이다. 5) 중립화 통일은 미국의 한국으로부터의 명예로운 철수로 미국의 군사적, 재정적 부담을 경감시키려는 의도가 숨어있을 수 있다는 것이었다.[202)]

또한 김영국 교수도 중립화 통일에 대하여 다음과 같이 반론을 제기하였다.

1) 중립화 통일에 대한 국민적 의욕이 없다. 2) 대내적으로 남한과 북한이 중립화 통일에 합의를 볼 수 있는 최소한의 사항조차도 없다. 3) 중립화 통일은 동족의식의 정의성에 기반을 두고 있으며, 북한은 이 점을 이용하려 한다[203)]는 것이다.

---

201) 위의 책, 73-74면.

202) 주요한, 중립화統韓은 왜 위험한가. 세대 1964년 8월호, 44-51면.

3. 1970년대의 중립화론

1970년대의 중립화론에는 모렐리, 포터, 브레진스키, 맨스필드, 헨더슨, 해리슨, 라이샤워, 바네트의 안을 들 수 있는데 차례로 자세히 알아보도록 하겠다.

1950년대 말부터의 중소 분쟁을 계기로 중국이 독자적 행위자로 등장하게 되자 이에 소련은 중국봉쇄를 시도하였다.[204] 그 결과 중국은 1971년 유엔가입과 더불어 새로운 세력균형관계 수립에 열중하게 되었다.

이러한 상황에서 미국은 1천억 달러 이상의 전비와 40만명선의 사상자라는 막대한 희생을 치르게 한 월남전으로 말미암아 아시아 지역분쟁으로부터의 불개입 기운이 높아지게 된 결과 1969년 7월 닉슨(Richard M. Nixon)독트린이 선언되게 되었다. 이때 미국은 중·소 대립을 이용하여 중국으로써 소련을 견제케 하고자 하였다. 여기서 미국과 중국의 이해관계가 일치하여 1972년 닉슨·주은래 상해 공동성명이 있게 되었고, 1979년에는 미·중국 국교정상화를 이루었다.

또한 이때 미국은 전후 미국의 핵우산의 보호아래 고도의 경제성장을 유지하여 오직 미·소에만 뒤떨어진 세계3위의 경제대국으로 성장한 일본의 방위역할을 한반도 및 동아시아 지역으로 확대케 하며, 중소에 대한 견제와 균형에 적극 참여시키고자 하였다. 그 결과 1972년 田中角榮수상의 북경방문에 이은, 1978년의 일중 국교정상화와 미중 국교정상화를 통하여 미·일·중 3국 협력체제가 형성되었다. 이때 소련은 미국과는 전략무기제한협정(SALT) 등을 통하여 데탕트를 촉

---

203) 김영국, 중립화안의 검토 및 국내외 여건이 이를 강요할 경우의 대비책, 국토통일원(1970), 28-42면.

204) 1979년에는 중소우호 상호원조조약이 파기되기에까지 이르렀다.

진시키는 한편, 일·중국 데탕트에 대처하여 일본에게 유연정책을 취하여 접근하였다.

이러한 결과로 동북아에는 냉전의 해빙인 데탕트 속에서 4강체제가 수립되었으며 4강은 세력균형 속에서 현상유지를 추구하였다. 한반도에 국지전 또는 확대전의 위험이 있고 특히 중소의 입장에서는 한반도의 긴장이 일본의 군국주의를 촉진시킬 수 있기 때문에 4강은 한반도의 현상유지와 긴장완화를 원하고 있었던 것이다. 여기서 한반도는 동북아 국제질서의 세력균형을 유지시키는 역할을 담당하였다. 슈레징거(J.R. Schlesinger) 미국방장관도 1975년 2월 의회보고서에서 한반도를 4강의 세력균형 유지를 위한 균형자(balancer)로 지적하였던 것이다.[205)]

그런데 냉전체제에 입각한 한반도내에서의 극한적인 대립은 미국이 장기적으로 추구하고 있는 미·일·중 3국 협력체제의 형성에 장애 요인으로 간주되었다.[206)] 이에 따라 미국은 중국을 매개로 남북한의 긴장완화를 추구하고 남한정부로 하여금 남북대화를 추진케하였다. 1970년 2월 당시, 주한 미국대사였던 포터(William Porter)는 미국 상원외교위원회의 청문회에서 미국정부가 남북한 간의 대화 가능성을 타진하고 있으며 이 방법에 의해 한반도에 있어서 긴장완화를 모색하고 있음을 분명히 하였던 것이다.[207)] 1971년 7월의 남북적십자회담 제의, 1972년의 7.4남북공동성명으로 이어지는 일련의 움직임은 바로 미국의 긴장완화 요구와 부합되는 것이었다. 7.4남북공동성명에서,

---

205) Secretary of Defense James R. Schlesinger, Annual Defense Department Report FY 1975 and FY 1977 (Washington D.C. : U.S.G.P.O., 1975).

206) Donald S. Zagoria. " The New Equilibrium in East Asia", in Robert B. Hewett(ed.) Political Change and the Economic Future of East Asia (Honolulu : Pacific Forum, 1981), p.17.

207) U.S. Congress, Hearings before Subcommittee on United States Security Agreement and Commitments Abroad of the Committee on Foreign Relations, Senate, United States Security Agreement and Commitments Abroad, 9lst Congress, 2d Session, part 6 (Washington D.C. : U.S.G.P.O., 1970), pp.1680-1681.

우리 민족의 통일은 정치적 이념이나 제도를 초월해서 외세의 간섭없이 독립적으로 평화통일을 완수함이라고 선언하고 있다. 그리고 또한 미국은 한반도 문제의 안정화를 위해 유엔동시가입과 4강 교차승인을 추진하였던 것이다.

남한은 1970년대에 들어 7.4남북공동성명 이후 일관성있게 기능주의론에 입각하여 점진적이고 단계적으로 교류와 협력을 시도하였으며, 남북유엔동시가입(1973. 6.23선언)과 남북상호불가침협정 체결(1974. 1월 8월)을 제의하였다. 그리고 키신저의 교차승인안(1975. 9. 22 제30회 유엔총회연설)을 지지하였다.

이때 북한은 1972년 5월과 9월에 다시 연방제를 거론했으나, 1960년의 연방제 안과 동일한 것이었다. 7.4남북공동성명 후, 남북공동성명에 합의한 이상 남한 측이 반공법과 국가보안법을 폐지해야 하며 주한미군을 철수하여야 하며 평화협정을 체결할 것을 주장하기도 하였다. 그러나 1973년 3월23일 남북대화를 일방적으로 중단시켰다. 1974년 6월에는 연방제 안에 「고려연방공화국」이란 국호를 첨가하고, 남한의 남북한유엔동시가입에 맞서 단일국호에 의한 유엔가입을 주장하였다. 이와 같이 1970~1973년 사이에는 평화공존 전술을 적용하였다. 1973년에 남북대화를 중단한 이후 판문점만행(1976) 남북정치협상제의(1977), 땅굴사건, 아웅산사건 등으로 남조선혁명을 포기하지 않고 대화와 대결이라는 화전양면전술을 적용하고 있는 것이다.

중립화에 대하여 김일성은 1975년 10월 북한자체의 중립화에는 언급을 회피하면서 주한미군 철수를 노려 남조선이 중립화된다면 통일 실현이 가능하다고 주장하였다.[208]

이러한 과정에서 1970년대 들어 미국 내에서는 동남아시아와 한국에서 미군을 철수하고 그 지역을 중립화하자는 여론이 형성되었

208) 1975년 10월 김일성 讀賣新聞 기자 회견

다.[209] 이때 미국은 지상군 중심의 군사방식에서 해군과 공군을 중심으로 한 해양정책(Maritime Policy)으로 대처하려 하였다.

ASEAN 외상회의에서의 1971년 11월 쿠알라룸푸루선언 즉 동남아 중립화(Zone of Peace, Freedom, and Neutrality : ZOPFAN)안도 이와 관련되는 것이다.[210]

미국은 동남아시아의 중립화와 관련하여 이미 1962년 라오스의 중립화에 적극적으로 참여한 바가 있으며, 1964년에는 존슨 대통령이 확대되는 베트남전쟁을 종결시키기 위한 방안의 하나로 베트남 중립화를 제기하기도 하였다. 그리고 1966년에는 미국 상원외교위원회는 프린스턴대학 교수들에게 동남아시아의 중립화에 대한 연구[211]를 촉탁한 바도 있었다.

한국과 관련하여, Nixon행정부는 닉슨독트린에 따라 1970년에 주한미군철수 협상을 진행시켜, 1971년에는 2개사단중 1개사단을 철수시킨바 있다. 그리고 카터(Jimmy Carter)행정부도 1977년에서 1980년까지 3단계에 걸쳐 주한미군을 철수시키겠다고 하였다가 이것을 1982년으로 연기하였다. 그런데 카터 대통령은 1977년 주한미군이 철수할 경우 한반도의 중립화가 필요할지 모른다고 보고 정책 검토를 지시했다. 그러나 레이건(Ronald W. Reagan) 행정부는 카터의 미군철수 계획을 취소하였다. 이는 소련의 극동 군사력 증강과 북한-소련 간의 군사적 밀착에 대하여 대소 견제 균형과 한반도의 안정을 위해서 였다.

이러한 여건 하에서 미국의 관계 정계 언론계 특히 학계에서는

---

209) 이 당시 미국은 미·중 관계개선을 계기로 아시아 지역에 대한 군사전략적 개입을 축소화하며, 아시아 지역의 세력균형과 안정을 유지 내지 관리하는데 중국을 주요한 파트너로 인식하고 있었다.

210) Sheldon W. Simon, “ASEAN Security Prospects”, Journal of International Affairs Vol.41, No.1 (1987), p.18.

211) Cyril E, Black, Richard A. Falk, Klaus Knorr, Oran R. Young, Neutralization and World Politics (Princeton : Princeton University Press, 1968).

1970년대에 한국 중립화 통일 논의가 활발히 전개되었다. 이때 제기된 중립화론은 한국으로부터의 점진적 미군철수 상황에 대처할 새로운 세력균형 조정의 일환책이라 볼 수 있으며,212) 이러한 논의의 기저에는 동아시아의 4극구조가 한반도의 중립화를 용이하게 하고 있다는 낙관적 견해, 또는 4극구조의 안정화를 제고시키기 위해 4강이 깊이 관련되고 고도로 군사화 되어 있는 한반도를 중립화해야한다는 견해가 깔려있다고 할 수 있다.213)

모렐리의 안

이러한 상황에서 모렐리(Jemes W. Morely)교수는 1970년에 주한미군철수 문제에 대하여는 언급하지 않았으나, 중립화 통일의 필요성을 다음과 같이 지적하였다. 한반도의 통일이 주변 4강대국중의 어느 한 국가 또는 그 이상의 국가들에게 위협을 줄 경우, 위협을 받는 국가들이 한반도에 개입하지 않을 수 없게 된다. 그러므로 남북통일이 가능하려면 사전에 남북 양당국과 4강대국이 통일된 한국은 중립국이 되어야 한다는데 합의를 보아야 한다고 하였다.214)

포터의 안

1971년 6월 미하원외교위원회 극동소위원회 청문회에서 전 주한미국대사 포터(William J. Porter)는 “때때로 한반도의 긴장완화의 가능

212) 문창주, 한국정치론 (서울 : 일조각, 1982), 174면.
213) 김학준, 한국문제와 국제정치 (서울 : 박영사, 1987), 410면.
214) James W. Morely, “Some Prospects for Restructuring the International Environment to favor the Peaceful Reunification of Korea”, The Journal of Asiatic Studies, Vol.13, No.4, (1970), p.50.

성과 한반도의 중립화에 관한 논의가 있어 왔다"고 증언하였다.[215)]

포터 대사의 언급은 이것이 전부여서 그 구체적 내용이 무엇인지는 알 수 없다. 그런데 여기서 말하는 한반도의 중립화는 정치적 의미가 아니라 군사적 의미라고 평가된다. 미국과 중국 간의 타결에 의해 남한에서 미국을 철수시키며 중국이 북한에 군사적 지원을 하지 않고 남한에 일본의 군사력 개입을 미국이 사전에 저지하여, 2개의 한국을 좀더 비군사화함으로써 분단을 완화시킨 다음, 미·일·중·소가 한반도에 대한 불개입을 원칙으로 한반도를 군사적 중립지대화하여 중립화한다는 것으로 보인다.[216)]

브레진스키의 안

1972에 브레진스키(Zbingniew Brzezinski) 교수는 주한미군철수 문제와 관련하여 미국은 동아시아에서 가장 큰 화약고(flashpoint)로 지목되는 만큼 중립화가 모든 당사국들의 이익이라고 하였다. 만일 한국이 중립화 통일된다면 그 통일은 독일이 통일될 경우처럼 유럽을 압도하고 세력 불균형을 야기시키지 않을 것이다. 그러므로 2개의 한국의 통일을 촉진시키기 위해서는 4강대국이 한반도 중립화를 보장하여야 한다고 주장하였다.[217)]

215) U.S. Congress, Hearings before the Subcommittee on Foreign Affairs, House of Representatives, Korean-American Relations, 92nd, Congress 1st Session, June 1971 (Washington D.C. : U.S.G.P.O., 1971), p.8.

216) 이기택, 한반도와 국제정치 (서울 : 가남사, 1984), 47면.

217) Elizabeth Pond, "Conscious Cultivation", The Christian Science Monitor, July 1, (1972).

맨스필드의 안 — (2)

1960년과 1967년에 한반도에 대한 오스트리아식 중립화안을 제기한 바 있는 맨스필드(Mike Mansfield) 상원 민주당 원내총무는 1974년 7월에 「변화하는 태평양과 아시아에 있어서의 미국의 대외정책」이라는 논문에서 한반도의 중립화 통일안을 다시 제기하였다.

한반도를 포함한 동아시아의 문제들이 분쟁의 당사국뿐만 아니라 4강의 참여와 합의없이는 해결이 어렵다고 보고 4강이 서태평양지역의 여러 나라들의 지지를 기반으로 「서태평양 4강그룹」을 형성하여 ① 상호불가침조약 ② 상호합의에 의한 군사적 철수 ③ 아시아수역에서의 해군력의 제한 ④ 아시아에서의 핵실험과 핵확장의 제한 등과 같은 구상에 관해 검토할 것을 제안하였다. 이 구상에 합의가 성립되면 4강은 동남아시아를 중립화함과 동시에, 그 물결위에서 한반도도 중립화로 통일시킬 수 있다고 보고 있다.[218)]

그러나 맨스필드의 제안에 대한 반론이 김갑철 교수에 의해 다음과 같이 제기되기도 하였다. 1) 역사적으로 전 국민이 우리나라가 중립화되어야 한다고 주장한 예는 한 번도 없었다. 그리고 한국은 남북분단과 이질적인 정치, 사회체제의 고정화로 범국민적인 기반에서 중립화를 일치 단결하여 수호할 수 없는 조건에 있다. 라오스의 연정의 혼란과 적화 위기는 교훈이 되고 있다. 2) 북한은 중립화를 대남혁명에 이용하려 하므로 적화통일 전략을 포기하거나 수정하지 않는 한 중립화는 현실적으로 실현성이 없다. 3) 한반도의 지정학적 위치는 스위스처럼 불통과성(impassability)이 아니라, 교량적, 관문적, 병참적 위치로 인해 침략받기 쉽다. 4) 중립화가 유지되기 위해서는 통일한국의

218) Mike Mansfield, "U.S. Foreign Policy in a Changing Pacific and Asia", Pacific Community Vol.V, No.4 (July 1974), p.483.

정치세력이 어느 한 세력에 휩쓸리지 않고, 그리고 미·소·중·일 간에 완전한 세력균형이 유지되어야 하는데 이것이 가능할지 의문이다. 5) 소련과 중국은 마르크스 레닌주의의 이론상 중립화 보장을 신뢰할 수 없으며 열강 간의 이해관계가 대립되면 벨기에의 경우처럼 침략을 당하게 된다.[219]

헨더슨의 안

1974년 한국문제전문가인 헨더슨(Gregory Henderson)[220]은, 미국이 한반도 통일을 위한 조건으로 중립화를 수용해야만 할 것이라고 주장하였다.

헨더슨은 한반도 분단이 지닌 국제적 성격 때문에 강대국들 사이의 협력 없이는 한반도 통일은 사실상 어렵다고 보았다. 이 전제 아래, 첫 단계로 남북한에 대한 관련 강대국들의 군사지원의 단계적인 감축을 실시한다는 것이다. 소련과 중국은 북한에 대한 무기 공급을 서서히 줄여 나가고 미국은 남한에 대한 병력 주둔과 무기 공급을 서서히 줄여 나간다는 것이다. 그 다음 단계에서, 4강은 남북한이 상호간의 교류 협력을 늘려나가도록 적극 돕는다는 것이다. 이 과정에서 동서독 관계를 적용함도 바람직하다고 보았다. 그리하여 교류 협력의 분위기가 성숙되면, 오스트리아식 모델에 따라 4강의 보장아래 한반도를 중립화 통일한다는 것이다.[221]

---

219) 김갑철, "한반도 중립화 구상에 대한 이론", 국제문제 제5권 제19호, 극동문제연구소 (1974), 37-43면.

220) 헨더슨은 해방 3년의 시기에는 주한 미군청정에, 그리고 그 뒤로부터 60년대 초까지는 주한 미국대사관에서 근무한 뒤 1968년에는 Gregory Henderson, Korea : The Politics of the Vortex (Cambridge : Harvard University Press, 1968)을 출간하기도 하였다.

221) Gregory Henderson, "Korea", in Gregory Henderson, Richard Ned Lebow, John. G. Stoessinger (eds), Divided Nations in a Divided World (New York : David Mckay Co., 1974), pp.88-90.

그런데 1976년에는, 한국 문제에 관한 4대국 협상의 궁극적인 목적은 중립화된 통일 독립 한국에의 합의라고 하고, 중립화의 형태는 핀란드식 중립화가 될 것이라 하였다. 핀란드식 중립화가 완전한 해결책은 아니지만, 오늘날과 같이 남북한의 긴장과 고도로 군사화된 한국보다는 훨씬 바람직한 선택이라고 보았다. 이러한 해결책은 30년 내지 40년 내에는 가능할 것이며, 핀란드식 중립화 방안을 받아들여야 할 것이라고 전망하였던 것이다.[222] 물론 헨더슨 자신은 1974년 때와 같이 오스트리아 모델을 더 선호하고 있었다.

해리슨의 안 — (1)

1974년 미국 언론인 해리슨(Selig S. Harrison)의 한반도 중립화 구상은 한반도에 대한 4강의 소극정책을 의미한다. 한반도에서 우선 남북대결이 냉각되어야 하며 이를 유도하기 위해 미국이 주한미군을 먼저 철수하고, 주한미군의 철수를 계기로 삼아 4강이 한반도로부터 더 크게 떨어져 나갈 것(detachment)을 제의하였다. 이 과정에서 미·중·소는 모두 남북한에 대한 각자의 군사조약을 약화시키고 4강이 남북한에 대해 동등하게 대우하여야 한다는 것이다. 여기서 해리슨은 남북한의 상호 군축과 미군의 전술핵 제거(한반도의 비핵지대화)를 주장하기도 하였다. 이러한 정책은 결국 남북한에 통일에 대한 주도권을 주게 되며, 4강의 공식적 조약없이 한반도의 사실상의 중립화를 추구하는 것으로 보았다.[223] 그런데 4강의 공식적인 중립화 보장 조약이 없으면, 북한 방식의 통일의 위험이 큰 것이다.

---

222) Gregory Henderson, "Korea : Militarist or Unification Policies", in William J. Barnds (ed.), The Two Koreas in East Asian Affairs (New York : New York University Press, 1976), p.127.
223) Selig S. Harrison, "One Korea", Foreign Policy, Vol.17 (Winter 1974-1975), pp.60-62.

라이샤워의 안

1976년에는 하버드대학 동아시아문제의 권위자인 라이샤워(Edwin O. Reischauer)도 남한으로부터의 주한미군철수와 관련하여 한반도 중립화를 주장하였다. 그 내용은 다음과 같다. 한국으로부터의 미군철수는 보다 더 적극적이고 건설적인 다른 조치들을 수반해야 한다. 동남아시아의 불안정지역이나 세계의 다른 개발도상지역보다 한국이 세계평화에 훨씬 더 큰 위협을 주고 있는 것은 한국에 미·일·중·소의 4강이 개입되어 있기 때문이다. 그러므로 미국은 한국중립화에 관한 4강대국의 협정을 성립시키기 위하여 주한미군 철수를 이용하여야 하며, 2개의 한국정권이 외부 압력이나 위협없이 통일문제를 다룰 수 있도록 환경을 조성해 주어야 한다고 하였던 것이다.[224] 주한미군 철수를 계기로 4강은 한반도의 평화와 안정에 관한 협정을 맺은 다음 중립화 통일로 유도해야 한다는 것이다.

바네트의 안

이와 유사한 관점에서 또 다른 아시아문제 전문가인 바네트(Doak A. Barnett)교수에 의해서도 1977년에 제안되었다. 바네트의 주장은 다음과 같다. 남북한 간에 긴장상태가 완화되면, 미국은 한반도의 2개의 정부에 의한 균형적인 군대감축을 위한 단계적인 조치를 취해야 한다. 아울러 일본과 협력하여 중국과 소련에 대해 한국의 2정부가 군사적 충돌을 먼저 도발하는 것을 억제하도록 하고, 2개의 한국정부에 대한 무기판매를 제한하며, 남북한 간의 효과적인 비무장지대(아마도 국제

224) Edwin O. Reischauer, "Time for a New American Policy in Korea", The Christian Science Monitor (July 26, 1976), p.27.

평화유지군이 배치되어야 할 것임)의 계속을 보장하며, 끝으로 한반도를 비핵지대화 하며, 그리고 나아가서는 한반도 중립화를 위한 협정을 체결하여야 한다고 주장하였다.[225)]

이러한 주장들에 대해 Scalapino교수는 다음과 같이 중립화는 비현실적이라고 지적하기도 하였다. 즉 이들의 주장은 남북한의 주체적 의사에는 관계없이 4강의 중립화에의 합의만을 전제하고 있다. 그러나 4강이 중립화에의 합의에 도달할 전망이 현재로서는 전혀 없고 설령 합의가 이룩된다 해도, 남북한 쌍방이 반대할 것이라고 하였다.[226)]

4. 1980년대의 중립화론

1980년대의 중립화론에는 영, 조순승, 양은식, 문도평, 황인관, 최봉윤, 문익환, 김삼규(2), 조명훈, 정용길, 정상구, 김대중, 맥도널드, 평화민주당, 이상조, 갈퉁의 안을 들 수 있는데 차례로 자세히 알아보도록 하겠다.

1979년 12월 소련의 아프카니스탄 침공으로 인하여 1970년대의 데탕트 분위가 깨어지고 미·소 간에 신냉전이 시작되었다. 1981년에 레이건(Ronald W. Reagan) 행정부의 출범과 더불어 미소 관계는 악화되었다. 이때 미국은 한반도에서의 현상유지정책을 통하여 중·소의 태평양 및 동남아에의 진출과 그 영향력 확대를 저지하는 한편, 일본의 대소 접근과 중국에의 밀착에 제동을 가함으로써 한반도가 일본의

225) Doak. A. Barnett, China Policy : Old Problems and New Challenges (Washington D.C. : The Brooking Institution, 1977), p.100.

226) Robert A. Scalapino, Asia and Major Powers : Implication for the International Order (Washington D.C. : American Enterprise Institute for Public Policy Research, 1972), p.90.

방위상 필요한 종속변수가 아니라 독립변수라는 가치를 부여하였다(동북아시아 미군의 거점).

그러나 1985년 3월 고르바초프(Mikhail S. Gorbachev)의 등장과 더불어 중단거리 핵무기에 관한 군축협상 등으로 미소 관계가 개선되었으며, 미·소는 탈이데올로기적인 외교로 동·서권 국경을 초월하는 신외교를 전개하여 고르바초프의 서독과 프랑스 방문, 부시의 폴란드와 헝가리 방문이 있게 되었다. 미·소는 냉전시대의 외교와는 달리 자기 국가의 국가적 이익을 목적으로 하는 신외교를 전개하며, 적대적 협력 관계를 추구하였다고 할 수 있다. 중·소 간에는 중국이 요구해온 3대 장애물 즉 베트남의 캄보디아 점령, 소련의 아프가니스탄 점령, 중·소 국경에 소련군대 집결 문제를 소련이 제거해줌으로서 중소 관계도 개선되었다.

중소 화해로 중·소가 북한에 대한 영향력 확보를 위해 과다한 경쟁을 할 필요는 줄어들었으며 그 결과 남북한 당사자들이 대화에 의해 관계를 개선하고 긴장완화를 추구하기를 기대하고 있다. 또 중·소는 북한과는 군사외교 관계를 계속 유지하지만, 남한과도 경제협력 관계를 발전시켜간다는 정경분리의 원칙을 적용하고 있으며 이는 곧 2개의 한국정책인 것이다. 이렇게 하여 한반도 주변의 세력균형관계는 더욱 안정되어가고 있었다고 할 수 있다.

80년대에 들어서 남북의 통일 논의를 보면, 1979. 10. 26사태 이후 과도체제 아래서 위기감이 고조되고 있을 때, 북한이 1960년 이래 20년간 계속 주장하여 온 연방제안은 통일정부 수립을 위한 과도적 대책으로서의 국가연합이었으나 1980년 10월 10일에는 통일국가의 최종적 형태로서의 연방제인 연방국가안을 제시하였다. 여기서 북한은 고려민주연방공화국은 어떠한 정치적 군사적 동맹이나 블록에도 가담하지 않는 중립국가로 되어야 한다고 하였다. 이에 대해 남한은

1982년 1월 22일 먼저 통일헌법을 채택하고 통일헌법에 따라 총선거를 실시하여 통일국가를 완성한다는 민족화합 민주통일방안을 제시하였던 것이다.

영의 안

이러한 과정에서 1968년에 동남아 중립화 연구에 참여한 바 있는 영(Oran R. Young) 교수는 1983년에 한국중립화에 대하여 다음과 같이 언급하였다. 남북 양당사자들은 주변 열강들이 한반도 중립화를 보장해 주도록 노력해야 한다. 한반도 중립화에는 스위스나 오스트리아 모델이 적합할 것이다. 한반도의 지정학적 위치와 한국의 현대사로 미루어 볼 때 한반도 중립화는 외부의 침략으로부터 한반도를 보호해주는 방안일 것이라고 하였다.[227)]

조순승의 안

1960년에 중립화 통일에 반론을 제기하였던 조순승 교수는 1985년 7월 일본의 아시아 태평양 평화정책연구소 주최로 남북한을 포함한 16개국이 참가한 「조선의 통일과 아시아의 평화」라는 주제의 국제심포지엄에서는 오히려 중립화 통일을 주장하고 있다. 이것은 중립화의 가능 조건이 충족되어가고 있음에 대한 증거라고 할 수 있다.

조교수는 이데올로기적 대립 문제는 개선되지 않았으나 경제력·국방력·교육수준 등은 중립화를 가능하게 할 정도로 개선되었다고 긍정적으로 평가하고 있다. 특히 4강의 세력균형 구조로의 착실한 이동

227) Oran R. Young, “Korean Unification : Alternative Theoretical Perspectives”, Korea and World Affairs, Vol.7, No.1 (1983), p.65.

을 강조하고 있다. 중립화와 관련한 내용은 다음과 같다. 1) 주변 강대국(4강대국)은 남북한 당국자에게 영향력을 행사하여 군축과 긴장완화를 위한 대화를 진행시켜야 하며 2) 주변 강대국(4강대국) 및 국제연합이 제1단계로 한반도를 비핵지대로 지정하고, 다음에 한반도를 오스트리아식의 영세중립국이 되게 하며 영세중립을 보장해야 한다고 하였다.[228)]

양은식의 안

이때 재미교포 양은식 교수(캘리포니아대)도 중립화 통일을 다음과 같이 주장하였다. 1) 미·소·중·일 및 남북한의 6자회담 개최 2) 일정단계(1국가 2정부)의 잠정적 조치를 경과하여 3) 통일연방정부를 수립하고, 자본주의와 공산주의의 두 체제를 포용하는 중간적인 정치체제인 민주사회주의를 정착시켜야 한다.[229)]

문도평의 안

그리고 재일교포 문도평 교수(오사카경제법과대)도 중립화 통일을 다음과 같이 주장하였다. 1) 한반도의 중립 평화지대화의 문제를 해결하기 위해 먼저 미국·남한·북한의 3자회담이 불가결하다. 특히 미·북간의 관계개선이 반드시 필요하다. 2) 한반도 비핵평화지대화는 북

228) 조순승, "서기 2000년의 남북관계", アジア太平洋平和政策研究所(編) 朝鮮統一とアジアの平和 (東京 : 三省堂, 1987), 이승렬 역, 조선통일론 (서울 : 세계, 1989), 43-50면. 그리고 조순승 교수는 1988년 7월 8일 KBS의 「대북한정책 어떻게 달라지나」를 주제로 한 대담에서도 4대국 보장에 의한 오스트리아식 중립화를 주장하였다.

229) 양은식, "한반도의 중립화와 동아시아의 요충지", アジア太平洋平和政策研究所(編) 朝鮮統一とアジアの平和 (東京 : 三省堂, 1987), 이승렬 역, 조선통일론 (서울 : 세계, 1989), 313-317면.

한의 중소와의 군사동맹과 미·일·한의 3각 군사동맹체제를 존립할 여지가 없게 할 것이다. 3) 4강이 보장하는 중립화된 통일국가는, 분단으로 대립되고 있는 2개 체제를 수용할 수 있는 연방제이어야 한다.230)

황인관의 안

미국 브래들리대의 황인관 교수는 1953년부터 한국중립화 통일을 주장하여 왔으며 1980년에는 중립화 통일을 주장하는 단행본을 발간하기도 하였으나,231) 그의 주장이 국내에 알려지게 된 것은 1985년 한국정치학회에서 「한반도 중립화 통일은 가능한가」라는 논문 발표 이후라고 할 수 있다. 최근의 중립화 통일론자로는 황인관 교수가 가장 대표적이라 할 수 있다.

황교수는 지금까지의 남북한의 통일방안은 상대방의 체제붕괴와 자기정권 연장을 전제로 한 일방적, 승리적, 지배적, 독선적 성격을 가진 Zero-Sum Game적 입장에서 제기된 것이라고 보고, 한반도의 통일은 남북한의 합의뿐만 아니라 4강의 동의와 협조없이는 불가능하므로 남북한의 합의와 4강의 동의를 충족시킬 수 있는 방안은 스위스나 오스트리아식의 한반도 중립화 통일 밖에 없다고 하였다.

그런데 중립화의 가장 좋은 기회는 한반도 문제에 개입한 모든 당사국들이 비교적 안정된 상태에 놓여 있을 때인데, 현재 내적으로 남북한이 군사적 균형을 이루고 있고 외적으로는 4강대국이 세력균형을 이루고 있으므로 중립화 협상을 시도해야 할 때라고 한다. 중립화

230) 문도평, "동북아시아의 평화와 조선반도의 중립평화지대화", アジア太平洋平和政策研究所(編) 朝鮮統一とアジアの平和 (東京 : 三省堂, 1987), 이승렬 역, 조선통일론 (서울 : 세계, 1989), 269-273면.

231) In K. Hwang, The Neutralized Unification of Korea in Perspectives (Cambridge : Schenkman Books, 1980).

통일 방안을 요약 정리하면 다음과 같다.

1) 남북한은 제3국에 남북한공동통일연락위원회를 설치하고 중립화를 통일의 전제 조건으로 수용하며, 4강대국에 대하여 4강에 의해 보장되는 중립화를 제안하여, 남북한과 미·소·중·일이 참가하는 6개국회의에서 한반도 중립화를 검토하여야 한다. 이때 미국은 한반도에 군사력을 유지하고 있는 유일한 국가(외세)이므로 주한미군 철수를 가능케 하는 대안으로서 한반도 중립화에 주도적 역할을 담당하여야 한다. 그런데 남북한은 체제와 경제적 정치적 이해관계가 대립되고 있기 때문에, 먼저 남북한을 중립화(선중립화)시킴으로써 긴장과 적대감을 해소하고 공존 속에서 평화적인 방법으로 통일을 추진할 수 있다는 것이다.

남북한을 중립화(선중립화)시키기 이전에 예비적인 신뢰 조성의 수단으로 [남북한의 입장에서] ① 남북한 간의 수송·통신·우편제도·무역관계 등 남북한 사이의 직접적인 교류를 확대하며 ② 군사분계선을 평화와 비무장지대로 전환하며 ③ 대사관을 상호 교환하며 ④ 교차승인, 유엔동시가입, 불가침협정, 평화협정을 추진하고 ⑤ 남북한을 비핵지역으로 선포하고, [외세의 입장에서] ① 주한미군의 단계적 철수를 실시하며 ② 중립화 보장을 위하여 미국이 주도적 역할을 하여 4강대국에 의한 한국중립화 보장 협정을 체결하고 ③ 중립화 유지를 위한 효과적인 통제기구를 설치하며 ④ 중립화 협정에 대한 위반 사항을 가리기 위해 「재판소」를 설치하고 ⑤ 비무장지대에 미국의 후원하에 「다국적 국제평화유지군」을 주둔시키며 ⑥ 북한이 다시 남침하는 최악의 경우, 미군이 재투입될 수 있다는 보장의 견제책이 마련되어야 한다는 것이다.

이러한 신뢰 조성 수단과 중립화 보장 조치가 수립된 후 남북한을 중립화시킨다는 것이다.

2) 남북한의 중립화 이후, 중립화의 틀 아래 남북한의 좀더 안정된 관계개선을 위하여, 상당 기간 존속하는 중간단계로 중립연방공화국(국가연합)을 수립한다. 이 단계에서 남북한은 분단의 악에서 생기는 여러 가지의 문제를 완화시키고 상호 신뢰를 조성하며 통일을 위한 상호 접근을 위하여 자본주의와 공산주의의 절충형이라 할 수 있는 민주사회주의로 접근해간다.

3) 통일은 중립연방의 합의에 의한 방법에 따른다. 그런데 통일에 의해 자기 정권이 해체된다면 집권층은 통일을 거부할 것이므로, 통일정부의 원칙은 남북 양정부의 존속을 전제로 한 연방제가 기반이 되어야 한다. 남북한 총선거는 남한의 인구가 북한의 2배이므로 총선거에서 북한이 패할 가능성이 더 많으므로 북한이 이를 수용할 리가 없으며, 북한은 이러한 우려를 방지하기 위하여 고려연방제를 제안하고 있다는 것이다.[232] 그리고 자본주의와 공산주의의 절충형인 민주사회주의를 노선으로 채택한다.[233]

최봉윤의 안

최봉윤 교수는 1944년부터 중립화 통일을 주장해왔으나 국내에 그의 주장이 알려지기 시작한 것은 1984년에 스위스나 오스트리아식의 중립화 통일을 주장한 단행본을 발간한 이후 최근 1988년 10월에 노승우 교수와 「민중주체 중립화 통일론」을 공저로 발간하면서 부터이다. 최교수는 한국의 통일이 외세 즉 주변 강대국(미·소·중·일) 어

232) 황인관 , “한반도 중립화 통일은 가능한가?”, 제6회합동학술대회논문집, 한국정치학회 (1985), 175-192면.
In K. Hwang, One Korea via Permanent Neutrality : Peaceful Management of Korean Unification (Cambridge : Schenkman Books. 1987), pp.81-104.

233) In K. Hwang, 위의 책, p.101.
황인관, 위의 논문, 190면.

느 한 나라의 국가 이익, 혹은 안보에 손해가 된다면 반대하게 될 것이 분명하므로 한국통일이 4대강국의 세력균형에 기틀을 마련해줌으로써 4대강국의 국가안보에 위험성이 없고 영구 평화를 유지할 수 있다고 자타가 공인할 때 한국통일은 가능할 것으로 보고 있다. 다시 말해 남북통일은 우리 민족의 주체성에서 나오는 이론과 결의만 가지고서는 실현이 이루어지기 어렵고, 미·소·중·일의 협력과 이해와 찬성에서 달성될 것으로 본다. 그리고 한국중립화의 의미는 한국의 독립과 영세중립을 4대강국이 국제적 조약으로 보장할 것과 한반도에 외국의 군사기지를 절대 금지하며, 주변 강대국들의 정치적 분쟁에 한국은 절대 간섭하지 않을 것을 말한다고 한다. 그의 중립화 통일안은 다음과 같다.

1) 남북은 40여 년 동안 서로 다른 사상과 제도아래 존재하여 왔으므로 어느 한쪽이 자신의 사상과 제도를 절대화하거나 상대방에게 강요하는 일이 없이 이를 있는 그대로 인정하고 용납하는 기초 위에서 조국통일이라는 공동목적을 달성하기 위한 첫단계로 일시적인 과도민중연방공화국을 수립하여야 한다. 과도민중연방공화국 헌법을 제정하기 위하여 남북에서 같은 수의 헌법초안대표회를 구성한다. 대표는 현재의 양정부 대표와 민중대표를 동수비례로 선출한다. 헌법에는 다음과 같은 기본원칙이 필수적으로 포함되어야 한다. 즉 ① 주권재민사상 ② 민중의 기본자유와 평등보장 ③ 민중의 발의권, 결의권, 소환권을 확보하는 직접민주주의 체제 ④ 민중복지향상을 기본으로 한 경제체제 확립 ⑤ 민중문화 발전과 의무고등교육 제도 실시 ⑥ 한반도 영세중립화 외교정책 ⑦ 영세중립 통일국가를 방어하기 위한 군대 재편성과 현재 남북한 군대의 수를 10만으로 줄이며 군대의 정치개입을 절대 금지함 ⑧ 지방자치제 실시 ⑨ 입법부, 행정부, 사법부가 서로 억제균형을 지키면서 협력 조정을 할 수 있는 것을 원칙으로 한 정치체제의 수립이다.

2) 이러한 과도민중연방공화국 헌법에 근거하여 중립화된 과도민중연방공화국을 수립한다. 연방정부의 기구는 다음과 같다. ① 2원제 입법부 조직 : 상원은 남북의 각9도×3인=54명으로 구성하고, 하원은 남북의 인구비례에 따라 구성한다. ② 행정부 조직 : 행정수반은 5년 단기제로 하고 첫 행정수반은 상원에서 다수가결투표로 선출하고 다음은 하원에서 선출한다. 행정수반은 연방정부를 대표한다. ③ 사법부 조직 : 연방공화국 사법부 판사 7명을 상하원에서 다수투표에 의해 선출하고 재판장은 최고득표자로 한다. 재직기간은 10년으로 하고 재선할 수 있다.

3) 과도민중연방공화국 단계를 거치면서 통일완수정책위원 17명을 상하양원에서 민간인 8명 정부측 3부에서 9명을 선출하여, 통일헌법제정을 위하여 5년 이내로 통일헌법초안을 작성하여 양원에 회부시킨 후 3개월 이내에 일반투표에 붙여 다수로 가결되면 그 헌법에 의하여 통일국가를 수립한다.[234)]

문익환의 안

문익환 목사는 제6공화정 출범과 더불어 다음과 같은 중립화 통일안을 제시하고 있다. 80년대 중반 이후부터의 통일 논의의 개방과 특히 제6공화정 출범과 함께 국내에서도 한반도 중립화안이 제기되고 있는 것이다. 문목사는 한반도를 중립화시켜 4강의 힘의 완충지대로 만들 것을 제안하고 있다. 맨스필드 라이샤워 등의 논리를 빌어 중립화에 적극성을 보일 것을 주장하는 것이 특징이다.

---

234) Bong-Youn Choy, A History of the Korean Reunification Movement : Its Issues and Prospects (Peoria : Research Committee on Korean Unification, Bradley University, 1984), pp.281-282.
최봉윤, 노승우, 민중주체 중립화 통일론 (서울 : 전예원, 1988), 291-292면.

1) 통일환경 조성을 위하여 ① 40여 년에 걸쳐 우리를 지배해온 분단논리를 남과 북이 함께 극복할 것 ② 40여 년에 걸친 적대 불신관계에서 자라온 흑백논리를 타파할 것 ③ 북은 자유를 향하여 남은 평등을 향하여 과감하게 궤도를 수정할 것, 그 한 방법으로 민중민주주의를 실시할 것 ④ 인적 문화적 경제적 교류를 점진적으로 그러나 과감하게 추진할 것 등 4개항을 들고 있다. 그리고 연방제 이전에 해결해야 할 선결요건으로 ① 평화협정체결 ② 미군철수 ③ 남북한유엔동시가입 등 3개항을 들고 있다.

2) 연방제 통일의 3단계는 다음과 같다.

제1단계 : 군사와 외교는 남과 북이 독립적으로 운영하는 대영제국형의 연방제를 실시하면서 영세중립화를 선언하는 단계(국가연합), 제2단계 : 남북한이 현 사회, 경제체제를 그대로 유지하면서 군사와 외교까지 통합하는 단계(두 단위로 나뉘어 지역자치를 실시함으로써 남과 북은 지방정부의 성격을 띤다) (연방국가), 제3단계 : 남과 북이 두 단위로 실시하던 지방자치제를 도단위로 세분화하는 단계로 되어 있다.[235)]

김삼규의 안 — (2)

김삼규는 1988년 4월, 스위스와 오스트리아와 같은 중립화된 통일한국을 위해서 남북한과 미·소·중·일을 포함하는 6자회의가 필요하며, 여기에 조정역으로서 스위스와 오스트리아가 포함되는 8자회의가 적절할 수도 있다고 하였다.

235) 문익환, "연방제통일의 3단계과정", 사회와 사상, 1988년 9월 창간호, 서울 : 한길사, 68-71면.
김호진, "재야·학생들의 통일논의와 통일정책방향", 통일 어떻게 할 것인가 (서울 : 동아일보사, 1988), 152-154면.

80년대 들어 제안된 김삼규의 중립화 통일안은 다음과 같다. 1) 남북 6천만 동포의 의사가 자유로운 분위기에서 표현될 수 있도록 공권력의 개입과 간섭이 없는 공정성이 보장되는 총선거를 실시하여 2) 이와 같은 총선거를 통하여 제헌의회를 구성하며 3) 제헌의회에서 통일한국의 헌법을 제정하고 통일한국의 국가형태를 정한다. 4) 총선거 실시 때까지 남북군대해체, 상호 신뢰감 조성, 서신 왕래, 경제적 교류, 문화적 교류를 단계적으로 해결하는 방안을 모색하고 5) 휴전협정의 평화협정으로의 대체와 북한이 소련 및 중국과 체결한 군사동맹과 남한이 미국과 체결한 방위조약을 언제 어떻게 폐기하느냐의 문제도 협의하여야 한다는 것이다.[236)]

조명훈의 안

1988년 8월 세계평화교수협의회가 주최한, 「전환점에 선 남북통일정책」을 주제로 한 세미나에서 서독 「함부르크」아시아문제연구소 상임연구원인 조명훈 교수는, 민족통일의 문제점으로 북한의 주체사상[237)]과 남한의 반공주의를 지적하였고 통일을 위해서는 북쪽에서는 자유를 남쪽에서는 사회주의의 회복이 필요하며 특히 남북한 간에 동질성이 회복되어야 하며, 이후에 중립화를 진지하게 검토해야 한다고 하였다.[238)]

---

236) 김삼규, "평화공존시대를 맞이하기 위하여", 민족지성, 1988년 4월호, 174면.
홍인근, "중립화통일론의 선구 - 김삼규 선생", 신동아 1989년 6월호, 458-459면.

237) 북한의 당 이론가들은 주체사상이란 「사상에서의 주체」 「정치(외교)에서의 자주」 「경제에서의 자립」 「국방에서의 자위」라고 주장하고 있다. 그런데 당내 권력투쟁에서 반대파에 대한 숙청의 무기로 「주체」를 사용하였다.

238) 매일신문, 1988년 8월 15일자.

정용길의 안

정용길 교수는 1988년 11월 중립화 통일을 주장하는 「분단국통일론」이라는 단행본을 발간한 이후 1989년 2월 한국정치학회 통일문제 특별심포지엄에서 중립화 통일을 주장함으로서 그의 안이 알려지게 되었다. 정교수는 분단 44년간 서로 이질화되고 적대시해온 남북한 사회가 전혀 어떤 접촉과 교류 또는 화해를 위한 중간단계를 거치지 않고 정치적 차원의 통일 방안을 직접 논의한다는 것은 필요성이나 당위론적 의미는 있을지 모르나 성공은 거둘 수 없는 비현실적이라는 것을 전제로, 다음과 같이 중립화 통일을 주장하였다.

1) 제1단계 : 한국내 국민화합 및 준비단계

통합을 이루려는 단위국가내의 국민화합이 전제되어야 한다. 이를 위해 영호남 지역감정 해소와 노사간·계층간의 갈등해소, 그리고 국민과 정부 간의 신뢰감 조성이 필요하다. 그리고 대북선전 비방방송 중지 및 북한 정규방송 청취허용, 학술모임, 체육행사 등에 북한인 입국허용, 공산권에 거주하는 해외동포들의 한국 자유왕래 보장, 남북한 교류나 대북방 외교에 반하는 관계법령의 개정·폐지, 국제 무대에서 남북 간의 대결 외교 종식 등과 같이 북한과 합의없이 남한 스스로 북한을 한국의 개방화 정책에 끌어들이는 일부터 추진해야 한다.

2) 제2단계 : 남북한 공존체제 구축단계

남북한의 당국자들이 통일을 일방적·승리적·독선적 각도에서 관찰 계획하고 있었고 또 그들이 진정으로 한반도 통일을 적극적으로 추진하고자 하는 의지가 없었다. 통일로 가기 위해서는 북한에는 혁명적 충동감이 사라지고 남한에는 진정한 민주적 안정이 이루어져 남북한 관계에 질적인 변화가 일어나 공존 관계가 더욱 성숙되어야 한다. 공존 초기에는 남북이 합의하여 인적·물적 교류를 통하여 민족동질성의 회복과 가치관의 조화를 시도해야 한다. 이를테면 교류와 협력을 위한 상주연락대표부 설치, 이산가족들의 생사확인·서신왕래·상봉주선, 민족내부교역으로 교역품목 선정 및 상호교역, 경제협력, 남북경제협력위원회 설치, 남북공동어로 구역 설정, 자연자원 공동개발, 남북간 철도연결, 남북문화예술 교류 등이다. 이러한 공존 초기 단계가 성숙되면 국가연합이나 공영방(共營邦)을 위한 기반조성을 위하여 휴전협정을 대체할 평화협정, 불가침체결, 상호군축, 미군철수, 유엔 동시가입, 한반도에서 핵무기 철거 등을 추진하여야 한다.

3) 제3단계 : 과도체제의 설정단계

남북한에는 정치사상과 정치제도 및 경제체제가 이질적일 뿐만 아니라 서로 대립하고 있는 상황이기 때문에 한반도의 현실을 감안할 때 과도체제로는 국가연합이나 공영방[239]이 적합하다. 이 단계에서는 기능주의 통합이론의 한계를 극복하기 위해 정치적 관계를 중시하는 연방주의적 접근을 병행하는 것이 바람직하다.

4) 제4단계 : 연방제로서 통일중립국 선포

과도체제 다음으로 자연스럽게 전이될 수 있는 통일국가체제는 '연방제'이다. 그리고 남북한이 공존체제 구축 단계에서 국가연합 또

239) 이홍구 전 통일원장관이 학계에 있을 때 제시하였던 공영방 또는 복지공동체(Common Wealth)는 현존의 두 체제는 그대로 두고 남북의 주민복지 증진을 위한 경제·복지영역에서 함께하는 영연방에 준하는 국가연합체이다. 이것은 국가연합보다는 약한 협조체로서 정치·군사 등의 영역에서는 독립국가로, 주민복지 영역에서는 공동체로 발전시켜 나가자는 구상이다.
Hong Koo Lee, "Polifical Unification and Social Welfare", Korea and World Affairs, Vol.8, No.1 (1984), pp.11-16.

는 공영방 단계를 거쳐 연방제로의 통일(선통일)에 이르는 동안, 중립화에 대한 국민적 합의를 이룰 수 있을 것이고, 이때 연방정부는 주변 4강들의 한반도 중립화에 대한 합의를 요구하여 동의를 얻어 중립화를 선언(후중립화)한다는 것이다.[240] 그런데 2단계에서 4단계까지 이행되는 데는 얼마나 많은 세월이 필요할지 가늠하기 힘들다고 하였다.

정상구의 안

통일민주당의 정상구 의원은 1988년 12월「한반도 통일의 길」이라는 단행본에서 중립화 통일을 주장하였다. 정의원의 중립화 통일안은 ① 평화공존 조성단계 ② 국가연합단계 ③ 영세중립국건설의 3단계로 구성되어 있으며 그 내용은 다음과 같다.

1) 제1단계 : 평화공존 조성단계

제1단계에서는 경제적·문화적·사회적 교류, 동질성 회복을 도모하는 동시에 나아가 정치적·군사적인 문제 등 근본적인 문제에 접근해간다. ① 인적 교류는 이산가족의 생사확인, 서신왕래, 상봉주선으로부터 시작하여 학술연구단체교류, 학생교류, 체육교류, 문화예술교류 등으로 점차 확대한다. ② 물적 교류는 상호 부족한 물건 및 과잉생산되는 물건 등의 교역부터 전반적인 자유교역으로 확대하고 철도·비행기의 교통교류도 행한다. ③ 남북경제협력을 점차 확대시킨다. 남북경제협력위원회를 만들어 남북한의 자원을 공동개발하며, 남북공동어로구역을 설정한다. 그리고 남북공동기술개발위원회를 설치한다.

240) 정용길, 분단국통일론 (서울 : 고려원, 1988), 358-376면.
정용길, "통일로 가는 과도체제의 제형태", 한국정치학회 통일문제 특별 심포지엄 「통일의 이론과 정책방향」(1989), 2, 7-10면.

④ 불가침협정을 체결한다. 그리고 미국과 북한 및 중국 간에 체결된 휴전협정을 미·중·북한·남한의 4자간의 평화협정으로 대체하여야 한다. 북한은 이 평화협정을 미·중·북한의 3국이 참가해야 한다고 주장하나 남북한의 평화공존을 도모하기 위해서는 남한이 포함되어야 한다. 이 평화협정을 체결함과 동시에 이 협정에서 합의를 본 날짜에 미군이 철수하는 문제를 결정한다. ⑤ 남북한이 유엔동시가입하의 유엔체제하에서 통일을 더욱 활발히 진전시킨다. ⑥ 남북한 상호 감군을 실시한다.

2) 제2단계 : 국가연합 단계

평화공존 조성단계가 성숙되어감과 동시에 제2단계인 국가연합을 성립시킨다. ① 민족통일 국가연합협의회를 남북한 동수로 구성하여 국가연합 헌법초안을 마련한다. ② 민족통일국가연합 헌법초안을 각각 남북한 지역에서 자유·민주 방식의 선거로 국가연합 헌법을 확정한다. ③ 확정된 국가연합헌법에 따라서 국가연합정부를 수립한다. ④ 국가연합의 장·차관은 남북한 동수로 구성한다. ⑤ 남북한 국가연합의회는 상하양원으로 구성하고 하원은 인구비례, 상원은 남북동수로 구성한다. 하원의장은 남한이 상원의장은 북한이 되며 국가연합의 대통령은 하원의장이 2년, 그 다음 상원의장 2년으로 교체되어 맡게 된다.

3) 제3단계 : 영세중립국 건설단계

국가연합단계에서 영세중립국 건설을 위해 남북한이 상호 접근해간다. ① 남북한 영세중립통일 연합회를 구성하여 남북한이 통일된 영세중립국가가 될 것을 가결한다. ② 이 가결을 토대로 남북한을 영세중립 통일할 것을 남북한 국가연합이 주동이 되어 영세중립통일안을 국민투표에 붙인다. ③ 이 국민투표에서 영세중립국안이 가결되면 남북한 영세중립통일 연합회에서 이를 선언한다. ④ 남북한 영세중립 통일 연합회에서는 남북한 영세중립 통일의회 구성을 위한 제반 조치를 취하고 이 조치에 따라 고려영세중립국 의회를 구성하는 남북한 총선거를 실시한다. ⑤ 총선 후 소집된 의회는 남북한의 국가연합을 폐지하고 고려영세중립국 성립을 위한 헌법안을 의회에 제출하여 이를 통과한 후 고려영세중립국을 선언한다. ⑥ 새로 탄생된 고려영세중립국은 새 헌법이 규정하는 정신에 따라 고려영세중립국이 됨을 미·소·중·일 4국에 요청한다. ⑦ 미·소·중·일 4개국의 승인을 받은 후 유엔안보이사회의 추천을 거쳐 유엔총회에서 고려영세중립국의 승인을 얻도록 한다는 것이다.[241]

김대중의 안

1989년에 들어서는 6월에 평화민주당의 김대중 총재가 한국도 이제 오스트리아식 영세중립의 통일국가를 진지하게 검토해야할 때가 되었다고 주장하였다.[242]

맥도널드의 안

그리고 1989년 8월에는 미국 조지타운대학의 한국문제전문가인 맥도널드(Donald MacDonald) 교수는 「Washington Quarterly」에 실린 "동북아시아의 안보-두개의 한국인가, 하나의 한국인가"라는 논문에서 1) 비록 정치 안보 경제 심리 면에서 많은 장애와 난제를 안고 있고 시간이 걸리긴 하겠지만 한반도의 평화통일은 가능하며 그 형태는

241) 정상구, 한반도 통일의 길 (서울 : 내외신서, 1988), 273-307면.
242) 조선일보, 1989년 6월 4일자.

소규모의 자위력을 갖춘 무장중립화가 되어야 한다. 2) 한반도의 무장중립화 통일을 국제적으로 보장하기 위한 수단으로서 「오스트리아 중립화 조약」(=오스트리아 국가조약)과 같은 조약에 의한 보장을 고려해 볼만 하다고 제의하면서 그 같은 조약은 남북한이 미국 및 중·소와 각기 체결하고 있는 현재의 상호방위조약을 어느 시점에서 대체하게 될 것이다. 3) 또 통일의 초기 단계에는 한반도의 비무장지대에 일종의 국제평화유지군을 주둔시켰다가 한반도 정세가 안정되면 중·소와의 국경지대로 이동시킬 수 있을 것이다. 4) 그리고 한반도에 깊은 이해관계를 가지고 있는 주변 4강들은 중립화 통일을 고무 촉진시켜야 할 것이라 하였다.243)

평화민주당의 안

또한 1989년 8월 31일에는 국회통일특위의 통일정책에 관한 공청회에서 평화민주당은 다음과 같은 3단계의 중립화 통일을 제시하였다.

1) 평화공존단계 : 휴전협정을 남북한·미·중 4국이 참가하는 평화협정으로 대체하며 주변 4강대국의 보장하에 남북정부 간에 불가침선언을 한다. 또 북한을 반국가단체로 규정하고 있는 국가보안법과 적화통일을 강령으로 하고 있는 노동당규약이 개정되도록 해야 한다. 그리고 국제적 평화보장 장치하에 주한미군의 감군·철수와 군비감축을 강구한다.

2) 평화교류단계 : 이산가족 재결합, 정치·경제·문화·학술·교통·통신·종교·체육·언론 등 모든 분야에서의 광범위하고 적극적인 남북

243) 동아일보, 1989년 8월 13일자.

교류를 통하여 남북 간의 적대적 대립과 긴장을 해소시킴으로서 민족의 화해와 동질성을 회복한다.

3) 평화통일단계

① 과도기적 중간단계(공화국연방제) : 남북의 현존하는 2개의 공화국은 그대로 공존케 하고 남북의 2공화국은 각기 국민이 선출한 동수의 대표를 파견하여 연방의회와 연방정부를 구성하여 이 연방기구가 통일에 관련되는 모든 사항을 의결 집행토록 한다(국가연합). 공화국 연방의회는 평화공존, 평화교류, 평화통일에 관한 모든 사항을 검토·의결하여 양 공화국에 건의한다.

② 완전통일단계 : 이러한 과정을 거치면서 상호 간의 신뢰가 깊어지고 협력관계가 성숙되면, 군사외교에 관한 권한까지 연방정부에 완전히 이양되면서 2개의 공화국은 1개의 공화국으로 통합하여 영세중립국화하고 민족을 대표하는 중앙정부로서의 기능을 맡게 되며 남북은 2개의 광역적인 지방정부로 개편된다는 것이다[244](연방국가).

이상조의 안

1989년 9월 12일에는 전인민군 부총참모장겸 휴전회담 북한측 수석대표였던 이상조는 서울 프레스 센터에서의 기자회견에서 남북통일에 대하여 다음과 같이 전망하였다. 남북한 모두 각자의 체제내에서 자본주의와 공산주의가 자리잡을 수 있도록 해야 한다. 통일 후에

244) 조선일보, 1989년 9월 1일자. 동아일보 1989년 9월 1일자.
김대중, "3단계통일방안의 제창 : 공화국연방의 내용과 방향을 밝힌다", 사회와 사상, 1989년 9월호 창간호, 서울 : 한길사, 72-76면.
조순승, "평화민주당의 통일정책", 한국정치학회 통일문제 특별 심포지엄 「통일의 이론과 정책방향」(1989), 47-54면.
조순승, "어떻게 통일을 이룩해야할 것인가", 조순승 외, 전환기의 한국정치 (서울 : 박영사, 1989), 651-657면.

는 지방자치제가 확립되고, 국제적으로는 영세중립국이 되는 방향으로 통일이 추진되어야 한다. 한반도에 미군이 주둔하는 것은 통일의 가장 큰 장애라고 본다는 것이다.[245]

또한 당시 동구에서도 고르바초프 소련공산당 서기장의 수석 군사고문인 아흐로메예프가 미국 방문시 내셔널 프레스클럽에서 행한 연설에서 「동맹국의 자유로운 정치체제의 선택권」발언과 더불어, 당시 폴란드와 헝가리에서는 오스트리아나 핀란드식의 중립화 수용론이 대두되고 있는 실정이었다. 마탸스 주로스 헝가리 국민의회의장은 헝가리가 90년대 말까지 바르샤바조약기구에서 탈퇴하여 오스트리아나 핀란드와 같은 중립국가가 될 가능성이 있다고 하였다.[246] 뉴욕타임즈지도 당시 부시대통령에게 새로운 정치체제를 추구하고 있는 동구국가들을 위해 오스트리아나 핀란드식 중립화 모델을 연구하도록 촉구한 바 있는 것이다.[247]

그리고 고르바초프는 7명의 독일문제 전문가팀에게 소련이 할 수 있는 독일문제를 연구케 한 결과, 소련의 독일문제연구팀은 동·서독이 다같이 군사동맹에서 탈퇴를 하고 비핵지역으로 선포함과 동시에 중립화한다는 것을 고려하고 있다고 하였다.

갈퉁의 안

하와이대의 갈퉁(Johan Galtung) 교수는 1989년 '한반도의 통일을 위한 중립화 모색'이라는 논문에서, 한국은 세계의 가장 큰 4대 강국을 이웃으로 가진 유일한 국가로 한반도의 통일을 위해서는 중립화된 연방국가로 나아가야 한다고 보았다. 중립화된 연방국가를 위해서는

245) 조선일보, 1989년 9월 13일자.
246) 영남일보, 1989년 8월 21일자.
247) 조선일보, 1989년 9월 21일자.

4대 강국의 협조와 협상이 필요하며, 여기서 모든 외국군의 철수와 동시에 신뢰할 만하고 비도발적인 방어적인 국방력이 창출되어야 한다고 주장하고 있다.

중립화 통일을 위해 한국은 스위스, 오스트리아, 유고슬라비아, 스웨덴, 핀란드와 같은 유럽 5개국으로부터 다음 사항을 각각 배울 필요가 있다고 한다. 즉, 스위스로부터는 방어적인 국방과 무장중립, 그리고 분쟁중인 강대국들의 만남의 회의장소 제공, 정상회담 장소 제공을 배울 필요가 있다는 것이다. 오스트리아로부터는 배울 것이 매우 많다고 보고 특히 오스트리아를 중립화시켰던 협상들의 역사를 집중 연구함으로써 통일 과정에 관해 배울 필요가 있다고 보면서, 오스트리아의 경우 통일을 도왔던 것이 소련보다 미국이었다는 점에서 장래에 한국의 중립화 통일 협상을 전개함에 있어 고려되어야 할 관심사라 하고 있다. 유고슬라비아로부터는 군사적 저항에 입각한 방어적인 국방의 필요성을, 스웨덴으로부터는 비동맹, 비도발적 국방에 기초한 적극적인 외교를, 핀란드로부터는 세계체제의 폐쇄적 사회들과의 우호적 관계, 다양한 유형의 사회주의 국가들과의 선린관계를 가지는 것의 중요성을 각각 배울 필요가 있다고 한다.

중립화 통일은 장차 남북한뿐만 아니라 아시아와 세계 전체를 위협할 참혹한 전쟁으로 확대될 수 있는 분쟁의 주요 원천을 제거할 수 있고, 이러한 중립화 통일 협상과 관련된 주요 회의(any major conference)에 대하여 UN으로부터 후원(UN auspices)을 받을 필요가 있음을 적시하고 있다.248)

그러나 1980년대에 이러한 한반도 중립화론에 대하여 반론도 제기되었는데, 1985년 황인관 교수의 중립화통일론 이후에 반론이 증가

248) Johan Galtung, “The Neutralization Approach to Korean Reunification”, in Michael Haas (ed.), Korean Reunification : Alternative Pathways (New York : Praeger, 1989), pp.13-17.

하였다. 1980년에 박준용 교수는 오스트리아와 비교하여 한국 중립화 통일의 문제점을 다음과 같이 지적하였다. 1) 남북은 배타적인 이데올로기하에 적대관계를 오랫동안 유지해오면서 상대쪽의 정통성을 부인하고 있기 때문에 중립화에의 합의 가능성은 약하다. 2) 한반도는 대륙국가쪽에 더 유리할 수 있는 완충국가이다. 즉 중·소에 더 유리하고 해양국가인 미·일에 불리하다. 이러한 불균형은 4강의 중립화에의 합의를 어렵게 할 것이다. 3) 4강이 한국 중립화에 합의할 준비가 되어있지 않다. 특히 소련의 극동전략에서 보면, 북한은 소련의 극동전략에 있어서 필수적인 전진기지이며 완충지대이다. 그리고 한반도 전체뿐만 아니라 아시아 전체로의 전진기지이다. 중립화된 한반도는 중국이 더 인접해 있기 때문에 중국이 지배적인 영향력을 가질 수 있다고 보고, 한반도 중립화를 소련은 우려스럽고 모험적인 것으로 여기고 있다는 것이다.[249)]

그리고 김용서 교수는 1983년에 스위스와 비교하여 한국중립화 통일의 문제점을 다음과 같이 지적하고 있다. 1) 국민들이 중용과 타협과 조화의 훈련이 되어 있지 못하고 단색적, 편향적 성격을 가지고 있으며, 냉전의 긴장상태 때문에 중립화 논의 자체가 곤란하며, 특히 남북분단으로 공산주의 세력과 자유주의 세력이 대결하고 있기 때문에 타협과 협력이 불가능하므로 한국의 중립화 통일의 가능성은 희박하다. 2) 한국의 주변 국가는 중·소·일 3국인데, 다만 미국세력의 진출에 의하여 인위적인 세력균형이 무리하게 유지되고 있다. 3) 스위스가 4만 1천 ㎢ 면적에 인구 약 6백 여 만 명이고, 오스트리아가 8만 4천 ㎢ 면적에 인구 약 7백 여 만 명이며 핀란드가 33만 7천 ㎢ 면적에 인구 약 420여 만 명인 데 비하여, 한반도는 22만 ㎢ 면적에 인구 약 6천

249) Joon Yong Park, The Reunification of Korea : An Examination of Origins of the Problem and Policies and Prospects for its Solution, University of Exeter, Ph. D. dissertation (1980), pp.452-458.

여 만이며 일본이나 중국이 경제적으로 경쟁을 느끼는 경제력을 가지고 있는 영세중립국으로서는 과대한 국가규모를 가지고 있다.[250)]

1985년에 국토통일원은 다음과 같이 중립화 통일이 현실성이 없음을 지적하였다. 1) 남북한 간의 합의가 이루어질 수 없다. 북한도 실제로 원치 않는 상황이다. 중립화를 원한다면 주변 4강에 의한 교차승인을 반대해야할 이유가 없다. 그보다도 기초적인 남북관계 정상화에 조차도 응하지 않고 있다. 2) 주변 4강의 이해관계가 상충하는 한반도에서의 중립화에 강대국의 합의와 보장이 이루어질 수 없다. 3) 국제질서가 양극체제에서 다극화하는 추세 속에서 냉전의 유물인 양대 진영에서의 중립이나 비동맹을 추구할 실익이 없어졌다. 4) 강대국이 합의하더라도 지정학적으로 보장될 수 없다. 5) 통일조국의 국력이 주변 4강의 세력균형의 요충으로서, 또는 완충적 역할이나 균형자의 기능을 하기에 알맞지도 않다.[251)]

이어서 국토통일원은 1986년에, 김갑철 교수는 1987년에, 다음과 같이 중립화의 국내적 조건과 국제적 조건이 마련되어 있지 않다고 하였다. 1) 40여 년 간의 남북분단의 결과 서로 다른 이념과 체제로 이질화가 심화(북한은 김일성주의 일색)되었으며, 동족상잔을 경험한 남북의 수민간, 정당간 화합은 극히 어려우며, 남한내의 중립화 합의뿐만 아니라 남북 간의 합의도 불가능하다. 2) 남북 간에는 막강한 군사력을 보유하고 있으나 이는 외세의 침략을 저지키 위한 것이 아니라 남북 동족간의 군사적 대치 상태일 따름이다. 따라서 주변 강대국의 침략시 독자적으로 영토를 보존할 수 있는 방위력은 현재 갖추어져 있다고 볼 수 없다. 3) 주변 4강은 한반도의 중립화를 잠재적 분쟁의 유효한 회피 수단으로 긍정적으로 평가할 가능성이 있다. 이는 동서

250) 김용서, 스위스영세중립화제도의 적용가능성 연구, 외무부외교안보연구원 (1983), 22-29면.
251) 국토통일원, 통일대화의 광장 (서울 : 국토통일원, 1985), 149-150면.

독의 통일 문제에 대한 강대국들의 태도와는 달리 한반도의 중립화 통일은 세력균형에 큰 영향을 미치지 않을 것이므로 이를 보장하고 존중할 가능성이 있다는 것이다. 그러나 남북한이 중립화에 동의할 가능성이 희박한 현실 하에서 주변 4강들이 나서서 중립화를 추진하지는 않을 것으로 보인다.252)

1987년에는 파리Ⅲ 대학교의 프랑소아 주아이오 교수도 한국중립화의 불가능 이유를 다음과 같이 지적하였다. 1) 점진적 통일방식을 택하는 남한과 즉각적인 통일을 원하는 북한이 서로 대립하고 있기 때문에, 남북한의 중립화 합의의 가능성은 없다. 만약 남한이 민주화 과정에서 중립화를 주장하면 북한의 정치공작에 말려들 위험이 있다. 2) 1970년대 이후의 세력균형이 중립화에 유리하게 작용하고 있는 것은 사실이나, 미군이 남한에서 철수하게 되면 일본은 자국의 헌법과 샌프란시스코 조약에 의해 한반도에서의 군사행동이 금지되어 있으므로, 중·소와 접경하고 있는 북한이 군사적 우위에 서게 된다는 것이다.253)

안병영 교수도 1) 한반도 중립화는 40년을 넘는 남북한 간의 이념적 대결상황과 여기서 비롯되는 생활과정의 이질화 현상으로 국민적 합의라는 요건을 충족시킬 수 없고 더욱이 남북한의 현 당국자들이 아직도 통일을 일방적·승리적·독선적 각도에서 관찰 계획하고 있어 중립화의 내용과 방법에 합의를 하기 어려우며, 2) 또한 중립화 이후 전개될 국내정치적 상황의 불가측성 때문에 현상이 타파되기를 원치 않는 주변 4강대국들의 정치적 합의를 끌어내기도 만만치 않다는 것이다.254)

---

252) 국토통일원, "중립화통일론에 관한 연구", 국토통일원 (1986), 35-42면.
김갑철, "한반도 중립화통일은 가능한가?", 현대이념연구 제5집, 건국대학교 현대이념연구소 (1987), 73-76면.

253) 프랑소아 주아이오, "통일을 위하여 한반도를 중립화할 것인가?" 국제정치논총 제27집 1호 (1987), 130-138면.

254) 안병영, "세계 속의 통일접근사례 : 오스트리아의 예", 국제정치논총 제27집 1호 (1987), 49면.

그리고 1987년 대학이데올로기 비판교육 교수협의회에서의 중립화 통일 비판도 이상의 내용과 대동 소이하며 1) 남북한의 중립화에의 합의의 어려움 2) 주변 4강의 중립화의 합의와 보장 문제로 집약되고 있다.[255)]

5. 1990년대 이후의 중립화론

1990년대 이후의 중립화론에는 박문재, 강종일, 이재봉, 김형찬, 티모디 새비즈, 김용운, 장명하, 해리슨(2), 주종환, 박후건의 안을 들 수 있는데 차례로 자세히 알아보도록 하겠다.

1989년 12월 부시 미 대통령과 고르바초프는 몰타에서 열린 정상회담에서 미국과 소련은 더 이상 적대국이 아니며 냉전이 끝났음을 선언한다. 이어 1991년 12월 25일 고르바초프는 소련의 해체를 선언하고 스스로 대통령직을 사임했다. 1991년은 소련이 지구상에서 사라지면서 냉전이 종식된 역사적인 해이다. 냉전의 해체는 1989년부터 시작되었지만 1991년에 와서야 비로소 탈냉전의 시대가 열린 것이다. 탈냉전기의 가장 큰 특징은 탈이념의 시대라는 것이다. 구소련의 붕괴와 자유시장경제의 전세계적 확산은 냉전기의 특징이었던 이념간의 대결을 종식시켰다.

탈냉전기는 구소련의 붕괴로 현재 군사적으로 미국이 패권적 위치를 점하고 있다고 할 수 있다. 스톡홀름 국제평화연구소(SIPRI)가 발표한 2008년 세계 군사비 지출을 보면, 미국은 6073억 달러로 1위이

255) 대표적인 비판 내용으로는
고문승, "민주발전에 따른 제통일논의의 대두와 그 대책", 대학사회와 이데올로기 제4집(Ⅰ)-논문집, 대학이데올로기비판교육교수협의회 (1987), 116-128면.
정용석, "민주발전에 따른 제통일논의의 대두와 그 대책", 위의 논문집, 189-193면.

고, 중국은 2위로 849억이다. 10위안에 든 9개 나라를 다 합쳐도 미국의 절반을 약간 넘는 정도이다. 그렇지만 미국은 경제적으로는 상대적인 약화를 보이고 있다. 군사적인 측면에서는 미국의 헤게모니가 확립되었고, 경제적으로는 미국, 중국, 일본, 유럽연합이 축을 이루는 단-다극체제라 할 수 있다.

그러나 냉전이 끝난 후에도 동북아는 냉전의 유산이 강하게 남아 있으며 군사적 긴장이 계속되고 있는 지역이다. 중국은 빠른 경제성장을 통하여 경제강국으로 부상하였으며, 아울러 특히 앞으로 군사적으로 미국에 가장 심각하게 도전하는 국가가 될 것이라는 중국위협론이 대두되고 있다. 중국은 계속적인 핵실험을 비롯해, 냉전 이후 군사비를 대폭 증가시키고 있는 유일한 국가가 되었다. 위에서 언급한 바와 같이 2008년에 세계 2위의 군사비를 지출하고 있는 국가이다. 탈냉전 이후 중국의 군사력 증강 정책은 해군력 증강에 집중되고 있다.[256)]2010년 7월 말 중국 인민일보는 "국제 무대에 대국으로 등장한 중국을 미국이 받아들일 방법을 찾지 못하면 세계, 특히 동북아가 불안정해 질 것"이라고 목소리를 높였다. 전통적으로 동북아를 중국의 뒷마당으로 간주해온 중국은 동북아에서 미국을 밀어내려 할 것이다. 중국은 러시아와 전략적 연대를 확대하면서, 미일 동맹에 대응하는 축을 구축하고 있다. 중국과 러시아는 2004년 국경분쟁을 해결하였으며, 2005년 7월에 미국의 대외정책방향에 반대한다는 21세기 세계질서에 관한 공동성명을 발표하였다. 나아가 2005년 8월에는 중소분쟁 이후 최초로 대규모 합동군사훈련을 실시함으로써 미국과 일본에 경고를 보냈다.

동북아에서 미국의 잠재적인 위협국은 이와 같이 중국이다. 여기서 미국은 미일동맹을 강화하고, 이에 한국을 끌어들여 미·일·한 동맹

256) 유현석, 국제정세의 이해 (서울: 한울, 2009), 202면.

관계 구축을 통해 중국을 견제하고 봉쇄하는 대 중국 전략을 시도하고 있다. 그리고 미국은 중국 견제를 위해 미사일방어체제 구축이나 해외주둔 미군 재배치를 추진하고 있다. 아직도 미국의 군사력은 압도적으로 세계 최강이고 중국과는 상당한 격차가 있다.

중국의 부상에 못지않게 일본이 군사 대국화되고 있다. 일본은 세계 2,3위의 경제대국으로 경제력이 커지면서 보통국가화, 즉 보통의 다른 주권국가들처럼 경제력에 상응하는 적절한 군사력을 보유해야 한다며 군사력을 강화시키고 있는 중이다. 일본의 군사력 수준은 중국에 필적할 수준이라는 평가를 받고 있다. 아시아 최고의 첨단 해·공군력과 잠재적 핵개발 능력을 보유하고 있다. 일본은 이미 2003년에 세계 4위 수준의 국방비를, 현재 세계 2,3위 수준의 국방비를 지출하고 있으며, 또한 첨단 무기를 자체 생산할 능력도 갖추고 있다.[257)]

이러한 중국과 일본 간의 동북아에서의 지역패권 경쟁은 두 나라 간의 군비경쟁으로 나타나고 있다. 미·일·한 동맹 체제가 반중국적인 성격을 띠고 있고, 일본은 군사대국화 하고 있다. 이에 대응할 수 있는 군사력을 보유하기 위해 중국은 국방비를 대폭 증가시키고 있다.

그리고 소련 해체와 동유럽 공산정권의 붕괴로 소련을 계승한 러시아의 국제적 위상은 급속히 하락하였으나, 아직도 군사적인 면에서는 여전히 강국이다. 기존의 군사력을 가지고서라도 동북아에서 군사강국의 위상을 유지하는 데 문제가 없다. 러시아는 동북아에서의 영향력 지분은 고수할 것이다. 여전히 강대국으로서 동북아 지역에 영향력을 행사하기를 원하고 있다.

러시아는 중국과 전략적 동반자 관계를 점진적으로 발전 강화(중국의 반러시아 방지)시킴으로써 동북아에서의 지위와 기반을 다졌고, 북한과의 관계를 강화함으로써 한반도에 대한 발언권을 회복하였으

257) 유현석, 위의 책, 203-206면.

며, 일본과 한국과의 관계를 통해 경제적 이익을 추구해가고 있다. 그러면서 일본의 군사 대국화를 견제하고 있다. 이와 같은 동북아 국가들과의 양자 관계의 강화는 동북아 지역의 전략적 균형을 이루는데 러시아가 일정한 역할을 할 수 있는 가장 핵심적인 자산으로 작용하게 될 것이다.[258)]

이와 같이 동북아에는 미국의 중국 견제와 중, 일 간의 지역패권 경쟁이라는 주요 특성을 보이고 있다. 이러한 동북아의 국제정세 속에서 남북한 간에는 군사적 긴장이 완화되는 화해와 군사적 긴장이 고조되는 반목(갈등)이 다음과 같이 반복되어 왔다. 동서 냉전이 끝이 났는데도 불구하고 한반도에는 아직도 냉전적 사고가 그대로 남아 있을 뿐만 아니라 체제의 대립이 계속되고 있는 것이다.

1990년 6월에 한국과 소련 간에 국교가 정상화되고, 1992년 8월에 한국과 중국 간에도 수교가 이루어져 동북아 냉전구조의 한 축이 붕괴되었다(그렇지만 동북아 냉전구조의 다른 한 축인 북한과 미국, 일본과의 관계는 여전히 냉전시기의 적대관계를 지속해 오고 있다). 그리고 1991년 1월에 남북한이 UN에 동시가입하였으며, 1991년 12월에는 남북 사이의 화해와 불가침 및 교류 협력에 관한 합의서<부록1>가 도출되었다. 1992년 1월에는 남과 북이 한반도 비핵화에 관한 공동선언<부록2>을 하였다.

특히 2000년 6월 15일 김대중 대통령과 김정일 국방위원장 간의 역사적인 남북정상회담에서 6.15남북공동선언<부록3>을 발표하였다. 남북정상회담은 동족상잔의 전쟁으로 분단 속에 살고 있는 남북한 주민들의 마음속에 담겨 있는 적대감을 무너뜨리는 계기가 되었다. 6.15남북공동선언은 우리 민족끼리 자주적으로 통일을 이룩하고 남북한이

258) 신범식, "러시아의 대외정책 환경과 한반도 정책", 김성철 편, 외교환경과 한반도 (서울 : 세종연구소, 2009), 154면.

지향해야 할 통일방안을 제시하였다. 그 밖에 인도적 문제와 경제협력을 확대하기로 하였다. 이 당시 남북정상회담과 6.15공동선언은 대결과 갈등의 남북관계를 화해와 협력의 시대로 전환할 수 있는 기회가 된 것이 분명하며, 이와 관련하여 중립화 통일론이 2000년에서 2002년 사이에 집중적으로 제기되고 있는 것이다. 이 때 남북통일방안의 공통점은 중립화 통일론에 긍정적인 영향을 주었다고 할 수 있다.

그리고 2007년 10월 4일 노무현 대통령과 김정일 국방위원장 간의 남북정상회담에서 남북관계 발전과 평화번영을 위한 선언<부록7>이 있게 된다. 이는 남북관계를 한 단계 더 발전시킬 수 있는 기반을 구축한 것이라 할 수 있다. 이와 같은 남북한 관계 변화는 중립화 통일에 긍정적인 것으로 볼 수 있다.

이러한 화해와 협력과는 반대로 긴장을 고조시키는 반목과 갈등은 북한의 핵 문제이다. 북한의 핵 문제는 현재 동북아의 안정을 위협하는 가장 심각한 요인이다. 북한은 1993년 3월 NPT(핵확산금지조약) 탈퇴를 선언하였다.

이렇게 북한이 탈퇴하게 되면 NPT를 탈퇴한 최초의 국가가 되어 미국의 핵 확산을 막으려는 노력에 큰 상처를 주게 되는 것이었다. 이와 관련하여 중국은 북한의 핵무기 개발이 일본 등 동북아 지역 국가들의 핵무기 개발로 이어 질 수 있으며, 일본의 군사력 증강에 구실을 줄 수 있을 것으로 보고 있다.[259] 러시아는 북한의 핵무기 개발이 동북아 군비 경쟁과 핵 확산을 촉발하는 계기가 될 것을 우려하고 있다.[260] 일본은 현재 가장 큰 안보상의 위협이 되고 있는 것은 북한의 핵무기 개발과 일본을 사정권으로 하는 장거리 미사일 개발이라고 보고 있다.[261]

259) 이태환, “중국의 대외정책과 한반도 정책”, 김성철 편, 외교환경과 한반도 (서울 : 세종연구소, 2009), 106면.

260) 신범식, 앞의 논문, 166면.

이러한 핵 위기를 해소하기 위한 협상이 미국과 북한 간에 진행되고 있던 중간에, 1994년 3월 북한은 서울 불바다 발언을 하였고, 이때 주한 미군사령부는 북한의 도발 가능성에 대비하여 미군의 작전계획 5027[262])이 구체적으로 검토 되었다. 1994년 6월 지미 카터 전 미 대통령이 방북하여 김일성과의 면담으로 북한의 핵개발 계획을 둘러싼 위기가 해소되어, 1994년 12월 미국과 북한은 제네바 합의를 통해 기본합의문[263])에 서명하였다.[264])

그러나 1998년 8월 북한의 대포동 1호 미사일 시험 발사 이후 대북 정책을 재검토해야 한다는 목소리가 미국내에서 제기되었다. 이어 2002년 10월 제임스 켈리(James Kelly) 미국 대통령 특사가 북한을 방문했을 때, 북한의 핵개발 시인 발언으로 핵위기가 재연되는 상황에서 북한은 2003년 1월 NPT 탈퇴를 다시 선언하였다.

이러한 북한의 핵문제의 다자 해결을 위해 2003년 8월 베이징에서 제1차 6자회담이 개최되었다. 2004년 2월에 2차 6자회담, 2004년 6월에 3차 6자회담이 열렸다. 3차 6자회담 이후 북한의 핵무기 보유 선언으로 회담 분위기가 냉각되었으나, 2005년 7월-9월에 열린 4차 6자회담에서 6자회담의 가장 큰 업적으로 평가받는 9.19공동성명<부록4>이 채택되었다. 이 성명은 한반도 비핵화를 넘어 한반도와 동북아 전반의 평화와 안전을 목표로 하고 있다는 점에 그 의의가 있다. 특히 직접 관련 당사자가 별도의 포럼에서 한반도의 영구적 평화체제를 협

261) 조순구, 국제관계와 한반도 (서울 : 법문사, 2005), 421면.

262) 공격적 성격의 대규모 한미연합군이 북한에 도발 조짐이 보이는 전 단계에서 군사적 조치를 미리 취한다는 선제공격 작전이다. 평양을 접수해 북한 정권을 무너뜨리고 한반도를 재통일한다는 작전이다.

263) 기본합의문의 주요 내용은 다음과 같다. 미국의 경수로 발전소 제공. 그 대가로 모든 핵 원자로 및 연관 시설의 가동을 전면 중단, 그 시설에 대한 IAEA의 계속된 감시 허용. 기존 핵시설은 경수로 완료시 완전 해체. 미국은 경수로 발전소 가동 전까지 매년 50만톤 중유 공급. 미국은 북한에 대해 핵공격, 핵무기로 위협하지 않음.

264) 유현석, 위의 책, 187-189면.

상할 것이라고 규정하고 있어, 이것이 실현될 경우 남북관계에도 커다란 변화가 예상된다. 5차 6자회담의 제1단계 회담이 2005년 11월에 있었고, 북한의 2006년 7월 대포동 2호 미사일 시험 발사와 2006년 10월 북한의 1차 핵실험으로 교착국면이 있었으나, 2006년 12월에 2단계 회담이 재개되었고, 2007년 2월 3단계 회담에서 9.19공동성명의 초기단계 이행 조치를 담은 2.13합의<부록5>가 도출되었다. 2.13합의에서는 초기단계 이행 조치 이후 다음 단계로 넘어가기 위한 한반도 비핵화, 에너지 경제 협력, 미북 관계 정상화, 북일 관계 정상화, 동북아 평화안보체제 등 5개의 실무 그룹과 6자회담과 별도의 포럼을 설치하도록 하고 있다. 이것은 동북아 냉전구조의 해체 나아가 동북아 평화안보체제(다자안보협력체제) 라고 하는 새로운 질서 재편의 방향을 제시하고 있다.[265)]

북한은 핵무기 보유가 체제와 정권유지를 위해 꼭 필요하고 미국의 공격을 막을 수 있으며, 재래식 무기로는 남한과의 경쟁이 어렵다고 판단하기 때문에 핵을 완전히 포기하지 않을 것으로 보인다. 북한은 핵을 체제 생존을 위한 마지막 보루로서, 동시에 경제적 보상과 지원을 얻어내려는 지렛대로 삼고 있다. 현재 북한 정권을 지탱하는 두 기둥은 이러한 핵 억제력 보유와 선군정치 체제이다. 미국은 북한의 핵포기와 불능화를 원하며, 적대국으로 핵기술이 확산되는 것을 원치 않는다. 북한은 미국의 압박정책과 적대시 정책으로 인하여 핵무기를 개발하였기 때문에 먼저 미국이 대북 압박정책과 적대시 정책을 포기해야 한다고 주장하는 반면에, 미국은 북한이 먼저 핵을 폐기해야 미북관계를 정상화 할 수 있다는 입장이다. 그렇지만 미국의 현재 입장은 핵폐기와 미북관계 정상화를 병행할 수 있다는 것이다.

위에서와 같은 9.19공동성명과 2.13합의에서의 한반도의 영구적

265) 조성렬, 한반도 평화체제 (서울: 푸른나무, 2007), 14면.

평화체제를 위한 별도의 포럼과 관련하여, 중립화 통일론이 2006년에서 2007년 사이에 제기되고 있다.

그러나 북한은 2009년 5월 2차 핵실험으로 자위적 핵 억제력을 강화해 나갈 것이라고 밝히면서 대결 국면을 만들어 가고 있다.

이 시기의 남북의 통일논의를 보면, 1989년부터 남한 정부의 공식적인 통일방안으로 제시되어온 민족공동체통일방안은 자주, 평화, 민주의 3원칙을 근간으로, 통일과정으로서 화해 협력 단계, 남북연합 단계, 통일국가 단계의 3단계를 제시하고 있다. 북한은 1980년 10월 10일 이래 고려민주연방공화국 통일방안을 계속 주장하고 있다. 그런데 2000년 6.15공동선언에서 남과 북이 장기적인 평화공존의 방식을 통해 점진적으로 통일로 나가는 경로, 즉 국가연합 또는 낮은 단계의 연방제의 방식을 통한 통일과정에 합의하였다. 남측의 연합제와 북측의 낮은 단계의 연방제는 모두 현 상태의 남북한 정부의 정치, 외교, 군사권을 비롯한 체제와 이념 등의 상호 인정과 존중을 전제로 하고 있다. 낮은 단계의 연방제는 보다 높은 단계의 연방제를 상정하고 있다는 점에서 이 방안은 통일에 대한 점진적이고 단계적인 접근방법이라 하겠다. 북한의 고려연방제는 '2체제, 2정부' 형태이나, 외교권과 군사권이 중앙(연방)정부에 귀속된 형태로서 북한은 이를 완전 통일 형태로 주장해 왔다. 그러나 그와 달리 '낮은' 이란 표현의 의미는 기존 연방제를 포기하지 않았음을 분명히 하는 동시에, 남측의 국가연합 단계와 유사한 체제공존을 의미하는 방안에 다가온 것으로 평가할 수 있다. 따라서 '연합제' 안과 '낮은 단계의 연방제' 안은 모두 남북한 현 체제의 장기공존을 전제하고 있으며, 장기적인 평화적 교류와 협력의 과도체제를 상정하고 있는 데에서 접점을 찾을 수 있다.[266)]

266) 조민, 한반도 평화체제와 통일전망 (서울: 해남, 2007), 196면.

박문재의 안

한국의 통일은 주변 강대국 가운데 어느 한 쪽에 유리한 통일은 거의 받아들여질 가능성이 없다는 것이다. 4강 가운데 어떤 나라도 한반도에서 우월한 영향력을 행사하는 것을 허용하지 않는다는 것이다. 김대중 정부의 햇볕정책과 6.15남북공동선언이라는 화해와 협력 속에서, 한미연맹 회장인 박문재 박사는 4강이 한반도 중립화를 통해 한반도의 평화와 안전을 보장할 필요가 있으며, 이와 관련하여 다음의 과정이 요구된다고 한다.

1) 한반도의 중립화 (선중립화): 한반도는 4강의 지정학적 중간에 위치한 나라로 4강의 동의를 받아 영세중립국이 되어야 한다. 이때 영세중립을 이끄는 리더의 역할은 미국이 맡는 것이 적절하다. 중립화 통일은 10년 내지 20년이 걸릴 것이다. 그리고 통일의 최종 단계에 이르는 중간 기간 동안 2개 한국의 내적인 안전을 위해 한반도 중립화를 보장하는 4강에 의해 남북한 간의 불가침협정 또한 보장되어야 한다.

2) 남북한 간의 평화와 안전: 한반도에는 아직까지도 이데올로기적 갈등과 적대관계가 계속되고 있다. 따라서 평화유지 기구가 필요하다. 4강에 의해 보장되는 불가침협정은 한반도의 평화와 안전을 위한 최소한의 필수요건이 될 것이다. 불가침협정과 함께 다음 사항들도 같이 합의되어야 할 것이다. 즉, 남북한 군사최고위층에서 군사지휘구조의 통합(새로운 통일군대의 시작), 남북 양측의 핵, 생화학, 미사일과 같은 무기체계 연구, 개발, 배치 금지/불능화 및 제거, 군수산업의 평화산업으로의 전환, 주한미군의 단계적이고 점진적인 철수 등이다. 이러한 이행 과정에는 10-20년이 소요될 것이다. 그런데 이것을 남북한에게 맡겨 놓으면 그 이행이 어려울 것이다. 이를 위해 4강과

남북은 '한반도평화안전기구'를 설립할 필요가 있다.

3) 북한경제의 재건: 남한의 GDP는 북한의 25배, 남한의 1인당 GNP는 북한의 13배이며, 남한의 전체 국제무역량은 북한의 129배이다. 통일을 위해서는 북한경제를 재건시켜야 한다는 특징 있는 주장을 제기하고 있다. 3차에 걸친 5개년경제계획으로 북한이 매년 20.84%의 GDP 성장을 하게 되면 15년 후 남한 1인당 소득의 65%에 달하게 될 것이며, 북한의 1인당 소득은 906달러에서 12,900달러로 향상될 것이다. 이 목표를 달성하기 위해, 4강과 남한은 1, 2차에 걸친 5개년경제계획 10년 동안 매년 북한에 48억 달러의 무상원조를 제공해야 한다. 이 사업을 위해 4강과 남북은 '한반도경제개발기구'를 설립해야 할 것이다.

4) 행정적, 조직적 체계: 통일을 위하여, 통일최고회의, 통일인민의회, 통일집행회의라는 3개의 주요 기구가 서로 긴밀하게 상호작용할 필요가 있다. 통일최고회의는 남북정상 중심의 회의이며, 통일인민의회는 전체 한국 인구 가운데 직업별 대표자로 구성된 의회이고, 통일집행회의는 미, 중, 일, 러, 남한, 북한 대표로 구성된 회의를 말한다. 남북한 모두 중립화조약과 불가침협정을 통하여 현 정치체제를 보장받는 가운데 앞으로 중립화 통일을 이룩한다면 한민족 르네상스가 실현될 것이다.[267]

강종일의 안

김대중 정부의 대북 포용정책과 6.15남북공동선언이라는 화해와 협력 속에서 영세중립통일협의회 회장인 강종일 박사는 남북간 전쟁

267) Moon J. Pak, "The Perry Report and Fundamental Problems in The Korean Peninsula", Military Forum, Vol.23, No.1 (2000), pp.103-125.

을 방지하면서, 통일의 시기를 단축하고, 한반도가 통일 후 주변국의 간섭에서 벗어나 정치적 독립과 안전을 유지할 수 있는 대안으로 한반도 영세중립 통일방안을 모색하고 있다. 영세중립 통일 접근 방법으로 다음과 같은 5단계를 제시하고 있다.

1) 남북민족의 신뢰회복단계: 먼저 남북민족의 신뢰회복이 필요하다. 반세기 이상 지속되고 있는 국토의 분단과 이념의 대립 속에서 동족상잔의 전쟁으로 야기된 적대적 감정과 이질화 현상은 우선적으로 풀어야 할 과제이다. 신뢰회복단계는 남북의 상호 교류와 협력이 증진되어 자유로운 인적, 물적 교류와 이산가족 면회소 설치, 남북간 철도와 도로 복원, 상호주의 원칙에 따른 교류확대를 거쳐 남북이 불가침선언과 평화선언으로까지 발전되어야 한다.

2) 남북한 제도정비와 보완단계: 남북이 상호 불신한 제도를 개정하거나 폐지하고 상호 신뢰를 입증하는 새로운 제도로 보완한다. 남북이 과거 합의한 제반협정을 실천하면서 각종회담을 정례화한다. 예를 들어, 북한은 노동당 규약에서 대남 적화통일노선을 삭제하거나, 남한은 국가보안법을 폐지하며 한·미 합동군사훈련도 중지한다. 남북은 7.4공동성명과 남북기본합의서를 절차에 따라 성실히 준수한다. 남북은 또한 협정 참가국인 미국과 중국의 협조를 받아 현 정전협정을 평화협정으로 대체하거나 불가침협정을 체결한다. 남북은 평화협정의 주체가 되며, 미국과 중국은 보장국가로서 참여해야 한다. 남북은 전방에 배치된 군비를 합의에 따라 후방으로 이동 재배치하며 병력도 감축한다.

3) 남북한 연합제 단계: 남북은 6.15남북공동선언에 따라 통일의 전 단계로 남북연합제나 또는 연방제 중 하나를 택할 것으로 전망된다. 연합제 단계에서는 남북한 동수의 대표로 민족최고회의를 구성한다. 이 기구는 남북연방제의 상징적 존재로 통일에 대비한 제반 법령

을 제정하며, 통일문제를 협의하여 남북 정부에 실천을 권고한다. 남북이 연합제나 연방제를 실시하여도 남북 간의 전쟁방지와 주변국의 한반도 침략에 대한 대비책은 해소되지 않고 있다. 연합제 기간중 북한은 남한내 친북세력을 확장하면서 필요한 경우에는 무력을 동원할 가능성도 있다는 점이다. 따라서 남북과 주변 국가들은 협정을 통해 한반도의 평화와 안정책을 확보하여야 한다.

4) 남북한 영세중립 연합제 단계(선중립화): 남북한 영세중립 연합제를 실천하는 단계이다. 남북은 헌법을 개정하여 영세중립 연합제의 규정을 명문화하고, 남북과 주변국들이 영세중립 연합제의 협정에 서명하고, 남북국회는 이를 비준한다. 이러한 절차가 끝나면 남북은 세계 모든 국가에 영세중립국임을 선포하고, 영세중립국으로서의 권리와 책임을 다하며, 외국과 체결한 제반 협정과 동맹을 폐기하며, 한반도내 모든 외국군을 철수시킨다. 남북정부는 군사권과 외교권을 계속 보유하면서, 남북한 같은 수의 대표로 민족통일최고회의를 구성하여 한반도의 영세중립 통일을 준비한다.

5) 남북한 영세중립 통일 단계: 첫째, 민족통일최고회의는 남북한 통일을 위한 헌법과 선거법을 제정하여 남북한 국회로 하여금 비준토록 한다. 둘째, 통일헌법과 선거법에 따라 남북한 민족은 통일국회의원과 대통령을 선출한다. 새로 선출된 통일대통령은 통일정부를 구성하고 남북한 정부로부터 국방, 외교, 내치 등에 관한 모든 권한을 이양 받는다. 셋째, 남북한 정부는 자동으로 소멸되며, 한반도는 분단전과 같이 통일되어 1민족, 1국가, 1정부를 형성한다. 끝으로, 통일국가의 이념과 체제는 현대 국가의 전반적 경향에 따라 민주주의와 시장경제를 도입하고 사회복지 국가를 지향한다.[268)]

268) 강종일, "한반도 영세중립통일방안 연구", 국제정치논총 제41집 1호 (2001), 108-111면. 그리고 강종일의 안을 중심으로 하면서 이를 수정, 보완하는 입장의 안으로, 김해명

이재봉의 안

남북한 사이에 풀어야 할 문제와 한반도를 둘러싸고 있는 강대국들의 이해관계 문제를 동시에 해결할 수 있는 한반도의 중립화 통일과 관련하여 이재봉 교수는 다음과 같은 3가지를 제안하고 있다.

1) 국가연합이나 느슨한 연방제를 통한 사회민주주의 체제로의 통일에 대한 접근: 적어도 당분간(상당 기간)은 2체제와 2정부가 평화적으로 공존하는 가운데 국가연합이나 낮은 단계의 연방제를 지향하면서, 장기적인 목표로서의 이념과 체제는 자본주의의 자유와 사회주의의 평등이 조화를 이루는 사회민주주의 복지사회가 바람직한 것으로 보인다. 자본주의는 조금 왼쪽으로 사회주의는 약간 오른쪽으로 변화를 추구해 감으로써, 궁극적으로 자유민주주의와 자본주의의 정치적 자유와 사회주의와 공산주의의 경제적 평등이 조화를 이루는 가운데 서로 잘 살 수 있는 복지사회를 만들 수 있을 것이다.

2) 주한미군 철수와 한반도의 중립화: 한반도의 통일문제에 지금까지 영향력을 행사해 왔으며, 앞으로도 그럴 수 있는 주변 강대국은 한반도에 병력을 전진 배치시켜 놓고 있는 미국이다. 주한미군은 명분상으로는 북한의 남침을 막기 위한다면서도 실질적으로는 중국을 견제하기 위해 남한에 주둔하는 것이다. 그런데 남북한 관계가 진전되고 중국의 힘이 커질수록 한반도 안팎에서 주한미군이 철수해야 한다는 주장이 거세질 것이 분명하다. 미국은 1990년대 초 소련이 붕괴하고 냉전이 종식되자 중국을 견제하고 봉쇄하기 시작했다. 앞으로

의 안(김해명, 중립화 통일론 (익산 : 동남풍, 2006), 336-342면.)과 정지웅의 안(정지웅, “한반도 중립화 통일의 조건과 실현가능성 검토”, 국가전략 제12권 1호 (2006), 51-53면.)이 있다.

미국에 맞설 수 있는 가장 심각한 도전자로 간주하기 시작했다. 중국이 경제적으로나 군사적으로 미국과 대등하게 되는 시기를 빠르면 2020년 늦어도 2030년으로 잡는다면, 앞으로 20년을 전후하여 미국과 중국이 심각한 갈등을 겪으며 날카롭게 맞서게 될 가능성이 크다. 미국과 중국 사이에 새로운 냉전체제가 들어설 가능성이 크다. 앞으로 주한미군을 통해 한반도에 대한 영향력을 유지하려는 미국과, 주한미군의 철수를 주장하며 갈등을 일으킬 중국 사이에서, 남북한이 자주적이고 평화적으로 통일을 추구할 수 있는 가장 바람직한 실현 가능성이 높은 방안은 남북한이 통일을 지향하는 과정에서 주한미군을 철수하도록 하면서 중립화를 선언하는 것이다. 주한미군의 철수와 한반도의 중립화를 동시에 이루자는 것이다.

3) 동아시아 공동시장을 통한 지역 안정과 평화의 추구: 동아시아 평화를 위해 가장 먼저 그리고 쉽게 할 수 있는 일 가운데 하나는 이 지역에 공동시장을 만드는 것이다. 동아시아(남한, 북한, 일본, 중국, 대만, 베트남) 공동시장을 통해 동아시아 국가들 사이에 경제협력이 이루어진다면, 군사 안보 문제도 다룰 수 있는 기구로 바뀌어 질 수도 있다. 동아시아 공동시장을 통해 경제협력을 이루면서, 이를 바탕으로 지역 안정과 평화를 추구하자는 것이다.[269] 중립화 통일을 위한 여건 조성으로 동아시아 공동시장을 활용할 수 있을 것이다.

김형찬의 안

남북이 현재와 같은 군사대결의 대치상태에서 통일이란 망상에 불과하다고 본다. 남과 북은 무엇보다도 이러한 군사적 대치상태를

269) 이재봉, "한반도의 통일과 동아시아의 평화: 한반도의 중립화 및 동아시아 공동시장을 통하여", 통일문제연구 제13권 1호 (2001), 43-55면. 이재봉, "동북아 균형자 역할과 한반도 영세 중립", 한국동북아논총 제12권 제2호 (2007), 87-97면.

해제하고 평화체제를 구축할 필요가 있다는 것이다. 이를 위해 김형찬 교수는 주한미군 철수를 활용할 것을 주장하고 있다. 주한미군 철수와 평화체제 구축과 영세중립화(선중립화) 구축이 동시에 같이 이루어져야 한다고 본다. 그 과정을 다음과 같이 제시하고 있다.

1) 국민여론합의: 한국이 국가안보와 국민의 안녕 및 사회질서를 보장해야 할 의무를 수행하기 위하여 주한미군 주둔이 꼭 필요하다면 현존하는 북한과의 대결은 피할 수 없을 것이다. 그러나 국민의 2/3 이상이 국제적 보장을 받는 평화체제를 원한다면, 미군철수는 이루어져야 하며 그런 경우 미군철수는 평화체제 구축의 과정과 또 영세중립화 구축과 병행되어야 한다.

2) UN과 4대 강국의 합의: 한반도의 긴장해소와 평화구축 그리고 영세중립국가 설립은 UN과 주변 4대 강국의 합의 없이는 거의 불가능하다.

3) 단계적 미군철수: 미군이 한반도에 주둔하는 한 한반도에 전쟁은 없을 수 있으나, 한반도에서 영구적 평화체제가 구축되기는 힘들 것이다. 미군을 단계적으로 철수시키면서, 동시에 평화체제를 단계적으로 구축할 수 있다.

- 미군이 1/3 철수할 때 남북한의 군사를 반으로 감축한다. 그리고 군사분계선의 모든 군장비의 반을 철거한다. 이와 더불어 UN과 4대 강국은 한반도의 평화체제와 영세중립화를 구축할 국제적 기구와 평화군의 상설을 제의, 결정한다.
- 남은 미군의 1/3이 철수할 때 남북한의 군대와 군장비를 다시 반으로 감축한다. UN과 4대 강국은 비무장 지대에 파견할 평화군과 그 파병에 따르는 재정 및 행정기구를 설치한다. 평화군의 수는 남북한 정부와 4대 강국 정부가 협의하여 결정하며, 남

한은 북한의 재정부담의 4배 정도는 부담하여야 할 것이다.

- 마지막 미군의 1/3의 철수는 UN과 4대 강국의 평화군 주둔과 병행하여야 하며 미군철수와 더불어 현 군사분계선의 모든 무기와 군사장비가 철거되고 군대는 비무장화되어야 하며 한반도는 비핵화되어야 한다.
- UN과 4대 강국의 평화군 주둔은 되도록 단기간일수록 더 좋으나 남북한에 영세중립국가가 확고부동하게 설치되고 남북이 재무장하지 않고 있다는 확실한 증거가 있을 때 철수하여야 한다. 그리고 남과 북의 경찰군력은 남은 북위 36도 이하, 북은 북위 40도 이상에 배치하여야 한다.

4) 미군철수 및 한반도의 비무장화, 비핵화와 더불어 남북한 정부는 상호 신뢰를 구축하고 쌍방의 국가존재를 확인하는 법과 제도를 만들어야 한다. 예컨대, 북한 노동당규약과 남한의 반공법은 상호 신뢰를 조성하는 법이 아니라 대결을 조성하는 법이다.

5) 영세중립 실현과 미군철수 및 평화군 주둔이 실시되는 과정에서 과거의 모든 군사동맹을 폐지하고 일반적 외교관계만 유지하여야 할 것이며 어떠한 비밀군사동맹이나 관계도 다른 국가와 체결할 수 없다.

이때 영세중립은 남과 북이 현재의 정치체제 즉 2개의 국가, 2개의 정부, 2개의 체제를 인정하고 유지하면서 영세중립국이 되어야 한다는 주장이다.[270] 남북은 서로 다른 문화를 가지고 있고 북한의 이질성을 수용할 수 있는 한민족다문화공동체 건설이 필요하다고 보고 있다.

270) 김형찬, "남북 영세중립과 한민족다문화공동체를 통한 평화체제 구축", 강종일, 이재봉 편저, 한반도의 중립화통일은 가능한가 (서울: 들녘, 2001), 286-298면.

티모티 새비즈의 안

티모티 새비즈(Timothy Savage)는 한반도의 통일이 주변 4강대국의 안보에 불확실성을 가져오는 것이어서는 안된다는 것이다. 미국과 일본은 통일한국이 중국에 더 가까운 것을 원치 않고, 중국은 통일한국이 미국과 일본에 더 가까운 것을 원치 않는 다는 것이다. 주한미군 주둔은 북한을 억제하면서 동시에 중국을 견제하고 있다는 것이다. 한반도 통일을 잘 다루지 않으면 중국과 일본과의 군비경쟁을 초래하고, 통일한국도 방어적으로 이를 따르게 될 것으로 보고 있다.

따라서 티모티 새비즈는 한반도 통일 후에 주변 4강 안보의 불확실성을 해소시킬 수 있는 방안은 주변 4강이 한반도 중립화에 합의하는 것이라고 본다. 중립화된 한반도는 동북아를 보다 안전하게 할 뿐만 아니라 아시아대륙과 일본을 잇는 교량으로서 지역내의 모든 국가들과의 활발한 경제관계를 통해 동북아 경제를 크게 발전시킬 것이라 한다.

그런데 이러한 중립화를 위해 먼저 취해야 할 조치는 한반도 내의 긴장완화가 필요하다고 한다. 단기적으로는 남북한 간의 경제협력 강화에 치중하는 것이 가장 좋은 방법이라 한다. 예를 들면 남한측이 제의한 남북한 철도연결, 금강산 육로관광, 개성공단사업 등이다. 이때 남북한 간의 경제협력은 미국과 북한 간의 관계정상화 교섭과 병행하여 추진해야 한다고 주장한다. 그리고 북한의 핵 및 미사일 계획에 대한 우려를 줄여야 할 뿐만 아니라 비무장지대 양측의 전방배치 병력을 감축시킬 필요가 있다고 한다. 또한 미군철수 문제가 당연히 교섭되어야 한다고 본다. 미국은 지금까지 주한미군철수 논의를 거부해 왔다. 그렇지만 평화통일은 남한과 미국이 먼저 북한의 존립권을 보장하는 것 즉 북한의 안보 우려에 대한 어떤 종류의 보장 제공없이는 불가능 할 것이다.

이상을 염두에 두고, 남북한 화해과정의 어떤 시점에서 주변 4강을 중립화에 참가시키는 것이 필요하다는 것이다. 이때 중립화 통일의 시기나 성격은 남북한이 스스로 결정할 문제라 한다. 중립화 통일을 위해서는 주변 4강이 한반도 통일을 안심하고 지지할 수 있게 하는 환경조성에 치중해야 하며, 이것은 통일 한반도 내의 군비제한, 외국군대 주둔 금지를 보장함으로써 가능할 것이라 한다. 한반도 주변 4강은 한반도의 식민지화, 분단, 그리고 한국전쟁에 관여했기 때문에 이제 통일문제를 해결해야 할 도의적 책임이 있다는 것이다.[271)]

김용운의 안

수리철학을 전공한 수학자인 김용운 교수는 통일, 영세중립, 그리고 동아시아공동체는 삼위일체이며 동시에 진행되어야 한다고 하면서, 중립화 통일과 관련하여 다음과 같이 주장하였다.

통일은 외세의 간섭이 배제된 자주 통일이어야 하고, 이를 위한 가장 현실적인 방안은 영세중립국가가 되는 것이다. 한반도의 지정학은 4개국 중 어느 한 나라가 부정적인 태도만 보여도 즉각 연쇄작용이 발생하는 구조이다. 따라서 통일은 미, 중, 러, 일 4개국 사이의 관계가 한반도를 중심으로 균형과 안전을 이룰 때만 가능하다. 한반도가 내분을 피하고 외국으로부터의 간섭과 침략을 막기 위해서는 영세중립화가 가장 현실적인 방안이다. 영세중립국이 되기 위해서는 오스트리아의 성공사례처럼 차근차근 단계를 밟아가며 주변국의 동의를

271) 티모티 새비즈(Timothy Savage), "동북아 안보와 한반도 통일을 위한 중립", 강종일, 이재봉 편저, 한반도의 중립화통일은 가능한가 (서울: 들녘, 2001), 323-331면.

차례대로 얻어 대세를 끌어가는 지혜가 필요하다.

한반도 영세중립을 위해서는 다음 조건들이 선행되어야 한다. 먼저, 영세중립화를 위해서는 국내뿐만 아니라 해외에 거주하는 한민족 전체의 합의를 도출해 내는 일이 중요하다. 다음으로, 주변국과의 균형적인 관계와 이들의 이익이 보장되는 윈-윈 구도가 마련되어야 한다. 특히 지리적, 문화적으로 가까운 한, 중, 일로 구성되는 동아시아공동체(EAU)를 형성하되, 미국과 러시아에게 소외감을 주지 않도록 준회원국으로 가입시키는 것이 바람직하다. EAU는 일차적으로는 아시아의 금융안정과 지역개발을 위한 것이다. 그러나 한반도 통일과 영세중립을 위해서 일본과 중국의 긴밀한 협조가 필요하므로 한, 중, 일이 중심이 되어 대만, 북한, 러시아의 연해주를 포함하는 동아시아공동체가 바람직하다. 남북문제는 당사국들의 직접적인 접촉보다는 EAU라는 넓은 틀에서 만날 때 더 큰 실효성을 거둘 수 있다. EAU라는 객관적인 입장에서 대화 분위기를 조성할 수 있다. 특히 통일문제는 단순히 남북문제만은 아니며, 한반도에서 첨예한 대립을 거듭해온 미, 일, 중, 러와 관련되어 있으므로 동북아시아의 미래라는 큰 구상에서 생각해야 한다. 때문에 EAU의 구상은 통일을 위해 유익한 접근법이며, 동아시아의 협력구조는 미국의 일국주의를 견제하는 적절한 조직이 될 수 있다. 그리고, 주한미군을 UN군으로 대체할 필요가 있다. 현실적으로 가장 큰 문제가 되는 것은 주한미군 철수 문제이다. 영세중립과 통일이 이루어진 이후에는 외국군이 주둔할 수 없다. 그러나 영세중립이나 통일이 완전히 정착되기 전에 미군이 철수할 때는 지금까지 유지되어 왔던 한반도의 군사적 균형이 무너져 돌발 상황에 대처할 수 없으므로 한동안 UN군이 주둔하는 것을 고려해 볼 필요가 있다.

우리 주변에 감도는 위기 상황에 대한 이상적인 안전장치로써 한반도 중립화가 가장 유효한 것이다. 지금 당장이라도 남과 북이 함께 한반도 중립화를 선언하고 휴전선으로부터 함께 군을 철수시키고 병력을 일정수준으로 내린다면 미국이 북한을 위험국가로 지목할 이유가 없어진다. 군비축소로 발생하는 여유 예산을 북한의 경제난 등의 복구에 사용할 수도 있다.

2000년 6월 15일 남북정상회담은 영세중립안에 희망을 갖게 하였다. 이로 인해 영세중립론은 현실성을 지니게 되었고, 오늘날 한국의 군사력과 경제력은 국민 스스로의 의지만 확고하다면 충분히 중립화를 선언할 수 있는 수준에 이르렀다고 보고 있다.272)

장명하의 안

장명하 전 콜롬비아 대사는 통일 방안으로서의 중립화 통일 방안은 40년 외교관 생활에서 생긴 직관이라 한다. 이와 관련한 장명하의 주장은 다음과 같다.

분단 문제는 미봉책으로 해결할 수 없고, 근본적인 치유책이 필요하며 그것이 영세중립통일 방안이다. 한반도 주변 4강의 이해관계는 각각 다르고 이들은 모두 세계전략을 가지고 있다. 현재 한반도는 이런 세력경쟁의 한 가운데서 진퇴양난에 빠져 있는 형국이다. 따라서 먼저 한반도의 안전을 지키겠다는 결심을 하고 영세중립을 4강과 전세계에 국책으로 선포하자는 것이다.

그런데 미국과의 동맹관계 속에서 미군이 남쪽에 주둔하고 있는데, 이로 인해 우리가 잃은 것은 없는가 하는 문제를 생각해 보아야 한다. 우리가 안보를 미국에만 의존하는 습관이 생긴 것은 아닌지 반성해 보아야 한다. 외교, 국방문제를 독자적으로 처리해야 한다는 당

272) 김용운, "통일, 영세중립, 그리고 동아시아공동체", 한민족 르네상스 (서울: 한문화, 2002), 238-266면.

위성을 잃고 있는 것이다. 영세중립통일에 대한 우리의 결심과 능력, 사전준비가 확실하다면 4강은 모두 긍정적으로 동의할 것이다. 그렇게 하는 것이 4강에게도 이익이 될 것이기 때문이다.

한국이 미·일 뿐만 아니라 중·러 등과 국교를 맺은 지도 10년을 넘기고 있다. 지금이야말로 영세중립통일을 여론화하는데 가장 적합한 시기라고 판단된다. 그런데 중립화 선언을 정부나 정치인들에게 맡겨서는 안되고, 민중이 나서야 한다. 깨어있는 민중이 주도적으로 제기해야 한다. 우리는 우리의 운명에 대해 발언할 권리가 있다는 것이다.[273)]

해리슨의 안 — (2)

해리슨(Selig S. Harrison)은 미국 중견 언론인으로 오랫동안 기자로서 한국을 취재했고 미국 언론인으로서 한국전쟁 이후 처음으로 김일성과 면담하였으며 북한을 모두 일곱 번이나 방문하였다. 해리슨의 저서 [코리안 엔드게임]은 북한을 이해하는 관점에서 서술하고 있으며, 미군철수와 한반도 비핵중립화를 주장하고 있다.

해리슨은 북한은 미국과의 전쟁 이후 북한의 안보 위기 즉 이른바 '상시 포위 심리'를 가지고 있다고 한다. 주한미군과 미국의 핵전력은 북한으로 하여금 안보 위협을 느끼게 한다는 것이다. 해리슨은 냉전 종식과 2000년 6월 남북정상회담으로 주한미군의 장래에 관한 논의가 촉발되었다고 본다. 주한미군은 남북한 간의 긴장을 고조시킬 뿐만 아니라 중국과의 심각한 긴장을 초래할 것으로 보고 있다. 따라서 탈냉전 시대에 있어서 미국의 국익과 부합하는 새로운 한반도 정책은 탈개입(disengagement)으로 단계적인 미군철수와 북한의 군비축

273) 장명하, 인터뷰: 장명하 전 콜롬비아 대사의 영세중립화통일방안, 민족 21 제11호 (2002), 108-109면.

소를 연계시킨 후 최종적으로 주변국가의 동의하에 한반도를 비핵중립화하는 것이라 한다. 남과 북이 연방제 방식의 공존을 이룬 비핵중립화를 주장하고 있다. 해리슨의 구체적인 주장은 다음과 같다.

한반도 평화정착을 위해서 먼저 요구되는 조치는 군사정전위원회[274)]를 북한이 제안하는 3국안보위원회(남한, 북한, 미국)로 대체하고, 동시에 1991년 합의했으나 아직도 이행되지 않고 있는 남북군사공동위원회[275)]를 활성화해야 한다. 이들 상호 연관된 두 개의 조치가 완료되면, 미국은 미국과 북한, 중국 사이에 체결된 휴전협정을 평화조약으로 대체하고, 1991년의 기본합의서를 격상시킨 별도의 남북평화협정을 추진하면서 유엔군사령부를 해체한다. 그 다음에는 이러한 합의를 유엔안보리에 상정하여 한국전쟁의 공식적 종결을 선언한다. 유엔은 유엔군사령부의 해체를 공식적으로 승인한다. 이것으로 군비축소와 긴장완화에 대한 협상을 위한 기본장치가 완료된다.

그런 다음, 3국안보위원회와 남북군사공동위원회는 우선 전진배치된 북한군 공격용 무기 즉 중포 및 장갑차, 다연장로켓포 등이 사정거리안에 서울이 포함되지 않도록 이에 대한 철수를 논의한다. 미군과 남한의 군대 역시 전진배치를 해제해야 하는데 서울의 위치를 고려할 때 북한군의 철수거리가 더 멀어야 할 것이다. 비대칭적인 부대철수에 대한 보상으로 워싱턴과 서울은 평양이 공격용 무기로 간주하는 아파치 공격용 헬기와 같은 무기체계를 제거하고 미 공군의 일부

274) 1953년 7월 27일에 성립된 '한국군사정전에 관한 협정'에 의거하여 설치되었으며, 쌍방 5명의 대표로 구성되었는데, 유엔군측 대표단은 미군 장성 1명, 한국군 장교 2명, 영국군 장교 1명, 기타 유엔참전국 장교 1명으로, 공산군측 대표단은 북한 장교 4명과 중국군 장교 1명으로 구성되었다.

275) 남북 사이의 화해와 불가침 및 교류, 협력에 관한 합의서의 제12조에, 남과 북은 불가침의 이행과 보장을 위하여 이 합의서 발효 후 3개월 안에 남북군사공동위원회를 구성, 운영한다. 남북군사공동위원회에서는 대규모 부대이동과 군사연습의 통보 및 통제문제, 비무장지대의 평화적 이용문제, 군인사교류 및 정보교환문제, 대량살상무기와 공격능력의 제거를 비롯한 단계적 군축 실현문제, 검증문제 등 군사적 신뢰조성과 군축을 실현하기 위한 문제를 협의, 추진한다.

또는 전부를 일본이나 괌, 하와이로 철수하는 것을 포함해 주한미군의 부분적인 철수문제를 다룰 필요가 있다.

한미 양국의 군사지도자들은 북한이 병력을 전방으로 재투입하는데 오랜 시간이 걸리지 않을 것이라고 우려할 수 있기 때문에, 감시를 용이하게 하고 남한이 공격을 받을 경우 경고시간을 최대한으로 확보하기 위해 쌍방은 자신들의 포대를 개활지에 배치할 필요가 있고, 미국은 지휘 및 통제, 목표물설정, 정보수집 등을 위한 시설들을 계속 보유한다. 한미상호방위조약이 이 단계에서도 여전히 유효하므로 미국은 유사시 미군을 재투입 시킬 수 있는 법적 지위를 확보하고 있다. 한미상호방위조약은 중국이 북한과 맺고 있는 방위조약을 폐기하고 러시아가 예전의 방위공약을 현실화하지 않는다는 전제 아래서만 폐기될 수 있다.

북한의 장거리 미사일과 핵무기 개발을 저지하기 위해서는 최소한 부분적인 미군철수가 선행되어야 한다. 그리고 잔류 미군의 성격을 북한에 대한 적대적인 존재로부터 성실한 중재자로 전환시켜야 한다. 이러한 경우에는 북한은 주한미군의 완전 철수를 요구하지 않을 것이라는 입장을 근래에 밝혀왔다. 북한은 주한미군의 성격에 근본적인 변화가 일지 않는 한 자기방어를 위한 프로그램의 개발을 결코 포기하지 않을 것이다. 미군의 단계적 철수는 10년 이내의 기간 속에 완료되어야 한다.

일단 군비통제의 과정이 시작되면, 미국은 남한과의 군사관계를 주일미군을 모델로 재조정하기 위한 협상을 진행한다. 한미연합사령부를 주일미군의 지위와 유사한 형태, 즉 보다 대등한 관계구조로 전환시키고 한국군에 대한 작전권을 이양한다. 그러나 이러한 조치는 상당한 정도로 긴장완화에 중요한 진전이 있음을 전제로 한다.

이러한 일련의 과정에서 남북한 양측의 강경론자들이 저항적인 태도를 취할 수도 있다. 물론 북측이 군비축소에 동의하지 않는다면 주한미군은 계속 주둔 가능하다. 그러나 극심한 경제난을 겪고 있는 북한이 강경한 태도로 일관할 가능성은 별로 없다. 문제는 남한이다. 경제적인 압박을 상대적으로 덜 받는 남한은 현상유지에 집착하여 협상에 훼방을 놓을 수 있다. 이 경우 미국이 단독으로 북한과의 협상에 임해 미군철수를 비롯한 북한과의 군비통제 합의를 추진해야 한다.

10년이 넘지 않는 기간에 미군을 점차 철수시켜야 한다. 미군철수가 단계적이고 점진적으로 이루어진다면, 남한은 군사적 능력의 주요 격차를 메울 시간을 벌 것이고, 북한과 화해를 추구하는 남한내 세력이 강화될 것이다. 미군철수를 군비통제에 연계시키는 것은 실행가능한 일이다.

이러한 군사협상과 병행하여 북한에 경제적 유인을 제공할 필요가 있다. 미국정부는 경제 제재조치를 완화하고 대규모 식량원조를 제공해야 한다. 또한 북한을 테러국가 명단에서 삭제하여 세계은행이나 아시아개발은행 기타 기구의 지원을 받을 수 있도록 해야 한다.

미국은 남북한 사이에 성실한 중재자로서 새 역할을 해야 할 뿐만 아니라 중국, 러시아, 일본과 함께 한반도 안보 대화를 주도해야 한다. 미국은 미군철수 이후 야기될 수 있는 불안정을 방지하고 군비통제를 강화하기 위해서 마지막 단계로 외국군대의 한반도 개입을 금지하는 미국, 중국, 러시아, 일본 4개국의 한반도 중립화 협정을 추진한다. 계속해서 미국은 남북한 정부를 포함한 6개국 정부가 한반도에서의 핵무기 생산, 사용, 배치를 금지하는 한반도 비핵화 협정을 체결한다. 이후 워싱턴은 한반도 문제에 대해서 초월적 태도를 견지하여 단순히 조언만을 제공하는 제3자적 역할을 하게 될 것이다. 모든 문제의 해결은 완충국가로서 통일한국의 잠재력과 민족주의에 의존하게 될 것이다. 한국의 민족주의는 완전한 통일을 이끌어 낼 만큼 강력하다.

미군철수와 연계시켜 한반도가 비핵중립화 되었을 때 남북한은 느슨한 연방제하에서 상호 공존하면서, 시간의 흐름과 더불어 민족주의에 힘입어 통일한국으로 이행될 것이다. 이와 관련하여 북한은 본래 통일의 잠정적 단계로서 연방제를 구상하였으며 단일화된 군대와 외교를 전제로 하는 연방제를 제안해 왔다. 그러나 현재 북한은 연방제를 과도기적 단계가 아닌 최종 단계로 간주하고 있으며 양측이 독자적인 군대와 외교관계를 가지는 느슨한 연방제(연합제)를 원하고 있다. 불특정 기간 동안 남과 북이 각각 정권을 유지하면서 공존하는 연방제이다.

연방제의 출범은 남과 북에 모두에게 커다란 상징적인 의미를 부여할 것이다. 북한은 체제공존의 제도화 조치에 의해서 흡수통일의 두려움에서 벗어날 수 있게 될 것이며, 남한은 궁극적인 통일의 희망을 간직한 상태에서 적당한 시기가 올 때 까지 공식적 통합의 논의를 연기할 수 있는 정당화의 논리를 제공받게 될 것이다.

느슨한 국가연합으로서 연방제가 통일한국에 이르는 과정을 다음과 같이 예상한다. 북한은 연방제에 논의를 준비하고 있기는 하지만 실질적인 단일국가 건설은 경제력을 회복한 뒤로 늦추고 싶어한다. 통일을 향한 의미있는 진전은 짧게 잡아도 10년 또는 그 이상으로 늦춰질 가능성이 높다. 이 기간에 북한이 경제적 안정을 성취하고 시장경제에 기반을 둔 점진적 개혁 정책을 채택한다면 남북간의 이데올로기적 편차는 줄어들 것이다. 그렇게 되면 양쪽 모두 체계적인 교류를 구조화하는 방법으로 연방제에 매력을 느낄 수도 있다. 연방제가 확립되면 휴전선 양편의 폐쇄적 국가주의가 이완되어 더 큰 통합을 위한 진전이 가속화될 것이다. 게다가 인종적이며 언어적인 동질성을 바탕으로 한 1300여 년 통일국가의 역사는 남북한 주민 머릿속에 각인되어 있다. 일단 연방제가 뿌리를 내리면 집단적 정체성이 한국의

민족주의 감정을 자극하여 통일의 과정은 가속화될 가능성이 많다는 것이다.276)

주종환의 안

민족화합운동연합 대표의장인 주종환 교수는 북핵문제 해결을 위한 6자회담에서, 낮은 단계의 연방제/연합제를 바탕으로 한 한반도 영세중립화가 논의될 가능성이 대단히 높다고 보고 있다. 이와 관련한 주장의 내용은 다음과 같다.

북핵문제를 둘러싼 6자회담에서는 한반도 평화체제 확립을 위한 포럼을 갖기로 당사국간에 합의된 바 있다. 앞으로 6자회담에서 한반도 평화체제 수립과 관련하여 필연적으로 낮은 단계의 연방제/연합제 통일과 한반도 중립화 통일 문제가 논의될 전망이다. 북핵문제 해결방안을 논의하는 과정에서 한반도 평화체제 구축의 가장 현실적인 방안으로 한반도 영세중립화 통일방안이 탁상에 올려 질 가능성이 농후하다. 여기서 남북이 합의한 낮은 단계의 연방제/연합제를 바탕으로 한 한반도 영세중립화 방안을 가지고 일반 대중을 설득하는 것이 가장 효과적일 것이다. 영세중립화를 위한 운동을 전개할 필요가 있다. 6자회담의 과정에서 남북한 당국이 중립화의 합의에 도달하고, 주변 이해당사국들이 한반도 중립화에 합의한다면 한반도 중립화를 위한 국제적 합의가 결코 불가능하지 않을 것이다. 낮은 단계의 연방제/연합제에 의한 통일정부 수립과 이를 바탕으로 한 한반도 영세중립화, 그리고 이

---

276) Selig S. Harrison, Korean Endgame: A Strategy for Reunification and U.S. Disengagement (Princeton : Princeton University Press, 2002). 이홍동 외 옮김, 셀리그 해리슨의 코리안 엔드게임 (서울 : 삼인, 2003).
장원석, "미군철수와 한반도 비핵중립화의 정치학-셀리그 해리슨의 겨우-", 법과 정책 제8호 (2002), 249-250면, 258-259면.

에 대한 6자회담을 통한 국제적 합의의 실현이 가능할 것이다.

이를 위해서는, 6자회담에서 특히 미국에 대하여 한반도 평화정착에 걸림돌을 놓지 못하도록 촉구하고 압박하여 한반도 평화체제 구축을 수용하게 될 경우에, 6자회담에서 주요 협상 의제가 '남한과 북한의 체제 보전과 영세중립국 선언을 전제로 한 낮은 단계의 연방제 통일정부 승인'이 되고, 동시에 이와 관련되는 협상 의제로 북미 간의 정전협정의 평화협정으로의 전환, 유엔사 해체, 북미수교와 북일수교, 주한미군 철수를 위한 제반 여건 조성 등이 그 내용이 될 가능성이 농후하다.

연방제를 전제로 한 영세중립화는 당연히 외국군대의 철수와 외세와의 일체의 군사동맹의 파기 없이는 불가능하다. 한반도 중립화는 논리적으로 미군철수로 이어지게 될 것이다. 그리고 유엔사가 해체되어야 한다는 점이다. 현재 유엔사는 휴전선의 관할권을 가지고 남북간의 일체의 인적 물적 왕래와 교류에 대한 통제권을 행사하고 있다. 유엔사는 한민족의 자주권을 결정적으로 침해하는 존재일 뿐만 아니라 남북간의 교류와 협력을 통제하고 간섭하는 수단으로 작동하고 있다.[277]

그리고 민족주의에 입각하여 최종 단계의 통합(통일)이 가능할 것으로 보고 있다. 즉, 우리 민족끼리라는 민족주의에 입각한 동족의식은 사회통합의 동력으로서 여전히 폭발적 위력을 간직하고 있다는 것이다.

그런데 여기서 언급하고 있는 '낮은 단계의 연방제/연합제에 의한 통일정부'가 최종 단계의 통일정부를 의미하는지, 중간 단계의 통일정부를 의미하는지를 분명히 밝히고 있지는 않지만, 최종 단계의 통일정부를 의미하는 것은 아닌 것으로 보인다.

---

277) 주종환, "한반도 자주, 평화운동과 중립화 통일", 강종일 편저, 한반도 중립화로 가는 길 (서울 : 광양사, 2007), 200-225면.

박후건의 안

일본 와세다대의 박후건 교수는 앞으로 동북아시아에서 중, 일 간의 패권 다툼이 가시화되고 가속화될 것이기 때문에 먼저 남한과 북한이 각각 중립화(선중립화)되어 한반도가 중, 일 간의 완충지대로서 힘의 균형자 역할을 해야 한다고 주장하고 있다. 그 다음으로 이와 같이 남북이 각각 중립화되어 같은 중립화된 국가로서 서로 절실히 필요하고 용이한 부분부터 차례로 협력하면서 인내심을 갖고 지속적으로 확대해 나가는 점진적인 통합을 통해 통일을 이룰 수 있다고 한다. 이와 관련한 주장의 내용은 다음과 같다.

일본은 미국을 등에 업고 보통국가를 추진중에 있다. 보통국가가 된다는 것은 일본이 군사대국이 되는 것을 의미한다. 일본의 보통국가 추진은 동북아시아에서 군사비 경쟁을 불러 일으킬 것이고, 중국과 일본 간의 긴장도 높아질 것이다. 미국과 일본은 중국을 견제하기 위해 미일동맹을 확고히 하고 있고, 일본은 더욱 적극적으로 중국을 견제할 것이다.

일본과 중국 간의 관계가 악화되고 더 나아가 적대적으로 된다면 미국과 동맹관계를 맺고 있는 한국은 미일동맹 구조 속에 하위 파트너로 편입되어 있는 상태이고 지정학적으로 중국과 바로 인접하고 있기 때문에 일본과 미국의 중국 견제정책의 최전방에 서게 될 것이다. 이는 결국 미일동맹을 더 강화시켜 동북아시아에서 중국을 견제, 포위하는 결과만 낳을 뿐이다.

한미동맹 강화는 결과적으로 동북아시아에서 일본의 힘을 더욱 강화시켜 주어서 중·일 간의 힘의 균형을 깨어 동북아 평화에도 역행하는 한국으로서는 매우 위험한 외교노선이 아닐 수 없다. 중국은 한국의 최대 수출시장, 투자시장, 교역시장이 되었고, 한국도 중국의 제2

의 투자시장, 제3의 교역시장이 되었다.278) 한국이 중국과 대립한다는 것은 무역이 국가경제의 가장 중요한 부분을 차지하고 있는 나라로서는 결코 추진하여서는 안되는 자충수이다.

동북아시아에서 긴장이 높아지는 이유는 표면적으로는 미국의 중국 견제정책으로 보이나 본질적으로는 중국과 일본의 패권 다툼이다. 여기서 일본은 한국이 중국과 더욱 친밀한 관계가 되어서 공동으로 일본을 고립시키는 것을 가장 걱정하고 있다. 그리고 중국은 한국이 미일동맹에 편입되는 것을 가장 우려하고 있다.

이러한 상황 속에서 한국이 선택하여야 할 최선의 외교노선은 한미동맹 강화가 아니라, 그 누구하고도 동맹과 조약을 맺지 않는 중립화이다. 한국의 중립화 더 나아가서 한반도 중립화는 한반도를 둘러싸고 있는 강대국인 중국, 일본, 미국, 러시아 모두에게 무해한 외교노선이며 한국의 정체성을 지키며 이를 바탕으로 정치를 안정시키고 경제를 발전시킬 수 있는 전략이다. 한반도 중립화는 중국과 일본 사이에 완충지대가 생기는 것이며, 동북아시아에서 중·일 간의 힘의 균형자 역할을 하게 될 것이다.

여기서 보다 현실적이고 효과적인 중립화 방안은 남과 북이 각각 중립화되는 것이 필요하다. 남과 북은 동북아 평화 안보체제에 관한 논의를 한반도 중립화 논의로 대체하여 한반도 중립화의 틀을 만들어내야 한다. 남북한 중립화는 2.13합의 이행이 성공적으로 끝나고 북미관계정상화가 이루어진 후 남북이 동시에 추진하여야 할 것이며 동북

278) 1992년 수교 당시에서 2009년 사이에 즉 지난 18년 동안에 한국과 중국의 교역 규모가 22배나 급증하였다. 1992년 63억8000만 달러였던 양국 교역액은 2009년에는 1409억 달러로 한국의 대미, 대일 교역양을 합친 것보다 많고, 2010년에는 1700억 달러를 넘어설 것으로 전망된다. 현재 한국의 최대 수출국, 수입국 모두 중국이다. 2009년에 중국을 방문한 한국인은 320만명으로 수교 당시 4만명의 80배나 되었다. 중국으로 유학 온 한국 학생과 한국에 유학 중인 중국 학생의 수도 각각 6만7000명과 6만3000명으로 합쳐서 13만명에 이른다.

아시아 평화체제의 한 방편으로 6자회담의 틀 속에서 진행시켜 타이밍을 잘 맞추어야 한다. 이때 북한은 중립화가 되어 보다 안정된 여건에서 경제재건을 먼저 이루어야 한다.

통일은 한반도가 온전한 중립화되는 것보다 훨씬 어렵고 시간이 많이 걸리는 과제이기 때문에 더욱 신중하게 전략을 세우고 인내심을 가지고 진행시켜야 한다. 통일은 통합을 뜻하는 것이므로 남북의 상이한 제도를 서로 바꾸고 수정하고 서로 적응하여 가는 과정을 말한다. 이 과정은 통합에 연결되어 있는 것들을 바꾸어 조정하고 또 바뀐 제도에 대한 적응이 필요하기 때문에 서로 간에 많은 노력과 인내를 요하는 작업이다.

남북은 남북 FTA나 남북공동관리 경제특구와 같은 경제공동체를 발동하여 통일의 바탕을 만들어가야 한다. 경제공동체는 남북 간의 관세를 공동으로 결정하고 개성공단과 같은 특구의 남북공동관리 등으로 시작될 수 있을 것이다. 남과 북의 상이한 제도는 각기 50년 동안 나름대로 추진력을 갖고 진행되어온 것이기 때문에 이것이 가지는 관성 또한 매우 크며 무시할 수 없다. 상이한 두 제도를 하나로 묶는다는 것은 많은 시간과 노력이 필요하다. 그러므로 신중히 그리고 철저한 준비단계를 거치면서 통합을 이루어내야 한다[279]는 것이다.

그러나 90년대 이후의 이러한 중립화 통일론에 대하여 다음과 같은 반론도 제기되었다. 한반도 전문가들인 로버트 매닝 미국 외교협회 선임연구원과 제임스 프리스텁 미국 국방대학 선임연구원은 1999년 10월 국제전략연구소(IISS) 계간지에 기고한 '아시아의 전환기 외교 -미래 충격 방지'라는 글을 통해 한반도 통일에 따른 동북아 안보 변화 상황을 집중 점검하였다. 통일한국의 안보 전략에는 4가지의 시

279) 박후건, 중립화 노선과 한반도의 미래 (서울 : 선인, 2007), 207-266면.

나리오가 있으며, 영세중립국, 군사 외교 전략적 독립, 한-중 제휴, 한미 동맹 유지가 그것이라는 것이다. 여기서 스위스와 같은 영세중립국이 되는 것은 한국의 역사와 잘 어울리지 않는다. 통일이 이뤄질 때 한국은 상대적으로 약화된 상태일텐데, 주변 강국들의 신의에 바탕을 둔 중립국의 지위로 안보를 맡기기 보다는 오히려 불신이 더 클 수 있을 것이다. 이러한 관계로 한국은 미국과의 안보 연계를 계속 유지하는 한미동맹을 선호할 것이라고 주장한다.[280]

이러한 주장은 한반도 주변의 4강이라는 고래들로부터 언제나 등이 터져왔던 새우로서의 위치를 현실적으로 직시하고, 현실주의에 입각하여 한미동맹을 통해 한반도의 냉전구조와 동북아 민족주의 충돌 속에서 전쟁 가능성을 희석시켜야 한다는 입장[281]과 같다.

그리고 김학준 동아일보 회장은 2009년 팍스코리아나 연구소 세미나에서, 이제 우리 민족의, 국가의 힘이 크게 신장된 점을 들고 있다. 10대 또는 11대 무역대국으로 상당히 큰 나라가 되어, 이제 G20에도 포함이 되기에 이른 점을 지적하고 있다. 다음으로 북한이 중립화에 아주 부정적인 입장을 가지고 있기 때문에, 우리의 협상의 한쪽인 북한의 저항을 고려할 때 중립화가 가능할 것인가를 지적하고 있다.[282]

---

280) 조선일보 1999년 10월 30일자
여기서, 통일한국이 군사 외교적 차원에서 전략적 독립을 추구할 가능성은 많아 보이지 않는다고 한다. 그리고 한-중 제휴는 중국과의 역사적 관계를 감안할 때, 중국의 새로운 변방이 되는 것은 한국이 가장 두려워 하는 상황인 만큼 한국이 원하는 시나리오는 아니라고 한다.

281) 강성학, 새우와 고래싸움: 한민족과 국제정치 (서울 : 박영사, 2004).

282) 김학준, “동북아 집단안보체제 구축과 한반도 중립화 통일 전략”, 팍스코리아나 연구소 세미나 (2009).

제4장

한반도 중립화론의 종합적 고찰 및 평가

제1절…조선조 말기의 중립화론

제2절…해방 이후의 중립화론

본장에서는 제3장에서 구체적으로 개관해 본 여러 중립화론을 종합적으로 볼 때 어떠한 특징들을 가지고 있는가 하는 문제와, 왜 그와 같은 중립화론이 구현되지 못했는가 하는 원인 문제를 분석해 보고자 한다. 원인 분석은 제2장의 분석틀에서 제시되어진 내적 조건과 외적 조건으로 나누어서 고찰해 보고자 한다.

제1절 조선조 말기의 중립화론

조선조 말기의 중립화론에 대한 종합적 고찰과 평가(중립화 가능조건 충족 문제)를 다루고자 한다.

1. 종합적 고찰

종합적 고찰에서는 제3장에서 구체적으로 개관해 본 조선조 말기의 諸중립화론의 특징을 비교 고찰하며, 조선조 말기의 중립화론의 내용을 다음의 표에서와 같이 요약하여 도식화해 보고자 한다.

임오군란에서 러일전쟁 사이에 제기된 조선조 말기의 중립화안을 아래의 각 기준에 따라 비교 고찰하면 다음과 같다.

1) 중립화와 전시국외중립, 중립외교, 공동보호로 나누어 보면, ① 井上馨의 안, 報知신문의 안, 보아쏘나드의 안, 묄렌도르프 부들러의 안, 김윤식, 유길준, 로즈베리, 김옥균, 김가진, 陸奥宗光의 안, 영국정부, 대한제국정부(알렌), 샌즈, 김병식, 이즈볼스키, 파블로프, 이한응

의 안이 중립화를 제안한 안이고 ② 竹添進一郎의 안, 주한영국공사(폭스, 윌킨슨)의 인천국외중립안은 전시국외중립이며, 현영운, 현상건, 대한제국의 안도 중립화가 아니며 전시국외중립으로 전시국외중립이라도 보장받으려는 것이었다. ③ 독립협회의 중립외교는 중립외교정책을 표명한 것이며 ④ 오코너와 井上毅은 공동보호를 제안한 것이다.

2) 시대적 배경에 따라 비교해 보면, 임오군란에서 청일전쟁 이전까지의 안에는 청·일 대립과 영·러 견제, 그리고 청일전쟁 이후에서 러·일 전쟁까지의 기간에는 러일 대립(1898년 3월까지는 러시아 우세, 1898년 3월 이후는 일본 우세)이라는 시대적 배경을 반영하고 있다.

3) 제안된 중립화안을 목적에 따라 비교해 보면 다음과 같다.

(1) 자국 세력에 의한 한반도 지배가 어렵게 되었을 때, 경쟁관계에 있는 타국 세력에 의하여 한반도가 독점지배 되는 것을 방지하기 위하여 중립화를 제안하는 경우이다. 조선에 진출했던 일본세력이 청국세력에 압도되어 한국에서 물러서지 않을 수 없게 되었을 때 청국이 조선에 대해 종주권을 행사하는 형식으로 독점 지배하는 것을 우려하여 일본이 제안한 안이 이에 해당된다. (2) 수개의 세력이 한반도 지배를 둘러싸고 대립할 때 자국의 이익과 관련하여 한국의 안전과 독립 유지 방법으로 제3국이 중립화를 권고하는 경우이다. 묄렌도르프의 구상에 따라 부들러가 청·일·러 3국 보장하에 조선을 중립화할 것을 권고한 안이 이에 해당되다. (3) 대항관계에 있는 일방국의 한반도에서의 세력팽창을 견제하기 위해 중립화를 제기하는 경우이다. 러시아의 조선 진출이 영국의 극동정책과 대립되는 것이었으므로 러시아세력의 견제를 통하여 한반도에서의 영국과 러시아 간의 세력균형을 위해서 거문도 철거에 따른 보장 조치로써 중립화를 제기한 영국의 안이 이에 해당한다. (4) 한반도 독점지배를 의도한 2대 세력 중 일방국이 다른 지역을 중심으로 한 정책적 전환을 했을 때 그 지역에서

의 기득권 확보와, 타방국의 한반도에서의 독점지배를 견제하기 위하여 중립화를 제기하는 경우이다. 러시아가 의화단 사건을 계기로 만주를 점령하고 만주 경영에 중점을 두고 기득권을 확보함과 동시에, 일본에 의한 한반도 독점지배를 견제하기 위하여 제기한 안이 이에 해당된다. (5) 대립되는 열강의 각축 속에서 한반도의 안전보장과 독립을 위해 중립화를 제기한 경우이다. 한국정부와 한국인에 의해 제기된 안과 샌즈의 안이 이에 해당된다.

(1)과 (4)의 경우는 한반도를 침략하여 지배하고자 하는 대항관계에 있는 국가가 세력관계가 불리하다고 느낀 국면에서 상대방 국가의 한반도 진출을 견제하기 위한 수단으로서 제안된 것이다. 이것은 침략의도를 대전제로한 일시적인 제안으로 한반도의 안전보장과 독립을 부정하고 있는 것이라 할 수 있다. (3)의 경우는 이해관계 당사국간의 세력균형에 중점이 있는 것이고 한반도 중립화 자체는 부차적인 것이라 할 수 있다.

4) 제안자의 성격에 따라 비교해 보면, (1) 특정국가의 정책적 목적이 전제되어 제기된 안으로는 일본의 안, 러시아의 안, 영국의 안, 독일의 부들러의 안이 있다. (2) 한국정부차원에서 제기된 안으로는 김윤식, 김가진, 조병식(이하영), 이한응, 샌즈의 안이 있으며, 이중 조병식(이하영)의 안은 러·일대립 상황하에서 일본을 견제하는 러시아와 연계하여 한국독립 방안으로서 중립화를 제안하고 있다는 점이 특색이다. 그리고 유길준과 김옥균의 안은 개인적 차원에서의 안이다. (3) 한반도를 둘러싼 세력경쟁에 관련된 청·일·러·영 중 청국은 다른 3개국이 정책적 목적을 전제로 중립화를 제안한 것과는 대조적으로 한반도 중립화를 제안한 바가 없다. 이는 청국이 청한종속관계를 유지 강화하고자 하였기 때문이다.

5) 중립화 모형에 대해서 보면, 19세기 유럽의 중립화 선례에 따

라 스위스나 벨기에형의 중립화 모형을 제시하고 있다. 예외적으로 유길준은 러시아의 남하정책을 저지하는데 중립화의 주된 목적을 두고 불가리아의 예를 수용하고 있다. 그런데 객관적으로 바람직한 형태는 무장중립의 스위스형이 이상적이었으나 일시에 그것을 가능케 하는 군비를 갖출 수 없는 당시의 한국으로서는 비무장중립의 벨기에형이 보다 현실적이었다고 할 수 있을 것이다.

6) 중립화 보장국에 대해서 보면, 보장국이 상이함은 제안자의 주변 정세에 대한 인식의 차이를 반영하는 것이다. 그리고 직접적인 대항관계에 있는 국가들을 보장국에 포함시키고 있으며, 직접 대항관계에 있지 않는 국가를 중재 세력으로 보장국에 포함시키는 경우도 있다.[1] 報知신문(영·불·미·독), 유길준(불), 김가진(미·불·이·독), 조병식(미), 파블로프(미), 이한응(영·불)이 그 예이다. 여기서 예외적으로 유길준은 미국을 보장국에서 제외하고 있다. 유길준은 미국은 통상 대상국일 뿐이지, 미국에 군사적 외교적 지원을 기대하는 연미론이 잘못임을 지적하면서 대미 의존 감정이 농후한 조선정책의 친미정책을 경고하고 있다. 청일전쟁 이후에는 청국이 보장국에서 제외되고 있음은 청일전쟁에서의 패배로 한국을 둘러싼 세력경쟁에서 제외되고 있었기 때문이다.

7) 중립화 주도국에 대해서 보면, 주도국에 대한 특별한 언급이 없는 안은 제안 국가가 중립화를 주도하려는 것이라 할 수 있다. 유길준과 김옥균은 조선이 침략으로 희생될 경우 청국도 순망치한의 위기를 당하기 때문에 청국이 중립화를 주도하기를 제안하고 있다. 이때 청국은 청한종속관계를 유지 강화하고자 하였기 때문에 주도 가능성

1) 팽창주의적 성향이 강한 국가들은 현상 타파를 위한 상호 대결을 추구하기 때문에 한반도의 중립화를 쉽게 보장하려 하지 않을 것이다. 또 이들만에 의한 보장은 어느 순간에 대결로 변모할지도 모를 위험성을 내포하고 있다. 이를 방지하기 위해서는 한반도에 정치적 야심이 적은 국가들을 포함시켜 한반도에서 세력균형이 이루어지도록 해야 한다.

은 없었다. 그리고 김가진과 대한제국정부(알렌) 그리고 조병식은 미국을 사심이 없는 우방으로 보고 거중 조정의 역할을 기대하여 미국이 주도하기를 기대하였고, 러시아는 러·일 간의 중재자로서의 역할을 기대하여 미국의 주도를 제안하였다. 그런데 이한응은 영불이 유럽에서와 같이 극동에서도 균형자로서의 역할을 해주기를 바라 영·불이 중립화를 주도하길 제안하였다. 그러나 영국은 동맹국인 일본의 이익에 반대되는 역할을 수행할 이유가 없었던 것이다.

8) 지정학적 위치와 영세중립 개념에 대해, 언급하고 있는 중립화안도 있는 바, (1) 지정학적 문제에 대해 보면, 부들러는 조선은 중국의 뒤뜰과 같은 위치에 있으면서 또 일본과 국경이 닿아 있어서 그 형세가 어쩔 수 없이 분쟁을 일으키게 되어 있다고 하고, 유길준도 우리나라는 지리적으로 아시아의 인후에 위치하고 있다고 하여, 지정학적 위치 문제에 근거를 두고 중립화를 제기하고 있다. (2) 영세중립 개념에 대해 보면, 부들러는 중립국의 영역을 군사적으로 이용하지 못한다는 내용을 중심으로 언급하고 있고, 유길준은 영세중립은 「어느 한 나라가 강대국의 이해관계가 상충하는 요충지대에 위치하여 스스로 자주권을 지키지 못하고 특정한 강대국의 수중에 들어감으로써 국제정세에 큰 영향을 미치고 이웃나라에 화를 미칠 우려가 있을 때 여러 나라들이 합의하여 그 나라를 중립국으로 만들고 평화시나 전쟁시를 막론하고 다른 나라의 군대가 그 국경을 넘지 못하게 하는 조약을 맺으며, 만약 그 조약을 어기는 나라가 있으면 여러 조약국이 공동으로 이를 공격하는 것이다.」[2]라고 파악하고 있다.

9) 중립화의 수용 능력 문제와 관련하여, 샌즈는 내정개혁과 교육개혁이 급선무라 하였고, 부들러는 자주적인 독립 능력을 가지고 있지 못하다고 보았고, 조병식의 제안에 일본은 한국이 5만명의 상비군

2) 유길준전서 권 4, 정치경제편, 「중립론」319-320면.

을 보유할 수 있는 제반 조치를 충족시킬 수 없다고 하여, 중립화 가능 조건 충족에 문제가 있음을 제기하고 있다.

〈조선조 말기의 諸중립화론의 내용 요약〉

	제안자	시대적 배경	중립화형	내용(중립보장국)	목적	비고
(일)	井上馨	임오군란직후, 1882	스위스 벨기에	열강보장	대한종주권배제 (청국세력배제)	청·일대립
(일)	報知신문	임오군란직후, 1882	스위스 벨기에	일.청.영.불.미.독 6국공동보장	대한종주권배제 (청국세력배제)	
(일)	井上毅	임오군란직후, 1882	스위스 벨기에	일.청.미.영.독 한반도 공동보호	대한종주권배제 (청국세력배제)	
(프)	보아쏘나드	임오군란직후, 1882	스위스 벨기에 세르비아 룩셈부르크	청,러,일 3국 공동보장	러시아견제	
(일)	竹添進一郎	청.불전쟁직전, 1884		청.불전쟁 발발시 국외중립권고	대한종주권배제 (청국세력배제)	
(독)	묄렌도르프 (부들러)	갑신정변직후, 청일대립 1885. 2	벨기에 (스위스)	러.일.청 3국공동보장 (러,일,청 3국공동보장)	청.일대립하의 한반도안전보장과 독립 (※러시아의 동남아시아로의 유인)	
(영)	오코너	갑신정변직후, 청일대립 한.러밀약설 1885. 2		청.일 한반도 공동보호	영국의 러시아 견제	
	김윤식	거문도사건직후 1885. 5	벨기에	※묄렌도르프 구상과 같음	청.일대립과 영.러견제하의 한반도 안전보장과 독립	영·러견제
	유길준	거문도사건직후 1885. 12	벨기에 (불가리아)	청.영.불.러.일 보장 (청국 주도)	청.일대립과 영.러견제하의 한반도 안전보장과 독립 특히 러시아(일본) 침략 저지	
(영)	로즈베리	거문도점거 1886. 4		러시아 및 관련국과 국제적 공동보장	영국의 러시아 견제	
	김옥균	거문도사건이후 1886. 7		청.구미열강(청국주도)	청.일대립과 영.러 견제하의 한반도 안전보장과 독립	

	김가진	거문도사건이후 1890. 11	스위스	미.불.이.독.일.청.러.영	청.일대립과 영.러 견제하의 한반도 안전보장과 독립	청·일대립 영·러견제
(영)	주한영국공사 (폭스,윌킨슨)	청일전쟁직전 1894. 7		인천국외중립	일본군의 인천상륙과 군사행동저지	
(일)	陸奧宗光	청일전쟁개전 1894. 8	스위스 벨기에	일.구미열강(일본주도)	대한종주권 배제(청국세력배제) 중립화후 침략대상지화	
(영)	영국정부	아관파천 직후 1896. 5		영,일,미,독,러 보장 (영국주도)	한반도의 러시아 보호국화 우려	러·일대립
	독립협회	청일전쟁후 러일각축 1896-1899		중립외교	러.일대립하의 한반도의 안전보장과 독립	
	대한제국정부 (알렌)	청일전쟁후 러일각축 1899		열강보장 (미국주도)	러.일대립하의 한반도의 안전보장과 독립	
(미)	샌즈	청일전쟁후 러일각축 1900. 1	스위스 벨기에	열강보장	러.일대립하의 한반도의 안전보장과 독립	
	조병식 (이하응)	청일전쟁후 러일각축 1900. 8 (1902)	스위스	러.일.미 등 열강보장 (미국주도)	러.일대립하의 한반도의 안전보장과 독립	
(러)	이즈볼스키 (포크레프스키) (위테)	청일전쟁후 러일각축 1901. 1 (1900. 10) (1901. 7)		열강 공동보장 (러.일 공동보장)	한반도에서 일본세력배제 러시아의 만주점령 기정사실화, 대한적극정책실시 가능시까지 시간확보	
(러)	파블로프	영일동맹후 1902. 9		러.일.미 3국공동보장 (미국주도)		
	현영운 현상건	용암포사건후 1903. 9		러.일에 국외중립요청	러.일개전시 한반도 안전보장과 독립	
	대한제국	러일전쟁직전 1904. 1		국외 중립선언	러.일개전시 한반도 안전보장과 독립	
	이한응	러일전쟁직전 1904. 1		영.불.러.일 4국공동보장 (영.불 주도)	러.일개전시 한반도 안전보장과 독립	

2. 평가 : 중립화의 가능조건 충족 문제

중립화는 국제분쟁이 잦은 지역을 국제분쟁으로부터 격리시킴으로써 분쟁을 종결시키거나 분쟁을 완화시키거나 분쟁을 회피하고자 하는데 목적이 있다. 이렇게 볼 때, 조선조 말기의 한반도는 국제분쟁 대상 지역으로 청·일·러의 갈등과 대립의 각축장이었으므로, 조선의 자주 독립과 영토 보전 방안은 중립화에 있었다고 할 수 있다. 그런데 한반도에 중립화를 적용하려는 시도는 중요한 역사적인 계기가 있을 때마다 계속되어 왔음에도 불구하고 한번도 현실화되지는 못하였다. 그것은 중립화의 가능 조건을 완전히 충족시키지 못하였기 때문이라 할 수 있다.

여기서 조선조 말기의 중립화의 가능 조건 충족·여부의 문제를 「중립화의 가능 조건」에서 분석한 바와 같이 중립화의 가능 조건을 내적 조건 [① 중립화에 대한 국민적 합의 ② 중립에 대한 전통과 중립에 대한 신뢰와 존중 확보 ③ 효율적인 방어력 ④ 경제적 자립 ⑤ 현상유지국이며 약소국]일 것과, 외적 조건 [① 지정학적 조건 ② 주변 열강의 세력균형 및 중립화에의 합의와 보장]이라는 기준에 따라 평가하되, 경험적인 면으로 검증한 결과 내적 조건에서는 국민적 합의, 외적 조건에서는 주변 열강의 세력균형 및 중립화에의 합의와 보장 문제가 중요한 조건이므로 이 문제를 중심으로 하여 고찰해 보고자 한다.

1) 내적 조건

(1) 중립화에 대한 국민적 합의

중립화가 가능하기 위해서는 중립화에 대한 초당적, 범국민적인 지지와 결의 즉 국민적 합의가 있어야 한다. 여기서 조선조 말기의 중립화에 대한 국민적 합의의 여부의 문제를 ① 친청, 친일, 친러, 친미파로의 분열 ② 위정척사, 개화, 동학파의 대립, 그리고 ③ 조선정부의 국제정세에 대한 인식 부족과 중립화 정책의 소극적 추진 등으로 나누어 분석해 보고자 한다.

① 친청, 친일, 친러, 친미파로의 분열

집권층은 중립화가 가능하도록 하기 위해서는 직접적인 이해관계 당사국간의 절충과 타협을 통하여 중립화의 합의에로 유도해야 함에도 불구하고, 주변 세력관계의 변화에 따라 우월한 위치에 있는 외부 세력과 연계하여 친청, 친일, 친러, 친미파로 분열되어 대립과 갈등을 표출함으로써 이해관계 당사국을 중립화에의 합의로 이끌기는커녕, 오히려 중립화에로의 타협과 절충을 어렵게 만든 결과가 되었다. 임오군란을 청국이 진압한 후 민씨일파의 「친청파」가 세력을 견고히 하였고, 일본의 힘을 빌어 친청정권을 타도하려고 한 갑신정변 때에는 김옥균, 홍영식 등의 「친일파」에 의한 3일 천하가, 갑신정변을 청국이 진압한 이후에는 다시 김윤식, 어윤중 등의 「친청파」가 강력한 정권을 장악하였다. 갑신정변을 거치면서 청·일의 대립이 심각하여, 제3세력인 러시아를 끌어들여 안정된 세력균형을 이룩하고자 한 한러밀약이 있게 되자, 민영익·한규직 등의 「친러파」가 대두하기 시작하였다.[3] 또한 청국의 지나친 내정간섭을 견제하기 위해 러시아뿐만 아니라 미국세력까지 끌어들인 결과, 알렌(Horace N. Allen)의 영향아래 「친미파」인 박정양과 이채연 등이 입각케 되었으며,[4] 1890년에 김가

3) 노계현, 한국외교사연구 (서울 : 갑인출판사, 1983), 16면.

4) F.H. Harrington, God, Mammon and the Japanese : Dr. Horace N. Allen and Korean-American Relations, 1884-1905 (Wisconsin : The University of Wisconsin Press, 1944), 이광린 역, 개화기의 한미관계 (서울 : 일조각, 1983), p.162.

진이 중립화를 제안했을 때는 「미국」이 중립화를 주도해 주기를 요청까지 하였던 것이다. 청일전쟁 후 갑오개혁, 군국기무처 때에는 김홍집·박영효 등 「친일 내각」이 들어서게 되었고, 이에 러시아 세력을 다시 끌어들여 일본을 견제하고자 한 아관파천이 있자 친일 내각은 완전히 몰락하고 이범진을 비롯한 친러파를 중심으로 하고, 여기에다 러·일의 균형위에서 미국의 지원을 얻기 위하여 「친미파」인 박정양·윤치호도 입각시키게 되었다.[5] 이때 고종은 김홍집 등 5대신을 역적으로 규정하여 포살을 명하기도 하였고, 1897년 11월에는 조병식 등의 친러파를 내각에 가담시켜 친러 성격을 더욱 강화시키게 되었던 것이다.[6] 그러나 西德二郎-Rosen협정(1898. 4) 이후는 다시 일본의 영향력이 커지게 되자 「친일파」가 득세하게 되었다.[7] 이러한 러·일 대립 상황 하에서 1900년에는 「친러파」인 조병식은 일본을 견제하기 위해 「러시아」와 연계하여 중립화를 제안하기도 하였으며, 또한 「친러파」이용익도 「러시아」와 연계하여 국외중립을 추진하였다. 마침내 1905년 을사보호조약에서 박제순·이지용 등의 「친일 내각」이 완전히 구축되었던 것이다.

그리고 주변 세력 관계의 변화에 따라 변전한 예를 보면 다음과 같다. 민영익과 한규직은 「친청파」였으나 한러밀약 당시 「친러파」로 변전하였으며, 김홍집은 「친청파」였으나 갑오개혁 때에는 「친일파」의 거두가 되었고, 김윤식과 어윤중은 「친청파」였으나 민비시해사건 후 김홍집 내각에 참가하여 「친일적」이 되었으며, 「친미파」였던 박정양도 김홍집 친일 내각에 참가하여 「친일적」이 되었고, 이완용은 원래 1885년에는 박정양과 함께 「친미파」였으나 아관파천 후에는 「친러파」로 1896년에는 심지어 독립협회에도 가담하였으며 1905년 을사보호조약 때는 「친일파」로 변전하고 있으며, 박제순은 「친러파」였으나 러

5) 이현종, “아관파천”, 한러관계 100년사 (서울 : 정화인쇄문화사, 1984), 163-168면.
6) 신승권, “러일전쟁 이후의 러시아와 한국(1898~1905)”, 한러관계 100년사, 201면.
7) 홍순창, “한말민족주의의 형성과정”, 영남대동양문화 제18집 (1977), 90면.

일전쟁 후부터 「친일파」로 변전하고 있다.[8]

이와 같이 집권층 내부가 친청, 친일, 친러, 친미로 분열되어 있었기 때문에 대립과 갈등만을 자초하여, 청·일·러·미 등의 세력을 중화시키고 타협과 절충을 통하여 중립화로 이끌기는커녕, 오히려 외세의 경쟁적 개입만을 유도[9]하여 식민지화를 재촉하고 있었던 것이다.

② 위정척사, 개화, 동학파의 대립

중립화가 가능하도록 하기 위해서는, 이해관계 당사국과 중재 세력으로 역외 세력을 끌어들여 안정된 세력균형을 이룩하여, 중립화에의 합의와 보장을 유도해야 한다.

여기서 1880년대와 1890년대 및 20세기 초엽[10]의 조선조의 가장 주요한 3대 조류의 정치사상이자 민족운동이었던 위정척사, 개화, 동학의 대서양관, 대일본관, 대중국관을 검토함으로써 위정척사, 개화, 동학이 각각 이해관계 당사국과 역외 세력을 중립화에 합의할 수 있도록 유도할 가능성이 있었는지를 파악해 보고자 한다.

위정척사파의 대서양관은 화이의식에 입각하여 계서적인 국제질서 관념을 확대시켜 중화만이 문화적이고 그 이외의 것을 비문화적인 것으로 규정하여 서양을 금수로 파악하고 철저히 배격하고 있다. 주자학적 화이사상에서는 중국과 조선을 화로 보고 왜양을 이로 보며 화만이 문명이고 이는 야만이라고 보는 전통적 자부 의식 또는 고정관념이 있었던 것이다. 더욱 주리론적 확대 해석에 따라 중국과 조선을 이로 보고, 왜양을 기로 보아 기는 원리상 이에 의해 제어되기 때

---

8) 그리고 1905년 이후의 친일파에 대하여는, 임종국, 일제침략과 친일파 (서울 : 청사, 1982), 87-93면.

9) 민씨일파, 사대수구파, 개화파가 모두 외세 의존적이거나 외세 유인적이었다. 차기벽, “한말정치사연구”, 성곡논총 제1집 (1970), 23-24면.

10) 위정척사, 개화, 동학은 물론 당쟁과 세도 정치도 계속되었다. 이때 민씨일파는 노론이었다.

문에 비록 왜양의 도전이 현상학적으로는 우세한 듯 보이지만 그 본체에 있어서는 열성이므로 궁극에 가서는 왜양이 굴복하게 된다고 인식하고 있다.[11] 그 결과 서양은 天理·人欲, 道·器, 尊·卑, 상·하, 華·夷에 있어 인욕이며 기이며, 비이며 하이며 이로 파악하고 있다. 여기서 서학과 천주교를 사학과 이단으로 금단하고, 서양 상품은 인간의 욕구를 자극하여 인간의 도덕성을 타락시키는 기기음교로 보고 양화와 양물을 금단하였던 것이다.[12] 위정척사파의 대일본관은 위와 같은 대서양관의 연장선상에서 형성되어 왜양 일체로 파악되고 있다.[13] 위정척사파의 대중국관은 조선을 소중화로 간주하고 청을 夷狄觀하여 문화적 우월 의식을 느끼고 있다. 명이 멸망한 이후 동아시아에서 유일하게 조선만이 중화 문화의 최후로 남은 중심임을 자처하여 왔던 것이다. 그렇지만 조선의 자주를 위해서는 궁극적으로 제어되어야 할 것으로 믿고 있었으나, 청을 척사의 대상으로는 보지 않았다. 중암 김평묵도 세력이 강한 이적(청)이 중국을 지배하고 나아가 한반도로 내공하더라도 조선조 정치체제가 거기에 대항할 능력이 없다면 이소사대할 수밖에 없다는 정치적 현실을 시인하고 있다.[14]

개화파의 대서양관은 천주교를 포함한 서양의 문물이 조선의 개화와 부국강병과 근대국가 수립을 위해서 절실한 것으로 보았기 때문에 긍정적인 서양관을 가질 수밖에 없었다. 그리고 개화의 단계를 야만, 미개, 반개, 문명의 4급으로 분류하고 조선은 반개의 나라며, 구주제국과 미국과 같은 나라를 문명국이라고 하였다.[15] 또한 서양의 부국강병은 인간을 주체로 하는 지식과 문화의 결과로 이해되었으며 여기에 대하여 아시아 문명의 정체성이 대비되었던 것이다. 그러나 영

11) 李恒老, 「華西雅言」卷 1, 「理氣」11張.
12) 「華西雅言」卷 12, 「理端」1張, 「華西集」卷 3, 疏箚와 辭同義禁疏.
13) 「重菴集」卷 5, 疏, 代京畿儒生論洋倭情迹仍請絶和疏.
14) 「重菴集」卷 39, 雜著, 鷺江隨錄.
15) 유길준전서, 권 3 「역사편」, 33면.

토적 야심을 드러냈던 러시아에 대하여는 경계하고 있었다. 개화파의 대일본관은 일본이 조선의 자주 독립이나 부국강병론을 환기시키는 데 큰 역할을 한 것으로 보고, 일본을 조선의 근대화를 위한 모델로 설정함으로써 지극히 긍정적인 일본관을 가지고 있었다. 개화파의 대중국관은 淸朝를 노쇠의 극에 달하여 멸망 직전의 나라로 보고, 청과의 사대관계를 끊고 청의 영향력을 조선에서 축출하여 탈중화하고자 하였다. 그런데 이러한 경향은 유교 자체를 내재적으로 부정하고 유교를 문명의 적으로 인식하고, 일본과 밀접히 관련되어 변법적 개화를 추구한 급진개화파(김옥균, 박영효, 홍영식, 서광범, 서재필)의 경우인 것이다.

이와는 대조적으로 동도서기적인 입장에서 친청 민비척족정권과 타협하면서 점진적인 근대화와 개혁을 추구한 개량주의적 개화론자인 온건개화파(김홍집, 김윤식, 어윤중, 박정양, 유길준, 김가진)의 경우도 있는 것이다. 이 중 김윤식, 김홍집, 어윤중은 「친청파」였던 것이다.[16)]

동학파의 대서양관은 서양의 상징인 천주교와 서양인들의 침략사건을 통해 서양을 인식하고 斥洋할 것을 주장하고 있고,[17)] 러시아의 침략성을 경계하고 있다.[18)] 동학파의 대일본관은 일본은 누대 적국으로 조선을 속국화하려는 의도를 가진 명백한 침략 세력이라고 파악하고 척왜 운동을 전개하였다.[19)] 동학파의 대중국관은 척왜와 척화는 其義가 일반이라 하여, 척화를 척왜와 같은 차원에 놓고 輔國安民할 것을

16) 신용하, 한국근대사회사상사연구 (서울 : 일지사, 1987), 201-201면.
김운태, "한말개화사상과 그 운동의 전개" : 조선조정치사상연구, 한국정치외교사논총 제4집 (서울 : 평민사, 1987), 147면.
급진개화파는 조선 조정의 중간 관직에 다수 진출하였고, 온건개화파는 조정의 고위 관직에 다수 진출하였다. 그리고 온건개화파에는 「친정파」이외에 「친미」, 「친러」파도 있었다.
17) 동학란기록(상), 취어, 113-114면, 116-117면.
18) 정교, 대한계년사(상), 75면.
19) 동학란기록(상), 취어, 11면.
동학란기록(하), 宣諭榜文並東徒上書所志謄書. 383-384면.

주장하고 있다.[20]

이상의 위정척사파, 개화파, 동학파의 대서양관, 대일본관, 대중국관을 요약하면 <표 4-1>과 같다.

〈표 4-1〉 위정척사, 개화, 동학파의 대외관 비교

구 분	위정척사	개화		동학
대서양관	-	+		-
대일본관	-	+		-
대중국관	△	급진개화파	온건개화파	-
		-	+	

※ + = 긍정적 대외관, - = 부정적 대외관, △ = 중립적 입장

이렇게 볼 때, 중립화를 위해서는 이해관계 당사국과 중재 세력으로 역외 세력을 끌어들여 중립화에의 합의를 유도해야 하기 때문에, 위정척사와 동학은 부정적인 대외관을 가지고 있으므로 중립화에의 합의를 유도할 수 없고, 유도할 수 있는 것은 긍정적인 대외관을 가지고 있는 개화파뿐인 것이다. 개화파 가운데도 온건개화파가 대서양관, 대일본관, 대중국관을 모두 긍정적으로 가지고 있으므로 청·일·러 등의 세력을 끌어들여 중립화로 유도할 수 있다고 보여진다. 사실 중립화를 제기하였던 김윤식, 유길준, 김가진 등은 모두 온건개화파였던 것이다. 예외적으로 김옥균은 급진개화파였다. 그런데 사대수구파와 개화파의 세력 비율이 9 : 1이었기 때문에[21] 개화파가 중립화를 추진하는 데는 어려움이 많았을 것으로 보인다. 그리고 이러한 위정척사

20) 동학란기록(하), 위의 글, 379-380면.
21) 김영모, 조선지배층연구 (서울 : 일조각, 1977), 214면.
그리고 이당시 개화파 관료의 평균 연령은 33.9세이었고 사대 수구파는 48.7세였다. 위의 책, 209면.

파, 개화파, 동학파간의 대외관의 차이는 곧 각파의 노선의 대립으로 연결되어 각파간의 대립과 갈등을 야기시켜,[22] 중립화에의 국민적 합의를 어렵게 하였던 것이다.

위와 같이 집권층 내부가 친정, 친일, 친러, 친미로 분열되고 있고, 국민은 위정척사, 개화, 동학으로 대립되고 있었기 때문에 중립화에 대한 국민적 합의는 어려웠던 것이다. 개화파와 같은 선각자들은 중립화의 필요성을 절실하게 인식하였으나 이를 국민적 합의의 단계로 이끌지 못했던 것이다.

③ 조선정부의 국제정세에 대한 인식 부족과 중립화 정책의 소극적 추진

그리고 집권층은 열강들의 한반도에 대한 정책과 이에 따른 주변정세 변화에 대한 인식 부족으로[23] 세력균형이 형성된 기간에도 적극

22) 대내적 차원과 대외적 차원을 기준으로 위정척사, 개화, 동학의 노선의 대립은 다음과 같이 도식할 수 있다.

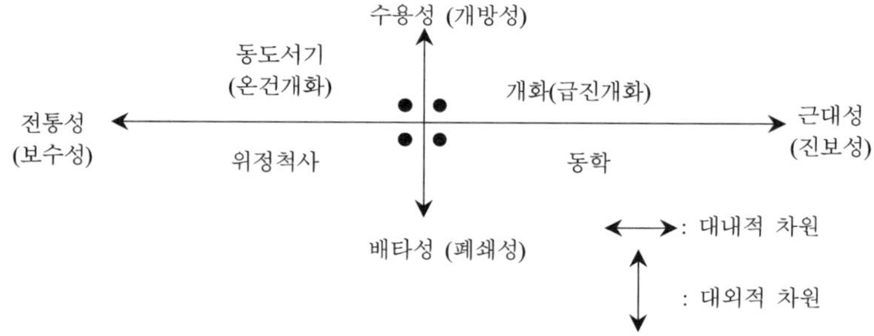

〈그림 4-1〉 위정척사, 개화, 동학파의 노선 대립

김우태, 한국민족주의연구, 부산대박사논문 (1983), 93-94면.

그리고 위정척사와 개화파의 가장 극단적인 대립은 1895년의 반일 의병운동이고 개화파와 동학파간의 극단적인 대립은 1894년의 동학혁명이며, 동학파와 위정척사파의 극단적인 대립은 1893년의 교조신원운동과 1894년의 동학혁명이었다.
박종근, "조선근대에 있어서 민족운동의 전개", 갑신갑오기의 근대변혁과 민족운동 (서울 : 청아출판사, 1983), 298-299면.

23) 미국은 이미 불간섭 중립정책과 반러친일 정책을 추진하고 있었는데도 불구하고, 러·일 사이에서 미국이 중립화를 주도해 주기를 요청하고 있다.

적으로 중립화를 추진하지 않았던 것이다. 1880년대 중반에 Budler의 제안이 있었을 때 그리고 김윤식의 제안 때 청한종속관계에 안보를 의존하여 안주하였던 관계로[24] 중립화에 소극적이었고, 1890년대 들어 주변 관계국들의 각축이 심해지자 청국의 힘이 결코 절대적이 아니라는 사실을 인식하고 국제정치에서의 자구책으로서 중립화를 제기(김가진의 안, 1890)하였고, 그 후에는 러·일 대립 상황에서의 자구책으로서 중립화를 제안(조병식의 안(1900), 이하영의 안(1902), 이한응의 안(1904))하였으나, 이는 어느 특정 국가를 상대로 한 특사 형식의 단기적 접촉이었으며 내외 정세의 분석을 바탕으로 국민적 합의에 기초한 체계적이고 구체적이며 정책적인 차원에서의 중립화 접근은 아니었던 것이다. 또한 국민적 합의는 차치하더라도 중립을 유지할 자치 능력이 결여된 것으로, 그리고 정부의 무능, 부패를 독립이 불가능한 것으로까지 당시의 조선정부는 평가를 받고 있었던 것이다.[25] 만약 세력균형이 형성된 기간을 주체적으로 잘 이용하여 개화파를 중심으로 위정척사파와 동학파가 중립화에 대한 국민적 합의를 도출하였다면 중립화를 추진할 수 있는 절호의 기회였던 것이다.

(2) 중립의 전통과 중립에 대한 신뢰와 존중 확보

만주 지방에서 여진족의 세력이 성장하여 후금이란 통일국가를 수립하고 중원 지방 진출을 위해 명나라를 공격했을 때, 임진왜란 때 원병을 보냈던 명나라는 조선에 대해 원병 파견을 요청하였고, 후금

24) 事大字小의 예적 질서는 외교적 규범이라는 차원을 넘어서서 중화에 대한 군사적, 정치적, 문화적, 복속 의존 의식을 굳혀 비주체적 모화 사대사상을 뿌리박게 해서 한반도라는 소우주 안에서의 안주라는 소극적 관념을 굳히게 했던 것이다.

25) IL Keun Park, Anglo-American and Chinese Diplomatic Materials Relating to Korea 1887-1897 (Institute of Chinese Studies, Pusan National University, 1894), p.603, p.675.

은 조선이 중립을 지킬 것을 요청하였다. 이때 광해군은 명나라에의 원병 파견이 정치적 종속관계 때문에 부득이함을 후금에 미리 알리는 한편 원병의 총지휘관 강홍립에게 형세를 보아 후금에 항복해도 좋다는 밀령을 주었다. 이때에는 이와 같은 중립적 태도를 견지함으로서 외세의 침입을 모면할 수 있었으나 인조 반정 이후 후금 즉 청국을 적대시함으로써 병자호란을 자초하게 되었던 것이다.26)

이러한 광해군의 경우를 제외하고는, 이후의 조선조 말기의 대외 정책은 외세 의존적이거나 외세 유인적이었다. 임오군란, 갑신정변, 한러밀약, 갑오개혁, 을미사변, 아관파천 등을 거치면서 친정, 친일, 친러, 친미파로 분열되어 상호 대립과 갈등을 표출하였음으로, 중립에 대한 신뢰를 가지게 하기는커녕, 오히려 외세의 경쟁적 개입만을 자초하였다. 그리고 강대국을 끌어들인 가운데 균형을 추구한다는 것은 한반도 문제를 해결하기 보다는 관련 국가들의 대결을 조장하는 부정적인 결과만을 초래하였을 뿐이다. 한러밀약은 영국의 거문도 점거를, 아관파천은 러·일 대립을 초래하였던 것이다. 또한 중립화 추진 자체도 장기적이고 정책적인 차원에서 행해진 것도 아니었기 때문에, 중립의 전통이나 중립에 대한 신뢰와는 거리가 먼 것이었다. 이와 같이 중립의 전통이 없었고 오히려 외세 의존적이었으며, 주변 열강으로부터 중립에 대한 신뢰도 확보하지 못하였던 것이다.

(3) 효율적인 방어력

중립화가 가능하기 위해서는 중립을 유지할 수 있는 효율적인 군사력을 가지고 있어야 한다. 그런데 조선조는 주자학적 가치관으로

26) 이병도, "광해군의 대후금정책", 국사상의 제문제 1 (서울 : 국사편찬위원회, 1959), 135-173면. 稻葉岩吉, 光海君時代之滿鮮關係 (東京 : 大阪屋號書店, 1933) 참조.

인해 무를 경시하여 조선조 후기에 와서는 사대부 신분 체제에서 서반(무반)은 실질적으로 제외되었다. 그리고 군사력은 국가방위보다는 반란으로부터 정치권력의 방위(왕실보호)라는 대내적 목표에 한정되어 있었고, 국방력을 육성하기는커녕 외세에 의존하려 하였다. 또한 재정파탄으로 군사력 향상을 기대할 수도 없었던 것이다.

이러한 결과로 동학혁명(1894) 당시의 중앙군 병력은 3,000명에 불과 하였으며,[27] 심지어 동학농민군에 대패하여 청국에 원병을 요청할 정도였던 것이다. 1895년 9월~1900년 10월 사이의 경우에, 중앙군은 수도방위 임무를 가진 친위대(3,400명)와 왕실경호 임무를 가진 시위대(1,600명)로 구성되어 있었고 병력은 5,000명 수준이었으며, 지방군은 진위대라 하였는데 지방군 총수는 15,300명이었다.[28] 중앙군과 지방군을 합한 총병력수는 20,300명이었다. 그 후 조선조 후기에서 가장 군사력이 강했다는 1900년 10월~1905년 3월 사이의 경우에는, 중앙군으로는 친위대가 5,100명, 시위대가 4,100명, 헌병대 500명, 경중병대 200명으로 계 9,900명이었으며, 지방군인 진위대는 앞의 기간과 같이 15,300명이었다.[29] 중앙군과 지방군을 합한 총병력수는 25,200명 정도가 되었던 것이다.[30] 그러나 이 시기의 병력의 증가는 국방이 아닌 의병 진압에 목적이 있었던 것이다. 이 시기의 일본의 병력은 60만명인

---

27) 차준회, “한말 군제개편에 대하여”, 역사학보 제22집 (1964), 75면.

28) 日省錄 卷 458 戊戌 5月 14日條
日省錄 卷 457 戊戌 4月 8日條
日省錄 卷 472 己亥 7月 24日條의 자료에 근거

29) 日省錄 卷 426 乙未 10月 6日條
日省錄 卷 457 戊戌 4月 8日條
日省錄 卷 458 戊戌 5月 14日條
日省錄 卷 472 己亥 7月 24日條
日省錄 卷 483 庚子 6月 4日條의 자료에 근거

30) 이중 유럽식으로 훈련된 군인의 수는 17,000명 정도라 한다.
C.I. Eugene Kim and Han-Kyo Kim, Korea and The Politics of Imperialism, 1876-1910 (Berkeley : University of California Press, 1967), p.20.

데 비하여, 조선은 2만5천명으로 일본의 1/24에 불과한 병력이었다. 일본이 13개 사단으로 확장하고 있을 때, 조선은 1여단조차도 설치하지 못하였던 것이다.[31]

그리고 1900년 당시의 전체 예산액 5,558,972원 중에서 군부 소관비는 1,636,704원으로서 29.4%를 차지하고 있었고,[32] 1905년에는 정부지출 7,123,815원 중 2,466,447원이 군부에 지출되어 28.9%를 차지하고 있었다.[33] 이와 같은 29%정도에 달하는 군사비도 절대적인 재정파탄 상태에서의 군사비 지출이었기 때문에, 실질적인 군사력 향상에는 도움이 되지 못하였던 것이다. 이러한 상황에서 일본은 러일전쟁에서 승리한 후 일본군 1개사단을 주둔시켜 조선의 방비 임무를 가지게 하여 조선 군부의 군령권은 공허화 되었고, 1907년 6월에는 군대 해산령이 내리고 말았다.

스위스 경우에 1647년에 3만 6천명으로 연방군을 결성하여 무장중립의 전통을 형성하기 시작하여 1907년에는 20만 예비군을 포함한 28만의 군병력을 창설하였던 것이다.

위와 같이 조선조의 군사력은 국가방위 보다는 반란 진압에 목적이 있었던 관계로, 언제든지 전쟁을 수행할 수 있는 준비가 되어 있다는 것을 보여 줌으로써 전쟁을 방지하고 중립을 유지할 수 있는 효율적인 군사력을 가지고 있지 못하였던 것이다.

(4) 경제적 자립

중립화가 가능하기 위해서는 경제적 자립이 이룩되어야 한다. 그런데 조선경제는 국내의 봉건적 착취와 외국 열강들의 무역과 이권과

31) 차준회, 앞의 논문, 95면.
32) 조기준, 한국자본주의성립사론 (서울 : 대왕사, 1982), 225면.
33) C.I. Eugene Kim and Han-Kyo Kim, 앞의 책, p.202.

차관을 통한 자본주의적 경제착취와 침탈로 인하여 반식민지로 전락하였던 것이다. 이를 국내의 봉건적 착취와 외국의 자본주의적 착취로 나누어 고찰해보면 다음과 같다.

국내의 봉건적 착취

개항 이후 국가재정은 경비팽창, 세정문란 등으로 최악의 위기에 놓여 있었다. 국가경비가 급격히 팽창하게 된 요인은 해외공관의 개설 및 유지와 같은 외교비, 개항장의 시설비, 해외시찰단의 파견비, 외국인 고용비, 막대한 배상금 지불, 신식군대 유지비 등과 같은 개항에 수반된 새로운 경비 수요의 발생과, 왕실의 낭비에 있었다. 이와 같은 재정지출 팽창으로 인한 재정위기는 필연적으로 삼정(전정·군정·환곡)의 문란과 같은 봉건적 착취와 수탈의 강화를 초래하게 되었던 것이다.[34] 동학혁명이 발발하기 직전에 국고채무가 165만 7천여 원으로 최악이었고,[35] 이러한 상태는 호전되지 않아 1899년에도 세입이 647만 3천 여 원인 데 반하여 국고채무는 139만 43천 여 원으로[36] 최악의 상태에 있었던 것이다. 재정난이 심각할수록 조세수탈은 더욱 강화하였고 한편으로는 화폐의 남발, 외채의 도입, 매관매직 등 최악의 재정수단으로 대응하였다. 이는 농민의 세부담을 더욱 가중시켜 재생산을 위협하고 사회경제를 파탄으로 몰아가는 것이었다. 사실 토지를 극히 적게 가지거나 전혀 가지지 못한 자소작농과 소작농은 19세기 후반기에 이르러 대체로 전체농가의 70% 이상을 차지하였고 이들은 그들의 생산물의 50~80%를 지주에게 소작료로 수탈당하는 외에 전정, 군정, 환곡을 비롯한 각종 세부담을 짊어졌던 것이다.

34) 김옥근, 조선왕조재정사연구 (서울 : 일조각, 1984), 381면.
35) 김옥근, 위의 책, 383면.
36) 조기준, 한국자본주의성립사론 (서울 : 대왕사, 1982), 223면.

외국 열강의 자본주의적 착취

외국 열강이 조선에게 자행한 경제침탈의 기본 구조는 ① 무역에 의한 경제침탈, ② 이권에 의한 경제침탈, ③ 투자에 의한 경제침탈이라 할 수 있는 바, 이를 분석해 보면 다음과 같다.

① 무역에 의한 경제침탈

한일수호조약이 체결(1876)된 이래 일본은 한동안 조선과의 무역을 독점하였다. 그런데 갑신정변 이후에는 일본의 대조선무역은 점차 둔화된 반면에 청국의 대조선무역은 증가를 나타내어 청일전쟁이 일어날 때까지 청국의 대조선 무역은 일본의 대조선무역과 거의 동등한 지위에 까지 상승하였다.[37] 그러나 청일전쟁에서 승전한 이후에는 일본은 대조선 무역에서 절대적 비중을 차지하여 대외무역을 독점하고, 국내시장에 침투하여 국내시장을 상품판매 시장화, 식량약탈 기지화, 원료약탈 기지화 시켜 국내경제를 파괴하였다. 1893년부터 1910년까지의 18년간 일본으로부터의 수입무역은 약 13배로 증대되었다. 수입상품 증가는 조선의 자본주의 경제의 발전을 저해하였고, 가내수공업 등의 붕괴와 농촌경제의 분해를 재촉하였다. 그 결과 수출품은 쌀을 비롯한 농산물일 수밖에 없었고 1893년부터 1910년까지 18년 동안에 농산물의 일본 방출량은 10배로 늘어나게 되었던 것이다.[38]

일본은 1887년을 전후해서 경공업 특히 면사방적을 중심으로 산업 근대화를 추진하였고, 1894년 청일전쟁을 계기로 산업혁명을 수행

37) 일본과 청국이 대조선무역에서 차지하는 백분율(%)을 보면 1888년에는 72% : 28%, 1890년대에는 68% : 32%, 1892년에는 55% : 45%로 나타나 있다.

38) 그리고 1894년부터 1904년까지 외국으로 흘러나간 금·은의 수량은 3.6배나 늘어났으며, 이는 대부분 일본으로 유출된 것이었다. 실례로 1900년에는 금수출의 84.4%가, 1901년에는 97.3%, 1902년에는 98.8%가 일본으로 유출되었다.

하여 1900년 전후에는 일반적으로 산업혁명을 달성하고 산업자본의 확립을 가져왔다. 여기서 일본은 조선내에 일본 자본주의의 경제를 확대시켜 조선을 반식민지로 재편할 필요성에서, 조선에 대하여 농산물 생산을 분업화시켰던 것이다. 이를테면 일본은 경공업제품과 면제품을 수출하는 대신 조선의 농산물을 수입하였던 것이다.[39]

일본은 <표 4-2>와 <표 4-3>에서와 같이 조선무역을 독점하고 있었을 뿐만 아니라, 조선무역에 종사한 선박은 거의 전부가 일본소유 선박에 의하고 있어 일본은 해상운수도 지배하였던 것이다. 조선항구를 출입하는 외국 선박들의 톤수를 보면 <표 4-4>에서와 같이 일본이 대체로 85%를 차지하고 있으며, 1908년에는 89.9%를 차지하고 있다.

〈표 4-2〉 조선의 수입무역에서 일본이 차지하는 몫

(단위 1,000원)

구분	일본	(백분비)	중국	(백분비)	러국	(백분비)	기타	(백분비)	합계
		%		%		%			
1893	1,949	(50.2)	1,906	(49.1)	25	(0.7)	-		3,880
1894	3,647	(62.5)	2,065	(35.4)	120	(2.1)	-		5,832
1895	5,839	(72.2)	2,120	(26.2)	130	(1.6)	-		8,088
1896	4,294	(65.8)	2,159	(33.0)	78	(1.2)	-		6,531
1905	23,562	(73.7)	5,945	(18.6)	102	(0.3)	2,351	(7.4)	31,960
1906	22,914	(77.3)	4,105	(13.8)	38	(0.2)	2,597	(8.7)	29,654

※자료 : C.I.Eugene Kim and Han-Kyo Kim, Korea and The Politics of Imperialism 1876-1910(Berkeley : University of California Press. 1967), p.229

39) 안병직, "조선에 있어서의 (반)식민지, 반봉건사회의 형성과 일본제국주의", 한국근대사회와 제국주의 (서울 : 삼지원, 1985), 198-199면.

〈표 4-3〉 조선의 수출무역에서 일본이 차지하는 몫

(단위 1,000원)

구분	일본	(백분비)	중국	(백분비)	러국	(백분비)	기타	(백분비)	합계
1893	1,543	(90.9)	134	(7.9)	21	(1.2)	-	-	1,698
1894	2,051	(88.8)	162	(7.0)	98	(4.2)	-	-	2,311
1895	2,366	(95.3)	92	(3.7)	24	(1.1)	-	-	2,482
1896	4,396	(93.0)	264	(5.6)	69	(1.4)	-		4,729
1905	5,390	(78.1)	1,501	(21.8)	12	(0.1)	1	-	6,904
1906	6,917	(85.1)	700	(8.6)	501	(6.1)	15	0.2	8,133

※자료 : C.I.Eugene Kim and Han-Kyo Kim, 위의 책, p.230

〈표 4-4〉 조선항구 출입상선 국가별 톤수

연도	조선		일본		중국		러시아		미국		영국		독일		노르웨이	
	척수	톤수	척수	톤수	척수	톤수	척수	톤수	척수	톤수	척수	톤수	척수	톤수	척수	톤수
1886	10	1,583	506	153,344	21	320	-	-	3	249	-	-	17	6,405	-	-
1890	38	6,508	1,486	234,001	59	7,932	-	-	-	-	-	-	31	12,298	7	3,108
1893	290	41,456	956	304,224	37	14,376	30	20,993	1	80	-	-	8	6,368	-	-
1896	233	25,759	1,389	424,984	56	557	25	22,817	2	158	13	14,651	10	9,152	2	1,082
1908	291	103,947	5,993	2,682,662	1,967	23,572	9	3,294	55	30,470	49	117,133	8	17,882	3	3,850

※자료 : 조기준, 한국자본주의성립사론 (서울 : 대왕사, 1982), 133-134면.
박준규, 한반도국제정치사론 (서울 : 서울대출판부, 1986), 86면을 종합하여 작성.

② 이권에 의한 경제침탈

외국 열강들은 <표 4-5>와 같이 철도부설권, 금광채굴권, 해관관리권, 특정상품독점수출권, 전기·전차·상수도 설치관리권 등을 침탈하였던 것이다. 이중 특히 철도는 식민지를 정치·경제적으로 지배하는데 동맥일 뿐만 아니라 식민지 개척자로서의 역할을 한다. 일본은 경인선·경의선·경부선 철도부설권을 탈취함으로서 정치·경제·군사적으로 극히 중요한 명맥을 이루는 나라의 동맥을 장악하였던 것이다. 그리고 일본은 이러한 이권탈취 이외에 군용지 및 철도부설권을 빙자

한 토지점탈, 고리대금업에 의한 토지점탈, 거류지에서의 토지임차 등을 통하여 토지를 점탈하였던 것이다.

〈표 4-5〉 열강의 이권획득 상황

국가	연대	이권의 내용	국가	연대	이권의 내용
일 본	1883	부산해저전선부설권	미 국	1896	경인선 부설권
	1885	부산·인천간 전선부설권		1896	운산금광채굴권
	1886	부산절영도 저탄소설치권		1878	서울의 전차, 전등, 수도시설권
	1888	연안어업권	영 국	1896	재정고문파견, 해관관리권
	1891	인천월미도저탄소설치권		1898	은산금광채굴권
	1891	경상도 연안어업권	프랑스	1896	경인선 부설권
	1898	경부선 부설권		1901	창성금광채굴권
	1898	경인선 미국으로부터 인수	독 일	1897	금성당현금광채굴권
	1900	직산 금광채굴권			
	1900	경기도 연안어업권			
	1901	인삼의 독점 수출권			
	1904	충청, 황해, 평안도연안어업권			
	1904	경의선 부설권 강탈			
러시아	1896	경원·종성금광채굴권			
	1896	종성석탄채굴권			
	1896	인천월미도저탄소설치권			
	1896	압록강·두만강·울릉도삼림벌채권			
	1897	재정고문파견, 해관관리권			
	1897	부산절영도 저탄소설치권			
	1898	한러은행설치			
	1899	동해안 포경권			

※자료 : 이현종, 한국의 역사 (서울 : 대왕사, 1986), 410면.
이동희, 한국군사제도론 (서울 : 일조각, 1982), 198면.
한국정신문화연구원, 청계사학2 (1985), 204-205면을 종합하여 작성.

③ 투자(차관)에 의한 경제침탈

개항에서부터 1894년 동학혁명 직전까지 조선정부가 일본에서 도입한 차관은 693,637원, 청국으로부터는 1,076,000량(원화로 환산할 때 1,537,000여원)을 대비시킬 때 청이 일본의 2.2배로 압도적 우위를 나타내고 있다. 그러나 청국은 종주권 강화책으로써의 정치차관으로 제공한 것이고, 일본은 경제침탈을 위한 경제차관으로 제공한 것이었다.[40] 일본으로부터의 차관은 이자가 높아 고리대적이었으며 산업부문에 생산적으로 사용되지 못하고 소비부문에 투자되었던 것이다. 청일전쟁 이후부터는 일본의 침략야욕이 더욱 노골화되어 적극적으로 대조선 차관을 서두르기에 이르렀다. 이러한 차관을 통하여 조선의 국가재정을 장악하였고 각종 이권을 탈취하였던 것이다. 1895년도의 세입총액은 4,468,587원이었으나 이중 91%에 해당되는 300만원이 일본으로부터의 차관이었다. 그리고 1905년부터 1910년에 이르는 5년간의 대일 부채는 4600여 만원에 달하였던 것이다.

이와 같이 조선정부의 봉건적 착취로 인한 재정파탄과, 특히 일본의 무역침탈로 인한 상품판매 시장화, 원료 및 식량약탈 기지화, 해상운수독점, 이권과 차관을 통한 경제침탈로 인해 일본의 반식민지로 전락하여 식민지화를 위한 수속 절차만 남아 있었으므로, 중립화를 가능하게 하기 위한 경제적 자립의 조건을 충족할 수 없는 상황이었던 것이다.

(5) 현상유지국이며 약소국

조선이 사대자소의 계서적 질서 속에서 청국에 안보를 의존하여 안주하였다는 점은 부정할 수 없는 사실이지만, 이러한 사대자소의 계서적 질서에의 순응은 강대국으로부터 현상유지를 위한 약소국의 불가피한 외교수단이었다는 점도 인정해야 할 것이다. 사실 동아시아 세계에 있어서의 국제질서를 실질적으로 관계지우고 있던 「조공」내지 「책봉」관계는 강대국과의 사이의 「힘」관계에 의해 조성된 긴장관계를 완화시키기 위한 쿠션 장치로서 큰 역할을 하였던 것이다.[41]

---

40) 김정기, "청일전쟁전후 일본의 대조선경제정책", 청일전쟁과 한일관계 (서울 : 일조각, 1985), 30면.

그리고 러시아 세력을 끌어들여 세력균형을 형성함으로써 현상을 유지하려 하기도 하였다. 위와 같이 조선은 사대자소의 질서 속에서 그리고 세력균형 속에서 현상유지를 통하여 자기 보존을 하려 하였다. 또한 국내의 봉건적 착취와 외세의 자본주의적 착취로 자본주의가 발달하지 못하였음으로 인해서 해외로의 팽창은 고려의 대상 조차도 될 수 없는 형편이었음으로, 현상유지국일 수밖에 없었던 것이다. 그리고 조선은 청·일·러의 각축장이 된 약소국이었다. 군사력은 국방 능력은 물론이거니와 국내질서를 유지할 치안 능력마저도 충분치 못하였고, 경제력은 재정파탄과 외세의 경제침탈로 반식민지로 전락하였다. 이와 같은 약소국으로서 국제정치에서의 자구책으로서 중립화를 제기하기도 하였다. 이와 같이 조선은 현상유지국이며 약소국이었으므로, 이점에서는 중립화의 가능 조건을 충족시키고 있다고 할 수 있다.

2) 외적 조건

(1) 지정학적 위치

중립화가 가능하기 위해서는 지정학적 위치가 열강 경쟁의 중간 지역에 위치한 완충국가이어야 한다. 한반도는 동북아시아의 긴요한 십자로의 중앙 즉 전략적 3극(청·일·러)의 심장부에 위치하여, 대륙과 해양을 연결하는 교량적, 관문적, 병참적 역할을 하는 전략적 요충지이므로, 아시아의 대륙세력과 해양세력 사이의 경쟁의 초점이 되어왔다.[42] 동남쪽으로 120마일의 좁은 해협을 사이에 두고 일본이 위치하

41) 박충석, 한국정치사상사 (서울 : 삼영사, 1982), 55면.
42) N.J.Spykman이 말하는 이른바 대륙세력과 해양세력의 중간적 주변지대(rimland)에 속해 있는 것이다.

고 있고, 서북쪽으로는 중국의 만주와 압록강과 두만강 일부를 따라 약 150마일정도 접경하고 있으며, 동북쪽으로는 두만강의 일부를 따라 러시아와 약 11마일을 접경하고 있기 때문에, 이러한 주변 3강국간의 경쟁의 초점이 되어왔던 것이다.43)

여기서 일본은 한반도를 "일본의 심장을 노리는 단도" 또는 "아시아 대륙에로의 편리한 군사적 침략로를 제공해 주는 교량"으로 보았고, 중국은 한반도를 "중국의 머리를 치려는 쇠망치" 또는 "순치관계"로 간주하였다. 그리고 러시아는 한반도를 "자국의 팽창에 있어서 분리될 수 없는 행동반경" 또는 "러시아의 영토상에 있는 우호적 기지"로 생각하였다.44) 위와 같이 한반도가 동북아시아의 전략적 교차로(중간지대)에 위치하고 있기 때문에 주변 3강국간의 경쟁의 초점이 되어 왔음은 물론이고, 또한 이러한 주변 3강국과 경쟁 관계에 있는 역외 세력인 구미세력들에게도 전략적인 요충지로서 중요시 되어왔던 것이다.45)

이와 같이 한반도는 지정학적 중요성 때문에 관계 강대국들의 이익이 상충되는 전략적 요충지였음으로 인해, 관계 강대국들은 한반도를 배타적으로 독점지배하거나 또는 최소한 경쟁 세력의 영향을 배제하려 하였던 것이다. 그 결과는 강력한 일방의 배타적인 독점지배를 위한 전쟁이나, 관계국 사이의 분할지배 구상으로 나타났던 것이다.

---

43) Bong-Youn Choy, A History of the Korean Reunification Movement : Its Issues and Prospects (Peoria : Research Committee on Korean Unification, Bradley University, 1984), p.1.

44) Shanon McCune, Korea's Heritage : A Regional and Social Geography (Rutland, VT : Charles E. Tuttle Co., 1956), pp.3-24.
여기서 한반도의 인근 관계적 지위를 병참적 위치(Étape Location), 기지적 위치(Base Location), 교두보적 위치(Land-Bridge Location), 완충적 위치(Buffer Location)), 중앙적 위치(Central Location)로 파악하고 있다. 木內信藏, 政治地理學 (東京 : 朝倉書店, 1968), 54-62면.

45) 백종기, "사대교린외교의 지정학적 및 역사적 고찰", 성균관대학교 인문과학 제10집 (1981), 84-89면., 차윤, "한국의 지정학적 위치와 안전보장", 한국안전보장논총 제3집, 국가안전보장회의(1963), 101-103면.

이러한 전쟁으로는 기원전 2세기의 한나라의 침입으로부터 시작하여, 기원 7세기에는 수와 당, 10~11세기에는 거란, 13~14세기에는 몽고, 16세기 후반에는 일본, 17세기에는 청의 침입이 이어졌다. 19세기 말과 20세기 초에는 주변 3강국들이 각기 한반도를 자국의 안보에 절대 필요한 전략지로 인식한 결과, 한반도 지배를 위한 경쟁은 첨예화되어, 1894~1895년의 청일전쟁과 1904~1905년의 러·일전쟁으로 나타나게 되었다. 또한 1950~1953년의 한국전쟁도 미·소 간의 세력경쟁이었던 것이다.

한나라의 침입으로부터 한국전쟁에 이르기까지 한반도에 대한 외침은 모두 419회에 달하였던 것으로 집계되고 있다. 그 가운데 북방의 대륙세력의 침략이 161회였고, 남방의 해양세력의 침입이 257회에 달하였던 것이다.46) 여기서의 대륙으로서는 위와 같이 중국·거란·몽고 외에 러시아의 침입도 2회에 이르렀으며, 해양세력으로는 일본이 주류를 이루었으나 영·미·불도 포함되어 있다. 특히 일본은 251회에 걸쳐 한반도를 침략함으로써 전체의 60%나 차지하고 있는 것이다.

그리고 한반도 분할지배 구상으로는, 임진왜란 수습 방안으로 이북 4도는 조선에 반환하고 이남 4도는 일본이 할양하자는 일본의 豊臣秀吉의 안과 조선을 2~3부분으로 분할하여 명나라와 일본이 일부분식 분할 점령하자는 명의 魏學曾의 안(1593), 청일전쟁 직전에 청과 일본이 조선을 각각 일부식 분할 점령하자고 한 영국의 킴버얼리(John W. Kimberley)안(1894), 아관파천 후 불리한 상황에서 38도선을 기준으로 하여 러시아와 일본이 남북한을 분할 지배하자는 일본의 山縣有朋의 안(1896), 영일동맹으로 세력이 불리한 상황에서 39도선 이북을 중립지역으로 하고 이남에는 일본의 특수이익을 보장한다는 러시아의 로

46) 이종학, "한반도와 전략이론", 국방연구, 국방대학원안보문제연구소 (1976), 33면. 이에 대해 김상훈은 「한국과 국제관계」(서울 : 아성출판사, 1984), 7면에서 대륙 방면에서 438회, 해양 방면에서 493회의 침략을 당하였다고 한다.

오젠(Romanovich R. Rosen)의 안(1903)이 있다.47) 또한 1945년의 38도선도 미소 간의 지정학적 세력균형 정치의 결과였던 것이다.

중립화 제안에서도, 부들러는 조선의 지정학적 위치로 말미암아 청·일·러의 각축장이 될 것이 불가피하다고 하였고, 유길준도 조선은 지리적으로 아시아의 인후에 위치하고 있다고 하여 지정학적 위치에 근거를 두고 중립화를 제기하고 있는 것이다.

위와 같이 조선조 말기의 한반도는 청·일·러의 중간지역에 위치하여, 이들 국가 간의 세력균형의 축이자 완충국으로서의 역할을 담당할 수 있는 지정학적인 여건을 갖추고 있었음으로, 중립화의 가능조건인 지정학적 조건을 충족하고 있는 것이다.

(2) 주변 열강의 세력균형 및 중립화 합의

중립화가 가능하기 위해서는 주변 열강의 세력균형과 중립화의 합의와 보장이 있어야 한다. 조선조 말기에 한반도를 둘러싼 세력균형은 갑신정변·거문도사건에서 청일개전까지(1885~1894)의 10년 동안과, 청일전쟁 후 Waeber-小村협정부터 러일전쟁 개전까지(1896~1904)의 9년 동안에 걸쳐 2차례 형성되었다. 조선이 독립국가로서의 명맥을 유지할 수 있었던 것도 조선의 자주적인 역량에 의해서가 아니라, 바로 이러한 세력균형위에서 가능했던 것이다.

여기서 세력균형의 주요 국가가 1885~1894년 사이에는 청·일이고, 1896~1904년 사이에는 러·일이었으므로, 이러한 2시기로 나누어 주변 열강의 세력균형과 중립화 합의 문제를 고찰하고자 한다.

47) 노계현, 한국외교사연구 (서울 : 갑인출판사, 1983), 152-179면.

갑신정변, 거문도사건~청일개전까지

먼저 갑신정변 후 천진조약과 거문도사건을 계기로 한반도에는 특정 국가의 배타적 독점적인 지배 태세의 확립을 상호 견제하는 다변적 국가체제, 즉 청국은 일본을 견제하고 일본은 청국을 견제하며, 청국과 영국은 러시아를 견제하며 러시아는 영국과 청국을 견제하는, 청·일·러·영의 4각관계라는 도식 관계가 형성되었다. 이러한 다변적 국제체제의 세력균형은 1894년 청일전쟁이 발발할 때까지 지속되었다.48)

이러한 세력균형하에서 주변 열강들의 중립화에의 합의 가능성을 王信忠은 다음과 같이 파악하고 있다. 먼저 역외 세력인 영·러·미·독에 대하여 ① 영국의 對韓정책은 청한종속관계를 인정하고 유지시키는데 있었다. 이것은 조선이 일단 청국의 영향으로부터 떨어져 나오면 러시아에 의해 점령될 것을 우려하였기 때문이다. 조선이 중립화되면 러시아로부터 조선의 영토 보장이 견고해질 것이므로 영국은 중립화를 찬성하였을 것이고, ② 러시아는 조선에 침략 야욕을 가지고 있었으나 청·영·일 3국의 경계 감시 때문에 침략의 실현성이 곤란함을 알고 중립화에 반대하지 않았을 것이고, ③ 미국은 약소 부지(弱少扶持)를 표방해왔고 조선과 조약을 체결한 이후로 시종 독립국으로 대해왔기 때문에 중립화를 찬성하였을 것이고, ④ 독일은 부들러의 조선 중립화 제안 등으로 볼 때 중립화에 찬성하였을 것이라 보았다.

그리고 가장 주요한 이해 당사국인 일본과 청국에 대하여, ① 일본에게 조선은 일본 국방뿐만 아니라 대륙진출의 요충이므로 일본은 정한축청(征韓逐淸)을 주장하여 왔다. 한일수호조약에서 조선을 자주

48) 박준규, 한반도국제정치사론 (서울 : 서울대출판부, 1986), 51면.
류수현, 한국근대정치사 (서울 : 정음문화사, 1984), 73면.
채중묵, 한국외교사 (서울 : 형설출판사, 1986), 191면.

국이라고 규정한 것도 청국에의 종속적인 지위로부터 떼어놓자는 것이고, 그 후에 청국과 경쟁 각축하였으나 갑신정변 후에 러시아의 세력이 침입함에 자국이 조선을 지배할 힘이 부족함을 알고 청국을 통해 러시아를 견제하려고 하였다. 그러므로 일본이 과연 조선중립화에 찬성하여 대륙진출의 길을 끊을 것이냐는 의문이 아닐 수 없으나, 당시의 일본 국력은 조선을 병합할 생각을 할 형편이 아니었으며, 또한 유신한지 오래지 않아 내치도 정돈되지 않은 때였다. 이때의 일본의 대한정책은 ㉠ 소극적으로 타국의 在韓세력을 배제하고(對淸國) ㉡ 타국이 조선영토를 침략하는 것을 방어하고(대러국) ㉢ 일본 자신으로서는 적극 진취 정책을 쓰지 않는 것이었다. 이 당시에 있어서의 일본의 대한정책은 국방보장에 있는 것이며 대륙진출이 아니었으므로 조선이 중립화된다면 일본 국방의 보장에 이익이 될 것인 관계로 일본은 조선의 중립화에 찬성할 것이라고 전망하였다. ② 청국의 조선에 대한 목적은 영토적 경제적인데 있는 것이 아니라 국방에 중점이 있었고, 국력을 충실히 하여 조선을 적극적으로 경영하는 것을 최선책으로 생각하였으나, 그 힘을 갖지 못한 청국으로서는 조선을 보호하기 위해서는 명을 버리고 실을 구한다는 목표 하에 조선을 중립화하는 것을 一良策이라고 생각하였을 것이라고 하였다.[49]

여기서 王信忠의 견해를 검토해 보면 역외 세력인 영국은 대청국 무역을 주도하여 경제적 상업적으로 큰 이익을 확보하였고 양자강 유역에 이권의 대부분을 보유하고 있었으므로, 청국에서의 무역이익과 이권보호를 위해 러시아의 남진이 한반도를 비롯한 극동에서 저지되어야 한다고 보았다. 그 결과 영국의 거문도점거가 있었던 것이다. 따라서 영국은 한반도에서는 청국에서의 무역과 이권보호와 관련된 제한된 목표만을 가지고 있었으므로,[50] 영국은 조선을 중립화함으로서

---

49) 王信忠, 中日甲午戰爭之外交背景 (台北 : 文海出版社, 1937), 106-107面.

러시아를 견제하여 청국에서의 무역과 이권보호를 보장받을 수 있었던 것이다. 이렇게 볼 때, 영국은 중립화에 찬성하였을 것이라는 견해는 옳다고 할 수 있다. 러시아의 경우 , 부동항을 필요로 하는 러시아에게 한반도가 중요한 것은 틀림이 없으나, 유럽과 극동을 연결하는 수송수단인 시베리아횡단철도(1891년 착공)가 완성되지 못하여 시베리아횡단철도 완성까지는 한반도에서 강력한 정책을 추진할 수 있는 능력을 보유하지 못한 상태였으므로 적극적인 대한정책을 삼가하였다.[51] 이렇게 볼 때, 러시아가 중립화에 반대하지 않았을 것이라는 견해는 옳다고 할 수 있다. 그리고 미국과 독일의 경우에도 중요한 정치적 이해관계로 대립되는 것이 아니라 경제적 상업적인 면에 관심을 가지고 있었으므로, 중립화에 합의할 것이라는 견해도 옳다고 할 수 있다.

이해관계 당사국인 일본의 경우, 한러밀약과 영국의 거문도점거사건이 있자 러시아와 영국이 조선의 연안도서를 점령함은 일본 국방상의 위험이 될 것이라 생각하고, 아직 국력이 미비한 상태였으므로 일시적으로 청국의 대한종주권을 묵인하기로 하였다.

그러나 이미 일본은 임오군란 후 청국의 독점적인 세력이 한반도에 구축되는 것을 막기 위한 수단으로 조선중립화를 제안한 바 있으며, 1873년의 일본의 국력을 배양하기 위해서는 조선과 만주를 점령해야 한다는 정한론이래, 당시 福澤諭吉의 탈아론, 이에 이어 일본은 아시아에 있어서 문명개화한 선진국이라는 입장에서 동양의 맹주로서 조선과 청국을 문명화하여야 한다다는 동양맹주론, 조선의 독립을 청국으로부터 보호하는 것이 일본의 사명이라는 조선보전론, 조선과 일본이 대등한 입장에서 합방하여 대동이라는 국가를 세워 대동국과 청국이

50) W. L. Langer, The Diplomacy of Imperialism 1890-1902 (New York : Alfred A. Knopf, 1972), p.170.

51) A. Malozemoff, Russian Far Eastern Policy 1881-1904 (Berkeley : University of California Press, 1958), p.15.

합종하여 백인제국주의의 침략을 공동으로 방어하여야 한다는 대동합방론 등을 통해서 볼 때 대한침략야욕이 강력히 팽배되어 있었다.[52)]

그리고 일시적 대한소극정책을 통하여, 1883년에 착수된 함선건조 계획에는 이후 6년 이내에 6척의 거함을 포함하여 20척이상의 군함을 건조하기로 되어 있었던 바, 당시의 일본으로서는 이를 성공적으로 수행할 능력을 갖추고 있었을 뿐만 아니라 나아가 그 이상의 증강 계획을 추진할 수 있음으로서 단연 동아시아의 지도적 해군국으로서의 기틀이 잡혀져 있었던 것이다.[53)] 당시 동아시아에서는 2급 함정을 건조할 수 있는 조선소조차 가진 나라가 없었던 점으로 미루어 일본의 이같은 해군력 증강은 동해상에서 러시아 해군의 지위를 방어역할을 수행할 수밖에 없도록 만들기에 충분할 정도였다. 또한 이미 1882년에는 육군을 2배로 증강하는 군사계획이 나왔고 이 계획은 1885년부터 시행되었다. 그리고 명치 2년부터 징병령을 시행하여 1889년에는 완전한 국민개병 원칙이 확립되었다.

이러한 군사력의 증강의 노력 결과, 일본은 1871년의 육해군 2만 군함 14척에서, 1893년에는 육해군 13만 8천, 군함 55척으로 대폭 증강하였다. 1885년에는 총지출액의 25.4%의 군사비가, 1890년에는 29.8%로 상승하고, 1893년에는 32%로 확대되어 당시 세계 최고위의 비율을 나타내었다.[54)] 이리하여 1888~1889년에는 어떤 대륙에서의 작전에도 사용할 수 있는 실력을 갖추었다고 장담할 정도로 군사력 증강이 이루어졌던 것이다.

52) 박충석, "일본지식인의 對韓觀", 청일전쟁과 한일관계 (서울 : 일조각, 1985), 57-78면.
旗田巍 著, 이기동 역, 일본인의 對韓觀 (서울 : 일조각, 1983), 11-81면 참조.

53) A. Malozemoff, 앞의 책, pp. 34-35.

54) 伊藤正德, 軍閥興亡史 (東京 : 文藝春秋社 1957), 51面.
이 당시 청국의 북양 육군은 만주를 비롯한 화북 지방의 민란이나 폭동을 진압하는 내란 진압용의 군대였던 관계로 전근대적 군대였다. R.S. McCordock, British Far Eastern Policy, 1894-1900 (New York : Columbia University Press, 1931), pp.87-88.

이렇게 볼 때, 일본이 일본 국방보장을 위해 중립화에 찬성하였을 것이라는 견해는 옳지 못한 것이라 할 수 있고, 만약 일본이 중립화에 찬성하였다면 1888~1889년의 어느 정도의 완전한 군사력 증강 이전일 수 있을 것이고, 여기서 중립화에 합의를 하였더라도 이것은 침략을 하기 위한 위장 수단으로서의 일시적인 합의에 불과한 것이라고 보아야 할 것이다.

청국의 경우, 청국의 국방상 조선중립화를 일양책으로 생각하였을 것이라고 하였다. 그러나 사실은 오히려 청한종속관계를 유지 강화하고자 하였던 것이다. 1886년 7월 袁世凱는 「조선大局論」을 조선정부에 바치면서 청국이 한반도 안보의 책임자가 되어야 한다고 주장하였다. 조선은 아시아에서 가장 빈약한 소국이므로 어떤 강대국의 도움을 받지 않고는 자존할 수 없다. 영국과 프랑스는 제국주의적 팽창정책을 추진하고 있기 때문에 마치 호랑이를 끌어들이는 것과 같고, 독일과 미국은 강국이나 타국 일에 개입해서 도우려 하지 않고, 러시아는 부동항을 위한 남하정책으로 한반도 침략을 노리고 있기 때문에 마치 대문을 열어 도둑을 맞아들이는 것과 같고, 일본은 아직은 한반도를 침략할 국력이 미치지 못하나 침략 야욕으로 가득차 있고 이익만을 추구하고 있다. 따라서 조선이 의지할 수 있는 나라는 청국일 수밖에 없다는 것이다. 그리고 袁世凱는 조선이 청국에 의지하여 안보를 도모하면 다음과 같은 이익이 있다고 하였다. ① 국경을 서로 접하고 있으므로 위급한 사태가 발생하면 청국군은 10일 이내에 서울에 닿을 수 있다. ② 임오군란, 갑신정변의 경우처럼 조선 변란을 평정해 주고 있다. ③ 명목상의 조공관계를 맺고 있으나, 사실상 내치 외교를 자주자행하도록 허용함으로써 국토보전을 보장해 주고 있다. ④ 조선과 청국이 단결하면 주변 강대국의 침략 야욕이 사라지게 될 것이다. ⑤ 조선의 政令이 쉽게 행해지고 조야가 평안할 것이라 하였다. 이어서 袁世

凱는 조선이 만약 청국을 배신하고 청국의 영향권으로부터 이탈한다면 다음과 같은 해로움이 있다고 하였다. ① 전통적 우호관계를 무시하고 새로 사귄 조약국만을 좋아하면 반드시 의심과 시기가 일어난다. ② 유럽 열강에 원조를 구할 경우, 그들은 한반도 이권을 독점할 뿐 아니라 식민지화 해버린다. ③ 유럽 열강은 지역적으로 멀리 떨어져 있기 때문에 구원병이 오기도 전에 나라는 망해버린다. ④ 조선은 수구 대 개화의 분당의 난이 자주 발생하는 나라이므로 청국을 배신하면 상하가 의심하게 되고 마침내 종사가 위태롭게 된다는 것이다.[55)]

또한 청국은 1886년 이후에는 상권 확장을 통하여 일본의 경제적 지배관계를 배제하고 실질적인 지배관계를 보존하려 하기도 하였던 것이다. 위와 같이 청국은 전통적인 청한종속관계를 중요시하였기 때문에 청일전쟁에 이르기까지 조선의 중립화를 반대하였던 것이다.[56)]

이때 이홍장은 중립화에 찬성할 의향을 가지고 있었으나 중상 모략과 물의를 염려하여 건의하지 않았다.

이상과 같이 볼 때, 갑신정변·거문도사건에서 청일개전까지 한반도에 세력균형은 성립되어 있었으나, 가장 중요한 이해관계 당사국인 청국이 청한종속관계를 내세워 조선중립화를 반대하였고, 일본은 대한침략야욕으로 그 실현 시기만을 노리고 있었으므로, 영·러·미·독이 합의를 한다하더라도 이미 조선중립화에의 합의 가능성은 없다고 할 수 있을 것이다.

---

55) 고종순종실록, 고종 23년(1886) 7월 29일 「조선대국론」243-245면.

56) T.F. Tsiang, "Sino-Japanese Diplomatic Relations 1870-1894", The Chinese Social and Political Science Review Vol. xvii, No.1 (1933), p.99.
이에 대해 이달순 교수는 청국이 청불전쟁과 러시아와는 중앙아시아 및 東北境에서 이해가 충돌되어 있었고 러불밀약에 대한 東三省, 조선 침공설이 유포되어 경계 중에 있었으며, 국내적으로는 東에는 捻匪, 西에는 回匪, 南에는 黎匪 등이 난을 일으켰고 各省에는 哥老, 會匪 등이 수시 도처에서 소란을 일으키고 있었기 때문에, 중립화를 조선이 선언하고 나서고 청을 설득하면 청도 외침의 길을 막아주는 利도 있게 됨으로 이에 끌려올 가능성도 있었다고 보고 있다(이달순, 한국정치사 I, 서울: 중앙대출판국, 1971, 281면).

그런데 만약 청국이 조선중립화를 신중히 받아들여서 이를 실현에 옮겼더라면, 청일전쟁과 러일전쟁·일본의 식민지 통치·남북분단 등의 민족적 비극은 모면할 수 있었을 것이 틀림없는 사실이다.

Waeber-小村협정~러일개전까지

다음으로 청일전쟁, 을미사변, 아관파천 후, Waeber-小村壽太郎협정(1896. 5)을 계기로 한반도에 러·일의 세력균형이 성립된 후 Lobanov-山縣有朋협정(1896. 6)과 西德二郎-Rosen협정(1898. 4)을 거쳐 러일개전까지 계속되었다.[57]

러·일 간의 세력균형의 계기가 된 Waeber-小村壽太郎협정에서 일본은 아관파천 후 성립된 친러 정권을 승인하였을 뿐만 아니라 국왕의 환궁 여하도 국왕의 자유재량을 원칙으로 일임하기로 하고 환궁을 권고함에도 러·일 양국이 합의해야 한다는 것이고 駐兵權도 러·일이 완전히 동등하게 되어 청일전쟁 후 일본의 조선에 대한 독점지배 야욕이 좌절되고 러·일은 조선내의 정치·군사면에서 완전히 균형을 이루게 되었다.

그런데 러·일 간의 안정된 세력균형은 西德二郎-Rosen협정까지(1896. 5~1898. 4)이고, 그 이후부터 러일개전까지(1898. 4~1904. 2)는 불안정한 세력균형의 기간이라 할 수 있다. 西-Rosen협정을 통해, 러시아는 일본에게 경제적 우위를 인정함으로서 조선에서 군사고문과 재정고문 등을 철수한 상황이었던 만큼 이것은 러시아가 외교적 우위까지도 일본에게 인정해주는 것이나 다름 없었다. 따라서 1898년 이후

57) Chong Sik Lee, The Politics of Korean Nationalism (Berkeley : University of California Press, 1963), p.55.
M.F. Nelson, 앞의 책, pp. 240-243.
류수현, 앞의 책, 119면., 채중묵, 앞의 책, 272면.

조선에 대한 러시아의 영향력은 사실상 결정적으로 감소되고 말았다. 이러한 西-Rosen협상의 배경에는, 러시아가 여순과 대련을 조차(1898. 3)하자 영국과 미국이 만주 지방에서의 이익에 대한 위협으로 보고, 영국과 미국이 일본을 지원한 점이 작용하였던 것이다. 西-Rosen협정 이후, 영국은 영일동맹(1902)으로 더욱 일본에게 힘을 주었고 러일개전 때에는 사실상 일·영·미의 동맹관계가 성립되었다고 할 수 있는 것이었으므로, 러·일 간의 세력균형은 불안정한 것이었다. 이를 두고 데니트(Tyler Dennet)는 1898년 이후에는 한반도에 있어 러·일 간의 대립은 사실상 종식되었다고까지 지적하고 있다.[58)]

여기서 이러한 Waeber-小村협정에서 러·일개전까지의 러·일 세력균형하에서 한반도에 대한 이해관계 당사국인 러·일의 중립화에의 합의 가능성은 다음과 같다.

러시아는 중립화를 제안하였으나 그것은 어디까지나 한반도를 독점할 수 있기까지의 잠정적인 수단인 것이었다. 이는 러시아가 안정된 세력균형 기간인 1896. 5~1898. 4 사이에는 중립화를 제안하지 않았다는 점과, 1896. 6의 Lobanov-山縣有朋협정에서 일본이 제안한 38도선을 중심으로 한 한반도의 남북분할을 러시아가 거부한 것도 일본과의 타협이나 절충을 원치 않고 있음을 보여주는 것이다. 1900년 이후 러시아가 한반도의 중립화를 적극 추진한 것도 만주에서의 철병문제를 두고 한반도에까지 관심을 둘 수 없는 상황에서 한반도에 대한 일본의 독점을 막아보려는 수단에 불과했다. 곧 1898년 4월 이후의 불안정한 세력균형을 타개하기 위한 수단으로서 중립화를 제기하였던 것이다. 이렇게 볼 때, 러시아의 중립화에의 합의 가능성은 없다고 볼 수 있다.

---

58) Tyler Dennet, Roosevelt and Russo-Japanese War (Gloucester, Mass : Peter Smith, 1959), p.96.

그리고 일본은 1895년 청일전쟁에서 획득한 요동반도를 러시아가 주축이 된 러·독·불의 삼국간섭으로 환부한 점과 아관파천으로 일본의 조선독점이 좌절된 점으로 인해, 러시아에 대한 복수전을 위해 러시아를 상대로 육해군을 증강시켰다. 육군은 제1,2차 계획에 의하여 상비군 7개사단을 13개사단(약 60만명)으로 하고 해군도 제1,2차 계획에 의하여 군함 4, 순양함 12, 구축함 23척을 기간으로 하는 대함대를 목표로 하고 1897년에서 1905년까지 예산은 계속비로 118,324,719원이나 되었던 것이다. 또한 일본은 한반도에 경제상, 군사상, 정치상 절대적 이해를 가지고 있었기 때문에, 1900년 이후에 세력균형이 불리한 상황을 타개하기 위한 수단으로서 러시아가 제안한 중립화안에 일본이 합의할 리가 없는 것이다. 더구나 영일동맹으로 절대적으로 우세한 위치에서 한반도를 독점할 수 있는 상황에서는 이 중립화안에 합의할 가능성은 더욱 없는 것이다.

이렇게 볼 때, Waeber-小村협정에서 러·일개전까지의 기간에 러·일 간에 세력균형이 성립되었으나 가장 중요한 이해관계 당사국인 러·일의 한반도 중립화에의 합의 가능성은 없었던 것이다. 그리고 영국은 영일동맹으로 일본을 지원하고 있었고 미국도 반러친일 정책을 추진하고 있었기 때문에 영국과 미국도 이 시기의 중립화 제안에 합의할 리가 없었던 것이다.

위와 같이, 갑신정변, 거문도사건~청일개전까지, Waeber-小村협정~러·일전쟁까지 2차례에 걸쳐 한반도를 중심으로 한 세력균형이 성립되었으나, 가장 중요한 이해관계 당사국이었던 청·일과 러·일이 각각 한반도에 대한 배타적 독점지배를 목표로 하고 있었기 때문에 한반도 중립화에 합의하지 않았던 것이다. 따라서 물론 중립화 보장도 불가능한 것이었다.

그리고 위의 세력균형이 성립된 기간 이외에 제기된 중립화안은 중립화의 외적 조건 중 세력균형의 조건을 충족시키지 못함으로서 중립화안으로서의 가치를 가지고 있지 못하는 것이다.

이상에서 고찰한 바와 같이, 중립화의 가능 조건 중 내적 조건에서는 국민적 합의, 중립의 전통과 중립에 대한 신뢰, 경제력, 군사력은 충족되고 있지 못하였으며, 현상유지국과 약소국의 조건만 충족되고 있다. 이 중 가장 중요한 국민적 합의의 요건을 충족시키지 못한 점은 조선조의 중립화를 더욱 어렵게 하였다. 외적 조건에서는 지정학적 조건과 세력균형은 충족되었으나, 청·일과 러·일 대립과 갈등으로 중립화에의 합의가 불가능하여 중립화의 외적 조건이 충족되지 못하였다.

이와 같이 외적 조건은 어느 정도 충족되고 있었으나 오히려 내적 조건은 충족되고 있지 못하였으며, 전체적으로 볼 때 중립화의 가능 조건은 충족되지 못하였다고 할 수 있다. 특히 국민적 합의의 결여와 주변 열강의 중립화에의 합의 불가능이라는 점이 조선조 말기의 중립화의 현실화를 가로막는 주된 요인이었던 것이다.

만약 세력균형 기간을 주체적으로 잘 이용하여, 군사력과 경제력을 확충하여 부국강병 체제를 수립하고 국민적 합의에 기초하여 중립화를 장기적 구체적 정책적 차원에서 추진하였더라면 중립화로 독립을 확고히 할 수 있었을 것이다.

제2절 해방 이후의 중립화론

1. 종합적 고찰

종합적 고찰에서는 제3장에서 구체적으로 개관해본 해방 이후의 여러 중립화론의 특징을 비교 고찰하며, 해방 이후의 중립화론의 내용을 다음의 표에서와 같이 도식화 해보고자 한다.

1) 제안자의 성격과 관련하여 비교해 보면, 제안자는 미국인과 한국인에 의한 제안이다. 먼저 미국정부 차원에서 정책 구상으로는 웨드마이어, 미국국가안전보장회의, 미국무성 극동국, 덜레스, 포터의 안이 있다. 그리고 미국의 학계, 정계, 관계, 언론계에서의 개인적 차원에서의 안으로, 학계에서는 모렐리, 브렌진스키, 라이샤워, 바네트, 영, 맥도널드, 갈퉁, 티모디 새비즈의 안이 있고, 정계에서는 맥아더, 올리버, 노우랜드, 맨스필드의 안이 있으며, 관계의 헨더슨의 안, 언론계의 해리슨의 안이 있다. 미국인에 의한 제안은 1950년대의 한국전쟁과 1970년대부터의 주한미군 철수와 관련하여 대부분 제안되었다.

한국인에 의한 제안 가운데, 정당 차원에서의 중립화 제안은 사회대중당, 통일사회당, 중립화통일운동총연맹, 평화민주당의 안이 있다. 그리고 개인적 차원에서의 안으로는 김삼규, 이영근, 김용중, 김석길, 이상조, 장명하의 안과, 학계에서의 문도평, 양은식, 황인관, 최봉윤, 조명훈, 정용길, 박문재, 강종일, 이재봉, 김형찬, 김용운, 주종환, 박후건의 안과, 정계에서의 중간파, 조순승, 정상구, 김대중의 안과, 종교계에서의 문익환의 안이 있다. 개인적 차원에서의 안은 대부분 해외교포 즉 재일교포(김삼규, 이영근, 문도평, 박후건), 재미교포(김용중, 양은식, 황인관, 최봉윤, 박문재, 김형찬), 재독교포(조명훈), 재소교포(이상조)에 의한 것이며, 국내인에 의한 제안은 김석길, 정용길, 조순승, 김대중, 정상구, 강종일, 이재봉, 김용운, 주종환에 의한 것이다.

한국정부 차원에서는 중립화 구상이 없었으며 오히려 이를 반대하였다. 그렇지만 중립화 통일 방안이 2004년 12월 8일 발표된 한국의 기득권층에 속하는 국가원로회의 의장단 강영훈, 유창순 제씨들의 대통령에 대한 정책건의문에서 정식으로 건의되었다. 이들은 '비전 코리아에 대한 정책 대안'이라는 제목의 노무현 대통령에 대한 정책보고서에서 통일된 한반도는 외교 국방을 위한 장기 비전으로서 영세중립정책을 지향해야 한다고 주장했다.[59] 앞으로 이러한 움직임들은 정부에 긍정적인 변화를 가져오게 하는 계기가 될 것이다.

한국인에 의한 제안은 통일논의가 개방된 제2공화정과, 다시금 통일논의가 개방된 1985년 이후부터 제6공화정에 들어서 대부분 제안되고 있다. 한국인에 의한 제안은 제2공화정 보다, 1985년 이후부터 제6공화정에 들어서 더 많이 제기되고 있다.

90년대 이후에는, 2000.6.15 남북공동선언을 통하여 대결과 갈등의 남북관계에서 화해와 협력의 시대로의 전환 속에서 2000년에서 2002년 사이에 집중적으로 제기되고 있고, 2005년 9.19공동성명과 2007년 2.13합의에서의 한반도 영구적 평화체제를 위한 별도의 포럼과 관련하여 2006년에서 2007년 사이에 제기되고 있다. 앞으로 남북간의 화해와 협력이 증진되고, 6자회담과 관련하여 별도의 포럼에서 한반도의 영구적 평화체제에 대한 논의에 진전이 있으면 더욱 많은 중립화안이 제기될 것으로 보인다.

그리고 예외적으로 프랑스정부 차원에서의 정책 구상인 드골의

59) 주종환, "한반도 자주, 평화운동과 중립화 통일", 강종일 편저, 한반도 중립화로 가는 길 (서울 : 광양사, 2007), 214면.

안과 영국 Economist지의 안이 있다.

2) 시대적 배경과 관련하여, 1945~1949년까지의 중립화안은 미·소라는 2대 초강대국의 냉전을 반영하고 있다. 1950년대의 중립화안에는 미·소를 중심으로 하는 남방 3각관계와 북방 3각관계를 반영하고 있으며, 특히 1949년 중국의 새로운 행위자로의 등장과 한국전쟁 참전을 반영하고 있다. 1960년대의 중립화안도 대체로 50년대의 경향을 보이고 있다. 1970년대의 중립화안부터는 미·소·중·일의 4강의 세력균형을 반영하고 있다. 80년대의 중립화안은 고르바초프의 등장과 더불어 중·소 관계개선, 미·소 관계개선, 그리고 중·소의 정경분리 원칙하에 한국과의 경제협력 등으로 한반도를 중심으로 한 4강의 세력균형 관계가 더욱 안정되고 있음을 반영하고 있다. 90년대 이후의 중립화안은 탈냉전 이후 군사적으로 미국이 패권적 지위를 차지하고 있는 점, 미국의 중국 견제와 봉쇄, 중국과 일본 간의 지역패권 경쟁이라는 특성을 반영하고 있다.

3) 중립화 모델로는, 스위스(벨기에)와 오스트리아 모델을 적용하기를 강조하고 있다. 1955년에 오스트리아가 중립화되기 이전에는 스위스(벨기에)형의 중립화를 주장하였으나, 60년대 이후부터는 오스트리아형의 중립화를 더욱 선호하고 있다. 스위스(벨기에)형의 중립화는 주변 강대국 간의 합의에 의한 국제적 보장이 강조된다. 한편, 오스트리아형의 중립화는 먼저 국내적으로 헌법으로 영세중립을 선언한 이후 그 중립 지위에 대한 승인을 관계 국가로부터 개별적으로 얻어서 보장하는 형태이다. 여기서 오스트리아형의 중립화는 강대국 간의 협정 없이도 남북한 간의 합의만 있으면 보다 쉽게 성립될 수 있는 장점이 있다. 한국의 중립화는 먼저 오스트리아형을 취한 후 점차적으로 스위스형으로 완성될 수도 있을 것이다.

그리고 예외적으로 한반도가 중·소와 접경하고 있는 특수성을 감안하여, 소련과 접경하고 있는 핀란드형의 중립화(자기중립화)를 제기하기도 한다(1958년 Economist지, 1976년 헨더슨).

4) 중립화 보장국으로, 분단고정화 직전에는 모스크바협정에 의한 미·소·중·영이 중립화 보장국으로 제기되었고, 한국전쟁 이후에는 미·소와 한국전쟁에 참전한 중국이 보장국으로 고려되었으며 또한 유엔도 보장국으로 제기되었다. 60년대에도 대체로 미·소·중에 의한 보장이 주장되었다. 70년대부터는 데탕트하의 4강의 세력균형 체제를 반영하여 미·소·중·일 4개국에 의한 중립화 보장이 주장되고 있다. 또한 4강뿐만 아니라 여기에다 유엔의 보장까지 주장하는 경우도 있다(정상구, 김형찬).

5) 중립화 주도국으로, 분단고정화 직전의 미군철수 대안(웨드마이어)과 한국전쟁의 평화적 해결을 위해 미국이 주도적 역할을 할 것을 주장하고 있으며(미국국가안전보장회의, 미국무성 극동국, 맥아더, 덜레스), 70년대 이후에는 주한미군 철수 논의와 관련하여 미국이 주한미군 철수를 조건으로 이용하여 북한을 비롯한 관련국과의 중립화 협상에 이니셔티브를 취하고 적극적 역할을 담당할 것을 역설하고 있다(황인관, 박문재, 해리슨(2)). 사실 미국정부에서는 위와 같이 한국전쟁(미국국가안전보장회의, 미국무성 극동국, 덜레스)과, 닉슨독트린 후의 주한미군 철수 때 이를 진지하게 논의 검토하였던 것이다(포터).

특히 해리슨은 탈냉전 시대에 있어 미국의 국익에 부합하는 새로운 한반도 정책은 탈개입으로 단계적인 미군철수가 필요하며, 이때 미국은 성실한 중재자로서 새 역할을 해야 한다고 주장하고 있다. 그리고 주종환 교수는 6자회담에서 특히 미국이 한반도 평화정착에 걸림돌을 놓지 못하도록 촉구하고 감시하고 압박할 필요가 있다고 주장한다.

6) 중립화 통일에 대한 합의의 주체와 관련하여, 현정권 해체냐 존립이냐의 문제에 대하여, (1) 현정권 해체의 입장과 그 수정 : 60년

대에는 현재의 남북의 2개 정권의 해체를 한반도 중립화의 추진과 완성에 필수적인 조건으로 보았다. 현재의 양 정권은 외세의 지원으로 성립한 외세 의존적인 존재로 외세의 이익 대변자에 불과하기 때문에 통일을 적극 추진할 능력이 없을 뿐만 아니라 분단현상에 안주하여 자기 정권 강화욕을 극복할 수 없기 때문에 쌍방정권의 해체없이는 통일이 어렵다는 것이다(1960년대 김삼규). 또한 양 정권이 존재하는 한 남북한에서 실시될 총선거도 공정성을 지키지 못할 것이라고 주장하였다(김용중). 남북한 양 정권은 근본적으로 냉전적 속성을 띠고 출발하였으므로 중립화 통일에 대한 합의의 주체로서의 적합성을 결여하였다고 본다.

그러나 김삼규는 80년대에 들어서는 중립화를 위해 남북한과 4강이 참여하는 6자회담을 주장함으로써 남북한을 중립화를 위한 주체로 인정하고 있는 것이다. 60년대의 현정권 해체의 입장에서 80년대에는 현정권 존립의 인정으로 그 입장이 수정되었다고 할 수 있다.

(2) 현 정권 존립의 입장 : 남북정권은 중립화에 합의를 볼 당사자이자 주체이기 때문에 해체되어서는 안된다고 보고 있다. 한반도 중립화 통일은 남북 양 정권만의 합의로써만 가능하다는 점을 강조한다. 그런데 남북 양 정권의 존립을 전제로 하되 통일 문제가 양 정권의 독점물이 될 수 없기 때문에 양 정권의 대표뿐만 아니라 민중의 대표의 참가도 필요하다는 입장도 있다(최봉윤, 장명하).

그러나 남한과 북한의 민중 혹은 인민 간의 직접 접촉을 통한 중립화 통일은 위험하고 현실성이 없는 방법이라 하여 중립화에의 합의의 주체는 남북 양 정권이라고 한다[60](황인관, 박문재, 강종일, 이재봉, 김형찬, 해리슨, 주종환, 박후건).

---

60) In K. Hwang, One Korea via Permanent Neutrality : Peaceful Management of Korean Unification (Cambridge : Schenkman Books. 1987), p.113.

(3) 현 정권 존립을 인정할 경우 언제까지 존립을 인정하느냐의 문제에 대하여 : 총선거를 주장하는 제안자들(60년대)은 양 정권은 전 한반도에서 실시된 선거로 등장할 새로운 통일정부 수립과 더불어 소멸될 것이라고 주장하고 있고(이영근, 사회대중당, 통일사회당, 김석길), 연방제를 주장하는 제안자들(80년대와 90년대 이후)은 통일에 의해 자기 정권이 해체된다면 양 정권은 통일을 거부할 것이기 때문에 남북 양 정권의 계속적인 존속을 전제로 하는 중립화 통일이어야 한다고 주장하고 있다(양은식, 황인관, 문익환, 정용길, 평화민주당, 박문재, 김형찬, 해리슨, 주종환, 박후건). 80년대와 90년대 이후에 들어서는 대부분 남북 양 정권의 존속을 전제로 한 연방제를 주장하고 있는 것이다.

7) 중립화 통일을 위한 전제 조건(여건 조성)과 관련하여 (1) 군사적 정치적 긴장완화가 먼저냐 남북교류와 협력이 먼저냐 (2) 군사적, 정치적 긴장완화와 남북교류와 협력이 먼저냐, 중립화에의 합의가 먼저냐의 문제에 대한 견해는 다음과 같다.

(1) 군사적 정치적 긴장완화가 먼저냐, 남북교류와 협력이 먼저이냐의 문제 : 대부분 외군철수, 외국과의 군사협정폐기, 남북한 상호 군비감축, 비무장지대확대, 남북한에 대한 4강대국의 군사적 지원의 단계적 감축, 한반도의 비핵지대화, 생화학과 미사일 같은 무기체계 배치금지 불능화 및 제거, 불가침협정체결, 평화협정체결, 교차승인, 유엔동시가입 등 군사적 정치적 긴장완화를 우선시하고 있다.[61] 특히

---

61) 이에 대한 남북한의 입장은 다음과 같다. 북한은 미군철수, 평화협정체결, 불가침선언, 10만 수준으로 상호감군, 한반도 비핵지대화 등을 제안하고 있다. 특히 1988년 11월 7일 중앙인민위원회, 최고인민위원회, 정무원의 세 기관의 연합회의에서 결정된 군축안은, 첫째, 미군과 핵무기의 단계적 철수를 구체화시켜 1989년까지 35도 30분 이북의 미군과 핵을 1단계로 철수하고, 1990년까지는 전핵무기와 지상군의 전체를 철수시키고 1991년까지는 해·공군까지도 철수시킨다는 것이다. 둘째, 군축의 방법으로 1989년까지 40만명, 1990년까지 25만명 수준으로 감축하고 1992년부터는 10만명 이하로 유지하자고 제의하고 있다. 그리고 장비감축도 병력감축에 상응하여 실시하되 특수무기(핵, 화

학)는 1단계에서 폐기하여 군축이 시작되는 때부터는 장비도입을 금지한다는 것이다. 또한 군축시작 6개월 안에 민간군사조직을 해체하자고 제의하였다.
남한은 상호불가침조약체결, 남한이 참가하는 평화협정체결, 상호무력사용포기선언, 비무장지대의 평화적 이용, 남북한 당국자최고책임자회의, 유엔동시가입, 교차승인 등을 제안하였다.
국토통일원, 남북한통일방안 및 주요제의 비교 (서울 : 국토통일원, 1984), 113-68면.
하영선, "한반도군비축소의 현실적 모색", 이호재 (편), 한반도평화론 (서울 : 법문사, 1989), 228-237면.
민병천, "남북한의 군축문제", 대학통일문제연구소협의회(편), 통일논의의 제문제 (서울 : 대왕사, 1988), 188-194면.
여기서, 먼저 불가침협정과 평화협정에 대한 내용을 보면 다음과 같다. 불가침협정은 체결 당사자 간에 있을지도 모르는 전쟁의 가능성을 제거하려는 안전보장을 위한 국제적 약정이다. 따라서 불가침협정은 국제보장이 아니라 당사자 간의 자체 보장인 것이다. 불가침협정은 당사자 간의 협정이므로 어느 일방에 의해 깨어질 수 있으므로 제3국이 보장하는 방식(로카르노방식)이 바람직하다. 따라서 남북한 불가침협정도 4대국이 보장하는 방안이 바람직하다. 평화협정은 전쟁을 종결시키고 평화를 제도화하는 것이다. 한국의 경우 휴전협정을 평화협정으로 대체시킴으로써 한국전쟁을 공식적으로 종결시키고 평화를 제도화할 필요가 있다. 키신저는 평화협정 당사자로 남북한과 미·중국을 지적하고 있으며 소련도 포함될 수 있는 것으로 보인다. 이에 대해 북한은 미·북한간의 평화협정을 주장하고 있으며 실제적으로는 북한과 미·중국이 참가하는 평화협정을 염두에 두고 있다고 할 수 있다.
김학준, 한국문제와 국제정치(全訂版) (서울 : 박영사, 1987), 737-741면.
그리고, 불가침협정과 평화협정의 성격은 다음과 같이 비교된다. 1) 불가침협정의 목적이 전쟁의 예방에 있다면 평화협정의 목적은 전쟁결과에 대한 사후 처리에 있다. 그러므로 불가침협정은 평화상태에서 체결되나 평화협정은 전쟁상태에서 체결된다. 2) 불가침협정은 직접적으로 경계를 접하고 있거나 세력권을 접하고 있는 국가 간에 체결되지만 평화협정은 접경하지 않는 국가 간에도 교전 당사자일 때에는 체결된다. 3) 불가침협정은 현존 질서의 바탕위에서 침략을 예방하는 사전 조치이기 때문에 기존의 영토적, 정치적, 군사적 상태 등의 기존 사실 상태를 확인 선언한다. 이에 반하여 평화협정은 전후 처리 문제까지도 규제해야 하기 때문에 전후의 국제질서를 새로이 형성하기 위한 기반이 되며 영토적 정치적으로 새로운 상태를 형성 창설한다.
김명기, 분단한국의 평화보장론 (서울 : 법문사, 1988), 137-138면.
비무장지대의 국제감시, 핵무기와 관련한 협정, 군비통제 협정에 관하여는 김학준, 앞의 책, 742-747면. 김명기, 위의 책, 120-134면, 156-157면을 참조.
다음으로, 교차승인과 유엔동시가입은 통일이 달성될 때까지의 잠정적 조치로서 현상의 구조화를 통하여 현상유지와 균형된 접촉 확대 속에서 긴장완화와 평화공존을 위하여 필요한 것이라 할 수 있다. 미국과 일본은 교차승인과 유엔동시가입을 지지하였다. 소련도 1988년에 들어서부터는 이를 공식적으로 지지하고 있다. (1989년 당시 소련공산당기관지 NoviMir지 4강 남북한교차승인 주장) 중국은 공식적으로 반대하며 북한을 한반도의 유일한 합법 정부라고 하나 다른 한편으로는 이 방식을 인정하는 긍정적인 태도를 취하고 있다.
김달중, "4강과 남북한 관계 : 교차승인과 교차접촉을 중심으로" 연세논총 제21집 (1985), 295-298면. 김학준, 위의 책, 766-767면.
교차승인에 대하여 북한은 「안팎(美帝)의 분열주의자들의 2개 조선조작책동으로 새로운 국제적 간섭을 전제로 한다. 따라서 공동으로 조선의 통일문제를 간섭하려는 술책이 높은 수준에 있는 남북한 간의 군사대결 해소를 위한 군사적 긴장완화를 우선적으로 강조하고 있다(이영근, 김용중, 포터, 맨스필드, 헨더슨, 해리슨, 라이샤워, 바네트, 조순승, 문도평, 문익환, 평화민주당, 갈퉁, 박문재, 김형찬, 주종환). 박문재는 이러한 군사적 정치적 긴장완화와 동시에 북한 경제를 재건 시켜야 하며, 이를 위해 4강과 남북이 한반도 경제개발기구를 설립해야 한다는 특징있는 주장을 제기하고 있다.

미국의 중립화 제안자(미국의 관계, 정계, 학계, 언론계)의 경우 이러한 군사적 긴장완화를 강조하고 있다.[62] 해리슨의 경우, 군사정전

숨어있다」는 것이다. 그러나 이것은 비현실적이고 비약된 논리인 것이다. 현재 남북한이 동시 수교하는 나라의 몇개국을 추가한다고 해서 분단이 고정화되고 그렇지 않을 경우에는 고정화되지 않는다는 논리도 성립될 수 없고, 남북한이 주변 국가들과의 선린우호적인 관계 수립을 통하여 이 지역의 평화와 안정에 유리한 여건을 조성하는데 협력하자는 것을 북한은 통일 문제에 국제적 간섭을 끌어 들이는 것이라고 왜곡하고 있는 것이다. 국토통일원, 통일대화의 광장 (서울 : 국토통일원, 1985), 258-259면.

현재 1990년 한소 수교, 1992년 한중 수교로, 한국과 러시아, 중국과는 국교정상화가 이루어졌으나, 북한 핵문제로 인하여 북미 관계 정상화, 북일 관계 정상화는 지연되고 있다.

유엔동시가입에 대하여도 북한은 「연방제가 실현된 다음 하나의 국호로 가입하여야 한다고 하였다. 동시가입은 조선을 2개의 국가로 공인하여 민족의 분열은 영원히 고착된다고 한다」. 그러나 이것도 논리와 행동의 모순인 것이다. 그 이유는 다음과 같다. 1986. 12. 31 당시 남북한 동시수교국 수가 68개국이며 유엔직속기구인 유엔무역개발회의(UNCTAD), 유엔공업개발기구(UNIDO)에 동시가입하고 있었으며, 또한 세계보건기구(WHO), 유엔식량농업기구(FAO), 만국우편연합(UPU), 국제민간항공기구(ICAO) 등을 포함하는 9개의 유엔전문기구에도 동시가입하고 있었다. 그리고 유엔가맹국보다 더 많은 분담금을 내고 있다. 1986-1988 회계년도 기간에 매년 분담금 총액의 0.01%를 내는 국가수가 78개국인데 남한은 0.20%, 북한은 0.05%를 납부하고 있었다. 이와 같이 '사실적 2국성'을 인정하면서도 유엔동시가입을 반대하는 것은 논리와 행동의 모순인 것이다. 김준희, "새로운 統一試論 : 남북한 UN동시가입 전망을 중심으로", 제7회 합동학술대회 논문집, 한국정치학회 (1987), 297-303면.

유엔동시가입문제는 1991년에 남북한이 UN동시가입을 함으로서 정리 되었다.

62) 이에 대해 미국 스탠퍼드 대학 전략문제연구소와 소련과학 아카데미 산하 극동문제연구소가 공동제안한 「한반도 긴장완화 방안」에서도, 비무장지대 주변의 긴장과 분쟁가능성을 제거하기 위해 지상전투 부대와 탱크 대포 등 특정한 장비의 삭감협정 체결, 핵무기 철폐, 한반도에의 무기 반입과 남북한 양측의 국산가능 병기의 수준과 종류를 제한해야 할 필요가 있다고 하였다. (조선일보, 1988년 10월 16일자).
또한 당시 소련공산당 기관지인 NoviMir지는 소련이 북한에 대한 무기 공급을 줄이고 미국은 주한미군을 감축하며 한반도를 비핵지대로 하는 방안의 검토를 주장하고 있다. 그리고 미국 국방정보센터 수석연구원 스티븐 구스도 북한이 병력면에서는 숫적 우세를 유지하나 한국은 그것을 상쇄시킬만한 요인들을 충분히 갖고 있다고 분석하였다. (임춘웅, "주한미군, 언제 철수해야 하나" 월간경향, 1988년 8월호, 214-215면).

위원회를 3국 안보위원회(남, 북, 미)로 대체, 남북군사공동위원회 활성화, 남북평화협정, 유엔군사령부 해체, 북한 공격용 무기철수, 미공군과 지상군 일부 철수, 북한 장거리 미사일 및 핵무기 개발 저지, 주한미군은 한국군에 작전권 이양 등을 제안하고 있다. 그리고 북한이 경제적 안정을 성취할 수 있도록 경제 제재 조치를 완화하고 대규모 식량 원조를 제공해야 하며, 테러국가 명단에서 삭제하여 세계은행이나 아시아 개발은행 기타 기구의 지원을 받도록 해야 한다고 제안하고 있다.

이러한 군사적 긴장완화를 위해 미국의 중립화 제안들은 주한미군 철수를 적극 이용할 것을 주장하고 있다. 황인관 교수는 현재 남북한은 군사적 균형을 이루고 있다고 보고 미국이 주한미군 철수를 이용하여 중립화 협상에 주도적 역할을 담당할 것을 주장하고 있다.[63] 박문재 박사도 이와 같은 입장이다.

이에 대해 민족동질성 회복을 위하여 남북교류와 협력을 우선시하는 입장(정용길, 정상구, 강종일)이 있기는 하지만, 이러한 입장에서도 남북교류와 협력에 곧이어 군사적 정치적 긴장완화를 강조하고 있다. 따라서 중립화론자들은 군사적 정치적 긴장완화 특히 군사적 긴장완화를 우선시하고 있는 것이다. 분단상태와 관련된 군사 문제가 제도적으로 안정화됨으로써 중립화 적용을 위한 여건이 조성되고[64]

이호재 교수도 한국은 GNP의 6%만을 군사비로 지출하고 북한은 GNP의 15~25%를 투입하나 북한 GNP는 남한 GNP의 1/5에서 1/6정도이므로 북한 군사비 지출은 남한의 반액선이라고 분석하고 있다. (이호재, "군사문제도 논의할 시점이다", 동아일보, 1988년 6월 9일자).

63) 前 주한 미국대사 글라이스틴도 주한미군은 남북한 간의 대립을 완화시키는 일에 장애가 될 뿐 아니라 극동에서 소련군의 대항 조치를 초래한다고 하였다.
William H. Gleyseen, Alan. D. Romberg, "Korea : Asian Paradox", Foreign Affairs Vol.64, No.4 (Summer 1987), p.1048.
국방대학원의 남주기 교수는 주한미군과 관련하여, 미국은 현재 폭넓은 방위비 분담을 요구하고 있으며 앞으로 주한미군은 굳이 철수라는 일방적 정책집행이 아닌 감군의 과정을 통하여 한국군 자위력 증강과 함께 자연스럽게 추진될 것으로 보고 있다.
남주기, "한미안보관계 : 정치군사적 과제와 문제", 제7회 합동학술대회 논문집, 한국정치학회 (1987), 282면.

또 이러한 여건 속에서 갈등과 대립 관계를 평화적으로 조정해갈 수 있기 때문이다.

그런데, 최근에는 동북아의 안보 구조는 냉전 상태이나, 경제협력 구조는 탈냉전이라는 인식하에 경제협력 기회 증대라는 긍정적인 측면의 기회를 적극적으로 활용하자는 주장이 있다. 이재봉 교수는 동아시아(남, 북, 일본, 중국, 대만, 베트남) 공동시장을 통해 동아시아 국가들 사이에 경제협력이 이루어진다면, 군사안보 문제도 다룰 수 있는 기구로 바뀌어 질 수도 있다고 보고 있다. 김용운 교수도 한, 중, 일이 중심이 되어 대만, 북한, 러시아 연해주를 포함하는 동아시아 공동체를 구성하며, 이때 미국과 러시아를 준회원국으로 가입시켜 이 동아시아공동체를 중립화 통일에 활용할 것을 주장하고 있다.

이러한 군사적 정치적 긴장완화를 우선시하느냐 남북교류와 협력을 우선시하느냐의 문제는 곧 신기능주의적 접근이냐, 기능주의 접근이냐의 문제라 할 수 있다. 여기서 기능주의와 신기능주의를 비교해 보면 다음과 같다.

기능주의는 비정치적 영역 즉 경제적 사회적 기술적 그리고 인도적 분야에서의 활동을 통하여 평화의 유지와 증진을 모색하고자 하는 접근 방법이다. 기능주의자들은 갈등을 유발시킬 수 있는 위험이 다분한 정치적 문제를 떠나 보다 낮은 차원의 비정치적 영역에서 협력의 대상과 시발점을 찾아 이를 점진적으로 확대하고 견고히 하는 방향에서 정치적 통합을 모색하고 있는 것이다. 기능주의자들의 전략은 정치문제 이전의 영역 즉 비정치적 영역에서 협동과 조화를 모색하여 이러한 기반이 굳건히 구축되어 정치문제의 충격에 의해서도 기능으로 얽혀진 관계가 붕괴될 수 없을 정도가 될 때 비로소 정치적 영역의

64) 중립화를 위해서는 동맹체제에 가입하지 않고, 외군 기지를 두지 않고, 외군을 철수시키는 등의 조치가 필요한 것을 반영하고 있다고 할 수 있다.

통합의 시발점이 발견될 수 있다는 것이다.[65]

그런데 기능주의는 다음과 같은 한계점을 안고 있는 것이다. 기능주의자들은 사회, 경제문제와 정치문제를 분리시키고 비정치적 문제에서 통합을 추진해 나가려한다. 그러나 사회, 경제 문제가 정치와 관련되지 않고 독립적으로 존재할 수 없고, 더욱이 현대에는 거의 모든 영역의 문제가 정치화되어 가고 있다. 따라서 정치 문제를 유보한 사회경제 문제의 해결방식 즉, 선 사회·경제 후 정치의 도식은 현실과 역행되는 방식이라고 보아야 할 것이다. 이와 같은 입장에서 Claude 교수는 비록 사회, 경제 문제가 정치 문제와 분리될 수 있다고 가정할지라도 이러한 문제들은 정치 문제가 해결될 때까지 뒤로 미루어질 수밖에 없을 것으로 보고 있다.

그리고 오랜 시간을 요하는 점진적인 기능주의의 활동은 그 장기적인 시간 때문에 통합으로의 도약점에 도달하기 전에 전쟁이나 기타의 장애에 봉착하기 쉬운 것이다. 이것은 곧 통합으로 향하여 축적시켜가는 기능주의 활동을 파괴하거나 저하시킬 것이며, 이렇게 되면 통합의 새로운 출발이 반복될 수도 있음을 배제할 수 없을 것이다.[66]

한편 신기능주의자들은 기능주의의 원형에 현실적 측면을 가미시켜, 정치적 영역과 비정치적 영역을 엄격히 구분하지 않는다.[67] 이들은 의도적으로 정치성이 다분하고 또 정치적으로 중시되는 영역을 택하여 이것을 통합의 기술진이 계획할 수 있도록 한다. 정치문제를

65) 구영록, “통합이론에 관한 연구 : 통합의 유형과 갈등”, 국제정치논총 제13,14집, 한국국제정치학회 (1974), 9면.
Chung-Won Choue, Towards Korean Integration (Seoul : The Institute of International Peace Studies, Kyung Hee University, 1986), pp.105-110.

66) 구영록, 앞의 책, 26-27면.

67) 신기능주의는 수정기능주의라 해도 무방하다. 이는 기능주의에 연방주의를 가미한 것이기 때문이다. 기능주의 보다는 ‘정치 우선’을 보다 더 의식하고 중앙기구를 강조함으로써 연방주의에 조금 더 가깝다고 할 수 있다. 이러한 점에서 신기능주의를 연방기능주의, 기능주의의 옷을 입은 연방주의, 기능적 연방주의라고도 한다.

바탕으로 통합목표달성의 시발점을 모색한다는 점에서 기능주의보다 훨씬 현실적인 접근방법이다. 신기능주의자들은 통합의 주역할을 담당하는 정치행위자들에 초점을 두고 정치적 활동을 전개해야 한다고 주장하고 있는 것이다.68)

이렇게 볼 때, 중립화론자들은 중립화 통일의 전제 조건(여건 조성)을 위하여 신기능주의적 접근을 모색하고 있는 것이다.

(2) 군사적 정치적 긴장완화와 남북교류와 협력 등이 먼저냐, 중립화에의 합의가 먼저냐의 문제 : 위에서와 같이 대부분 군사적 긴장완화를 우선적으로 강조하면서 남북교류와 협력을 추진하여야 한다고 주장한다.

이에 대해 바로 중립화 통일에 합의를 보는 것이 최급선무라는 급진적인 주장이 있다(사회대중당). 황인관 교수의 경우, 중립화에의 합의를 강조하고 있지만 중립화에의 합의를 위한 예비 조치로 군사적 정치적 긴장완화와 남북교류와 협력 등을 강구한 뒤 중립화에 합의한다는 것이다. 박문재, 김형찬, 해리슨도 황인관 교수와 같은 입장이다.

따라서 중립화론자들은 군사적 정치적 긴장완화와 남북교류와 협력 특히 군사적 긴장완화로 평화공존과 동질성 회복 후 중립화에의 합의로 이행할 것을 주장하고 있다고 할 수 있다.

8) 중립화 통일을 위한 중간단계로 총선거를 통하느냐, 국가연합의 과도기적 단계를 거치느냐의 문제에 대하여, 50년대와 60년대의 중립화론은 총선거를 통한 중립화 통일안이었다(1950년대 미국국가안전보장회의, 미국무성 극동국). 여기서 60년대의 안은 중립국감시위원단의 감시하에 남북한 총선거를 실시한다는 것이었다(김삼규, 이영근, 김용중, 사회대중당, 통일사회당, 김석길). 예외적으로 맨스필드는 유엔감시하의 총선거를 주장하였다. 그러나 60년대 이후에는 「중립국

---

68) 구영록, 위의 책, 10-11면., Chung-Won Choue, 앞의 책, pp.110-119.

감시론」69)에 대한 언급이 없는 것이다.

그런데 80년대와 90년대 이후에 들어서는, 총선거 자체의 실현 가능성을 회의적으로 보고 있다. 황인관 교수는 남한 인구가 북한의 2배이므로 북한이 이를 받아들일 리가 없다고 하고 있다. 사실 북한의 최우균은 1985년 7월에 일본의 아시아태평양평화정책연구소 주최의 심포지엄에서 "8.15직후처럼 남북 간에 제도적 차이는 있어도 그것이 별로 굳어지지 않았던 시기라면 선거도 실현할 수 있는 통일 방안이었다. 그러나 분단 후 40여년이 지나 이념도 제도도 이미 고착되어 버린 오늘날의 조건에서는 실현 가능성은 거의 없다고 생각한다. 왜냐하면 남북 어느 쪽도 자기 이념과 제도를 버린다고는 도저히 생각할 수 없기 때문이다"라고 하였다.70)

따라서 남과 북이 40여 년간의 분단으로 이념과 체제가 대립되고 있기 때문에 과도기적인 단계로 국가연합단계를 통하여 남북이 상호 접근할 수 있다는 것이다. 80년대와 90년대 이후에는 중간단계로 이러한 국가연합을 대부분 제안하고 있는 것이다(양은식, 황인관, 최봉윤, 문익환, 정용길, 정상구, 평화민주당, 박문재, 강종일, 이재봉, 김형찬, 해리슨, 주종환, 박후건). 이러한 국가연합 구성에는 북한이 인구비례에 따른 다수결원리에 동의할 리가 없으므로 남북이 동수로 참여하는 구성이 원칙이 되어야 한다고 보고 있다(황인관, 평화민주당). 여기서 국가연합 의회에 대하여는 상원은 동수로 하원은 인구비례에 의하여 구성한다고도 한다(최봉윤, 정상구).

여기서 남북한의 경우와 관련하여 국가연합에 대해서 보면, 국가

69) 60년대 중립화론자들의 중립국 감시하의 총선거는 미소의 냉전을 염두에 둔 선거의 공정성을 위한 고려라고 생각된다. 그러나 이에 대해 유광진 교수는 한국정부가 유엔에 의해 정통성을 획득하였기 때문에 「한국 부인」논리에 근거하는 근본적인 문제를 내포하고 있다고 지적하고 있다. 북한은 과거에 이러한 논리에 입각하여 중립국 감시론을 주장한 바 있다.
유광진, "한국사회주의정당의 통일정책연구", 한국정치학회보 제18집 (1984), 266면.

70) 최우균, "조선에 통일, 중립의 연방국가를", アジア太平洋平和政策研究所(編) 朝鮮統一とアジアの平和 (東京 : 三省堂, 1987), 이승렬 역, 조선통일론 (서울 : 세계, 1989), 79면.

연합(confederation)이란 주권을 지닌 지역단위(支分邦國家)들이 하나의 새로운 중앙정부를 만들어 내지 않은 채 하나의 협의체 내지 회의체만을 만들어낼 때 이를 국가연합이라 한다. 국가연합은 주권을 가진 지역 단위들의 느슨한 결합인 것이다. 이것은 지분방국가가 합의한 범위 내에서만 단일국가로 운영되는 경우를 말한다. 일반적으로 대내주권은 각개 지분방국가가 행사하고, 대외주권도 지분방국가가 보유하고 있는데, 다만 예외적으로 지분방국가 사이에 조약으로 인정한 범위 내에서는 국가연합 자체가 외교능력을 가진다. 국가연합의 경우에서 연합의 정도에 따라 명목상의 연합도 있을 수 있으며, 경제적인 영역에만 한정되는 연합, 군사적인 영역에만 한정되는 연합 등이 있을 수 있다.[71)]

9) 중립화 통일의 정부형태를 단일국가로 하느냐 연방국가로 하느냐의 문제에 대하여, 50년대와 60년대에는 총선거를 통한 단일국가 형태의 통일을 주장하였다(50년대 : 미국국가안전보장회의, 미국무성 극동국, 60년대 : 김삼규, 이영근, 김용중, 사회대중당, 통일사회당, 김석길). 2001년에 제기된 강종일의 안은 남북한 영세중립 연합제의 단계를 거쳐, 영세중립 최종 통일 단계에서는 단일국가를 이룬다고 한다.

그런데, 80년대와 90년대 이후에 들어서는 대부분 국가연합 단계를 거친 후 연방국가 형태의 통일을 주장하고 있다(문도평, 양은식, 황인관, 최봉윤, 문익환, 정용길, 평화민주당, 박문재, 이재봉, 김형찬, 해리슨). 통일에 의해 자기 정권이 해체된다면 양 정권은 통일을 거부할 것이기 때문에 양 정권의 존속을 전제로 하는 연방국가이어야 한다는 것이다. 예외적으로 국가연합 단계를 거친 후 총선거를 통한 단일국가 형태의 통일정부를 주장하는 입장도 있다(정상구).

71) 김학준, 한국문제와 국제정치(全訂版) (서울 : 박영사, 1987), 712면.
이상우, "민족통일의 과제", 분단과 통일 그리고 민족주의 (서울 : 박영사, 1985), 163면.

연방국가(federation)란 2개 또는 그 이상의 국가가 결합하여 형성된 하나의 국가를 의미한다. 연방국가를 구성하는 단위국가들은 지분방국가로서 주권을 상실하고 연방국가가 대내외적으로 주권을 독점한다. 연방국가의 대외정책은 연방정부에 의해 수립 수행된다. 연방국가만이 전쟁을 수행하고 강화하며 정치적 군사적 국제협약을 체결할 수 있다. 대내 문제에 대하여는 헌법 규정에 의해 연방국가와 지분방정부에 각각 분화된 범위 내에서 각기 입법, 행정, 사법의 권한을 행사한다. 그러나 지분방정부의 기관은 통상 연방국가의 기관이다.72)

여기서 연방국가와 국가연합의 차이점을 비교해 보면 다음과 같다. (1) 국제법 주체 : 연방국가는 국제법상의 주체이나 국가연합은 국제법상의 주체가 아니다. (2) 결합의 근거 : 연방국가는 헌법이며 국가연합은 지분방국가간에 체결된 조약이다. (3) 대내적 통치권의 소재 : 연방국가의 경우 헌법규정에 따라 연방국가와 지분방정부간에 대내적 통치권을 분화하고 있다. 그러나 국가연합의 경우 대내적 통치권은 전적으로 지분방국가에 있다. (4) 대외적 통치권의 소재 : 연방국가의 경우 대외적 통치권은 원칙적으로 연방국가에 있다. 그러나 국가연합의 경우 대외적 통치권은 지분방국가가 보유하며, 다만 국가연합은 예외적으로 조약으로 인정한 특정 사항의 범위 내에서만 대외적 통치권을 갖는다. (5) 국가의 국제책임 : 연방국가의 경우는 연방국가만이 국제법상 책임을 진다. 국가연합은 지분방국가만이 책임을 진다. (6) 병력의 보유 : 연방국가의 경우 연방국가가 병력을 보유하며 지분방정부는 자체의 병력을 보유하지 않는다. 그러나 국가연합의 경우는 지분방국가는 자체의 병력을 보유하나 국가연합은 병력을 보유하지 않는다. (7) 존속의 안정성 : 연방국가는 안정성을 가진 영구적 결합이나, 국가연합은 안정성을 결한 잠정적 결합이다. (8) 국기의 보유 : 연

72) 김명기, 남북한연방제통일론 (서울 : 탐구원, 1988), 23-25면.

방국가의 경우는 연방국가가 국기를 가지며 지분방정부는 국기를 갖는 경우도 있고 갖지 않는 경우도 있으나, 국가연합의 경우는 국가연합은 국기를 소유하지 않으며 지분방국가가 국기를 갖는다. (9) 외교사절의 파견 : 연방국가의 경우 지분방정부간에 외교사절을 파견하지 않으나, 국가연합의 경우는 지분방국가간에 외교사절을 파견 접수한다.[73)]

10) 중립화 통일 정부의 정치체제로는, 대체로 남한의 자본주의체제와 북한의 사회주의체제를 수렴시키는 민주사회주의체제를 주장하고 있다(중간파, 사회대중당, 통일사회당, 양은식, 황인관, 이재봉).

여기서 수렴이론과 민주사회주의에 대해 살펴보면 다음과 같다. 먼저 수렴이론에서의 수렴(convergence)의 개념은 두 체제간의 상호 유사화 내지 상호 접근 현상을 의미한다. 수렴의 예로, 공업화 과정에서 체제의 차이에 관계없이 생산수단을 운용하는 관리층이 탈이데올로기의 경향에 서게 되었고, 경제활동의 효율화를 위해 폐쇄사회도 개방이 불가피하게 되었다고 본다.[74)]

현재 서구사회에서는 ① 집권화 ② 통제화 ③ 집중화 ④ 국유화 ⑤ 계획화 등의 변화 경향을 보이고, 이에 대응하여 동구사회에서는 ① 분권화 ② 자유화 ③ 다원화 ④ 사유화 ⑤ 시장화 등의 경향을 보이면서 동·서 양체제는 수렴되고 있다고 할 수 있다.[75)] 양체제는 지속적인 접근 과정을 통하여 결국은 단일적이며 현대적인 산업사회로 출현할 것이라 한다.

이념적 측면에서 양체제는 서구사회에서의 경제적 사회주의화와 동구사회에서의 정치적 민주주의화가 이루어지는 「민주사회주의」형

73) 김명기, 위의 책, 29-32면.
74) 민병천, "북한의 통일전략을 감안한 수렴이론의 한반도 적용방안", 분단국가 통합이론 연구 (서울 : 국토통일원, 1986), 327면.
75) 전웅, 제3이데올로기 : 수렴이론과 자유-공산체제의 접근과정연구 (서울 : 전예원, 1983), 340면.

식으로의 절충적 내지 혼합적 사회형태를 취하게 될 것이라고 한다.[76] 이러한 양체제간의 수렴과정에서 대립은 완화되고 적대 관계는 해소되며 합의의 영역은 확대될 것이라고 보고 있다. 여기서 수렴이론은 통일 문제에 적용될 수 있는 것이다.[77]

다음으로 민주사회주의(Democratic Socialism)는 다음과 같다. 우선 사회민주주의(Social Democracy)와 민주사회주의의 관계에 대하여 ① 민주사회주의는 사회민주주의의 수정주의라고 보는 학파 ② 민주사회주의는 자본주의의 수정주의라고 보는 학파 ③ 사회민주주의와 민주사회주의를 구별하지 않고 다만 프랑크푸르트선언을 전후로 하여 구별하는 학파 ④ 사회민주주의와 민주사회주의를 엄격히 구별하는 학파로 이견이 나타나고 있다.[78] 그런데 사회민주주의와 민주사회주의는 중복되는 개념이며 동의어이고, 이 두 개념을 구별하려는 경향은 사라지고 있다.[79] 따라서 위의 ③의 입장이 지배적이라 할 수 있다.

민주사회주의라는 말이 유럽사회주의자들의 공식 용어로 채택된 것은 1951. 7. 3 프랑크푸르트선언 -「민주사회주의의 목적과 임무」- 에서였다. 또한 이는 곧 사회주의인터내셔널(SI : Socialist International)의

---

76) 전웅, 위의 책, 341면. 이에 대해 비판적인 입장에서는 사회주의의 경제적 취약성(비신축성)과 사회적 소유의 구조적 특이성, 가격제도, 지령경제 등이 수렴의 한계를 나타내 주는 것이라 한다. 천대승, "민주사회주의연구", 부산대학교 사회과학논총, 제1권 제2호 (1982), 237면.

77) 민병천, 앞의 책, 329면

78) 김복수, "사회민주주의의 탈 Marxism화", 동의대학교 동의논집 제14집 (1987), 126면.

79) 양호민, 사회민주주의 (서울 : 종로서적, 1985), 5면., 윤근식, 사회민주주의론 (서울 : 석탑, 1984), 12면.
그러나 사회민주주의와 민주사회주의를 엄격히 구별하는 입장에서는, 사회민주주의가 사적소유의 폐절(생산수단의 국유화)을 목적으로 하는 데에는 마르크스주의와 동일하면서도 그 투쟁 수단은 의회주의를 통하여 촉구한다는 것과는 달리, 민주사회주의는 사적소유의 폐절을 목적으로 하지 않을 뿐만 아니라 민주주의 방식의 철저한 증진을 통하여 사회주의를 실현한다는 데에 개념상의 차이가 있다고 본다. 민주사회주의는 민주주의를 철저화시킨다면 사회주의로 될 수 있으며, 민주주의의 철저화의 귀결로서의 사회주의가 아니면 사회주의가 아니라는 것이다. 최고 형태에 있어서의 민주주의가 사회주의라는 것이다. 천대승, 앞의 논문, 208면.

창립 선언이었다. 프랑크푸르트선언에서 민주사회주의 기본 원리를 아래와 같이 규정하고 있다.

① 사회주의의 이념은 인간의 자유와 존엄과 정의 및 연대를 절대적으로 하는 휴머니즘에 두면서, 자본주의 붕괴론, 폭력혁명론, 프롤레타리아독재론, 변증법적 유물론, 유물사관 등을 거부한다.

② 정치적 민주주의 : ⓐ 자유 없는 사회주의란 있을 수 없고 사회주의는 민주주의에 의해서만 실현될 수 있고 민주주의는 사회주의에 의해서만 완결될 수 있다는 것이며, ⓑ 좌, 우의 모든 형태의 전체주의적 독재를 배격하고, 개인생활의 보호, 사상 언론 교육 결사 종교와 같은 정치적 자유, 자유선거, 다수에 의한 정부 형성, 시민의 법 앞의 평등, 사법제도의 독립에 대한 보장, 의회민주주의, 복수정당제, 다원주의를 내용으로 한다.

③ 경제적 민주주의 : ⓐ 개인 이익보다 공익이 우선하는 사회를 위하여 완전고용, 국민총생산증가, 생활수준향상, 사회보장, 노동자의 기업경영참가(산업민주주의), 소득과 재산의 공평한 분배를 목표로 한다. ⓑ 토지에 대한 공개념을 도입하고, 경제적 민주주의를 위하여 필요로 하는 최소한도의 범위 내에서 기초·기간산업에 대하여 산업국유화를 실시한다. 산업국유화는 사회주의의 목표가 아니라 하나의 수단이다. 국유화정책 보다는 오히려 계획화에 정책의 중점을 두고 자유와 계획, 사유와 공유간의 조화와 발전을 기하려 한다(혼합경제). 기존 자본주의제도의 전면적 파괴가 아니라 그 테두리 안에서 개혁을 실시해 나간다는 것이다. 농업, 수공업, 소매업, 중소기업 등에는 사적 소유를 허용하며 경제정책의 근간은 시장경제의 틀 속에 있다는 것이다.

④ 사회적 민주주의와 문화의 진보 : ⓐ 일할 권리, 의료 및 출산의 도움을 받을 권리, 휴양의 권리, 노령, 불구, 실업일 때 경제적 보장을 받을 권리, 어린이가 복지를 받을 권리, 청년이 교육을 받을 권리,

성별 계층별 도·농간, 지역별 인종별 법률적 정치적 차별 철폐와 ⓑ 인간정신의 창조적 열망 육성, 예술과 과학이용을 내용으로 한다.

⑤ 국제평화주의 : 세계평화 유지를 위하여 모든 형태의 제국주의를 배격하며 세계국가 건설에 노력하되, 그것이 이루어질 때까지는 유엔이나 집단안전보장체제를 강화하고 자국의 방위를 위한 최소한의 방위력을 유지한다는 것이다.[80] 공산주의자들은 이러한 민주사회주의를 수정주의, 개량주의, 기회주의, 프롤레타리아계급을 기만하면서 자본주의의 착취제도를 연명하게 하려는 부르주아의 책동, 서방제국주의의 탈을 쓴 주구라고 비난한다. 그러나 공산당마저도 최근에는 개량주의적 투쟁(개방, 개혁, 현대화)에 몰두하고 있으며 유로코뮤니즘은 이미 이 면에서 최선봉이 되고 있다.[81]

이렇게 볼 때, 남북한이 산업화 단계로 접근해갈 때 남북한의 이데올로기는 민주사회주의로의 수렴 가능성이 있다고 할 수 있을 것이다.

11) 중립화 통일의 단계와 관련하여 선통일 후중립화냐, 선중립화 후통일이냐의 문제는 아래와 같다. 먼저 중립화와 통일은 다음과 같이 대비되는 특성을 가지고 있다. 첫째, 중립화가 외세 격리라는 세력관리 기능에 주된 관심을 두는 국제적 차원의 문제라고 할 수 있는데 비하여, 통일은 주로 민족적 차원의 문제로서 내부 통합기능에 초점을 둔다는 점이다. 따라서 양자는 고유의 기능을 수행하는데 원용되는 원리 역시 세력균형과 통합이론으로 뚜렷한 대조를 이룬다. 둘째, 추구하는 목표와 중심 과제 역시 서로 구별된다는 점이다. 중립화가 평화, 안전체계의 제도화에 궁극의 목표를 두며 따라서 군사문제

---

80) 양호민, 앞의 책, 5-37면, 284-291면.
그리고 민주사회주의와 자유민주주의(자본주의), 공산주의(사회주의)간의 체제 비교와 민주사회주의의 계보에 대하여는, 양흥모, 현대사상과 체제비교론 (서울 : 형설출판사, 1984), 41-62면, 475-477면 참조.

81) 양호민, 위의 책, 36면.

가 중심 과제를 이루는데 비하여, 통일은 통일체계의 형성에 궁극의 목표를 두고 있는 만큼 정치문제가 중심 과제를 이룬다고 할 수 있다. 이와 같이 중립화는 국제적 차원에서 세력균형원리를 원용하여 외부 세력의 경쟁적 간섭 요인을 격리해내는 세력관리 방안으로서, 대내적 차원의 통합을 추구하는 통일과는 구별된다.[82)]

그런데 분단국[83)]이란 원래 하나였던 국가가 동서 냉전과 같은 국제적 대립 관계와 내쟁의 결과로서 분할되어 이질적인 정치, 경제, 사회 제도하에 양립되어 있는 국가를 지칭한다. 그 결과 분단국의 통일 문제는 2중의 과제를 내포하고 있다. 하나는 외부 세력들의 경쟁적 간섭 요인을 조정하여 분단상태 해소를 위한 국제체계 환경을 조성하는 일이며, 다른 하나는 분단국 내부의 과제로서 분단체 상호간의 갈등 대립 관계를 조정하여 동질적인 단일의 정치체계로 통합하는 일이다. 이와 같이 분단국의 통일 문제는 내부 통합의 문제뿐만 아니라 외부 세력의 경쟁적 이해관계가 구조적으로 결부되어 있는 국제문제이다. 따라서 외부 세력들의 경쟁적 이해관계를 조정하여 국제체계 환경을 조정하는 과제를 내포하고 있는 것이다. 이러한 분단국 특유의 성격 때문에 중립화 방안의 기능은 일차적으로 외부 세력들 간의 경합 관계를 조정하는데 있고 그 핵심은 군사문제를 위주로 한 평화질서의 정착에 있다고 할 수 있다.[84)]

여기서 통일문제와 관련하여 분단국에 대한 중립화의 적용은 2가지 측면에서 주장되고 있다. ① 먼저 분단 상태가 해소된 통일된 국가가 통일체계의 유지를 위하여 외부 세력들의 재간섭을 제도적으로 예

---

82) 강광식, "국제체계의 세력관리방안으로서 중립화에 관한 연구", 경희대 박사논문 (1987), 176면.

83) 분단형으로는 국제형 분단과 내쟁형 분단이 있으며, 한반도 분단은 국제형 분단의 요소가 우세한 국제형 분단과 내쟁형 분단의 복합형이다.

84) 강광식, 위의 논문, 176-177면.

방(배제)하기 위한 수단으로서 중립화가 주장되고 있고(선통일, 후중립화), ② 다음으로 분단상태를 지탱하고 있는 외부 세력들의 경쟁적 간섭을 조정(차단)하여 통일 성취를 위한 수단으로서 중립화가 선행되어야 한다는 주장이 있다[85](선중립화, 후통일). 그런데 선통일 후중립화는 통일과 동시에 중립화한다는 것이나, 선중립화 후통일과 대비시키기 위하여 편의상 선통일 후중립화로 표현하기로 한다.

선통일 후중립화안으로는, 60년대에는 총선거에 의한 통일정부를 수립함과 동시에 중립화를 선언하여 국제적인 보장을 받는 선통일 후중립화를 주장하였다(김삼규, 이영근, 김용중, 맨스필드, 사회대중당, 통일사회당, 김석길). 80년대와 90년대 이후에 들어서는 과도기 단계로 국가연합단계를 거쳐 연방국가로 통일됨과 동시에 중립화를 선언하여 국제적인 보장을 받아야 한다는 주장이 대부분이다(문도평, 양은식, 정용길, 평화민주당, 이재봉). 예외적으로 과도기 단계로 국가연합단계를 거친 후 총선거를 통하여 통일정부를 수립함과 동시에 중립화해야 한다는 주장도 있다(정상구).

여기에 반하여 선중립화 후통일안은, 한국과 북한이 먼저 중립화 원칙에 합의를 봄으로써 그것을 계기로 통일이 될 수 있는 조건과 상호 신뢰감을 점차적으로 조성할 수 있는 길이 열린다는 것이며, 그래서 한반도의 중립화는 다른 중립국과는 달리 과도기적 단계로 2개의 중립정부(국가연합)가 상당 기간 존속하는 특별한 경우가 될 것이라는 입장이다(황인관, 최봉윤, 문익환, 박문재, 강종일, 김형찬, 해리슨, 주종환, 박후건). 황인관 교수는 선중립화의 예비 조치로서 군사적 정치적 긴장완화와 남북교류와 협력을 실시하며 4강의 중립화 보장하에 선중립화한 다음 중립연방공화국(국가연합)단계를 거쳐 연방제로 통일한다는 것이다. 최봉윤 교수와 문익환 목사는 중립화 통일을 위한 전

85) 위의 논문, 177면.

제 조건(여건 조성)을 위하여 군사적 정치적 긴장완화 조치를 취한 뒤, 중간단계에서 선중립화된 국가연합단계를 거쳐 연방제로 통일한다는 것이다. 해리슨도 이러한 입장이다. 해리슨은 국가연합단계를 거친 다음, 민족주의에 입각하여 연방제의 통일한국으로 이행될 것으로 보고 있다. 주종환 교수의 견해도 이와 같다고 볼 수 있다. 그런데 강종일은 먼저 남북한 연합제 단계를 형성하고, 그 다음으로 남북한 영세중립 연합제 단계를 거친 다음, 단일국가로 통일한다는 주장을 하고 있다.

80년대부터 시작하여, 90년대 이후에는 대부분이 선중립화 후통일의 입장에 있다고 볼 수 있다. 남과 북이 이미 합의한 낮은 단계의 연방제 / 연합제를 바탕으로 남과 북이 중립화되어 남과 북이 장기적으로 공존하면서 점진적 단계적 접근방식에 따라 연방제로 최종 단계의 통일을 이룰 것이라는 입장이 주류를 이루고 있다.

12) 목적에 따라 비교해 보면, 미국의 관계, 학계, 정계, 언론계에서 제기된 중립화안은, 한반도 문제가 지역적인 문제일 뿐만 아니라 국제적인 문제라는 전제아래 한반도를 완충지대로 설정하여 평화를 유지하고자 하는데 목적이 있다고 할 수 있다. 구체적으로는 ① 한국전쟁의 평화적 해결 ② 전쟁재발 방지, 그리고 ③ 주한미군철수 대안으로 제안된 것이다. 대체로 한반도 통일문제 보다는 국제적 차원에서 전쟁의 종전처리라든지 전쟁재발 방지 등과 같은 국제체계의 안전 내지 평화를 수립할 목적으로 중립화를 이용하고자 하고 있다. 분단고정화 이전에는 제2차대전 종전처리 방안으로, 한국전쟁 직후에는 한국전쟁재발 방지 내지 국제전의 발발을 방지할 구상으로, 70년대 이후 4강구조 출현 이후에는 한반도에서의 비핵, 비군사화의 일환으로 제기되고 있다. 이때 한반도에의 중립화 적용을 주한미군 철수의 대안으로 이용하고자 하고 있다.

이에 비하여 한국의 정당과 개인적 차원에서 제기된 중립화안은,

통일과 관련하여 분단현상에 작용하고 있는 외세 격리가 목적이라 할 수 있다. 구체적으로는 ① 통일과 동시에 외세의 재간섭을 격리시키는 방안(선통일 후중립화)으로서, ② 남북한의 선중립화로 먼저 외세를 격리시킨 후, 적대감 해소와 평화공존 속에서 평화적 방법에 의한 통일 성취 방안(선중립화 후통일)으로서 제안된 것이다. 중립화를 통일이라는 목적을 달성하기 위한 핵심적 수단으로 제기한 것이다. 한반도 통일을 위하여 중립화를 적용하자는 것이다. 분단고정화 이전에는 분단을 방지할 목적으로, 한국전쟁 이후에는 냉전구조에서 벗어나 통일을 위한 방안으로, 70년대 이후에는 고정화 되어버린 분단 현실을 직시하고 통일을 위한 외세 격리 수단으로서 중립화를 이용하고자 하고 있다.

예외적으로 프랑스의 드골의 제안은 미·소에 의해 좌우되던 국제정치에서 주도권을 장악해 보려는 데 목적이 있었다고 할 수 있다.

13) 60년대의 안과 80년대 및 90년대 이후의 안을 비교하면, 다음과 같다. 1945년부터 1950년대까지는 대부분 미국인에 의해 중립화안이 제안되었고, 60년대에는 한국인에 의해 70년대에는 미국인에 의해 제안되었으며, 80년대와 90년대 이후에는 대부분 한국인에 의한 중립화안이 제안되고 있다. 이상에서 비교 분석한 내용에 근거하여 한국인에 의해 제안된 60년대와, 80년대 및 90년대 이후의 중립화안의 차이점과 공통점을 살펴보면 아래와 같다.

먼저 차이점으로 ① 중립화의 보장국으로, 60년대에는 미·중·소를 들고 있으나, 70년대부터는 미·중·소·일의 4강에 의한 보장을 들고 있으며 이는 시대적 배경을 반영하고 있는 것이다. ② 중립화 통일에 대한 합의의 주체와 관련하여, 60년대에는 현정권 해체의 주장이 있었으나, 80년대와 90년대 이후에는 남북한의 양 정권을 중립화 협상의 주체로 보고 현정권 존립을 주장하고 있다. ③ 중립화 통일을 위한 중간단계로, 60년대에는 총선거를 주장하였으나 80년대와 90년대 이후에는 과도기 단계로서 국가연합단계를 주장하고 있다. ④ 통일정부 형태로, 60년대에는 총선거를 통한 단일국가를 주장하였으나, 80년대와 90년대 이후에는 국가연합단계를 거쳐 연방국가 형태의 통일이 주장되고 있다. ⑤ 통일의 단계와 관련하여, 60년대부터 선통일 후중립화가 지배적으로 주장되고 있었으나, 80년대에 들어서는 선중립화 후통일이 제기되기 시작하였다. 90년대 이후에는 대부분 선중립화 후통일이 제기되고 있다.

그리고 90년대 이후에는, 동북아 안보 구조는 냉전적이나, 경제협력 구조는 탈냉전적 이라는 인식하에 경제협력 기회 증대라는 긍정적 기회를 적극적으로 활용하자는 입장에서 동아시아공동시장과 동아시아공동체 구성을 제안하고 있다.

공통점으로는 ① 중립화 모델로 오스트리아형을 선호하고 있다. ② 중립화 통일을 위한 여건 조성을 위하여 군사적 긴장완화를 강조하고 있다. ③ 중립화 통일의 정치체제로 민주사회주의체제를 주장하고 있다는 점이다.

14) 미국인에 의한 안과 한국인에 의한 안의 차이점을 비교하면, ① 목적과 관련하여 미국인의 안은 평화유지를 목적으로 하나, 한국인의 안은 통일을 목적으로 하고 있다. ② 중립화 통일을 위한 여건 조성을 위해, 미국인의 안은 주한미군 철수를 포함하는 군사적 긴장완화를 특히 강조하고 있는데 비하여, 한국인의 안은 군사적 긴장완화뿐만 아니라 남북교류와 협력도 포함시키고 있다. ③ 합의의 주체와 관련하여 70년대의 경우 미국인의 안은 남북한의 주체적 의사와는 관계없이 4강의 합의만을 전제로 하고 있으나,[86] 한국인에 의한 안은 4강의 합의는 물론이거니와 특히 남북한의 합의를 강조하고 있다. ④

86) 해리슨의 경우(1974)에는 4강의 공식적 조약 없이 중립화를 보장한다고 함으로서 북한 방식의 통일의 위험이 크다고 할 수 있다.

제안자의 성격과 관련하여, 미국인의 안에는 정부 차원에서의 정책구상도 있었으나, 한국인의 안에는 정부 차원에서의 정책구상이 없었을 뿐만 아니라 오히려 정부 차원에서 이 구상을 반대하였다. 그렇지만, 2004년 12월에 노무현 대통령에게 중립화 통일을 정식으로 정책 건의한 바 있으며, 이러한 움직임들이 모여 앞으로 정부의 긍정적인 변화를 가져오게 하는 계기가 될 것이다.

〈해방 이후의 諸중립화론의 내용 요약〉

제안자	시대적 배경	중립화형	중립보장국	내 용			목 적	비 고
				1)중립화 통일을 위한 전제조건 (여건조성)	2)중립화 통일을 위한 중간단계 (총선거 또는 연방제)	중립화 통일 및 사후 조치		
중간파 (김규식 여운형) 1945, 12~ 1947. 12	• 1945. 12. 27 모스크바협정에서 신탁결정으로 찬반탁논쟁 • 1946. 5. 8 협의대상자문제로 제1차 미소공동위원회결렬 • 미군정의 중간파 지지		미·소·중·영	• 신탁지지	• 좌우연립정부 • 신탁통치가 끝날 때 4대 점령군의 철수를 위한 조건으로 중립화	중립화 통일 • 4대국보장하의 중립화 통일정부 • 민주사회주의 체제	좌우합작으로 통일정부수립	[45~49년] • 분단고정화 직전 미·소 냉전 1945. 2 알타체제성립(미·소의 2대초강대국 주도체제 • 미국은 중국 장개석 정부를 통하여 소련의 팽창정책 저지
웨드마이어 1947. 9. 19	• 1947. 3. 12 미국의 대소 봉쇄정책(트루만 독트린) • 1947. 여름 모택동군대의 전만주지역 장악 • 1947. 8. 2 제2차 미소공동위원회 결렬 • 1947. 9. 17 한국문제 유엔이관			• 소련후원하의 침략에 대항하기 위하여 남한에 충분한 군사력 증강 • 소련군철수와 동시에 미군철수		중립화 통일 중립화 통일 정책수립	미군철수의 대안으로 소련에 대한 완충지대 설정	
미국국가안전보장회의(1) 1950. 9. 9	• 1948. 8. 15 대한민국정부수립 • 1948. 9. 9 조선민주인민공화국수립 • 1948년 최신 소련제 장비로 인민군 양성후 소련군 철수 • 1949년 소수의 군사고문만을 남기고 미군철수 • 1950. 1. 12 애치슨선언-한국은 미국 동방어선에서 제외 • 1950. 6. 25 한국전쟁(국내적 냉전과 국제적 냉전의 결합) • 미국의 제한전쟁수행(미·일군사안보체제의 대항조치로 미국의 한국전쟁 개입)		유엔	• 북한이 유엔통제하에 들어가는 경우	총선거	중립화 통일 • 유엔이 보장하는 중립화 통일(소련과 중국의 침략위협을 유엔보장으로 방어)	동서냉전체제에서 한국전쟁의 평화적 해결	[50년대] • 분단고정화 직후 • 미·소의 양극화 • 중국이 새로운 행위자로 등장(1949) • 미국은 일본을 새로 등장시켜 아시아의 중추국으로 삼아 반공군사기지화 • 중·소상호원조조약(1950)과 미·일안보조약(1952), 한·미상호방위조약(1953)으로 북방3각관계와 남방3각관계
미국무성극동국 1950. 10. 16 (10. 19) (10. 27)	• 1950. 9. 15 인천상륙작전 • 1950. 9. 28 서울탈환이후 북진 • 1950. 10 중국군 개입 • 1950. 12 유엔군 38선이남 후퇴	스위스(벨기에)	유엔	• 북한이 유엔통제하에 들어가는 경우	총선거	중립화 통일 • 유엔이 보장하는 중립화 통일(소련과 중국의 침략위협을 유엔보장으로 방어)	동서냉전체제에서 한국전쟁의 평화적 해결	
맥아더 1952. 12. 17	• 1951. 3. 15 서울재탈환		미·소 및 기타 관계국		총선거	중립화통일 미소 및 기타 관계국이 보장하	휴전직전 한국전쟁의 평화적 해결	

	• 1951. 4. 10 중국과의 전면전을 주장한 맥아더해임(이후 미국은 휴전 추진)					는 중립화통일		
올리버 1952	• 1951. 3. 15 서울재탈환 • 1951. 4. 10 중국과의 전면전을 주장한 맥아더 해임(이후 미국은 휴전 추진)	스위스			주변 강대국 중립화 주장	중립화 통일 주변강대국 중립화 보장	휴전직전 한국전쟁의 평화적 해결	
덜레스(1) 1953. 6. 15	• 1953. 3 소련 말렌코프 편화공존론 제기 • 휴전협정직전			(한국, 중국, 유럽 아시아의 자유세계 중립화지지 전망)	주변강대국 중립화 주장	중립화 통일	휴전협정과 관련하여 한국전쟁의 평화적 해결(한국중립화는 미국의 이익)	
미국국가안전보장회의(2) 1953. 7. 2 (7. 7)	• 1953. 3 소련 말렌코프 평화공존론제기 • 휴전협정직전	스위스		(1953. 7. 7안은 덜레스의 1953. 6. 15안과 동일)	국제적 중립화보장	중립화 통일	휴전협정과 관련하여 한국전쟁의 평화적 해결	
노우랜드 1953. 7	• 1953. 3 소련 말렌코프 평화공존론제기 • 휴전협정직전		미·소·중·.일		4강 중립화보장	중립화 통일	휴전협정과 관련하여 한국전쟁의 평화적 해결	
덜레스(2) 1953. 9	• 1953. 7. 27 휴전협정직후	스위스 (벨기에)	미·소·중(일)	공산측이 모든 외국군 철수와 자유독립의 한국창설에 동의	국제적 중립화 보장	중립화 통일 • 무장중립화	종전처리방안으로 전쟁재발방지를 위한 국제적 보장장치	
(英) Economist지 1958. 5. 30	• 1954. 4~6월 제네바정치회담 • 1955년 오스트리아중립화 • 1958. 2. 25 평화통일을 주장한 진보당 불법화 • 1958 중국군 철수	핀란드		• 중국의 선의하 • 공산블럭과 특별한 교역관계		중립화 통일 • 핀란드식	한반도의 국제적 안전보장	
김삼규 김삼규(1) 1960. 6~9월 (1953. 5~1989. 5)	• 1960. 4. 19직후 제2공화정		미.소.중.일	• 남한에서 중립화 통일 운동 전개	중립국에 의한 선거위원회 또는 중국이 가맹된 국제연합에 의한 선거감시하에 총선거(78년 제안 : 국제연합 주도)	중립화 통일 • 양정권은 통일정부로 대체	주변 열강속에서의 남북통일과 통일후의 한반도 안전보장을 위한 외세 격리	[60년대] • 1960. 1 미·일 안보조약갱신, • 1965. 4 한·일 협정으로 한미일 안보협력관계 • 1961. 7 북한은 소련·중공과 각각 우호협력 및 상호원조 체결 • 1956년부터 중·소 이념분쟁이 시작되어 1960년대에 본격적 전개, 1963년부터는 국경분쟁까지 겹침 • 이상과 같이 냉전이 심화되고 다극화됨
이영근 1955. 8 ~	• 1960. 4. 19직후 제2공화정			• 한국주둔 유엔군을 한국전쟁에 참가하지 않은 국가로 구성되는 「유엔경찰군」과 교체	제네바식 관련국제회의에서 한국전쟁에 참가하지 않은 국가로 구성된 국제감시단의 감시하에 총선거	중립화 통일 • 통일한국의 비군사기지화	주변 열강속에서의 남북통일과 통일후의 한반도 안전보장을 위한 외세 격리	
김용중 1952 ~ 1960. 10 ~	• 1960. 4. 19직후 제2공화정	오스트리아	유엔	• 남북한 양정권 해체 • 외군철수 • 외국과의 군사협정폐기 • 남북한군대를 경비수준으로 감축 • 남북한 비무장지대 각 20마일씩 확대	중립국 위원단의 감시하에 총선거	중립화 통일	주변 열강속에서의 남북통일과 통일후의 한반도 안전보장을 위한 외세 격리	
김용중 1964. 11~	• 1960. 4. 19직후 제2공화정	오스트리아	미국과 유엔과 관련국에 의한 보장	• 통일위원회 수립 • 인도주의적 조치 실시 • 통일위원회 지도하에 모든 외국군 동시 철수 • 남북한 군대를 경비대 수준으로 감축	통일위원회 지도와 감시하에 총선거	중립화 통일	주변 열강속에서의 남북통일과 통일후의 한반도 안전보장을 위한 외세 격리	
맨스필드(1) 1960. 10. 22	• 1954년 후루시쵸프등장 이후 미소간의 데탕트	오스트리아	미·소·중	총선거를 위한 남북한 관계자 회담	총선거(유엔감시하의 총선거 고려)	중립화 통일	오스트리아 중립화를 모델로 한 한반도 중립화 검토	
사회대중당 1961. 1	제2공화정			• 미·소를 중심으로 유관국가 국제회의를 설치해서 남북대표 참석 하에 영세중립에 필요한 각서상호교환 • 영세중립의 보장 하에 남북군대 무장해제 • 북한과의 무조건 협력 • 남한에 먼저 민주사회주의체제 확립	중립국감시위원단의 감시 하에 총선거	중립화 통일 • 총선거후 2개월내 외군철수, 외국과의 군사협정폐기 • 민주사회주의 체제	주변 열강속에서의 남북통일후의 한반도안전보장을 위한 외세격리	
통일사회당 1961. 4	제2공화정			• 북한과의 협상시도에 앞서 민주사회주의를 통한 남한체제 공고화(남한이 북한에 대해 우위에 서게하여, 남북한의 이데올로기와 체제를 수렴하는 논리) • 내전범죄자인 김일성 퇴진	유엔에서 승인된 중립제국의 감시하에 민주적 절차에 의한 총선거	중립화 통일 • 중국 및 소련과의 경계선에 유엔이 감시하는 완충지대 설정 • 민주사회주의체제	주변 열강속에서의 남북통일후의 한반도안전보장을 위한 외세격리	

				• 남북이 참가하는 관계국 회의 개최 • 남북군축가능성검토				
중립화조국통일총연맹 1961. 2	제2공화정	스위스 오스트리아		중립화 통일을 위한 국민서명운동	국제회의를 통한 중립화 국제적 보장	중립화 통일	주변 열강속에서의 남북통일과 통일후의 한반도안전보장을 위한 외세 격리	
김석길 1961. 4. 25	제2공화정	오스트리아			유엔주관밑에 중립국으로 구성된 선거주관체 감시하에 총선거	중립화 통일 • 외군철수 • 외국과의 군사협정폐기	주변 열강속에서의 남북통일과 통일후의 한반도안전보장을 위한 외세 격리	
드골 1964. 1. 27	• 1961. 5. 16 제3공화정 • 중· 소분쟁		중국 및 관계국		중국이 참가하는 중립화 국제적 보장	중립화 통일	• 중국의 협력을 얻어 베트남중립화 • 미· 소에 의해 좌우되던 국제정치에서 프랑스의 주도권장악 시도	
모렐리 1970	1969. 7 닉슨독트린		4강	남북양당사국과 4강대국의 중립화 합의를 전제	4강 중립화보장	중립화 통일	미군철수에 대처한 세력균형조정책	[70년대] • 중· 소 분쟁으로 중국 독자적 행위자로 등장 • 1971 중국유엔가입 • 1972 닉슨· 주은래상해공동성명, 田中角榮 북경방문 1978 일· 중국교정상화 1979 미· 중국교정상화로 미· 일· 중 3국협력관계 • 일본의 방위 역할을 한반도 및 동아시아로 확대 • 미· 소데탕트 소련의 대일접근 • 이상의 결과로 동북아에 4강체제, 데탕트하에 4강은 세력균형속에서 현상유지추구
포터 1971. 6	1971 주한미군 1개사단 철수		4강	• 미중의 타협으로 주한미군철수 • 중국이 북한에 군사적 지원을 하지않음 • 남한에 일본군사력 개입을 미국이 저지 • 남북한을 좀더 비군사화시켜 분단완화 • 4강의 한반도 불개입원칙	4강 중립화보장	중립화 통일 • 한반도의 군사적 중립지대화	미군철수에 대처한 세력균형조정책	
브레진스키 1972	1972. 7. 4 남북공동성명		4강		4강 중립화보장	중립화 통일	미군철수에 대처한 세력균형조정책	
맨스필드(2) 1974. 7	1973. 6. 23선언, 유엔동시가입제의 1974. 1. 8 남북상호불가침협정체결제의	오스트리아	4강	4강을 중심으로 하여 상호불가침조약· 상호합의에 의한 군사적 철수· 아시아수역에서의 핵실험과 핵확장제한에 관해 검토	4강 중립화보장	중립화 통일	미군철수에 대처한 세력균형조정책	
헨더슨 1974 (1976)	1973. 6. 23선언, 유엔동시가입제의 1974. 1. 8 남북상호불가침협정체결제의	오스트리아 (핀란드)	4강	• 남북한에 4강대국의 군사적 지원의 단계적감축(중· 소는 북한에 대한 무기공급, 미국은 남한에 대한 병력주둔과 무기공급) • 4강이 남북한의 교류협력 조장 ※ 1976년 제안에는 남북한의 긴장과 고도로 군사화된 현재의 문제점으로 보아, 30-40년내에 핀란드식 중립화가 될 것이라 전망	4강 중립화보장	중립화 통일	미군철수에 대처한 세력균형조정책	
해리슨(1) 1974	1973. 6. 23선언, 유엔동시가입제의 1974. 1. 8 남북상호불가침협정체결제의		4강	• 주한미군철수 • 남한-미국, 북한-중· 소간의 군사조약 약화 • 남북한 상호군축 • 미군의 전술핵제거(한반도 비핵지대화) • 이상의 정책으로 남북한에 통일의 주도권을 줌	4강 중립화보장(4강의 공식적 조약없이 보장) ※ 그러나 4강의 공식적인 중립화 보장조약 없이는 북한 방식의 통일의 위험이 큼	중립화 통일	미군철수에 대처한 세력균형조정책	
라이샤워 1976	1973. 6. 23선언, 유엔동시가입제의 1974. 1. 8 남북상호불가침협정체결제의		4강	• 주한미군철수를 이용하여 2개의 한국정권이 통일문제를 다룰 수 있는 환경조성	4강 중립화보장	중립화 통일	미군철수에 대처한 세력균형조정책	
바네트 1977	1977 카터행정부 1977년에서 1980년대까지 3단계 주한미군철수논의(1982년으로 연기한후 레이건 행정부때 계획취소)		4강	• 남북한긴장완화 • 남북군대감축 • 남북군사적도발억제 • 2개의 한국정부에 무기판매 제한 • 효과적인 비무장지대(국제평화유지군배치) • 한반도의 비핵지대화	4강 중립화보장	중립화 통일	미군철수에 대처한 세력균형조정책	
영 1983	제5공화정	스위스 오스트리아	4강		4강 중립화보장	중립화 통일	한반도 통일	[80년대] • 1981년 레이건행정부 출범으로 미· 소관계악화(신냉전) • 1985년 고르바초프등장과 더불어 미· 소관계 개선, 중· 소관계개선, • 중· 소는 정경분리원칙하에 남한과 경제협력
조순승 1985. 7 (1988. 7)	제5공화정 통일논의개방	오스트리아	4강	• 4강이 남북한에 영향력을 행사하여 군축과 긴장완화를 위한 남북대화 진행 • 4강과 국제연합이 한반도를 비핵지대로 지정	4강 중립화보장	중립화 통일	주변 4강속에서의 남북통일과 통일후의 한반도 안전보장을 위한 외세 격리	
양은식 1985. 7	제5공화정 통일논의개방		4강	4강과 남북한 6자회담	1국가 2정부의 중간단계	중립화 통일 • 통일연방정부수립	주변 4강속에서의 남북통일과 통일후	

						• 민주사회주의체제	의 한반도 안전보장을 위한 외세 격리	관계추구 • 이상과 같이 당시 4강의 세력균형관계는 더욱 안정됨
문도평 1985. 7	제5공화정 통일논의개방		4강	• 중립화를 위한 미·남·북 3자회담 • 미·북한관계개선 • 한반도 비핵평화지대화 • 외국과의 군사협정폐기	4강 중립화보장	중립화 통일 • 분단으로 대립되고 있는 2개 체제를 수용할 수 있는 연방제	주변4강속에서의 남북통일과 통일후의 한반도 안전보장을 위한 외세 격리	
황인관 1985 1987 (1953~)	제5공화정 통일논의개방	스위스 오스트리아	4강	• 남북한은 체제와 이념이 대립되고 있기 때문에 먼저 남북한을 중립화(先中立化)시켜 긴장과 적대감을 해소하고 공존 속에서 평화적인 방법으로 통일추진 • 이러한 선중립화의 예비조치로 남북과 4강이 참가하는 6개국회의에서 중립화합의(미국은 미군철수를 가능케하는 대안으로서 중립화에 주도적 역할담당) • 남북교류확대 • 군사분계선을 평화와 무역지대로 전환 • 대사관상호교환 • 교차승인, 유엔동시가입 • 불가침협정, 평화협정체결 • 남북한 비핵지역 선포 • 주한미군 단계적 철수 • 이러한 중립화의 보장을 위하여 4강 한반도 중립화보장협정체결(미국주도) • 중립화유지를 위한 효과적인 통제기구설치 • 중립화협정위반을 가릴 「재판소」설치 • 비무장지대에 다국적 국제평화유지군주둔(미국 후원하) • 북한 남침시 미군재투입보장	중립연방공화국[국가연합] • 분단으로 인한 문제완화 상호신뢰 조성 • 남북 민주사회주의로 접근	後統一(중립화통일) • 연방제 (남북 양정권 존속을 전제) • 민주사회주의 체제	남북한의 선중립화로 외세를 격리시키며, 남북간의 적대감 해소와 평화공존에서 평화적 방법에 의한 통일성취	
최봉윤 1984 1988 (1944~)	제6공화정	스위스 오스트리아	4강	• 남북한은 체제와 이념이 대립되고 있기 때문에 먼저 과도민중연방공화국을 수립하여야 하며, 과도민중연방공화국헌법을 제정하기 위하여 남북에서 같은 숫자의 헌법초안 대표회의를 구성 • 이 헌법에 영세중립국가를 전제로 하여 남북한 군대의 수를 10만으로 줄이는 내용포함	과도민중연방공화국(先中立化) • 국가연합 • 2원제 입법부조직 상원 : 남북각9도×3명=54명 하원 : 인구비례 • 행정부조직수반은 5년임기제 첫행정수반은 상원에서 선출, 다음은 하원에서 선출 • 사법부조직상하원 다수투표에 의해 7명	後統一(중립화통일) 통일완수정책위원(상하양원에서 민간인 8명, 정부 3부에서 9명)에 의해 통일 헌법초안작성→양원회부→국민투표→헌법제정→통일헌법에 의하여 통일국가수립	남북한의 선중립화로 외세를 격리시키며, 남북간의 적대감 해소와 평화공존에서 평화적 방법에 의한 통일성취	
문익환 1988	제6공화정		4강	• 분단논리·흑백논리극복 • 북은 자유를 향하여, 남은 평등을 향하여 궤도수정(민중민주주의 실시) • 미군철수 • 평화협정체결 • 유엔동시가입	연방제 제1단계(先中立化) ① 군사와 외교는 남북이 독립적으로 운영하는 대영제국형의 연방제(국가연합)를 실시하면서 영세중립화를 선언하는 단계	後統一(중립화통일) 연방제 제 2, 3단계 ② 남북한이 현사회경제체제를 그대로 유지하면서 군사와 외교까지 통합하는 단계(연방국가)(두단위로 나뉘어 지역자치를 실시함으로써 남과 북은 지방정부의 성격을 띤다) ③ 남과북이 두단위로 실시하던 지방자체제를 도단위로 세분화하는 단계	남북한의 선중립화로 외세를 격리시키며, 남북간의 적대감 해소와 평화공존에서 평화적 방법에 의한 통일성취	
김삼규(2) 1988. 4	제6공화정	스위스 오스트리아		• 남북한, 4강이 참여하는 6자회담(스위스, 오스트리아가 참여하는 8자회담도 고려) • 남북한 인적, 문화적 경제적 교류 • 휴전협정을 평화협정으로 대체 • 남북한 군대해체 • 외국과의 군사협정폐기문제협의	총선거	중립화 통일 · 총선거에 의해 구성된 제헌의회에서 통일헌법을 제정하고 통일한국의 국가형태를 정함	주변 4강속에서의 남북통일후의 한반도 안전보장을 위한 외세 격리	
조명훈 1988. 8	제6공화정			• 북은 자유, 남은 사회정의 회복	남북한간에 동질성 회복단계	중립화 통일	주변 4강속에서의 남북통일후의 한반도 안전보장을 위한 외세 격리	
정용길 1988. 11 1989. 2	제6공화정		4강	○ 제1단계 : 한국내 국민화합 및 준비단계·영호남지역 감정해소·노사간, 계층간 갈등해소국민, 정부간 신뢰감조성, 남북교류, 북한을 개방화정책으로 유도 ○ 제2단계 : 남북한 공존체제구축단계 • 남북교류 협력강화로 민족동질성회복 • 중간단계를 위한 기반조성을 위하여 휴전협정을 평화협정으로 대체, 불가침조약체결, 상호군축, 미군철수, 유엔동시가입 한반도에서 핵무기 철거	○ 제3단계 : 과도체제설정단계(국가연합이나 공영제) • 기능주의 통합이론의 한계를 극복하기 위해 연방주의적 접근병행	중립화 통일 제4단계 : 연방제로서 통일중립국(연방국가)	주변 4강속에서의 남북통일과 남북통일후의 한반도 안전보장을 위한 외세 격리	
정상구 1988. 12	제6공화정	오스트리아	4강	○ 제1단계 : 평화공존조성단계 • 남북간의 경제적, 문화적, 사회적 교류로 동질	○ 제2단계 : 국가연합단계 • 민족통일국가연합협의회를 남북	중립화통일 ○ 제3단계 : 영세중립국건설	주변 4강속에서의 남북통일과 남북	

				성 회복 • 불가침협정체결, 휴전협정으로 대체하면서 미군철수, 유엔동시가입, 남북한 상호감군	한 동수로 구성하여 국가연합헌법 초안 마련 • 국가연합헌법초안을 각각 남북한 지역에서 자유민주방식선거로 국가연합헌법확정 • 확정된 국가연합헌법에 따라 국가연합정부수립 • 국가연합행정부의 장차관은 남북한 동수 • 국가연합의회는 상원 : 인구비례, 상원의장은 북한, 하원의장은 남한이 되며, 국가연합대통령은 하원의장이 2년 그 다음 상원의장이 2년	단계 • 남북한 영세중립통일연합회를 구성하여 중립화 가결 • 남북한 국가연합이 중립화안을 국민투표에 붙여 가결되면 영세중립통일연합회가 이를 선언 • 고려영세중립국의회를 구성하는 남북한 총선거 • 총선 후 소집된 의회는 남북한의 국가연합을 폐지하고 고려영세중립국 성립을 위한 헌법안을 의회에 제출하여 이를 통과한후 고려영세중립국선언 • 4강의 중립화승인후, 유엔안보이사회의 추천을 거쳐 유엔총회에서 고려영세중립국승인	통일후의 한반도 안전보장을 위한 외세 격리	
김대중 1989. 6. 4	제6공화정	오스트리아				중립화 통일 오스트리아식 영세중립의 통일국가	주변 4강속에서의 남북통일과 남북통일후의 한반도 안전보장을 위한 외세 격리	
맥도널드 1989. 8. 11	제6공화정	오스트리아	4강	• 주변4강들은 중립화 통일을 고무촉진 • 오스트리아 중립화조약(=오스트리아국가조약)과 같은 조약고려-외국과의 군사협정을 이 조약으로 대체	4강 중립화보장	중립화 통일 • 소규모의 자위력을 갖춘 무장중립화 • 통일초기단계에서는 비무장지대에 국제평화유지군을 주둔시켰다가 한반도정세가 안정되면 중·소와의 국경지대로 이동	한반도 통일	
평화민주당 1989. 8. 31	제6공화정	오스트리아	4강	○ 평화공존단계 • 휴전협정을 평화협정으로 대체 (남, 북, 한, 미, 중 참가) • 주변 4강보장하에 남북한 간에 불가침선언 • 북한을 반국가단체로 규정하고 있는 국가보안법과 적화통일을 강령으로 하고 있는 노동당 규약개정 • 국제적평화보장장치하에 주한미군감군, 철수와 군비감축 ○ 평화교류단계 • 이산가족재결합, 정치, 경제, 문화, 학술, 교통, 통신, 종교, 체육 등 모든 분야에서의 광범위하고 적극적인 남북교류를 통하여 민족화해와 동질성을 회복	○ 공화국 연방제(과도기적 중간 단계 : 국가연합) • 남북의 현존 2정권 공존 • 남북에서 선출된 동수의 대표로 연방의회와 연방정부를 구성하여 통일에 관한 모든 사항의결집행	중립화 통일 • 상호신뢰와 협력관계가 성숙되었을때, 군사외교에 관한 권한까지 연방정부에 이양 • 1개의 공화국(연방국가)로 통합되면서 영세중립국화 • 남북은 2개의 광역적인 지방정부로 개편	주변 4강속에서의 남북통일후의 한반도 안전보장을 위한 외세 격리	
이상조 1989. 9. 12	제6공화정 1989. 9. 11 한민족공동체통일방안			• 주한미군철수		중립화 통일 • 연방제하의 지방자치	주변 4강속에서의 남북통일후의 한반도 안전보장을 위한 외세 격리	
갈퉁 1989	제6공화정	스위스, 오스트리아	4강	• 모든 외국군 철수 • 방어적 국방력 창출 • UN후원	4강 중립화보장	중립화 통일 • 중립화 통일된 연방국가	주변 4강속에서의 남북통일후의 한반도 안전보장을 위한 외세 격리	
박문재 2000	김대중정부		4강	• 한반도의 중립화(先中立化) −4강 동의하에 2개 한국의 영세중립국화 • 4강이 보장하는 불가침협정, 남북 양측의 핵, 생화학 미사일과 같은 무기체계 금지, 불능화 및 제거, 군수산업의 평화산업으로의 전환, 주한미군의 점진적인 철수, 그 이행을 위해 4강과 남북은 한반도평화안전기구 설립 • 북한 경제의 재건, 이를 위해 한반도경제개발기구 설립 • 행정적 조직적 체계 −통일최고회의, 통일인민의회, 통일집행회의의 3개 주요기구가 긴밀하게 상호작용	(국가연합 또는 연방제)	後統一(중립화통일), (연방제)	남북한의 선중립화로 외세를 격리시키며, 남북간의 적대감 해소와 평화공존에서 평화적 방법에 의한 통일성취	[90년대이후] .탈냉전 .군사적으로 미국의 패권적 위치 .미국의 중국 견제와 봉쇄 .중국과 일본 간의 지역패권경쟁 .200.6.15 6.15남북공동선언으로 화해와 협력의 시대로 전환할 수 있는 기회 마련 .2007.10.4
강종일 2001	김대중정부		4강	.○1단계: 남북민족의 신뢰회복단계 • 남북상호교류, 협력증진, 인적물적교류, 이산가족 면회소 설치, 남북간 철도와 도로 복원 ○2단계: 남북한 제도 정비와 보완 단계 • 북한은 대남 적화통일 노선 포기, 남한은 국가보안법 폐지, 한미합동군사훈련 중지, 평화협	○4단계: 남북한 영세중립 연합제 단계(先中立化) • 남북은 헌법개정, 영세중립규정 명문화, 남북과 4강이 영세 중립 연합제 협정에 서명, 남북 국회 비준, 영세 중립국임을 선포, 외국과 체	後統一(중립화통일) ○5단계: 남북한 영세중립 통일 단계 • 민족통일최고회의는 통일헌법과 선거법 제정, 남북한 국회 비준, 통일 헌법과 선	남북한의 선중립화로 외세를 격리시키며, 남북간의 적대감 해소와 평화공존에서 평화적 방법에 의한 통	남북관계 발전과 평화번영을 위한 선언 .2005.9.19 9.19공동성명 .2007.2.13 2.13합의 .별도의 포럼에서 한반도

				정 불가침 협정 체결(미국, 중국 보장 국가), 남북 병력 후방 재배치, 병력 감축 ○3단계: 남북한 연합제 단계 • 남북한 동수의 대표로 민족최고회의 구성, 통일에 대비한 제반 법령 제정, 통일문제 협의 후 남북 정부의 실천 권고, 남북과 4강은 협정을 통해 한반도 평화와 안정 확보	결한 제반 협정과 동맹 폐기, 한반도 내 모든 외국군 철수, 남북한 같은 수의 대표로 민족통일최고회의 구성, 영세중립 통일 준비	거법에 따라 통일 국회의원과 대통령 선출, 남북한 정부 자동 소멸, 1민족1국가1정부, 민주주의와 시장경제 사회복지 국가 지향	일성취	영구적 평화체제 협상
이재봉 2001	김대중정부		(4강)	• 동아시아 공동시장을 통해 경제협력을 이루면서 지역 안정과 평화 추구	국가연합이나 느슨한 연방제	중립화통일 • 주한미군 철수와 동시에 중립화통일 • 사회민주주의 체제	주변4강속에서의 남북통일후의 한반도 안전보장을 위한 외세격리	
김형찬 2001	김대중정부		UN과 4강	• 한국 국민의 2/3이상이 국제적 보장을 받는 평화체제를 원할 경우 미군철수 • 미군철수와 평화체제 구축과 영세중립화(先中立化) 구축, 동시에 이루어짐 • 남북이 현재의 2국가, 2정부, 2체제를 인정하고 유지하면서 중립화 • 미군의 1/3이 철수할 때 남북한 군사 반으로 감축, 군사분계선 모든 군장비 반 철거, UN과 4강 평화체제와 영세중립화 구축할 국제적 기구, 평화군 상설 결정 • 남은 미군의 1/3철수 할 때 남북한 군대와 군장비 다시 반으로 감축, UN과 4강은 비무장지대에 파견할 평화군 설치, 평화군 수는 남북한과 4강 협의 결정 • 마지막 미군 1/3의 철수는 평화군 주둔과 병행, 미군철수와 더불어 군사분계선의 모든 무기와 군사장비 철거, 군대 비무장화, 한반도 비핵화 • 남북한에 영세중립국가 확고부동하게 설치, 남북 재무장 않고 있다는 확실한 증거가 있을 때 평화군 철수, 남과 북의 경찰병력은 남은 북위 36도 이하, 북은 북위 40도 이상에 배치 • 남북한 모든 군사 동맹 폐지	(국가연합 또는 연방제)	後統一(중립화통일), (연방제) • 북한의 이질성을 수용할 수 있는 한민족다문화공동체 건설	남북한의 선중립화로 외세를 격리시키며, 남북간의 적대감 해소와 평화공존에서 평화적 방법에 의한 통일성취	
티모티 새비즈 2001	김대중정부		4강	• 한반도내 긴장 완화 – 남북간 경제협력 강화(남북한철도 연결, 금강산육로관광, 개성공단사업), 미국과 북한 간의 관계 정상화 교섭, 북한핵 및 미사일 우려 감소, 비무장지대 양측 전방배치병력 감축, 미군철수문제 교섭		중립화 통일 • 군비제한, 외국군대주둔금지보장	주변 4강속에서의 남북통일후의 한반도 안전보장을 위한 외세 격리	
김용운 2002	김대중정부	오스트리아	4강	• 중립화에 대한 한민족 전체의 합의 • 한 · 중 · 일 중심, 북한 대만 러시아 연해주 포함하는 동아시아 공동체 구성 활용, 미국 러시아 준회원국 • 주한미군 UN군으로 대체		중립화 통일	주변 4강속에서의 남북통일후의 한반도 안전보장을 위한 외세 격리	
장명하 2002	김대중정부		4강	• 안보를 미국에만 의존하는 습관 타파 • 중립화 통일에 대한 결심과 능력, 사전준비		중립화 통일 • 민중주도의 중립화 통일	주변4강속에서의 남북통일후의 한반도 안전보장을 위한 외세격리	
해리슨 2002	김대중정부		4강	• 군비축소와 긴장완화 • 군사정전위원회를 3국안보위원회(남,북,미)로 대체, 남북군사공동위원회 활성화, 남북평화협정, 유엔군사령부 해체, 북한 공격용 무기 철수, 미공군과 지상군 일부 철수, 북한 장거리 미사일 및 핵무기 개발 저지, 주한미군은 한국군에 작전권 이양, 북한에 대한 경제재제 완화, 경제적 지원	• 4강 한반도 중립화(先中立化) • 미국주도, 미국은 성실한 중재자 역할 • 남북한과 4강 한반도 비핵화 • 연방제 방식의 공존을 이룬 비핵중립화	後統一(중립화통일) • 민족주의에 힘입어 통일한국으로 이행	남북한의 선중립화로 외세를 격리시키며, 남북간의 적대감 해소와 평화공존에서 평화적 방법에 의한 통일성취	
주종환 2006	노무현정부		4강	• 북미간 정전협정을 평화협정으로 전환 • 북미수교, 북일수교 • 유엔사 해체 • 주한미군 철수를 위한 제반여건 조성	• 낮은 단계의 연방제/연합제를 바탕으로 한 영세중립화(先中立化)	後統一(중립화통일) • 민족주의에 입각한 최종 단계의 통합	남북한의 선중립화로 외세를 격리시키며, 남북간의 적대감 해소와 평화공존에서 평화적 방법에 의한 통일성취	
박후건 2007	노무현정부		4강	• 2.13합의 이행이 성공적으로 끝나고 북미 관계정상화 후 6자회담의 틀 속에서 남북이 각각 동시에 중립화(先中立化) • 북한은 중립화가 되어 보다 안정적인 여건에서 경제재건, 남북은 FTA나 남북공동관리 경제특구와 같은 경제공동체 발동	• 점진적인 통합	後統一(중립화통일)	남북한의 선중립화로 외세를 격리시키며, 남북간의 적대감 해소와 평화공존에서 평화적 방법에 의한 통일성취	

2. 평가 : 중립화의 가능조건 충족 문제

1) 중립화 찬성론자와 반대론자 간의 중립화 가능 조건에 대한 견해 비교

해방 이후의 중립화의 가능 조건 충족 문제를 분석하기 위해서는 먼저 중립화 찬성론자와 반대론자 간의 견해의 대립을 비교해 볼 필요가 있다. 이는 중립화 찬성론자와 반대론자 간의 견해의 대립은, 중립화의 가능 조건 충족 문제와 관련하여 견해가 대립되고 있다고 할 수 있기 때문이다. 그리고 중립화 반대론자들도 60년대, 70년대, 80년대와 90년대 이후에 따라 비판의 대상으로 삼는 내용에 변화를 보이고 있기 때문에 이를 다룰 필요성이 있기 때문이다. 이러한 중립화 찬성론자와 반대론자 간의 중립화 가능 조건에 대한 견해 비교는 다음에서 다룰 중립화의 내적, 외적 가능 조건 충족 문제를 다루기 위한 선행 연구가 될 것이다. 조선조 말기의 중립화 가능 조건 충족 문제에서는 중립화 찬성론자 반대론자 간의 중립화 가능 조건에 대한 견해 비교라는 항이 없으나, 해방 이후에는 이 항이 있는 이유는 해방 이후에만 찬성론자 반대론자의 견해 대립이 있기 때문이다.

먼저 중립화 통일 찬성론자들과 반대론자들은 중립화의 대내적 조건과 관련하여 (1) 국민적 합의의 문제 (2) 이념대립이 국민적 합의에 미칠 영향 (3) 국민의 정치적 역량과 경제적 자립능력 그리고 군사력 문제에 대하여, 그리고 대외적 조건과 관련하여 (1) 지정학적 조건 (2) 세력균형과 강대국의 중립화에의 합의 문제 (3) 강대국의 신뢰성 문제 (4) 미국의 전략적 이해와 관심 등에 관하여 견해를 달리하고 있다.

중립화의 대내적 조건과 관련하여, (1) 국민적 합의의 문제에 대하여 찬성론자들은 대내외적으로 국민적 합의를 기반으로 한 중립화 통일에 강한 의지와 결심을 선언하고 중립화만이 남북한의 이해와 주변 열강(4강)간의 이해를 절충하여 통일을 얻을 수 있다는 점을 국내외적으로 설득하여 특히 한반도 중립화에 대한 국제적인 동조와 지지를 얻는 것이 더 중요한 일이라고 주장하고 있다. 따라서 현시점에서 먼저 협상 주체인 양 정치체계의 지도층은 한반도 전체의 '평화와 안보' 또는 '범민족주의'에 입각하여 중립화에 대한 인식의 긍정화가 절실하다는 것이다. 특히 한반도 중립화 통일을 북한이 전략 전술적 차원에서 탈피해 민족적 이익에 기초하여 중립화를 인식할 때 가능해진다는 것이다. 그리고 남북분단으로 인한 이질화 문제는, 기능주의적인 단계적·점진적 교류와 협력으로 동질성을 회복하고 군사적인 긴장을 완화시킴으로써 평화공존 속에서 합의에 접근해나갈 수 있다고 한다.[87)]

반대론자들은 남북분단으로 이질화가 심화되어 중립화에 대한 합의가 불가능하다고 본다. 이점에 대하여 반대론자들은 60년대, 70년대, 80년대와 90년대 이후에 걸쳐 견해의 일치를 보이고 있다. 그리고 북한은 중립화를 주한미군 철수를 위한 전략전술로 악용할 것이라고 보고 있다.[88)] 북한이 중립화에 부정적인 입장을 가지고 있다고 보고 있다.[89)]

---

87) 김삼규, 통일독립공화국에의 길, 사상계, 1960년 9월호, 104면.
황인관, "한반도 중립화통일은 가능한가?", 제6회 합동학술대회논문집, 한국정치학회 (1985), 181-185면.
In K. Hwang, One Korea via Permanent Neutrality : Peaceful Management of Korean Unification (Cambridge : Schenkman Books. 1987), pp.82-83, pp.102-103.
최봉윤, 노승우, 민중주체중립화통일론 (서울 : 전예원, 1988), 239-242면, 249-250면.
정용길, 분단국통일론 (서울 : 고려원, 1988), 361-366면.
정상구, 한반도 통일의 길 (서울 : 내외신서, 1988), 290-294면.

88)* 조순승, "한국중립화는 가능한가 - 김삼규 씨의 이론을 중심으로 -", 사상계 1960년 12월호, 46면.
대한민국공보부, 한국의 중립화통일은 이래서 불가능하다 (서울 : 대한민국공보부, 1964), 65-66면.
김영국, 중립화안의 검토 및 국내외 여건이 이를 강요할 경우의 대비책, 국토통일원 (1970), 28-42면.
김갑철, "한반도 중립화 구상에 대한 이론", 국제문제 제5권 제10호, 극동문제연구소 (1974. 10), 41면.
김갑철, "한반도 중립화통일은 가능한가?", 현대이념연구 제5집, 건국대학교 현대이

(2) 이념 대립이 국민적 합의에 미칠 영향에 대하여, 중립화 통일 찬성론자들은 이념 투쟁을 정치세력간에 있는 일반적인 현상으로서 다른 나라의 경우처럼 정치적 타협으로 극복할 수 있기 때문에 남북간의 이념 대립이 표면적으로 나타난 것과는 달리 남북한의 통합에는 큰 장애는 안될 것이라고 전망하고 있다. 그리고 수렴이론에 따라 자본주의와 사회주의 체제는 상호 접근되고 유사화되어 통합되고 궁극적으로는 양자가 일치 내지는 동화되어 간다고 보고 있다. 따라서 이렇게 볼 때 한국과 보장국이 다같이 유사한 정치 체제를 갖는 것이 한국의 중립 유지에 유리하므로 민주사회주의 체제로의 통합이 바람직하다는 것이다.

또한 수세기 동안 공통의 문화적·인종적·언어적·역사적 일체감 내지 동질감을 보유해 왔다는 사실을 간과 해서는 안된다고 한다. 사실 한국은 오스트리아나 스위스가 중립화 되었을 때 그들이 가지고 있었던 것보다도 훨씬 강한 민족적 일체감을 가지고 있다는 것이다. 민족 이질화는 허구적이고 피상적인 현상일 뿐 내면적 민족감정과 민족문화의식은 손상되지 않고 있다는 것이다. 그리고 이념 대립으로 인한 문제를 극복하기 위한 중간 단계로 국가연합단계를 제안하기도 하고 있다.90)

념연구소 (1987), 74-75면.
Joon Yong Park, The Reunification of Korea : An Examination of Origins of the Problem and Policies and Prospects for its Solution, University of Exeter, Ph. D. dissertation (1980), pp.452-458.
김용서, "스위스영세중립화제도의 적용가능성 연구", 외무부외교안보연구원 (1983), 27면.
국토통일원, "중립화통일론에 관한 연구", 국토통일원 (1986), 35-37면.
프랑소아 주아이오, "통일을 위하여 한반도를 중립화할 것인가?" 국제정치논총 제27집 1호 (1987), 130-133면.
안병영, "세계 속의 통일접근사례 : 오스트리아의 예", 국제정치논총 제27집 1호 (1987), 49면.

89) 김학준, "동북아 집단안보체제 구축과 한반도 중립화 통일 전략", 팍스코리아나 연구소 세미나 (2009).

90) 황인관 , 앞의 논문, 190면.
Bong-Youn Choy, A History of the Korean Reunification Movement : Its Issues and

반대론자들은 자본주의 체제와 사회주의 체제의 타협될 수 없는 이념 대결이 중립화에 대한 국민적 합의를 어렵게 하는 가장 큰 장애 요인이 될 것이라고 본다. 이점에 대하여도 반대론자들은 60년대, 70년대에 이어 80년대에도 견해의 일치를 보이고 있다.[91] 90년대 이후에는 이것에 대한 언급이 없는데 이는 탈냉전 시대라는 점을 반영하고 있는 것이라 할 수 있다.

(3) 국민의 정치적 역량과 경제적 자립 능력 그리고 군사력에 대하여, 찬성론자들은 60년대에는 한국인의 정치역량은 외세의 내정 개입으로 약화되어 왔기 때문에 중립화로 외세의 영향력이 중화되면 한국인의 정치 역량이 중립을 유지하기에 충분할 정도로 강화될 것이라고 주장하였었다. 그리고 한국의 경제적 낙후와 저개발상태도 미·소 냉전에 휘말린 남북한의 군사적 대치 상태에 일차적으로 원인하기 때문에 경제 문제 해결을 위해서도 먼저 중립화를 성취해야 한다고 하였었다. 그리고 중립화는 통상을 대륙국가 쪽으로 확대하여 경제개발을 촉진할 효과적인 수단이 될 것이라 하였다. 그런데 80년대에 들어서는 남한은 높은 교육수준으로 국민의 정치적 역량이 크게 성장되었다고 본다. 그리고 남한은 1961년도(GNP 30억불, 1인당 GNP 87불)에 비하여, 예컨대 1987년에는 급격히 신장된 경제력과 군사력을 가지고 있다 (1987년도 남한 GNP 1,185억불, 1인당 GNP 2,826불 : 북한 GNP 194억불, 1인당 GNP 936불로 남한이 GNP에서는 6배, 1인당 GNP에서는 3배 앞서있다).

앞으로 경제 체제의 자립을 확고히 하기 위해서 남한 경제는 미·

Prospects (Peoria : Research Committee on Korean Unification, Bradley University, 1984), p.210, p.287.
최봉윤, 노승우, 앞의 책, 250-252면.
정용길, 앞의 책, 369-372면.
정상구, 앞의 책, 294-302면.

91) 88*과 동일

일 등 국제경제 체제로부터 대등한 간격을 유지하고, 북한은 개방 경제 체제로 전환하여 경제력 자체를 성장시켜야 할 것이라 한다. 북한은 1990년 이래 마이너스 경제 성장을 기록하고 있어, 경제 재건이 절실한 상황이다.

또한 군사력 문제는 현재의 남북의 군대를 합해 약 185만이나 유지되고 있고 그 기능 수준도 상당하다는 것을 고려할 때 통일한국의 중립 유지에 충분하다고 본다.

현재 남한의 높은 교육 수준과 정치적 역량과 경제력 군사력은 중립을 유지할 수 있는 능력을 어느 정도 충족시키고 있다고 보고 있다.[92] 남한은 이미 1996년 12월에 OECD(경제협력개발기구)에 가입하였으며, 현재 9대 무역대국에서 11대 무역대국 사이의 위치를 차지하고 있는 수준이다.

반대론자들은 60년대에는 한국민은 중립을 지킬만한 정치적 성숙과 경륜이 부족하며, 또 저개발 상태와 대외 종속적인 경제조건과 군사력 미비 때문에 중립화는 실패할 것이라고 보았었다.[93] 그러나 반대론자였던 조순승 교수는 교육수준과 정치력, 경제력, 군사력이 중립화를 수용할 수 있을 정도가 되었다고 긍정적으로 평가하고 있고,[94] 김용서 교수는 심지어 경제력이 영세중립국으로는 과대규모가 아닌가라는 의문을 제기하고 있을 정도[95]이다.

반대론자들은 80년대부터는, 60년대와는 달리 정치력, 경제력, 군사력에 대하여(다만 군사력의 문제를 제기하는 경우가 있기는 하지

92) 최봉윤, 노승우, 앞의 책., 250-254면.

93) 조순승, "한국중립화는 가능한가 - 김삼규씨의 이론을 중심으로 -", 사상계, 1960년 12월호, 43면.
대한민국공보부, 앞의 책, 65-66면.

94) 조순승, "서기 2000년의 남북관계", アジア太平洋平和政策硏究所(編) 朝鮮統一とアジアの平和 (東京 : 三省堂, 1987), 이승렬 역, 조선통일론 (서울 : 세계, 1989), 45-47면.

95) 김용서, 앞의 논문, 23면.

만[96]) 대체로 문제를 제기하지 않고 있는 것이다. 오히려 반대론자 입장에서 한국의 국가의 힘이 크게 신장되어 세계 10대 또는 11대 무역대국으로 상당히 큰 나라가 되어 이제 G20에도 포함되기에 이른 점을, 즉 과대규모가 된 점을 지적하고 있는 실정이다.[97])

다음으로 중립화의 대외적 조건과 관련하여, (1) 지정학적 조건에 대하여, 찬성론자들은 한국은 4강의 이해가 상충하는 전략적 요충지이므로 중립화에 유리할 뿐 아니라 또 강대국 간의 경쟁에서 벗어나기 위해서도 중립화되어야 한다고 주장한다. 사실 남북분단과 한국전쟁도 이러한 지정학적 특수성의 반영이며 앞으로의 통일은 통일된 한반도의 지위가 북의 연장도 아니고 남의 연장도 아닌 중립화된 완충지대의 성격을 띤 것이라야 한다는 것이다.[98]) 특히 한국이 공산국가에 인접하고 있기 때문에 중립화가 유지될 수 없다는 주장에 대하여 오스트리아도 헝가리, 체코슬로바키아, 유고슬라비아 등 공산국과 인접하고 있으며 소련이 군사적으로는 오스트리아를 얼마든지 침공할 능력이 있다고 반박한다.

중국, 소련과의 거리 관계로 인한 미국의 재투입 문제는 미·소·중의 군대로 「국제평화유지군」을 창설함으로써 해결될 수 있다고 본다. 북한이 남침하는 최악의 경우 미국이 재투입될 수 있다는 보장의 견제책이 마련되면 이러한 문제는 극복될 수 있다고 본다. 또는 일본이 중·소를 견제할 수 있는 능력을 갖추고 있거나 미국·일본 쌍방이 방위의무를 지는 쌍무적 동맹조건을 유지하여 일본에 미군 기지를 허용함으로써도 해결될 수 있다고 본다.

스위스의 경우에도 지정학적 조건이 중립화에 유리하게 작용한

---

96) 국토통일원, "중립화통일론에 관한 연구", 국토통일원 (1986), 37-38면.
김갑철, "한반도 중립화통일은 가능한가?", 현대이념연구 제5집, 건국대학교 현대이념연구소 (1987), 75면.

97) 김학준, 앞의 논문.

98) 황인관, "한반도 중립화통일은 가능한가?", 제6회 합동학술대회논문집, 한국정치학회 (1985), 175면.

것은 사실이나, 독일과의 전면전에 사실상 대항 능력이 없다. 스위스의 중립화는 스위스 국민의 중립 유지 노력과 상업과 금융업의 요지이며 주변 열강들에게 스위스의 중립이 이익이 되기 때문이다. 이렇게 볼 때, 지정학적 조건은 부차적인 것에 불과한 것이라는 것이다.[99]

반면에 반대론자들은 한국은 침략적인 공산국에 인접하고 있어 미국의 적시내원이 곤란할 뿐만 아니라, 해양세력과 대륙세력의 팽창을 위한 교량적 위치에 놓여있기 때문에 벨기에의 경우처럼 중립화는 유지될 수 없는 위험한 것으로 본다. 특히 소련과 중국과 연결되어 있는 북한의 지정학적으로 유리한 조건은 중립화된 한반도를 공산화로 유도할 조건으로 작용할 것이라 한다.[100] 그러나 반대론자들은 80년대부터는 한반도를 중심으로 형성된 세력균형의 안정성과 관련하여 대체로 지정학적 위치를 문제 삼지 않고 있다고 할 수 있다.

(2) 강대국의 세력균형과 중립화에의 합의 문제에 대하여, 찬성론자들은 남북분단도 미소의 세력균형의 결과이며, 1970년대의 4극구조하에서는 안정된 세력균형을 이루고 있었으며 80년대부터는 더욱 세력균형이 안정되어 가고 있다고 보고 있다. 황인관 교수의 경우, 현재야말로 남북 간의 군사력 균형과 4강대국 사이에 세력균형이 이루어져 중립화에 결정적인 여건이 형성되어 있으며, 4강대국은 한반도의

---

99) Bong-Youn Choy, 앞의 책, p.210.
In K. Hwang, One Korea via Permanent Neutrality : Peaceful Management of Korean Unification (Cambridge : Schenkman Books. 1987), pp.82-83, p.95.
현대에 있어서의 중립은 주변 강대국들의 보장에 의해 지켜지는 것이라기보다는 오히려 적극적 중립 정책으로 중립국 스스로 중립을 지켜나가는 것이라고 볼 수 있다.

100) 조순승, "한국중립화는 가능한가 - 김삼규씨의 이론을 중심으로 -", 사상계 1960년 12월호, 40-42면.
주요한, "중립화 統韓은 왜 위험한가". 세대 1964년 8월호, 48면.
대한민국공보부, 앞의 책, 69-70면.
김갑철, "한반도 중립화 구상에 대한 이론", 국제문제 제5권 제10호, 극동문제연구소 (1974), 41-43면.
Joon Yong Park, 앞의 논문, pp.452-458.
프랑소아 주아이오, 앞의논문, 136면.

중립화가 세력균형의 유지와 동북아시아의 안보체제의 안정에 크게 기여할 것으로 보고 중립화에 합의할 것이라 한다.[101] 그런데 대체로 앞으로 4강의 세력균형 체제하의 개선된 2개의 한국체제가 성공적으로 도래하여 안정 체제로 정착된다면 4강이 중립화를 지지하여 중립화에 합의할 것으로 보고 있다.[102]

특히 90년대 이후 2000.6.15 남북공동선언으로 화해와 협력의 시대로 전환된 점과, 6자회담에서의 2005년 9.19공동성명, 2007년 2.13합의에서 도출된 별도의 포럼을 통하여 한반도의 영구적 평화체제를 논의하기로 한 점 등은 앞으로 4강의 중립화 논의 및 그 합의에 긍정적으로 작용할 것으로 보고 있다. 그리고 6자회담은 다자적 안보 협력을 경험해 보는 하나의 학습과정이 되었다고 판단된다. 이러한 학습과정은 앞으로 중립화 합의에 긍정적으로 기여할 것으로 보고 있다.[103]

반대론자들은 60년대까지는 미·소 간에는 세력균형이 유지되고 있으나 일본에 비해 중국이 월등하여 일본과 중국 간에는 세력균형이 이루어지고 있지 않다고 하였다.[104]

그러나 80년대 이후에는 60년대에 반대론자였던 조순승 교수는 4강이 세력균형 구조로 착실히 이행하고 있다고 하며, 나아가 4강에 의해 보장되는 중립화를 주장하고 있는 것이다.[105] 그리고 반대론자인 국토통일원(1986)과 김갑철 교수(1987)도 4강의 세력균형과 중립화에

---

101) In K. Hwang, 앞의 책, p.87, p.97.

102) Bong-Youn Choy, 앞의 책, p.218.
정용길, 앞의 책, 362-372면.
정상구, 앞의 책, 290-302면.

103) 주종환, "한반도 자주, 평화운동과 중립화 통일", 강종일 편저, 한반도 중립화로 가는 길 (서울 : 광양사, 2007), 200-225면.

104) 조순승, "한국중립화는 가능한가 - 김삼규씨의 이론을 중심으로 -", 사상계 1960년 12월호, 44면.
대한민국공보부, 앞의 책, 70면.

105) 조순승, "서기 2000년의 남북관계", アジア太平洋平和政策研究所(編) 朝鮮統一とアジアの平和 (東京 : 三省堂, 1987), 이승렬 역, 조선통일론 (서울 : 세계, 1989), 47면.

의 합의 가능성은 인정하고 있는 것이다.[106]

(3) 강대국 보장의 신뢰성 문제에 대하여, 찬성론자들은 한반도의 중립적 지위는 강대국 간의 조약으로서 보장되는 것이어서 상당한 구속력을 가지기 때문에 믿을 수 있는 방법의 하나라고 주장한다. 또한 한반도 중립화가 4강대국의 세력균형의 완충역할을 할 수 있기 때문에 4강대국의 이익에도 부합되어 보장 문제에 신뢰성을 가질 수 있다고 본다.

또한 국내외 정치세력이 합의하여 중립화된 통일한국의 지위를 온갖 수단으로 지킬 것을 헌법으로 규정하고 그것을 관련 강대국 간의 합의와 나아가서 유엔에 의해서 보장된다면 그 보장은 매우 확실한 것이 된다고 역설한다. 그리고 오스트리아의 중립도, 전쟁 방지를 위하여 적극 개입하고, 비엔나를 평화 추구의 중심지로 활용하며, 바르샤바조약 기구와 NATO 사이의 중화 역할을 하는 등의 오스트리아의 「적극적 중립」에 의해 지켜지는 것이라고 본다. 사실 스위스는 1815년 이후로 오스트리아는 1955년 이후로 중립화를 효과적으로 유지하기 위한 통제장치인 관리기구(control machinery)가 전혀 없이, 「적극적 중립」에 의해 중립이 유지되고 있다는 것이다.[107]

반대론자들은 국제적 합의는 언제 깨어질지 모르는 유동적인 것이라는 전제에서 중립화를 위험시한다. 이점에 대해 반대론자들은 60년대, 70년대, 80년대 이후에 걸쳐 견해의 일치를 보이고 있다.[108]

106) 국토통일원, "중립화 통일론에 관한 연구", 국토통일원 (1986), 39-42면.
김갑철, "한반도 중립화통일은 가능한가?", 현대이념연구 제5집, 건국대학교 현대이념연구소 (1987), 75-76면.

107) 김삼규, 통일독립공화국에의 길, 사상계, 1960년 9월호, 103-104면.
In K. Hwang, 앞의 책, p.87, p.97.
Bong-Youn Choy, 앞의 책, p.218.

108) 대한민국공보부, 앞의 책, 70면.
프랑소아 주아이오, 앞의 논문, 134-137면.
안병영, 앞의 논문, 49면.
고문승, "민주발전에 따른 제통일논의의 대두와 그 대책", 대학사회와 이데올로기 제

(4) 미국의 전략적 이해와 관심에 대하여, 찬성론자들은 미국은 한국전쟁의 개입에서 보인 것처럼 특히 일본과의 관계 때문에 한반도의 공산세력에 의한 일방적 지배를 막으려는 만큼 절대적 이해를 갖고 있다고 전제하면서, 중립화 정책은 미국에 의하여 데탕트 시대에 어느 한 강대국에 의한 독점적 한반도 지배를 막는 가장 합리적인 방법으로 간주될 가능성이 매우 높다고 전망한다. 그리고 미국은 현재 한반도에 독립변수로서의 가치를 부여하고 있으며, 한반도 중립화가 미국의 국익에도 도움이 되므로 미국이 주도하여 4강의 합의를 유도할 수 있을 것이라 한다. 현시점에서 미국은 2개의 한국 정책이라는 현상유지 정책에서 탈피하여 4강에 의한 중립화 통일 정책을 적극 주도적으로 추진하여야 한다고 본다.109)

반대론자들은 한반도는 미국에 직접적이고 절대적 이해와 비중을 가진 지역이 아니라고 전제하면서, 그럼에도 불구하고 한국전쟁 이래 깊이 개입하고 있는 것은 그간의 동서 냉전 때문이라는 것이다. 따라서 한반도가 중립화되면 미국은 그 기회를 이용하여 명예로운 철수 명분을 얻어 한반도로부터 이탈할 것이라고 전망한다.110)

반대론자들의 이러한 주장은 60년대에 많았으며, 이는 주한미군 철수와 애치슨선언이 한국전쟁을 유발시켰다고 보는데서 비롯된 것이라 할 수 있다. 그러나 80년대부터는 이 점에 대해 대체로 언급이 없다.

이밖에 중립화 통일 찬성론자와 반대론자들은 (1) 중립화에 의한

4집(Ⅰ) - 논문집 -, 대학이데올로기비판교육교수협의회 (1987), 122-123면.
조선일보 1999년 10월 30일자.

109) In K. Hwang, 앞의 책, pp.86-87, p.99.
Bong-Youn Choy, 앞의 책, pp. 241-242.

110) 조순승, "한국중립화는 가능한가 - 김삼규씨의 이론을 중심으로 -", 사상계 1960년 12월호, 45면.
대한민국공보부, 앞의 책, 70면.
주요한, 앞의 논문, 44면.

민주화 가능성과 (2) 중립화 모델에 대하여 견해를 달리하고 있다. (1) 중립화에 의한 민주화 가능성에 대하여, 찬성론자들은 남한 인구가 북한의 2배인 점과 반공의식을 강조하여 중립통한이 결코 한반도의 공산화를 초래하지 않을 뿐 아니라 중립화는 오히려 민주체제를 한반도에 확실하게 확보하는 길이라고 주장한다.[111] 진정한 자유총선이 실시된다면 그 가능성이 매우 높다고 보기도 한다.[112]

반대론자들은 북한이 지정학적으로 유리하며 공산주의자가 비록 숫적으로 적다고 해도 쿠데타 내지 폭력수단으로 정권을 탈취하리라고 본다. 따라서 한반도의 중립화는 한반도 공산화의 전 단계일 뿐이라고 주장한다.[113] 그러나 반대론자의 이러한 주장은 60년대에 많았고 80년대부터는 향상된 정치력, 교육수준, 그리고 경제력과 관련하여 대체로 이점에 대하여 언급하고 있지 않다.

(2) 중립화 모델에 대하여, 찬성론자들은 중립화에 성공한 스위스와 오스트리아의 모델을 한국의 경우에 적용할 수 있을 것이라고 주장한다.[114]

반대론자들은 반대의 이유를 60년대와 70년대에는, 중립화 유지에 실패한 벨기에와 라오스에서 찾고 있다.[115] 그러나 반대론자들도 80년대부터는 이러한 예를 들고 있지 않고 있다. 여기서 벨기에와 라오스의 중립화와 중립화 실패에 대하여 살펴보면 다음과 같다.

---

111) Bong-Youn Choy, 앞의 책, p.210, p.218.
112) 김삼규, “중립화 統韓論을 해명한다”, 새벽 1960년 12월호, 91-92면.
113) 조순승, 앞의 논문, 44면.
대한민국공보부, 앞의 책, 70면.
114) Bong-Youn Choy, 앞의 책, p.218.
황인관 , “한반도 중립화통일은 가능한가”, 제6회 합동학술대회논문집, 한국정치학회 (1985), 176면.
115) 조순승, 앞의 논문, 43-44면.
대한민국공보부, 앞의 책, 66면.
김갑철, “한반도 중립화 구상에 대한 이론”, 국제문제 제5권 제10호, 극동문제연구소 (1974), 41-43면.

벨기에는 1713년 유트레히트 평화조약 이후 오스트리아 왕조의 주권아래 있게 되었다. 그러나 나폴레옹 전쟁으로 1795년에 네덜란드와 함께 프랑스제국의 일부로 편입되었다. 나폴레옹제국이 붕괴한 후 1814년 비엔나회의에서, 장차 있을지도 모르는 프랑스의 침입 위협에 대한 두려움 때문에 네덜란드를 다시 오스트리아 왕조의 주권하에 두고, 벨기에를 네덜란드에 병합시켰다. 그런데 벨기에인의 수가 네덜란드인의 수를 능가했음에도 불구하고 네덜란드가 벨기에의 이익을 네덜란드에 부차적인 것으로 하자, 이에 대한 불만으로 벨기에는 1830년 독립을 주장하면서 반란을 일으켰다. 이 문제의 해결을 위하여 런던에서 영국, 오스트리아, 러시아, 프러시아, 프랑스의 5강대국과 네덜란드가 참가한 회의가 개최되었다.

이러한 과정에서 벨기에의 영세중립은 영국과 프랑스의 주선으로 이루어지는데, 그것은 1839년 4월 19일 런던에서 체결된 관계국 간의 3개 조약에 의해 이루어졌다. 즉, 그 하나는 영국, 프랑스, 독일(프러시아), 오스트리아, 러시아, 네덜란드 등의 주변국과 벨기에 사이의 조약으로 주변 6개국은 벨기에의 영세중립을 보장한다는 것이고, 또 하나의 조약은 벨기에와 네덜란드 사이의 조약으로 네덜란드는 분리 독립된 신생 벨기에의 독립을 승인하고 그 영세중립을 보장한다는 것이며, 다른 하나의 조약은 영국, 프랑스, 독일, 오스트리아, 러시아 등의 5개국과 네덜란드 사이의 조약으로 벨기에의 독립과 영세중립을 보장한다는 것이었다. 그러나 1914년 독일이 프랑스를 침략하는 통로로서 벨기에를 침공함으로써 이때에 벨기에의 중립은 파기되었으며, 제2차대전 때에도 역시 독일에 의해서 벨기에의 중립은 침해되었다. 벨기에의 경우는 중립화의 외적 요건 중 주변 열강의 세력균형의 파괴와 이해관계가 일치되지 못했음이 중립화 실패의 원인이라고 할 수 있다.[116]

---

116) In K. Hwang, One Korea via Permanent Neutrality : Peaceful Management of Korean

라오스의 중립은 1954년 프랑스, 인도차이나 전쟁을 종결짓는 제네바회의에서 모색되었다. 제네바협정에 의하여 중도파가 지배하고 있던 라오스의 연립정부는 그 영토에 대한 위협이 없는 한 어떠한 군사동맹에도 참가할 수 없었고, 어떠한 외국 군대의 기지도 영토내에 설립할 수 없도록 되어 있었다.

그러나 미국이 반공 봉쇄정책으로 라오스, 캄보디아, 월남을 동남아조약기구(SEATO)의 보호하에 두자 미 ·소 간의 군사적 대결의 위험이 높아가게 되었다. 이러한 상황에서 영국과 소련은 중재 회의를 제네바에서 소집하였으며, 1962년 7월 9일 라오스는 중립성명에서 자국의 주권, 독립, 통일 및 영토보전을 수호하고 확보할 의사를 표시하고, 타국의 평화에 해를 끼치지 않으며 타국의 국내문제에 간섭하지 않으며, 특히 군사동맹이나 중립과 양립할 수 없는 기타 조약에 참가하지 않을 것이라 하며, 일체의 외국군대의 철수를 요구하였다. 1962년 7월 21일 미·영·불·소·중·인도·태국·버마·월남·월맹·캄보디아·캐나다·폴란드의 13개국과 라오스를 포함한 14개국 국제회의는 라오스의 중립을 존중하고 라오스가 침해, 침범의 위협에 처할 경우 위의 13개국은 필요하다고 인정되는 조치를 검토하기 위하여 합동으로 라오스 정부와 협의하고 13개국 간에도 협의할 것에 합의하였다.

그러나 10개월 후 소·중·월맹 지원하의 파데트라오파와, 라오스 중립을 원하는 중도파, 미국 지원하의 우파간의 내전이 시작되고 월남전이 가속화되면서 라오스 분쟁도 가속화되어 마침내 1975년 라오스는 공산화 되었다. 이때 수상은 중도파에서, 2명의 부수상은 좌파와 우파에서 각 1명씩 그리고 내각은 중도파 8석, 좌파 4석, 우파 4석으로 구성되었으나, 수상과 중도파 각료들이 좌경화하거나 혹은 우경화함으로서 중립화 세력이 몰락하였던 것이다. 라오스의 경우 중립화의

Unification (Cambridge : Schenkman Books. 1987), pp.23-27.

내적 조건인 국민적 합의가 파괴되었다. 그리고 월남전에 참가한 라오스 중립보장국인 미국과 월맹이 라오스 영토를 이용함으로서 그 중립을 침해하였던 것이다.117)

이상에서 살펴본 바와 같이, 반대론자들 간에도 60년대, 70년대, 80년대 이후에 따라 비판의 대상으로 삼는 내용에 변화를 보이고 있음을 알 수 있다. 반대론자들은 80년대 이후에 들어서는 대체로 (1) 국민의 정치적 역량과 경제적 자립 능력과 군사력 문제 (2) 지정학적 조건 (3) 강대국의 세력균형과 중립화에의 합의 가능성 (4) 미국의 전략적 이해와 관심에 대하여는 문제삼고 있지 않다고 할 수 있다. 심지어 반대론자였던 조순승 교수는 4강이 보장하는 중립화 통일을 주장까지 하고 있는 것이다.

그런데 60년대, 70년대, 80년대 이후에 걸쳐 공통적으로 비판의 대상이 되고 있는 점은 (1) 국민적 합의 문제 (2) 이념 대립이 국민적 합의에 미치는 영향 (3) 강대국 보장의 신뢰성 문제로 나타나 있다. 그런데 90년대 이후에는 탈냉전 시대라는 점을 반영하여 이념 대립이 국민적 합의에 미치는 영향에 대하여 지적하고 있지 않다. 이렇게 볼 때, 현재에 있어 반대론자들의 비판은 국민적 합의 문제와 강대국의 중립화 보장 문제로 집약되고 있다고 할 수 있다. 여기서 국민적 합의 문제와 같은 내용은 반대론자들의 견해가 옳다고 할 수 있다. 그렇지만 강대국 보장의 신뢰성 문제는 중립에 대한 존중과 신뢰 확보를 위한 적극적 중립에 의해 지켜지는 것이라 할 수 있다.

이러한 문제들과 관련하여 이호재 교수는 다음과 같이 지적하고 있다. 60년대 이후의 국내외의 상황 변화는 중립화 찬성론자들의 주장을 옹호할 수 있는 유리한 방향으로 전개되고 있다. 만약 60~61년에

117) In K. Hwang, 위의 책, pp.33-37.
Laos의 중립화에 대한 자세한 분석은, Arthur J. Dommen, Conflict in Laos : The Politics of Neutralization (New York : Frederick A. Praeger, 1964).

주장되었던 중립화 통일 논의가 지금 일어난다면, 현재 한국이 가지고 있는 경제력과 군사력을 비롯한 현격히 신장된 국력과 미·중·일 3국이 한반도의 긴장완화와 소련의 팽창정책의 견제를 위해 협력할 수 있는 동북아 국제정세는 비록 한국중립화가 아직 실제로 실현되기 어려운 현실에도 불구하고 중립화 찬성론자들의 주장이 국내외에서 전에 비하여 훨씬 많은 동조와 지지를 얻을 것으로 예상된다. 그리고 앞으로 90년대를 지나 2000년대로 갈수록 한국의 중립화 통일 논의에서 설사 중립화 통일이 되더라도 그것을 지킬 국민적 역량이 없다는 비관론자들의 입장은 약화될 것이 틀림없다고 전망하고 있다.[118]

2) 내적 조건

(1) 중립화에 대한 국민적 합의

가. 남북한의 중립화 반대와 북한의 중립화 전술적 이용

먼저 남한의 경우, 해방 직후 중간파는 좌우합작을 통한 중립화를 추진하였다. 그러나 좌익세력은 좌우합작을 좌파세력의 분열 고립 및 약화인 반면에 우파세력의 결집 강화를 의미한다고 하여 반대하였고, 우파세력은 소련이 결코 한반도 전체에 자유민주주의 정부를 수립하는데 동의하지 않을 것이기 때문에 남한만의 단독정부 수립을 주장하여 좌우합작을 반대하였다. 그 결과 좌우합작을 통한 중립화에 대한 국민적 합의는 불가능하였다.

그리고 덜레스의 한반도 중립화 제안에 대하여 이승만은 1953년

118) Ho-Jeh Lhee, The Prospect of Neutralized Reunification of Korea by 2,000 in Relation with the Regional and World Politics, The Journal of Asiatic Studies, Vol. XXVII, No. 2 (1985), p.282, p.285.

8월 7일 한반도 중립화는 극동의 상황이 안정될 때까지 절대로 받아들여질 수 없다고 하여 중립화를 반대하였고,[119] 이어서 1953년 9월 28일 변영태 외무장관도 중립화를 반대한다는 성명을 발표하였다.[120]

이때는 동족상잔의 한국전쟁으로 남북한 관계가 서로 화해하기 어려운 대결 관계로 상호 적대감과 불신감이 크게 작용하고 있었기 때문에 타협과 절충을 요하는 중립화에의 합의는 불가능한 것이었다.[121] 그리고 1954년 11월 4일 국회는 중립화 배격에 관한 결의안을 가결시켰다.[122] 이와 같이 제1공화정하에서는 중립화 논의 자체를 용공시하였던 것이다.

제2공화정에서는 논의가 가열되자 1960년 8월 24일 정일형 외무장관이 중립화 통일에 대한 반대성명을 발표하였고, 맨스필드의 중립화 통일 제의로 중립화 통일 논의가 더욱 가열되자 장면 총리는 1960년 11월 2일 오스트리아식 중립화 통일을 반대한다는 성명을 발표하였다.[123] 이어서 1961년 1월 8일 민주당도 중립화 통일을 반대한다는 공식 입장을 표명하였다.[124] 이와 같이 제2공화정하에서도 중립화 논의 자체를 용공시 하였던 것이다.

1964년 1월 27일의 드골의 한반도 중립화 제의로 국내에 또 한차례의 중립화 파문이 던져지자 제3공화정에서도 중립화 통일의 반대를 분명히 하여 문공부는「한국의 중립화 통일은 이래서 불가능하다」는 단행본을 발간하였다.[125] 그리고 1985년과 1986년에 국토통일원도 한

---

119) U.S Department of State, Foreign Relations of the United States 1952-1954, Vol. XV, Korea, Part 2 (Washington D.C. : U.S. Government Printing Office, 1984), p1481.

120) 변영태, 외교여록 (서울 : 한국일보사, 1959), 46-47면.

121) 정용석, "민주발전에 따른 제통일논의의 대두와 그 대책", 대학사회와 이데올로기 제4집(Ⅰ) - 논문집 -, 대학이데올로기비판교육교수협의회 (1987), 190면.

122) 대한민국국회사무처, 국회사 제1권 (서울 : 대한민국국회사무처, 1971), 1112-1113면.

123) 한국혁명재판사편찬위원회, 한국혁명재판사 제1집, 1962, 216면.

124) 한국일보, 1961년 1월 8일자.

125) 대한민국공보부, 한국의 중립화통일은 이래서 불가능하다 (서울 : 대한민국공보부,

반도 중립화 통일을 반대한다고 하였다.[126]

이와 같이 남한정부는 제1공화정에서 1986년까지 공식적으로 중립화를 반대하였다. 중립화 통일안을 친북적이고 용공적인 것으로 간주하고 반미적이며 미군철수를 의도한 공산화 통일의 흉계라고 보고 있다.[127]

북한은 중립화 통일론에 반대하여 1956년 8월 중립화에 근거한 통일을 주장한 최창익 일파를 숙청하기도 하였다. 그러나 북한은 60년대에는 남북연방제 통일안의 관철을 위하여 평화공세 내지 전술적인 차원에서 중립화 통일론자들의 주장인 미군철수, 유엔감시하의 총선거 거부 등을 이용하려 하였다.[128] 김일성은 1967년 1월에는 남조선이 중립화된다면 통일을 이루는데 큰 난관은 없을 것이라고 하였으며,[129] 이어서 1975년 10월에도 북한 자체의 중립화에는 언급을 회피하면서 주한미군 철수를 노려 남조선이 중립화된다면 통일 실현이 가능하다고 주장하였다.[130]

이와 같이 북한은 남한에서의 미국의 정치적, 군사적 및 경제적인 존재를 격퇴시키고 북한이 내걸고 있는 포괄적인 정치협상에 대한 대내외적인 지지를 얻기 위하여 북한은 남한만의 중립화를 요구하였다. 북한정권의 인식 방법에 의하면 남한정부는 미국의 식민지 정부이며 남한 인민의 의사를 대표하고 있지 않다는 것이다. 따라서 이러한 상태를 탈피하기 위해서는 미국세력으로부터 한국만이 중립화해야 한다는 것이다. 이러한 논리를 전개하여 북한은 배타적인 민족주

1964), 64-72면.

126) 국토통일원, 통일대화의 광장 (서울 : 국토통일원, 1985), 149-150면.
국토통일원, "중립화통일론에 관한 연구", 국토통일원 (1986), 35-42면.

127) 황인관 , "한반도 중립화통일은 가능한가", 제6회 합동학술대회논문집, 한국정치학회 (1985), 183면.

128) 외무부외교연구원, 통일문제연구 I 집, 1966, 52면.

129) 1967년 1월, 김일성이 중립화 통일론자인 김용중에게 보낸 서신.

130) 1975년 10월, 김일성 讀賣新聞 기자회견.

의에 호소하는 한편 제3세계 국가들로부터 독립과 주권에 대한 정치적 지지를 얻으려 노력하였다.131)

그리고 북한은 1980년 10월 조선노동당 제6차대회에서 고려민주연방공화국132) 창립방안을 통일방안으로 제안하였다. 고려민주연방공화국은 어떠한 정치, 군사적 동맹이나 블록에도 가담하지 않는 중립국가가 되어야 한다고 주장하였다. 그 이유는 서로 다른 사상과 제도를 가지고 있는 남과 북의 두 지역을 하나의 연방국가로 통일하는 조건에서 고려민주연방공화국이 중립국가로 되는 것은 필연적인 것이며 또 현실적으로 가장 합리적인 것이기 때문이라는 것이다.133)

여기서의 중립국가의 의미를 이해하는 입장으로는, 비동맹의 독립국가로 보는 입장134)과 중립화로 보는 입장135)이 있다. 그런데 어느 입장으로 이해하더라도 다음의 문제를 안고 있다. 그 문제는 북한이 주장하는 통일방안은 통일되는데 있어서 4대 선결 조건 가운데, 남한 사회의 민주화 실현(국가보안법 폐지), 주한미군 철수, 자주 평화 민족대단결의 3대원칙 등을 내세우고 있다는 점이다. 또한 조국통일 5대 방침을 추구하고 있다는 점인데, 이 가운데 주요 요지는 미군철수, 남

---

131) 안병준, 국제환경의 변화와 민족통일 (서울 : 정음사, 1986), 196면.
그리고 스위스나 오스트리아의 경우와는 달리 남북분단과 자본주의 체제와 사회주의 체제 간의 이데올로기 대립 문제가 남북한의 중립화 합의를 어렵게 하고 있는 것이다.

132) 고려민주연방공화국 창립방안은 통일의 최종 형태로 연방제를 제시한 것이다. 고려민주연방공화국은 창립 그 자체가 통일의 실현이라는 것이다. 이러한 고려민주연방공화국 안은 그 동안 상대적으로 우세하다고 여겼던 북한의 국력이 남한의 국력에 비해 뒤떨어지는 상황에서 연방제를 통일의 최종 형태로 인정하여 북한의 체제유지를 위한 것이다. 북한의 연방제는 1민족, 1국가, 2제도(체제), 2정부(지역정부)의 통일방안이다. 그런데 김일성은 1991년 신년사에서 북과 남에 서로 다른 제도가 현실적으로 존재하는 조건에서 누가 누구를 먹거나 누구에게 먹히우지 않고 통일문제를 평화적으로 해결할 수 있는 방도는 연방제 방식으로 통일하는 길 밖에 없다고 하면서, 상대방을 먹는 것을 전제로 한 제도(체제)통일론을 적극 반대하면서 제도(체제)통일은 후대의 몫으로 미루자고 주장하였다. 이 또한 체제보존을 위한 논리인 것이다.

133) 신영석, 역대정권의 통일정책 변천사 (서울 : 평화문제연구소, 2008), 159면.

134) 하정열, 한반도의 평화통일전략 (서울 : 박영사, 2004), 90면.

135) 주종환, “한반도 자주, 평화운동과 중립화 통일”, 강종일 편저, 한반도 중립화로 가는 길 (서울 : 광양사, 2007), 213면.

한 정부에 반하는 노동자, 농민, 학생 등이 모여 통일을 논하는 대민족회의의 소집 등이다. 북한은 이러한 조건을 내세워 남한 사회의 분열을 조장하고자 하는 통일전선전략 논리인 남조선혁명전략과 연결시키려 하고 있다[136]는 점이다.

이상과 같이 남북한의 중립화 반대와 북한이 중립화를 전술적으로 이용하므로 남북한의 중립화에 대한 합의는 불가능하였다.

나. 북한의 남조선혁명전략의 문제

북한은 북한을 사회주의 혁명기지로 하며 그 기초위에서 남한을 공산화 한다는데 대남전략의 목표를 두고 있다. 1980년 10월 조선노동당 제6차대회에서 채택한 조선노동당 규약 전문에 의하면 통일문제와 관련하여 조선노동당의 당면 목적은 공화국 북반부에서 사회주의의 완전한 승리를 이룩하여, 전국적 범위에서 민족해방, 인민민주주의 혁명의 과제를 수행함에 있고, 최고 목적은 전사회를 주체사상화하여 공산주의를 건설함에 있다고 규정하고 있다. 다시 말하여, 당면 목적은 남한의 민족해방 인민민주주의혁명이며 궁극적 목적은 남북한 전체에 대한 주체사상화와 공산주의화라는 것이다.[137]

대체적으로 북한의 대남전략은 이른바 민족해방 인민민주주의혁명 이론에 그 근거를 두고 있는 것으로 볼 수 있다. 이와 관련하여 김일성은 조선노동당 '제5차대회'에서 남조선혁명은 미제국주의와 침략자들을 반대하는 민족해방혁명인 동시에 미제의 앞잡이들인 지주, 매판자본가, 반동관료배들과 그들의 파쇼통치를 반대하는 인민민주주의 혁명이라고 규정하고 있다.

136) 하정열, 앞의 책, 90-92면.
137) 이명영, "남북한의 통일정책의 전략·전술비교", 제7회 합동학술대회논문집, 한국정치학회 (1987), 262면.

여기서 민족해방이란 남한에서 미군을 철수시킨다는 것이다. 북한은 민주혁명을 통하여 인민의 정부를 세워 한반도의 유일한 합법정부이나, 남한은 미제가 강점하고 있으며 남한정부는 미제가 만든 남반부 통치 도구일 뿐이므로, 남한의 실제적인 지배자는 미국이라고 주장하면서 미국을 그들의 남조선혁명의 장애물로 간주하여 일차적으로 미군철수를 전략적 목표로 삼고 있다.[138)]

인민민주주의혁명이란 노동계급이 주도하는 사회주의 지향의 혁명을 말하는 것이다. 혁명과업을 수행할 주도세력은 노동계급과 그의 믿음직한 동맹자인 농민을 비롯하여 진보적 청년학생, 지식인, 애국적 군인, 일부 애국적 민족자본가들과 소자산계급이라고 하며, 혁명의 방식으로 폭력혁명을 내세우고 있다. 남반부의 현존 정부는 미제에 의하여 성립된 반동 부르주아적 계급의 이익만을 대표하는 반동정부라고 보며, 미제의 앞잡이들인 지주, 매판자본가, 반동관료배들로 구성된 이른바 남조선 반동세력의 타도를 주장하고 있다.[139)]

이와 같이 미제국주의 침략세력을 남조선에서 몰아내고 식민지 통치를 없애며 현 남한 정부를 뒤집어엎고 여기에 공산체제(인민정부)를 수립한다는 것이다. 그리하여 남조선에 참다운 인민정권이 들어서면 공화국 북반부의 사회주의적 역량과 남조선의 애국적 민주역량의 단합에 의해서 조국통일은 순조롭게 실현될 것이라는 것으로, 이는 북한에 의한 일방적인 체제 흡수적 접근 전략이라 할 수 있다.[140)]

주체사상화라는 말은 주체사상으로 사고와 행동을 통일시킨다는 즉, 유일사상체계를 확립한다는 것으로 김일성의 유일적 지배를 확립

138) 이상우, "민족통일의 과제", 이홍구 외, 분단과 통일 그리고 민족주의 (서울 : 박영사, 1985), 167-168면.

139) 양호민, "북한의 인민민주주의혁명노선", 양호민 외, 민족통일론의 전개 (서울 : 형성사, 1986), 406면.

140) 김태창, "북한의 대남통일전략", 대학통일문제연구소협의회(편), 통일논의의 제문제 (서울 : 대왕사, 1988), 116-117면.

한다는 것이다. 따라서 남북한 전체에 대한 주체사상화와 공산주의화는 김일성 지배하에 남한을 통합하여 공산주의로 나간다는 것이다. 그러므로 북한의 통일정책의 기본 전략 목표는 김일성 지배하의 공산통일인 것이다.[141]

그리고 앞에서 언급한 바와 같이, 북한이 주창하는 연방제는 남반부에서의 인민민주주의혁명 즉 프롤레타리아 계급혁명을 촉진할 수 있는 여건조성을 노린 반미구국통일전선과 반파쇼민주연합전선을 형성하려는 전술적인 제안에 불과하며 진정한 통일방안으로 내세우는 것은 아니다.[142] 북한의 연방제는 수세적, 방어적 성격의 체제보존 논리로 제시되고 있는 측면이 있으며, 동시에 끊임없이 남한 사회의 분열과 자멸을 획책하는 대남 통일전선전략 논리로 활용되는 2가지 속성이 있다.[143]

이와 같이 북한은 통일을 민족해방과 인민민주주의혁명이라는 남조선혁명으로 보고 통일의 주체를 무산대중에 한정시키며 주체사상의 프롤레타리아 계급독재의 공산국가를 목표로 하고 있다. 이에 비해 남한은 범계층적인 이념과 신분을 떠난 모든 민족 성원의 동등참여를 통하여 통일과 통일 이후의 민주사회 건설을 지침으로 하며 자유와 민주가 보장되는 통일국가를 목표로 하고 있다. 이러한 북한의 「부분 통일」과 남한의 「전체 통일」의 차이는 통일 대화를 원초적으로 봉쇄하는 원인이 되고 있다.[144] 따라서 북한의 남조선혁명론은 중립화 합의를 더욱 불가능하게 하였다.

---

141) 이명영, 앞의 논문, 262면.
142) 이상우, "남북한통일정책의 논리구조비교 : 「민족화합」과 「계급투쟁」의 대결", 이상우(편), 통일한국의 모색 (서울 : 박영사, 1987), 119면.
143) 조민, 한반도 평화체제와 통일전망 (서울 : 해남, 2007), 194면.
144) 이상우, 앞의 책, 121면.

다. 6.15 남북공동선언과 긍정적인 변화

2000년 6.15 남북정상회담은 분단 이후 55년 만에 처음으로 남북의 최고 당국자가 직접 만나고 대화했다는 점에서 그 자체만으로도 남북 분단사에 새로운 획을 긋는 역사적 의의를 지닌다. 대결과 갈등의 남북관계를 화해와 협력의 시대로 전환시키는 계기가 되었다.

이러한 6.15 남북공동선언은 제2항에서 "남과 북은 나라의 통일을 위한 남측의 연합제 안과 북측의 낮은 단계의 연방제 안이 서로 공통점이 있다고 인정하고 앞으로 이 방향에서 통일을 지향시켜 나가기로 하였다." 북한이 계속하여 연방제를 주장해 왔음에도 불구하고 남측의 연합제 안을 긍정적으로 수용한 점은 주목할 만한 변화이다. 북한이 자신들의 낮은 단계의 연방제 안이 사실상 남측의 연합제 안과 같음을 인정한 것이다.

남측의 연합제 안과 북측의 낮은 단계의 연방제 안은 모두 현 상태의 남북한 정부의 정치, 외교, 군사권을 비롯한 체제(제도)와 이념, 사상 등의 상호 인정과 존중을 전제하고 있다. 연합제 안과 낮은 단계의 연방제 안은 모두 현 체제의 장기공존을 전제하고 있으며, 장기적인 평화적 교류와 협력의 과도체제를 상정하고 있는 데에서 접점을 찾을 수 있다.

6.15공동선언의 제2항의 의미는 남북이 급격한 국가적 통합을 이루는 것이 아니라 공존 공영의 단계를 통해 통일을 지향한다는 것으로서 통일방안이 아닌 '과정으로서의 통일 원칙'에 합의했음을 뜻한다. 남북이 과도적 공존의 방식을 통해 점차 통일로 나가는 통일 과정에 원칙적 이해와 합의를 본 것이다. 결국 제2항의 통일 접근 방식에서의 합의는 급격하고 과도한 제도적 통일을 뒤로 미루고 대신에 분단의 피해를 줄이고 고통을 경감하는 차원에서 상호 체제 인정과 평

화 공존 그리고 화해와 협력을 이루는 이른바 '과정으로서의 통일' 방식에 남북이 현실적으로 동의했음을 의미하는 것이다.[145]

여기서 남측의 연합제 안과 북측의 낮은 단계의 연방제 안의 공통점을 좀더 자세히 다루면 다음과 같다. 첫째, 양 방안은 모두 통일의 형태를 말하는 것이 아니라 통일의 준비 과정의 단계를 말한다. 즉 통일을 준비해 나가는 접근 방법을 의미한다. 둘째, 양 방안은 모두 2체제 2정부를 유지하면서 2정부 간에 협력 체제를 필요로 하고 있다는 것이다. 즉 남북 정부가 정치, 외교, 군사권을 각각 보유하고 협력기구를 운영해 나간다는 것이다. 셋째, 양 방안은 우선적으로 교류 협력과 정치, 군사, 경제, 사회 등 각 분야별 대화를 통해 통일의 기반을 넓혀 나간다는 측면에서 단계적, 점진적 접근 방식이라는 공통점이 있다는 것이다. 넷째, 양 방안은 남북 양측이 서로 전제조건을 붙이지 않고 있다는 것이다. 낮은 단계의 연방제는 과거 북한이 연방제 진입 조건으로 제시했던 국가보안법 폐지, 주한미군철수 등의 전제 조건이 없다는 것이다.[146]

이처럼 남북한은 타방에게 불리한 것이 우리에게 이롭고 우리에게 불리한 것이 타방에게 이롭다거나, 또는 자신의 이익이나 입장을 타방에게 일방적으로 강요하거나 타방을 굴복시키려 하는 것과 같은 영합적 대결논리에서 벗어나야 한다. 그리고 합의한다는 것은 자신의 이익만이 아니라, 타방의 이익도 존중하면서 서로의 이익을 최대화할 수 있는 타협점을 찾는다는 것을 의미하므로, 남북한은 서로 간의 차이를 인정하면서도 그 차이를 넘어서 합의에 이를 수 있는 것이 무엇인가를 진지하게 고려해야 한다.[147]

---

145) 김근식, "통일의 방식과 대북정책: 이상과 현실", 이정복 편, 21세기 한국정치의 발전방향 (서울 : 서울대출판부, 2009), 704-705면.

146) 남궁 영, 분단 한반도의 정치경제 (서울 : 오름, 2010), 168면.

147) 김세균, "통일과정의 정당성과 남북한의 체제개혁", 제3회 한국정치세계학술대회 논

이러한 측면에서 남측의 연합제와 북측의 낮은 단계의 연방제가 서로 공통점이 있다고 인정한 점은 큰 진전을 이루었다고 평가될 수 있고, 이러한 큰 진전은 남북의 중립화 합의에 긍정적으로 작용할 수 있을 것으로 본다.

이러한 6.15 남북공동선언 이후 남한 사회는 남남갈등으로 인하여 보수와 진보세력 간의 이념 갈등이 심화된 면이 있으나, 다음의 관점으로 볼 필요가 있다. 먼저 남한의 대북 포용정책(햇볕정책)으로 북한이 과연 변화하고 있느냐[148]에 대해, 현재 북한이 본질적으로 변하고 있다고 보기에는 무리가 있다. 그렇지만 앞으로 북한과 긴장완화, 화해 및 협력 관계를 만들어 나가기 위해서는 장기적으로 북한 스스로 변화할 수 있는 여건을 만들어 주기 위해 대북 포용정책을 지속적으로 추진할 필요가 있다는 점이다.[149] 대북 포용정책은 필요하다면 다소 수정은 하더라도 기본 골간이나 궤도 변경 없이 계속 추진되어야 한다.[150] 북한과의 관계 단절 상태에서 북한에 대한 관리는 불가능하며 한반도 상황은 한층 악화될 수도 있다.

대북 포용정책은 남북관계 개선에 초점을 맞춰 한반도의 평화공존과 궁극적으로 평화통일을 지향하는 중장기적 관점의 대북정책이다. 즉 냉전시대의 오랜 대결 관계 대신 탈냉전과 남한 우위의 조건을 반영한 화해 협력의 공존 관계를 정착시키고 이를 통해 한반도의 평화와 점진적 평화통일을 추진해 가는 정책인 것이다. 보다 많은 접촉, 보다 많은 교류, 보다 많은 협력을 모토로 남북의 적대 관계를 화해 협력의 관계로 전환시키고 상호 의존도를 증대시킴으로써 한반도 평

문집 (1993), 23면.

148) 진보적 입장에서는 남한의 햇볕정책이 북한을 본질적으로 변화의 과정에 들어서게 했다고 보는 반면에, 보수적 입장에서는 북한은 변한 것이 없으며 쉽게 변하지 않을 것이기 때문에 햇볕정책을 재고해야 한다는 견해로 대립하였다.

149) 남궁 영, 앞의 책, 23면.

150) 양성철, “21세기 국제정치의 변화와 한국의 선택”, 이정복 편, 21세기 한국정치의 발전방향 (서울 : 서울대출판부, 2009), 665면.

화와 북한의 점진적 변화를 유도해 내는 것이 포용정책인 것이다.151)

다음으로 대북 경제지원152)에 대하여, 이는 앞으로 남북 경제공동체 형성을 위한 선행 단계이며 통일비용을 줄이는 과정이라는 점을 인식할 필요가 있다. 또한 대북 경제지원은 장차 함께 살아야 할 북한주민에 대한 인도적인 대북 주민 정책이기도 하다. 따라서 대북 경제지원의 양에 대한 문제는 퍼주기 식이라고 비난하기 보다는 남한 경제사정이 허용하는 범위 내에서 적극적인 지원이 필요하다.153)

향후 이와 같은 관점으로, 대북 포용정책의 큰 틀을 유지하는 것이 남북의 중립화 합의에 긍정적으로 기여하게 될 것이다.

위에서의 2000년 1차 남북정상회담 이후 발전시켜 온 7년여 간의 남북관계의 진전의 성과를 토대로, 남북관계를 한 차원 높은 방향으로 발전시키기 위한 2차 남북정상회담이 2007년 10월 2-4일 사이에 개최되었다. 남북관계 발전을 위해 남북의 정상이 수시로 만나 현안 문제를 해결하기로 합의한 것은 남북정상회담이 이벤트가 아니라 남북문제 해결의 중요한 수단으로 상시화 될 수 있음을 의미한다.154)

남북정상회담은 한반도에 남한과 북한을 실효적으로 지배하는 2정부가 실재함을 입증한 것으로서 상호 체제의 공식적 인정이라는 의미를 가진다. 또한 남북정상회담은 남과 북의 화해협력을 증진시킴으로써 사람과 물자가 자유롭게 오고 갈 수 있는 계기를 마련했다. 결국 남북정상회담은 상호 체제인정, 평화정착, 교류협력 등을 통해 사실상의 통일이 시작될 수 있는 계기를 마련한 것이다.155) 이러한 남북정상

151) 김근식, 앞의 논문, 707-708면.

152) 진보적 입장에서는 심각한 경제 위기에 처해 있는 북한 경제를 회생시키고 북한 지도부의 불안 심리를 완화시키기 위해 필요하다는 반면에, 보수적 입장에서는 전적으로 일방적인 시혜이며 시간이 지나도 북한의 경제 지원에 상응하는 조치는 제대로 취해진 것이 없다는 견해로 대립하였다.

153) 남궁 영, 앞의 책, 26면.

154) 신영석, 앞의 책, 382면.

155) 김근식, 앞의 논문, 704면.

회담은 중립화 합의에 긍정적으로 작용하게 될 것이다.

그리고 금강산 관광 사업은 1998년 시작 이래 남북관계 발전의 상징적인 역할을 하고 있다. 이 사업은 한반도 긴장완화와 남북관계 개선, 전쟁위협 감소, 신뢰 형성에 기여해 왔으며, 대외적으로 한반도의 안정과 평화 이미지를 제고하였다. 또한 개성공단 사업은 2000년 8월 현대아산이 북한 조선아세아태평양평화위원회 및 민족경제협력연합회와 합의서를 체결하면서 시작되었다. 개성공단 사업은 남북 모두에게 도움이 되는 경제협력사업이며 또한 한반도평화사업이다. 즉 남한의 자본과 기술, 북한의 노동력과 토지를 결합하여 남북 공동 번영을 도모하는 대표적인 남북 경제협력 모델 사업이다.[156] 개성공단에서 일하는 북한 근로자가 현재 3만명이 넘고 있다. 개성공단 사업도 남북간 교류협력, 한반도 긴장완화, 북한 개혁개방의 효과를 가져오는데 기여할 것이다. 이와 같이 금강산 관광 사업과 개성공단 사업도 중립화 합의에 긍정적인 환경을 조성하는 데 기여할 것이다.

그리고 한미평화연구소(Center for Korean-American Peace) 김명철 소장은 북한의 김정일이 통일된 한반도의 외교 노선으로는 스위스식 무장중립(swiss-like armed neutrality) 이어야 한다는 시각을 가지고 있다고 안내하고 있다. 김정일의 시각 가운데 주요한 점을 요약하면 다음과 같다. 먼저, 한반도의 지정학적 위치라는 점이다. 미국, 중국, 러시아, 일본에 둘러싸여 있는 한반도의 지정학적 위치는 주변의 강한 국가와 동맹관계를 유지하게 하려는 위험스러운 요인을 내포하고 있다. 여기서 가장 현명한 방법은 문제가 될 가능성이 있는 동맹의 소지를 사전에 제거할 수 있는 중립화를 추구하는 것이라는 점이다. 다음으로, 통일된 한반도는 중립 유지에 필요한 충분한 국방 잠재력을 가지고 있다는 것이다. 한반도가 통일된다면 어떠한 인접 국가로부터의

156) 신영석, 위의 책, 316-317면, 407면.

침략도 격퇴할 수 있는 국방력을 보유하게 될 것이다. 현재 북한의 군대는 지구의 어느 거리에 있는 목표라도 가격할 수 있는 공세적 무기와 어떠한 외부의 공격도 막을 수 있는 방어적 무기로 무장하고 있다. 남북의 군대가 합하면 주한미군이 남한으로부터 철수한다 하더라도 그 공백을 충분히 메울 수 있다는 것이다.157) 이러한 김정일의 시각도 남북 중립화 합의에 긍정적으로 작용할 것이다.

라. 남북관계에 통합이론의 적용을 통해서 본 중립화 합의 가능성 문제

제이콥(Philip Jacob)이 제시하는 정치통합 선결 요건 10항을 남북관계에 적용시켜 그 타당성을 분석해 보면 다음과 같다.

① 지리적 인접성 : 남북한의 경우 이 요건은 완벽하게 충족되고 있다. ② 동질성 : 동질성은 소득수준, 교육수준, 계층, 종교, 인종, 언어, 정치문화, 가치정향, 국민성 또는 기질 등을 포함한다. 남북한은 정치문화, 가치정향, 소득수준, 교육수준, 계층구조에서 이미 상당한 차이를 보이고 있다. 그러나 아직은 높은 수준의 동질성을 유지하고 있으나 점차로 동질성의 수준이 낮아져 가고 있다고 할 수 있다. ③ 상호교류 : 교류에는 통신, 무역, 인구이동 등이 포함되는데 남북한 사이에는 지난 기간 동안 상호 교류가 거의 없었다. ④ 인식상의 친화 : 이산 가족이 있는 상황에서 남북한 국민은 서로를 가까이 느끼고 있다. 그러나 분단 이후 출생자가 이미 남북한 인구의 2/3를 넘어섰고 서로 다른 정치교화로 앞으로 친화에 문제가 있을 것이다. ⑤ 기능적 이익의 공통성 : 남북통일이 가져다줄 기능적 이익은 아주 높고 이 점에 대해서는 남북한이 모두 인정하고 있다. ⑥ 공동체의 성격 : 북한 사회의 특성은 공격적이고 호전적이며 남한 사회의 특성은 평화지향

157) 강종일, "동북아 평화를 위한 한반도 중립화 통일 방안", 안청시 편, 비살생정치학과 지구평화운동 (서울 : 집문당, 2004), 178-180면.

적이고 반공적이다. 따라서 타협은 거의 불가능 상태이다. ⑦ 권력구조 형태 : 남북한의 정치 구조는 정반대이다. 북한은 주체사상을 바탕으로 한 철저한 전체주의 정치 구조인데 반하여 남한의 정치 구조는 자유민주주의를 내용으로 하고 있다. 따라서 남북한의 통합요건으로서 권력구조 형태는 불리하고 어려운 것이다. ⑧ 자주-종속의 지위 : 분단 초기에 비하여 현재 남북한은 모두가 자주권을 가진 주권 국가로 굳혀져 있다. 현 상태에서 하나의 단일주권 국가로 통합한다는 것은 남북한 모두 자주권의 약화 및 포기를 의미하는 것이기 때문에, 자주권 행사가 강하면 강할수록 통합은 어렵게 된다. ⑨ 정부의 효율성 : 현재 남북한 모두가 상당 수준으로 정부 기능의 효율성을 확보하고 있다. 그러나 남북 정부가 자기 국민의 욕구를 충족시키는데 효율성을 잃을 경우 통합에의 열기를 강화시켜 줄 것이다. ⑩ 역사적 통합 경험 : 남북 통합의 역사는 1,000년이 넘고 분단의 역사는 짧은 기간에 불과하다. 따라서 통합 요건으로서 역사적 통합 경험은 남북통합에 아주 충분하다고 볼 수 있다.[158)]

이상과 같이, 전반적으로 통합에 유리한 요건과 불리한 요건은 거의 같다. 10개 요건 가운데 통합에 유리한 요건은 5개항, 불리한 것도 5개항이다. 이를 요약하면 <표 4-6>과 같다.

158) 이상우, "기능주의 통합이론과 남북관계", 통일정책, 제2권 1호, 국토통일원 (1976), 229-239면.

〈표 4-6〉 Jacob의 정치통합 선결 요건 10항으로 본 남북관계

구분	항	내 용	현상	추세
통합요건	1	지리적 인접성	+	○
	2	동 질 성	+	—
	3	상 호 교 류	−	○
	4	인식상의 친화	+	—
	5	기능적 이익의 공통성	+	○
	6	공동체의 성격	−	—
	7	권력구조 형태	−	—
	8	자주-종속 지위	−	—
	9	정부의 효율성	−	—
	10	역사적 통합 경험	+	○
		소 계	+5	−6

이와 같이 통합에 유리한 요건은 모두가 자연적 요건이고, 불리한 요건은 모두 인위적인 것으로 남북한의 정치형태가 맺는 결과이다. 남북한의 이질적인 정치로 인하여 통일의 요건 충족이 약화되고 있다. 따라서 불리한 요건은 모두 남북 간의 정치적 결단으로 얼마든지 개선할 수 있는 것이다. 그러므로 통일은 정치의 문제이다. 즉 남북 양측이 통일하려는 정치적 결단만 갖는다면 얼마든지 가능하다고 볼 수 있다.[159)]

그런데 현재 남북한 관계는 위에서 본 바와 같이 이질적인 정치형태로 이질화가 심화되어 대체로 적대적 공존 관계를 나타내고 있다고 볼 수 있다.[160)] 따라서 중립화를 위해서는 적대적 공존 관계에서

159) 이문규, "남북한통합의 이론적 고찰", 통일연구논총, 제8권 1호, 국토통일원 (1988), 50-53면. Galtung교수는 T+40(trauma +40 years)이라는 원칙을 제시하면서 1990년대에는 한국전쟁(1950-1953)이 있은 지 40년이 되는 때이므로 남북간의 화해가 가능한 시기라고 전망하고 있다.
Johan Galtung, "The Neutralization Approach to Korean Reunification", in Michael Haas (ed.), Korean Reunification : Alternative Pathways (New York : Praeger, 1989), p.14.

160) 통일과 관련하여 남북한 간에 존재할 수 있는 이론 모형으로, 김영제 교수는 ① 협상을 통한 정치통합 ② 연방국가 ③ 국가연합 ④ 동맹적 공존 ⑤ 중립적 공존 ⑥ 적대적 공존

중립적 공존 관계로 개선되어야 할 것이다. 이러한 중립적 공존을 위해서는 긴장완화와 평화가 요구된다. 긴장완화 단계에서 요구되는 유엔동시가입은 이미 1991년에 이루었고, 1990년에 한러(소)수교, 1992년에 한중수교를 이루어 동북아 냉전구조의 한 축이 붕괴되었으나, 아직 미북수교와 북일수교는 이루지 못한 상태이어서 여전히 냉전시기의 적대 관계를 지속해 오고 있다. 앞으로 긴장완화 단계에서는 교류와 협력의 계속, 미북수교와 북일수교가 필요하며, 다음으로 평화의 제도화 단계에서는 상호 불가침협정, 휴전협정의 평화협정으로의 대체, 비무장지대의 국제감시, 핵무기에 관한 협정, 군비통제협정 등을 통하여 2개 한국의 평화 공존 체제를 구축하여야 할 것이다.[161)]

앞으로 이와 같이 남북한이 중립적 공존 관계로 개선된다면 남북 및 미·러·중·일의 이해 관계를 모두 만족시킬 수 있는 중립화에의 합의 가능성은 높다고 볼 수 있을 것이다. 그리고 남북한 간의 이데올로기 대립은 앞에서 고찰한 바와 같이 민주사회주의로의 접근으로 해결될 수 있을 것이다.

이렇게 볼 때, 남북한이 모두 중립화를 반대하였고, 특히 북한은 중립화를 전술적으로 이용하였고 남조선혁명을 내세우고 있으므로 남북한이 중립화에 합의할 가능성은 없었다. 그러나 앞으로 남북관계가 개선된 2개 한국의 평화 공존 체제라는 중립적 공존 관계로 정착된다면 남북한이 중립화에 합의할 가능성은 크다고 할 수 있는 것이다. 그런데 앞에서 언급한 바와 같이 6.15 남북공동선언 이후 중립화의 합의에 긍정적인 방향으로 흐르고 있는 변화를 보이고 있다

⑦ 무력에 의한 북한해방 ⑧ 내부전복을 통한 북한에 의한 남한흡수병합을 들고 있다. Young Jeh Kim, "The Future Alternatives of South Korea's Unification Policy", Korea and World Affairs, Vol. 6, No 1 (1982), p.154.
그리고 이상우 교수는 ① 정치통합모형 ② 연합모형 ③ 무력해방모형 ④ 적대적 공존모형 ⑤ 중립적 공존 모형 ⑥ 동맹적 공존 모형을 들고 있다.
이상우, "남북한의 기본문제", 양호민외, 민족통일론의 전개 (서울 : 형성사, 1986), 426면.

161) 이호재, 한국외교정책의 이상과 현실 (서울 : 법문사, 1986), 459면.
김학준, 한국문제와 국제정치(全訂版) (서울 : 박영사, 1987), 737-741면.

즉, 남측의 연합제와 북측의 낮은 단계의 연방제의 공통점 인정, 대북 포용정책, 2차례의 남북정상회담, 금강산관광사업과 개성공단사업, 김정일의 통일된 한반도는 스위스식 무장 중립이어야 한다는 시각 등은, 앞으로 남북이 중립화에 합의할 그 가능성을 높이고 있다고 볼 수 있다. 남한에서부터 중립화 통일에 대한 국민적 공감대를 형성하면서 이를 확산시켜 나가기 위해서는 관련 단체들의 연합체를 발전, 강화시킬 필요가 있다.

(2) 중립에 대한 전통과 중립에 대한 신뢰와 존중 확보

해방 이후에는 남북분단으로 중립에 대한 전통은 불가능하였다. 해방 직후 우파와 좌파는 '친미 반소', '친소 반미' 노선으로 대결하여 그 결과, 한반도의 남에는 친미파 이승만이 미국적 민주주의 정권을 북에는 김일성이 공산정권을 세웠다. 이러한 과정에서 중도파는 몰락하고 말았던 것이다.162)

여기서 장기적 전망에서 중립의 전통과 중립에 대한 신뢰와 존중 확보라는 문제를 검토하기 위하여 남북한의 외교 전개 과정을 살펴보기로 한다. 먼저 북한은 50년대 말까지 대소 일변도 외교를 통하여 중국 및 동구제국 등 공산국가와 긴밀한 협력 관계를 발전시켰다. 60년대에 들어 격화되었던 중소 분쟁 속에서 북한은 60년대 초반에는 중국과 밀착하고 소련과 대립하므로써 북한과 소련간의 관계 그리고 북한과 동구제국간의 관계가 소원해 졌었고, 60년대 후반에는 북한이 다시 소련과의 관계를 개선하고 중국과의 관계가 소원해지기도 하였으나, 70년대 이후에 북한은 다시 중국과의 관계를 개선함으로서 중·러(소)에 대하여 등거리 정책을 유지하였었다.163)

162) 이호재, 한국외교정책의 이상과 현실 (서울 : 법문사, 1986), 59면.
163) 전정환, "남북한 외교경쟁과 안보문제의 상관관계", 김명회(편), 국제정치와 외교정책 (서울 : 대왕사, 1983), 437면

그리고 북한은 1960년대에 들어와 제3세계 국가들을 상대로 한 외교를 본격적으로 전개하기 시작하였으며,[164] 60년대 후반에는 프랑스·스위스·오스트리아·핀란드에 북한 통상 대표부를 설치하였고 덴마크 등에 친선협회를 창설하였다. 70년대에 들어와 북한은 미국을 포함한 모든 대서방국가들을 대상으로 경제·문화적 접근뿐만 아니라 정치적 접근까지도 활발히 추진하기 시작하였다.[165]

남한은 1950년대 말까지 대미 일변도 외교를 전개하였으며, 60년대 한·일 국교 정상화로 외교 영역을 확대하였고, 70년대에 들어와서는 대공산권 대북한정책을 과감히 수정하여 접근을 시도하였다. 특히 1973년의 6. 23선언은 공산권과의 관계 개선을 공식적으로 선언한 것이었다. 또 70년대에는 북한이 비동맹운동에서 우세를 보였으므로 남한은 이를 만회하기 위해 제3세계 국가와의 외교를 적극 추진하였다. 이와 같이 남북한이 외교경쟁을 벌여 동시 수교 국가수가 크게 증가된 현상과 북한의 대서방국가와의 관계 개선 노력과 남한의 대공산권 국가와의 관계 개선 노력은 중립화를 위한 여건 조성에 긍정적으로 작용할 것으로 보인다.

노태우 정부는 1988년 7.7특별선언을 발표하였는데, 그 기본 취지는 남북한 서로 상대방을 경쟁이나 대결의 상대로 보지 않고 민족공동체 건설을 위해 협조하며, 분단의 원인이었던 냉전체제의 극복을 위해 남한은 중국, 소련 및 사회주의 국가와 관계 개선을 추진하고 북한이 미국, 일본과 관계를 개선하여 국제사회에서 고립되지 않도록 협조한다는 것이다. 이러한 제6공화정의 북방정책은 1989년에 들어서면서 더욱 적극적으로 전개되어서 그 결과 1988년 말 헝가리와의 수교를 시작으로 1990년까지 폴란드, 체코, 루마니아, 불가리아, 몽고, 소련 등과 국교관계를 수립하였다. 이후 1992년 8월에는 북한의 최대 우방인 중국과도 국교를 수립함으로써 사회주의권과의 수교가 마무리 되었다.[166]

---

164) 위의 책, 438면.
165) 위의 책, 442면.
166) 신영석, 앞의 책, 193-194면.

1991년 12월에는 남북기본합의서가 채택되었으며, 1992년 1월에는 한반도의 비핵화에 관한 공동선언 발표가 있었다. 한반도 비핵화 공동선언은 한반도를 비핵화 함으로써 핵전쟁의 위험을 제거하여 한반도의 평화를 정착하고 평화통일에 유리한 조건과 환경을 조성하며 아시아는 물론 세계의 평화와 안전에 이바지 하자는 취지에서 남북한이 공동 채택한 선언이다.

1996년 4월에 김영삼 정부는 4자회담을 통한 한반도의 평화 정착을 추진한 바 있다. 한반도 문제의 당사자인 남북한과 정전협정 서명 관련국인 미국과 중국이 참여하는 4자회담을 제안하게 되었다. 이는 한반도의 항구적인 평화 정착을 위한 제도적 장치를 마련하기 위한 것이지만 광범위한 긴장완화 조치와 신뢰구축 문제도 함께 논의될 수 있다고 제시된 것이었다.

1998년 2월 김대중 정부의 출범과 함께 추진된 대북 포용정책은 국내외로부터 큰 주목을 받았다. 이른바 햇볕정책이라고 불린 이 정책은 대립과 갈등의 지난 남북 관계의 틀을 벗고 남북 간에 화해와 협력을 추구하는 것을 최우선의 명제로 둔 정책이었다. 대북 포용정책은 평화를 유지하면서 다른 한편으로는 화해와 협력을 추구함으로써 북한이 스스로 변화의 길로 나올 수 있는 적합한 환경을 조성하고 한반도 평화와 안정을 도모함으로써 남북간 평화 공존을 실현시키자는 것이다. 이러한 정책의 결과 남북 정상회담의 성사(2000년 6.15 남북공동선언), 금강산 관광 사업 및 개성공단 사업 추진, 다양한 수준의 남북 대화 등을 진행하는 등 남북관계의 질적 변화를 이끌어냈다.

남북정상회담은 한반도의 긴장완화와 평화 정착의 계기를 이끌어 냄으로써 동북아 국제질서의 안정과 평화에 기여하였다. 남북정상회담을 통해 남북정상은 한반도에 전쟁이 발생되어서는 안된다는 데 공감하고, 공고한 평화체제를 구축해 나가야 한다는 데 의견의 일치를 보았다. 이는 남북한이 상호 침략할 의사가 없음을 확인하고 상대방을 위협하는 행위를 자제하기로 함으로써, 한반도의 불안정에 대한

세계인의 우려를 해소하는 데 기여하였다.167)

그리고 대북 포용정책의 추진 기조 가운데 그 하나인 '남북 당사자 해결 원칙하에 국제적 지지 확보'라는 추진 기조에 대해 살펴보면 다음과 같다. 즉, 남북문제는 당연히 남북간의 대화와 협상을 통해 해결되어야 한다. 아울러 민족내부의 문제이면서 동시에 주변국들의 이해관계가 걸린 한반도 문제의 특수성으로 인해 우리의 노력이 보다 실질적인 결과로 나타나려면 국제사회의 지지와 협조가 필요하다. 한반도의 평화와 안정은 우리 자신뿐만 아니라 동북아 전체의 안전과도 밀접히 연관되어 있다는 관점에서 주변 관계국가의 협력을 꾸준히 추진해 나가야 한다는 것이다.168)

노무현 정부는 김대중 정부의 대북 포용정책을 계승하여 남북관계를 새로운 단계로 발전시키고자 하였다. 이를 위해 기존 대북 정책의 계승과 발전을 통해 한반도의 평화정착과 민족의 번영을 함께 도모하는 평화번영정책을 제시했다. 이는 불안정한 정전체제 하에서의 상호불신과 남북 적대 관계를 청산하고 평화 공존과 화해협력의 남북관계를 정착시켜 나감으로써 한반도의 항구적인 평화를 실현하고자 한 것이다. 이를 위해 당면한 북한 핵 문제의 평화적 해결을 도모하면서 아울러 남북간 교류 협력의 심화 확대 및 군사적 긴장 완화와 신뢰 구축을 통해 한반도 평화 정착 기반 조성에 주력하였다. 당면한 북핵 문제의 평화적 해결 없이는 평화체제의 기반 구축이 불가능하다는 전제 위에 6자회담이라는 국제적 틀을 통해 적극적인 역할을 수행하였다. 2005년 6자회담의 9.19공동선언을 통해 북핵문제가 평화적 해결의 가닥을 잡으면서 다양한 접촉과 성과가 가시적으로 나타났고, 2007년 10월 2차 남북정상회담이 개최되어 남북관계를 한 단계 끌어 올릴 10.4공동선언이 발표되었다.

위에서 언급한 바와 같이, 노태우 정부의 북방정책과 이러한 북

167) 조순구, 국제관계와 한반도 (서울 : 법문사, 2005), 462면.
168) 신영석, 위의 책, 271-272면, 286면, 290-291면.

방정책의 결과 한러(소)수교와 한중수교, 김영삼 정부의 4자회담을 통한 한반도 평화 정착 추진, 김대중 정부의 대북 포용정책과 이러한 정책의 결과 1차 남북정상회담과 금강산관광사업 및 개성공단사업 추진, 노무현 정부의 평화번영정책과 그 결과 6자회담에서의 적극적 역할 그리고 2차 남북정상회담 등 이라는 일련의 성과와 노력은 중립에 대한 신뢰와 존중 확보에 긍정적으로 작용할 것이다.

(3) 효율적인 방어력

1960년대까지는 중립화 반대론자들은 군사력 문제를 중립화 반대 이유 중의 하나로 제기하고 있었으나 1970년대부터는 대체로 군사력에 대한 문제를 제기하지 않고 있다. 이는 남한의 신장된 경제력과 관련하여 군사력 문제를 제기하지 않고 있다고 볼 수 있다.

여기서 1978~1983년 사이의 국방비 총액과 정부예산의 국방비 비율, 국방비의 GNP%, 병력수를 보면 <표 4-7>과 같다. (남한은 76년부터 북한보다 많은 군사비를 지출하고 있다)

〈표 4-7〉 1978~1983년 사이의 남북한의 군사력 비교

구분	국방비 총액 (백만달러)			정부예산의 국방비 비율			국방비의 GNP %		병력수 천단위		
연도	1978	1981	1983	1978	1981	1983	1978	1982	1978	1982	1983
북한	1,034	1,682	1,916	14.2	14.8	16.2	9.8	10.2	512.0	784.0	784.5
남한	2,603	4,336	5,173	33.3	31.8	35.0	5.5	7.6	642.0	601.6	622.0

※자료 : 이호재, 새로운 한민족외교, (서울 : 나남, 1987), 81면
하영선(편), 한반도 군비경쟁의 재인식, (서울 : 인간사랑, 1988), 107면, 170면.

그리고 1988년을 기준으로 남북한의 군사력을 비교해 보면 <표 4-8>과 같다.

〈표 4-8〉 1988년 기준 남북한의 군사력 비교

군사력구분	북 한	남 한
병 력(명)	1,000,000	650,000
지 상 병 력		
보병사단(개)	30	21
기계화 보병사단(개)	-	2
기갑사단(개)	1	-
차량화 보병사단(개)	1	-
교도(향토)사단(개)	23	25
보병여단(개)	4	
기계화 보병여단(개)	23	(15)
기갑여단(개)	12	
특수(특전)여단(개)	22	
전차(대)	3,500	1,500
장갑차(대)	1,960	15.50
야포(문)	7,800	4,000
(방사포)	(2,500)	(140)
박격포(문)	11,000	5,300
헬리콥터	170	314
함 정(척)	630	300
잠수함	23	3*
구축함	2	29
유도탄정	30	11
구잠함	30	-
경비함/정	106	94
어뢰정	173	-
상륙함	126	52
화력 지원정	66	-
기타 함정	74	112
항 공 기(대)	1,600	1,170
폭격기	83	-
대지 공격기	30	23
전폭기	907	457
지원기	780	690

* 잠수정임.

※자료 : 국방백서 1988, IISS, The Military Balance 1987~1988 및 1988~1989.

이어서, 1988년으로부터 20년이 경과한 2008년 12월을 기준으로 한 남북한의 군사력을 비교해 보면 <표 4-9>와 같다.

〈표 4-9〉 2008년 12월 기준 남북한의 군사력 비교

<table>
<tr><th colspan="2"></th><th colspan="2">구분</th><th>한국</th><th>북한</th></tr>
<tr><td colspan="2" rowspan="4">병력
(평시)</td><td colspan="2">계</td><td>65만 5천여 명</td><td>119만여 명</td></tr>
<tr><td colspan="2">육군</td><td>52만 2천여 명</td><td>102만여 명</td></tr>
<tr><td colspan="2">해군</td><td>6만 8천여 명</td><td>6만여 명</td></tr>
<tr><td colspan="2">공군</td><td>6만 5천여 명</td><td>11만여 명</td></tr>
<tr><td rowspan="13">주요
전력</td><td rowspan="8">육군</td><td rowspan="3">부
대</td><td>군단(급)</td><td>10(특전사포함)</td><td>15</td></tr>
<tr><td>사단</td><td>46</td><td>86</td></tr>
<tr><td>기동여단</td><td>15</td><td>69(교도 10여 개 미포함)</td></tr>
<tr><td rowspan="5">장
비</td><td>전차</td><td>2,300여 대</td><td>3,900여 대</td></tr>
<tr><td>장갑차</td><td>2,400여 대</td><td>2,100여 대</td></tr>
<tr><td>야포</td><td>5,200여 문</td><td>8,500여 문</td></tr>
<tr><td>다련장/방사포</td><td>200여 문</td><td>5,100여 문</td></tr>
<tr><td>지대지유도무기</td><td>30여 기(발사대)</td><td>100여 기(발사대)</td></tr>
<tr><td rowspan="5">해군</td><td rowspan="4">수
상
함
정</td><td>전투함정</td><td>120여 척</td><td>420여 척</td></tr>
<tr><td>상륙함정</td><td>10여 척</td><td>260여 척</td></tr>
<tr><td>기뢰전함정</td><td>10여 척</td><td>30여 척</td></tr>
<tr><td>지원함정</td><td>20여 척</td><td>30여 척</td></tr>
<tr><td colspan="2">잠수함정</td><td>10여 척</td><td>70여 척</td></tr>
<tr><td rowspan="5"></td><td rowspan="5">공군</td><td colspan="2">전투임무기</td><td>490여 대</td><td>840여 대</td></tr>
<tr><td colspan="2">감시통제기</td><td>50여 대(해군 항공기 포함)</td><td>30여 대</td></tr>
<tr><td colspan="2">공중기동기
(AN-2포함)</td><td>40여 대</td><td>330여 대</td></tr>
<tr><td colspan="2">훈련기</td><td>170여 대</td><td>180여 대</td></tr>
<tr><td colspan="2">헬기</td><td>680여 대(육,해,공군 통합)</td><td>310여 대</td></tr>
<tr><td colspan="4">예비병력</td><td>304만여 명</td><td>770만여 명
(교도대,노농적위대,붉은청년근위대 포함)</td></tr>
</table>

※ 국방백서 2008, 260면.

여기서 국방백서의 양적 수치로 보아서는 남한이 북한에 비해 상대적 열세에 놓여있다고 할 수 있다. 그러나 북한의 각종 무기 보유량이 수치상으로는 높다고 하나, 첨단 전력에 있어서는 남한보다 상대적 열세에 놓여있다. 따라서 질적인 측면과 양적인 측면을 모두 고려하면 남한과 북한의 전력은 격차가 줄어들어 거의 대등한 수준인 것으로 판단된다.169)

스톡홀름 국제평화연구소(SIPRI)가 군사비 지출 규모로 따진 남한의 군사력은 2008년 기준 세계 11위이다. 정부의 국방개혁 2020에 따르면, 앞으로 10년간 남한의 군사력은 병력집약형 구조에서 과학기술집약형 구조로 변신할 것으로 예상된다. 예컨대 해군이 차세대 이지스 구축함과 잠수함을 도입하고, 공군의 조기경보시스템을 도입함으로써 최첨단 장비를 갖춘 정예군이 될 것이라 한다.170)

이와 같이 현재 남북한을 합한 총 병력이 약 185만이나 유지되고 있고, 그 기능 수준도 상당하다는 점을 고려할 때 통일한국의 중립 유지에는 충분하다고 볼 수 있다.

통일한국의 중립 유지에 필요한 효율적인 방어력과 관련하여 주변 강대국들의 군사력 현황을 살펴볼 필요가 있다. 스톡홀름 국제평화연구소(SIPRI)의 분석에 따르면, 중국은 2001년부터 2008년까지 8년 동안 폭발적인 17.1%의 연평균 군사비 증가율을 기록하였다. 이는 세계 최고 수준이다. 중국은 냉전이후 군사비를 대폭 증가시키는 유일한 국가이다. 중국은 서구가 가진 무기를 중국 자신도 다 가지고 있다고 하면서 군사대국화 하였다.171)

중국의 군사력은 미국에 이어 세계 2위 수준인 것이다. 전체적으로 보자면 미국은 아직도 중국을 한 수 아래로 본다. 그렇지만 미 프

169) 박영철, '정규전은 남, 특수전은 북이 우세", 주간조선 2108호 (2010.6.7), 20면.
170) 조선일보 2010년 3월 11일자.
171) 조선일보 2010년 1월 9일자.

린스턴대 존 아이켄베리(Ikenberry)교수는 그동안 미국은 동아시아에서 지역 안보 질서를 주도해왔지만 중국의 부상은 동아시아의 질서에 근본적인 도전을 던져주고 있다고 한다.[172)]

중국과 동북아 패권을 다투는 일본도 군비증강에 박차를 가하고 있다. 중국의 부상에 못지않게 일본도 군사대국화하고 있다. 일본은 보통국가화, 즉 보통의 다른 주권국가들처럼 경제력에 상응하는 적절한 군사력을 보유해야 한다는 논리로 군사대국화 하고 있다.

이와 같이 주변 강대국들은 군사력을 증강시켜 동북아 지역을 고도로 군사화하고 있다. 이와 관련하여 주변 강대국들의 군사력<표 4-10>과 국방비<표 4-11>을 비교해 보면 다음과 같다.

〈표 4-10〉 주변 강대국의 군사력 현황(2008)

ㅁ 총 괄

구 분	미국	러시아	중국	일본
총병력	1,498,157	1,027,000	2,205,000	240,970
육 군	593,327	360,000	1,600,000	148,631
해 군	341,588	142,000	255,000	44,495
공 군	336,081	160,000	250,000	45,733
기 타	해병 186,661 해안경비 40,500	공수 35,000 전략 80,000 지휘/지원 250,000	제2포병 100,000	통막 2,111

172) 조선일보 2009년 10월 2일자.

□ 육 군

구 분	미국	러시아	중국	일본
병 력	593,327	360,000	1,600,000	148,631
사 단	10(BCT 49)	38	60	9
전 차	7,620	23,000	7,660	910
경전차	-	150	-	-
보병전투차량	6,719	15,140	1,000	70
정찰전차	96	2,000	-	100
장갑차	19,931	9,900	3,500	790
견인포	1,547	12,765	14,000	420
자주포	2,087	6,010	1,200	240
다련장포	830	3,976	2,400	100
박격포	2,066	2,550	100	2,020
대전차 유도무기	SP 2,005 휴대용 19,950	526	SP 24 휴대용 7,176	SP 40 휴대용 2,370
지대공미사일	1,281	2,465	284	640
헬 기	4,093	1,278	375	472
항공기	307	-	-	13

□ 해군

구 분	미국	러시아	중국	일본
병 력	341,588	142,000	255,000	44,495
잠수함(전략)	71(14)	67(15)	62(3)	16
항공모함	11	1	-	-
순 양 함	22	5	-	-
구 축 함	52	16	29	44
프리기트	21	14	46	9
해안초계함	16	74	233	9
소 해 함	9	45	65	31
상 륙 함	32	22	74	5
상 륙 정	334	23	160	8
지 원 함	35	370	204	29
수 송 함	26	-	-	-
예비수송함	127	-	-	-
전 투 기	939	245	792	-
헬 기	588	311	78	108
해병사단	3	1	3	0

□ 공군

구 분	미국	러시아	중국	일본
병 력	336,081	160,000	250,000	45,733
전략폭격기	179	203	-	-
폭 격 기	-	800	82	-
정 찰 기	80	119	179	22
지 휘 기	37	20	-	-
전 투 기	2,624(폭격기포함)	725	1,730	369
수 송 기	928	293	296	42
급 유 기	589	20	18	1
조기경보기	37	20	4	17
훈 련 기	1,572	980	522	520
헬 기	189	60	80	16
민간예비	1,122	-	-	-

※국방백서 2008, 257~258면. The Military Balance 2008(런던: 국제전략문제연구소, 2008.2))/일본 방위백서(2007).

〈표 4-11〉 주변 강대국의 국방비 비교(2006년 국방비 기준)

구분	GDP($억)	국방비($억)	GDP 대비 국방비(%)	국민1인당 국방비($)
한국	8,800	246	2.8	505
미국	134,000	5,359	4.0	1,796
일본	45,700	411	0.9	323
중국	93,800	1,219	1.3	93
러시아	17,100	700	4.1	493

※국방백서 2008, 259면. The Military Balance 2008(런던 : 국제전략문제연구소, 2008.2).

(4) 경제적 자립

1960년대까지 중립화 반대론자들은 경제력 문제를 제기하였으나, 1970년대 이후에는 남한의 신장된 경제력으로 인하여 경제력을 문제 삼지 않고 있다. 분단 직후부터 66~67년 전까지는 북한의 경제력이 남한보다 우세하였으나, 66~67년부터 남한의 경제력이 우세한 양상을 나타내기 시작하였다. 여기서 1953년에서 1983년까지의 남북한의 GNP와 1인당 GNP를 비교해 면 <그림 4-2>와 같다.

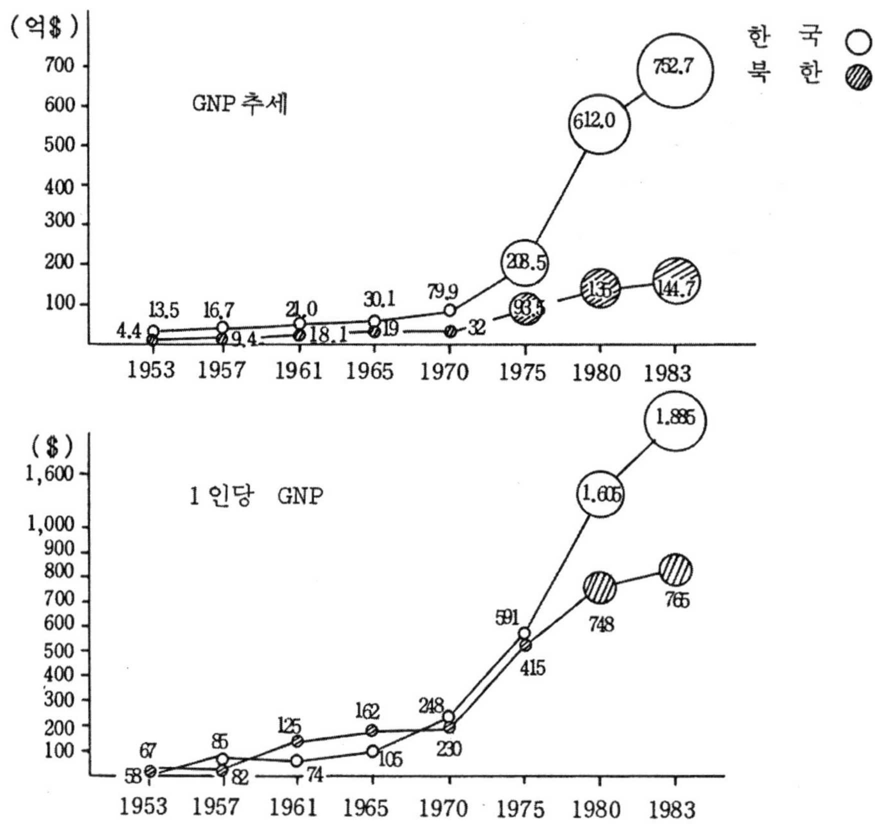

※자료 : 국토통일원, 남북한 비교도해, 1984, 18면

〈그림 4-2〉 남북한의 경제력 비교

그리고 1990년에서 2009년까지의 GNI와 1인당 GNI를 비교해 보면 <표 4-12>와 같다. 1993년부터 UN, IMF 등 국제기구 및 주요 선진국에서 GNP를 GNI(Gross National Income, 국민총소득)로 대체해 사용하고 있다.

〈표 4-12〉 남북한의 GNI 비교(1990-2009)

구분	인구(천명)		명목GNI(십억원)		1인당GNI(만원)		경제성장률(%)	
	남한	북한	남한	북한	남한	북한	남한	북한
1990	42869	20221	191284	16407	446	81	9.3	-4.3
1991	43296	20495	231097	16767	534	82	9.7	-4.4
1992	43748	20798	263501	16447	602	79	5.8	-7.1
1993	44195	21123	298057	16431	674	78	6.3	-4.5
1994	44642	21353	348956	17026	782	80	8.8	-2.1
1995	45093	21543	408014	17170	905	80	8.9	-4.4
1996	45525	21684	458636	17256	1007	80	7.2	-3.4
1997	45954	21810	502865	16814	1094	77	5.8	-6.5
1998	46287	21942	492574	17597	1064	80	-5.7	-0.9
1999	46617	22082	542178	18741	1163	85	10.7	6.1
2000	47008	22175	600159	18978	1277	86	8.8	0.4
2001	47343	22253	649899	20287	1372	91	4	3.8
2002	47640	22369	720996	21331	1514	95	7.2	1.2
2003	47849	22522	767771	21947	1604	97	2.8	1.8
2004	48082	22709	829327	23767	1726	105	4.6	2.1
2005	48138	22928	864427	24792	1796	108	4	3.8
2006	48297	23079	910134	24429	1884	151	5.2	-1
2007	48456	23200	976814	24827	2016	107	5.1	-1.2
2008	48607	23298	1034115	27347	2128	117	2.3	3.1
2009	48747	23380	1068654	28635	2192	123	0.2	-0.9

※ 한국은행경제통계시스템(http://ecos.bok.or.kr)

현재 남한은 세계에서 9위-11위 사이의 무역대국으로 성장하였다. 세계은행이 집계한 한국의 GDP 순위는 세계 15위, OECD가 올해 발표한 2008년 GDP 성장률은 30개 회원국 가운데 5위이다. 유엔이 매년 발간하는 인간개발보고서(HDR) 2010년판 예비 보고서에 따르면 한국은 유엔 회원국 가운데 1970년부터 2010년 지금까지의 40년 동안 1인당 GDP가 4번째로 많이 오른 초고속 성장을 한 나라로 기록되고 있다.

이에 비하여, 북한은 위의 표에서와 같이 마이너스 경제성장의 침체 속에 머물러 있다. 여기서 그동안의 북한의 개방 개혁 정책의 추진에 대해 살펴보면 다음과 같다. 먼저, 북한의 개방 정책의 추진으로 대외무역을 확대하기 위하여 채택된 정책으로 '무역제일주의'와 '새로운 무역체계'의 도입을 들 수 있다. 새로운 무역체계란 생산자들이 대외무역에 직접 참여하는 무역 방법으로 국가의 무역독점권을 부분적으로 기업에 이양한 조치를 말한다. 그리고 대외 경제를 확대하기 위하여 경제 특구를 설치하였다. 1991년 나진, 선봉 지역을 자유경제무역지대로 지정하였고, 2002년에는 신의주를 경제 특구로 지정하였다.

다음으로, 개혁 정책의 추진으로 경제 전반에 걸친 효율성을 제고하고 생산력을 증대시킨다는 목적하에서 경제관리체계를 부분적으로 개혁해 왔다. 1980년대 중반부터 독립채산제 실시를 강조하였고, 외국인의 투자 유치를 위한 합영법173)을 제정하기도 하였다. 2002년 7월의 경제관리개선 조치는 획기적인 정책이라 할 수 있다. 7.1경제관리개선 조치로 불리는 이 정책의 주요 내용은 외자유치와 수출의욕 고취를 위한 환율 현실화, 기업 경영 자율권 확대, 개인 경작지를 종래 30-50평으로부터 400평으로 확대와 시범적 개인 영농제 실시 등이다.

그러나 이러한 경제 개혁 조치들은 현 단계에서는 위로부터 추진된 체제 내적 개혁에 불과한 것이다.

중국의 개방 정책은 일부 지역의 개방에 국한된 부분적 개방 개

173) 북한이 서방의 자본과 기술을 도입하기 위해 제정한 합작투자법이다. 주요 내용은 합작당사자는 화폐, 재산, 현물, 발명권, 기술 등을 출자하며, 그 가격은 국제시장가격에 준해 평가되고, 합작회사에서 일하는 외국인이 받는 임금과 출자자의 소득에 대해서는 북한 소득세법에 의해 과세되며, 소득의 일부를 해외 송금할 수 있다.

혁이 아닌 국가 전체의 개방 개혁을 목표로 하여 점->선->면의 단계적 개방을 통하여 시너지 효과를 창출하였다. 그러나 북한은 전반적인 국가경제는 사회주의체제를 유지하면서 경제 특구만을 자본주의 세계경제에 개방하고 이를 통해 외자를 유치함으로써 개발을 촉진하겠다는 수준에 머물고 있다.

북한이 추진하게 될 개방 개혁 정책의 추진 과정에서의 중점 부분은 단계적으로 변화할 것이지만 대체적으로, 제한적 대외개방 확대, 시장요소의 부분적 도입, 소유제도의 다양화 실험, 정책결정권의 제한적인 분권화, 시장요소 도입 작업 확대, 소유제도의 다양화 확대, 전면적 대외 개방 추진, 정책결정권의 분권화 가속, 체제 전환 진입 등의 순서로 추진될 것으로 예상된다.[174]

이렇게 볼 때, 북한이 적극적인 경제 개방 개혁 정책으로 경제 성장을 이룩한다면 남한의 성장한 경제력과 더불어 중립화를 가능케 하기 위한 경제적 자립의 조건을 더욱 충족시킬 수 있을 것이다.

(5) 현상유지국이며 약소국

남한이 2,000년경에는 대개 인구 5천만과 GNP 2,500억 달러에 달하는 국력을 가지게 되며, 남북한을 합친 총국력은 인구 8천만에 GNP 3천억 달러 규모의 경제력을 갖춘 중간 크기의 국가로 부상하게 되기 때문에 한반도에 중립화를 적용하는데 문제가 제기된다[175]고도 볼 수 있다고 하였다.

그리고 최근에는 남한의 국가의 힘이 크게 신장되어 세계 10대-11대 무역대국으로 상당히 큰 나라가 되어 이제 G20에도 포함되기에 이

174) 남궁 영, 앞의 책, 223-252면.
175) 이호재, 한국외교정책의 이상과 현실 (서울 : 법문사, 1986), 472면.

른 점을 들어 오히려 중립화 국가로서는 과대 규모가 아닌가 하는 지적을 하기도 한다.[176]

그러나 비록 중간 크기의 국가라고는 하나 미,중의 G2 시대가 시작되고, 미·러·중이 핵 무장국이고 일본 또한 세계 2,3위를 다투는 경제대국이며 군사대국으로 동북아에서 중국과 지역패권을 다투는 경쟁을 하고 있다는 점을 고려할 때, 한반도는 상대적으로 약한 국가일 수밖에 없다. 현재 남한의 경제력이 GDP 세계 15위, 9위-11위의 무역대국, 군사력이 세계 11위 수준이라 하지만, 주변 4강대국과 비교하면 남한이 차지하는 외형상의 순위와는 별개로 4강과의 실질적인 격차는 상당히 큰 것이다. 4강이 통일한국을 두려워하지 않을 정도인 중간 규모의 국력 수준이라고 보아야 한다.

1985년 자료인 주변 4강과 남북한의 국력 비교 <표 4-13>에서와 같이 통일한국은 상대적으로 약한 국가로서 중립화의 가능 조건 충족에는 문제가 되지 않을 것이라고 할 수 있다.

〈표 4-13〉 주변 4강과 남북한의 국력 비교(1985)

구분	인구 (1,000)	면적 (1,000㎢)	인구밀도 (1㎢당 인구)	국민총생산 (백만달러)	군사비 (백만달러)	군사비/국민총생산(%)
미 국	232,309	9,363	25	3,056,900	196,390	6.4
소 련	270,042	22,402	12	1,563,000	170,000	10.9
중 공	1,008,175	9,597	105	302,500	25,000	8.3
일 본	118,449	373	318	1,190,000	11,900	1.0
한 국	40,749	98	416	75,090	4,588	6.1
북 한	18,747	121	155	17,500	1,750	10.0
남북한	58,496	219	571	92,590	6,328	16.1

※자료 : Ruth Leger Sivard, World Military and Social Expenditure, 1985 (Washington : World Priorities, 1985) pp. 35-36.

176) 김학준, 앞의 논문(2009).

그리고 또한 The Military Balance 1999/2000 자료인 한반도와 주변 4강 대국의 국력 비교 <표 4-14>에서도 마찬가지로 통일한국은 상대적으로 약한 국가로서 중립화의 가능 조건 충족에는 문제가 되지 않을 것이라고 할 수 있다. 주변 4강과 통일한국의 국력을 비교함에 있어 국력 요소의 항목으로 GDP, 군사비, 병력수, 인구, 영토를 중심으로 비교해 보면, 오늘날에도 한반도의 국력이 남북한을 합해도 주변 4강의 국력에 비해 큰 차이가 있음을 알 수 있다. 남북한의 국력은 군병력을 제외하고는 GDP, 군사비, 인구, 영토 면에서 4% 미만이다. 이는 남북한의 국력 요소와 주변 4강의 국력 요소를 합하여 100으로 했을 경우, 남북한의 국력 요소가 차지하는 비율이다.[177]

〈표 4-14〉 한반도와 주변 4대 강대국의 국력 비교(1999/2000)

	GDP(억달러)	군사비(억달러)	병력수(천명)	인구(백만명)	영토(만Km^2)
미 국	85,000(58.4)	2,659(65.1)	1,402(19.1)	271(14.6)	936(25.6)
중 국	7,030(4.8)	367(8.9)	2,820(38.4)	1,244(67.0)	956(26.1)
일 본	38,000(26.1)	370(9.1)	243(3.3)	127(6.8)	37(1.0)
러시아	11,000(7.6)	539(13.2)	1,159(15.8)	146(7.9)	1,710(46.7)
한 국	4,260(2.9)	129(3.2)	672(9.1)	47(2.5)	10(0.3)
북 한	140(0.1)	20(0.5)	1,055(14.4)	22(1.2)	12(0.3)
남북한	4,400(3.0)	149(3.7)	1,727(23.5)	69(3.7)	22(0.6)

※자료: The Military Balance 1999/2000(런던: 국제전략문제연구소, 1999).

이점에 대해 워싱턴 아시아 연구소 수석연구원인 랠프 클로(Ralph N. Clough)는 중립화 통일된 한국은 주변 국가와의 관계에 있어서 유럽의 소중립국(스위스, 오스트리아) 보다는 훨씬 더 강력한 힘을 발휘하게 되겠지만 그 정도는 강대국들이 용납할 것이라고 한다.[178]

177) 강종일, "동북아 평화를 위한 한반도 중립화통일 방안", 안청시 편, 비살생정치학과 지구평화운동 (서울 : 집문당, 2004), 173면.

3) 외적 조건

(1) 지정학적 조건

한반도는 대륙세력과 해양세력이 교차하는 동북아시아의 전략적 요충[179]을 차지하고 있어서 주변 강대국들의 이해관계가 복잡하게 얽혀있다. 한반도는 스파이크만(N.J. Spykman)이 말하는 이른바 대륙세력(Heartland)과 해양세력(Sea power)의 중간적 주변적 지대[180](rimland)에 있으며, 그것도 미·일의 해양세력과 중[181]·러라는 대륙 세력의 4강의 주변지대인 것이다.[182]

그리고 맥킨더(H.J. Mackinder)의 심장지역 이론[183](heartland theory)이나 마한(A.T. Mahan)의 해양세력우세론(Sea Power)도 각각 심장 대륙과 해양을 기반으로 하여 반대지역으로 세력을 뻗는다는 것을 전제로 하기 때문에 대륙세력과 해양세력은 주변지역에서 충돌하게 마련이다.[184]

루즈벨트 대통령은 이러한 한반도의 지정학적 위치가 갖고 있는 국제정치적 의미를 파악하여 일본 패전 후의 한반도를 일정 기간 동

---

178) 랠프 클로(Ralph N. Clouph), "4강의 대한반도 통일시각", 정경문화 4월호, 1984, 176면.

179) 전진 및 전초 기지로서의 가치, 군사적 거점으로서의 가치, 병참 기지 등으로서의 가치를 가지고 있다.

180) Spykman은 주변지역을 지배하는 자는 유라시아 대륙을 지배하고 유라시아를 지배하는 자는 세계 운명을 지배한다고 한다. 스파이크만의 주변지역(rimland)은 Mackinder의 내측 초생달지역에 해당되는 것으로서 바로 심장지역을 포위하고 있는 외곽지대를 의미한다.

181) Mackinder에 의하면 중국은 Heartland에 속한다. 그러나 Spykman에 의하면 rimland는 완전히 중국의 모든 지역을 포함한다.

182) 차윤, "한국의 지정학적 위치와 안전보장", 한국안전보장논총 제3집, 국가안전보장회의(1968), 103-104면.
양문경, "한반도의 80년대 정치지리적 구조", 국방연구, 제19권 제1호, 국방대학원 안보문제연구소 (1976), 151-152면.

183) Mackinder의 심장지역이론은 유라시아 대륙이 세계의 심장부라고 규정하고 이 지역의 지배 여부가 세계 지배의 관건이라고 가정한다.

184) 민병천, 한국안보론 (서울 : 대왕사, 1985), 233면.

안 연합국에 의한 공동 관리안을 구상하게 되었다. 곧 한반도에 이해관계를 갖고 있는 연합국들을 일본 패전 이후의 한반도에 공동개입시킴으로서 그들의 이해관계가 충돌되는 것을 방지하고자 하였다.[185)]

한반도의 분단은 '소련의 심장지역 이론'과 '미국의 주변지역 이론'[186)]의 대립의 결과라 할 수 있다. 38도선은 미·소 간의 지정학적 세력균형 정치의 결과였다. 미국은 소련을 한반도 문제에 끌어들여 한반도를 공동 관리함으로서 한반도가 어느 한 강대국에 의해 독점지배될 때 발생할 수 있는 국제분쟁을 방지한다는 입장을 가졌던 것으로 보인다.[187)]

이와 같이 한반도의 지정학적 위치를 고려한 한반도 점령 구체안이 합동전쟁계획위원회(Joint War Plans Committee)에 의해 성안되기도 하였다. 이 위원회가 1945년 8월 28일 합참의장에게 제출한 기본안에 의하면 한반도 점령은 3단계를 거치게 될 것인 바, 첫 단계는 38도선에 의한 미·소의 분할 점령으로 일본군의 항복을 받는 단계(약3개월)이며, 둘째 단계는 미·소의 군사력을 감축하면서 영국군과 중국군을 진주시켜 4개국 분할 점령을 하는 단계로 38도선이 없어질 것이다. 이때의 4개국 분할 지역을 ① 미군은 서울, 인천, 부산 지역 ② 소련군은 청진, 나진, 원산 지역 ③ 영국군은 군산, 제주도 지역 ④ 중국군은 평양 지역을 점령하며, 서울만은 미군과 소련군이 공동 점령하도록 되어 있다(약9개월). 셋째 단계로, 연합국 통치위원회가 구성되어 한국은 신탁통치하에서 자치 능력을 키우면서 능력있는 한국인들이 관료로 등장되면 적절한 시기에 독립을 시킨다는 안이었다.[188)]

위와 같이 한반도는 주변 강대국들에 둘러싸여 강대국의 경쟁,

185) 김학준, 한국문제와 국제정치(全訂版) (서울 : 박영사, 1987), 9면.
186) 미국은 주변지역 이론을 2차대전 후 자국의 안보 유지의 정치지리적 기초로 채택하고 있으며 중소를 주변지역을 통하여 봉쇄하고 있는 것이다.
187) 김학준, 앞의 책, 12-13면.
188) 이원설, "한반도 분단의 사적배경", 경희대학교 평화연구, 제2권 제1호 (1982), 187면.

대항의 무대가 되어 있다. 그리고 한반도는 주변 어느 나라와도 싸워서 이길 수 있는 입장이 되지 못했다. 고래 싸움에 새우등 터진다는 말은 한반도의 지정학적 위치를 잘 말해 주고 있는 것이다. 1910년에 일본의 식민지로 된 점, 2차대전 이후 한반도의 분단과 전쟁, 그리고 현재 계속되고 있는 남북통일의 부진도 이러한 지정학적 위치에 기인한다.

현재 한반도는 강대국 사이에 포위되어 있다. 상호 적대, 경쟁적인 강대국에게 주위를 포위당한 한반도의 지정학적 특성은 뚜렷이 부각된다. 미국, 러시아, 중국이라는 핵 보유국과 일본이라는 경제대국이면서 잠재핵국이 한 지역에 집중적으로 관련되어 있는 곳은 세계에서 한반도뿐이기 때문이다. 한반도는 세계에서 국력이 가장 강한 4강대국의 이해관계가 첨예하게 상충되는 전략적 요충지에 위치하고 있다. 한반도의 지정학적 위치가 주변 4강의 국가 이익에 밀접하게 작용하고 있기 때문에 한반도가 어느 한 국가와 특별한 관계를 형성할 경우 다른 국가는 불리하게 된다.[189] 이리하여 한반도는 4강의 지정학적 이익이 첨예하게 교차되는 지역인 것이다.

이러한 지정학적 요인은 남한은 미국과 상호방위조약을 맺고 일본과는 기본관계조약을 맺게 하였고, 북한은 중국과 군사동맹을 맺고 있다는 특수성과도 관련되는 것이다.

해방 이후의 중립화론에서도 이러한 지정학적 위치에 근거하여 한반도를 4강의 완충지대로 중립화시킬 것을 주장하고 있는 것이다.

이렇게 볼 때, 한반도는 미·러·중·일의 중간 지역에 위치하여 이들 국가 간의 세력균형의 축이자 완충국으로서의 역할을 담당할 수 있는 지정학적 여건을 갖추고 있으므로 중립화의 가능 조건인 지정학적 조건을 충족하고 있는 것이다. 한반도는 동북아에서 지정학적으로 대륙세력과 해양세력이 만나는 곳으로, 4대 강대국의 군사, 안보적 이

189) 강종일, 앞의 논문 (2004), 172면.

해 상충을 조정, 완화시킬 수 있는 위치에 있는 것이다.

그리고 이러한 지정학적 위치와 관련하여, 한반도는 동북아에서 지경학적으로도 유리한 위치를 점하고 있다. 경제적으로 동북아 물류 흐름에 미치는 영향이 지대할 수 있는 유리한 입장인 것이다. 한반도는 철도연계를 통해 강대국과 강대국을 연결하는 교량적 역할을 할 수 있는 위치이다. 2003년 10월, 울란바토르 회의에서 유엔 아시아 태평양 경제사회위원회(ESCAP)는 역사상 최초로 한반도 종단 철도에서 유럽에 이르는 화물 수송을 성사시키기로 합의한 바 있다. 철도를 통한 화물 수송은 부산에서 서울, 평양을 거친 뒤 울란바토르를 통해 헬싱키에 닿게 된다. 북한이 동의한다면 이 운행은 한반도 종단 철도를 통해 시베리아 횡단 철도(러시아의 블라디보스토크, 하바로프스크, 모스크바, 서유럽을 연결)로 연결되는 철의 실크로드를 완주하는 첫 시도이자 실질적으로 태평양과 대서양을 육로로 잇는 다리가 될 것이다. 한반도와 유럽을 잇는 철도는 시간과 비용 측면에서 엄청난 경비 절감과 함께 이 지역의 경제발전을 급속히 촉진할 것이다.

그리고 또 다른 대륙 간 철도로 중국의 북경과 신장(新疆) 지역을 지나서 우즈베키스탄의 타슈켄트, 모스크바, 서유럽을 연결하는 중국 대륙 횡단 철도가 서울, 평양과 이어지면 한반도에서 유럽에 이르는 또 다른 라인이 된다.

이처럼 철도가 연결되는 통로를 따라 교통, 통신시설, 에너지 등이 모세혈관처럼 밀도 높게 배치되면 이 지역에 집약적 농업과 하이테크 산업 등을 위한 이상적 조건을 제공할 것이다. 이러한 사업을 추진하기 위한 관련 각국의 협력은 이 지역의 군사적 긴장을 완화시키고 당연히 평화적인 분위기를 조성할 것이다. 이러한 공동 협력 작업은 한반도 중립화에 긍정적 요소로 기여할 것으로 보인다.190)

190) 정지웅, “한반도 중립화 통일의 조건과 실현가능성 검토”, 국가전략 제12권 1호

(2) 주변 열강의 세력균형 및 중립화 합의

가. 중립화 자체에 대한 4강의 입장

먼저 중립화 자체에 대한 미·러(소)·중·일의 입장을 살펴보면 다음과 같다.

미국은 제2차대전 이전까지는 외부에의 개입을 기피하려는 중립적인 정책을 추진하였으나, 제2차대전 이후에는 집단방위체제를 구축하여 NATO, SEATO(동남아시아조약기구) CENTO(중동조약기구)등 42개의 동맹조약을 유지하면서 중립화를 집단방위체제의 장애물로 간주하는 경향이 있었다. 중립화를 냉전이라는 선과 악 사이에서의 비도덕적이고 용인될 수 없는 것으로 보는 경향이 있었다.[191] 그러나 미국은 중립화가 어떤 국가의 특수한 사태를 해결하는 최상의 방법이라고 생각될 경우 중립화를 적극 지원하였으며 수용하였다. 특히 1960년대에 들어와서 극단적인 냉전이 서서히 밀려나고 양극체제가 다극화체제로 전환되어 가자 중립화의 장점을 인정하고 있다.[192] 그 결과 미국은 오스트리아의 중립화를 승인하였으며 라오스의 중립화 보장국이 되었던 것이다.

러시아(소련)의 마르크스 레닌주의에서는 공산주의와 자본주의간의 투쟁에 있어서 공산주의와 자본주의의 중간이라는 중립화, 중립, 중립주의의 개념을 인정하지 않는다. 공산주의가 자본주의에 대한 최종 승리자가 되어야 한다는 것이다. 그러나 소련은 중립화가 자국의 이익에 합치될 경우 중립화를 이용하거나 권장하는데 주저하지 않았으며,

---

(2006), 46-47면.

191) Cyril E, Black et al., Neutralization and World Politics (Princeton : Princeton University Press, 1968), pp.47-48.

192) In K. Hwang, The Neutralized Unification of Korea in Perspectives (Cambridge : Schenkman Books, 1980), p.108.

이러한 경향은 후르시초프의 평화공존론 이후에 두드러졌다. 동지로 만들 수 없는 경우에는 중립화함으로써 자본주의 적들 편에 가담하지 못하도록 하는 것이 소련에 유리하다는 입장을 취하고 있다.[193)]

러시아(소련)는 중립화를 자본주의 체제하에 있는 諸국가들의 연합을 약화시키고, 제국주의적인 자본주의 국가들의 침략적인 군사블럭권으로부터 여러 국가들을 이탈시키거나 또는 거기에 편입되는 것을 방지하기 위한 수단으로 보고 있는 것이다.[194)] 그 예로 소련의 제창에 의해 1955년에 실현된 오스트리아의 중립화는 서방 진영에게 군용자재의 보급과 병력수송 체계 면에서 상당한 어려움을 주는 것이었다. 또한 소련은 1952년에는 서독이 재무장하여 NATO에 가입하는 것을 방지하기 위해서 독일의 통일을 실현하는 전제로써 중립화를 제안하였으며, 1958년에는 미·일 안보조약 개정 문제가 일본에서 표면화되자 미·일 안보조약을 와해시키기 위해 일본의 중립화를 제안하였다.[195)]

이에 대해 영국의 국제정치 전문가인 P.H.Vigor는 다음과 같이 지적하고 있다. 일본이 중립화된다면 미군은 일본에서 철수할 수밖에 없게 되고 그렇게 되면 일본으로부터 겨우 3백마일 밖에 안떨어진 소련의 극동지역은 더 이상 위협을 당하지 않게 된다. 또 독일의 중립화가 실현되면 미군은 서독으로부터 철수하지 않을 수 없을 뿐만 아니라, NATO 사령부는 서독 국방군 12사단을 사용할 수 없게 될 것이라는 것이다.[196)] 이와 같이 소련은 서독과 일본의 잠재적인 전쟁수행 능력이 서방 진영의 전력에 흡수되지 않도록 하기 위해 중립화를 제안하였다.

---

193) Bong-Youn Choy, A History of the Korean Reunification Movement : Its Issues and Prospects (Peoria : Research Committee on Korean Unification, Bradley University, 1984), p.229.

194) Cyril E, Black, 앞의 책, pp.45-46.

195) P.H. Vigor, The Soviet View of War, Peace and Neutrality (London : Routledge & Kegan Paul, 1975), p.187.

196) 위와 같음.

중국의 중립화에 대한 입장은 러시아(소련)와 같은 것으로, 동지가 아니면 적이라는 것이다. 그러나 1954년 제네바회의와 1955년 반둥회의에 참가한 이후 제3세계론에 입각하여 중립화를 지지하는 방향으로 정책을 추진하고 있다. 중국은 러시아와 마찬가지로 중국의 국익이라는 견지에서 중립화를 보고 있다. 1962년에는 라오스의 중립보장국이 되었다.[197)]

일본에는 대체로 중립화를 선호하는 경향이 있다. 일본 사회당은 1955년이래 일본 중립화를 공식강령으로 채택하고 있으며, 1959년부터는 4강에 의한 한반도 중립화를 지지하고 있다. 일본의 우익 국수주의자들은 일본의 무장중립을 주장하고 있다. 일본의 여당인 자민당도 공식적으로는 중립화를 반대하고 있으나, 일본에 중립화를 선호하는 경향이 강하다는 것을 충분히 알고 있는 것이다.[198)] 이와 같이 미·러·중·일은 중립화 자체를 수용하는 입장에 있는 것이다.

나. 각 시기별 세력균형과 중립화 합의 문제

다음으로 각 시기별 주변 열강의 세력균형과 중립화 합의 문제는 다음과 같다.

1945~1950년대

1945년부터 1950년대에 있어서 동북아의 국제세력체제는 미·소 간의 세력균형이라는 미·소의 양극체제의 균형으로 특정지어졌다.[199)] 동북아시

197) In K. Hwang, The Neutralized Unification of Korea in Perspectives (Cambridge : Schenkman Books, 1980), pp.127-128.
198) In K. Hwang, 위의 책, p.134.
199) Sang Woo Rhee, "Implications of Eroding Super-Power Balance in East Asia", Korea and World Affairs, Vol. 2, No 1 (1984), p.117.

아에서의 냉전체제도 중소 우호상호원조조약(1950. 2)과 미·일 안보조약(1952)의 대립구조였다. 1950년대 미국의 극동정책은 1949년 모택동 정권수립과 한국전쟁을 계기로 중국이 새로운 행위자로 등장하자 중국 봉쇄정책을 추진하였고, 일본을 새로 등장시켜 아시아의 중추국으로 삼아 반공 군사기지화하고 남한을 일본의 안전을 위한 전초 기지로서 미국의 영향하에 두려하였다. 한·미 상호방위조약(1953. 8)으로 남한으로 하여금 미국의 극동방위의 최전선을 담당케 하였다. 이와 같이 하여 휴전협정이 성립된 후 동북아시아에서는 북방 삼각관계와 남방 삼각관계가 형성되었던 것이다.

이와 같이, 1945년부터 1950년대에 걸쳐 동북아에 미·소 간의 세력균형이 이루어지고 있었으나 중립화에의 합의 가능성은 없었다고 볼 수 있다. 1945년~1949년경의 미소공동위원회 결렬로 미루어 미·소의 중립화에의 합의 가능성은 없었다. 이때 한반도의 신탁통치위원국으로 지명되었던 영국과 중국은 한반도에서의 미소 간의 대결을 조정하거나 중재할 수 없었다. 경집한 양극체제(tight-bipolarity)에서 영국과 중국은 효과적인 균형자로서의 역할을 수행할 수 없었다.[200]

미소공동위원회의 소련 대표인 슈티코프(T.T. F Shtikov)가 소련은 장래에 있을지도 모를 소련에 대한 공격에 대비하여 북한이 하나의 기지가 되지 않게끔 소련에게 우호적인 국가(위성국)가 되기를 바란다고 한 점과, 미소공동위원회에서 소련은 협의 대상자 문제와 관련하여 민주주의 제도를 창설하려는 사업을 방해하려는 것을 목적으로 삼는 반동적 반민주주의적 당파와 일부 분자의 맹렬한 반항으로 중대한 난관이 존재하고 있다는 전제하에 소련이 모스크바결정에 반대하는 개인이나 정당, 사회단체와는 협의하지 않을 것이라는 원칙을 주장함으로써 미소공동위원회를 결렬시킨 점 등으로 미루어 소련은 중립화에 합의하지 않았을 것이라 할 수 있다.[201]

200) 김학준, 한국문제와 국제정치(全訂版) (서울 : 박영사, 1987), 297면.

그리고 미국의 경우 웨드마이어 장군의 중립화 제안에 대해 합동참모회의는 미국은 한국에 군대와 기지를 유지하는데 전략적 이해를 가지고 있지 않으며, 극동에서의 전쟁이 있을 경우 남한의 미군은 군사적 부담이 될 것이라 하여 중립화를 거부하여 한국 문제를 유엔에 이관시키고 있는 것이다.

1950년대에도 미·소의 중립화에의 합의 가능성은 없었다. 소련이 북한을 지원하여 한국전쟁을 일으킨 사실로 미루어 볼 때 소련의 중립화에의 합의 가능성은 없는 것이다. 물론 미국의 합동참모회의도 1953년 6월과 11월에 중립화를 거부하였던 것이다.[202]

1960년대

1960년대에도 미·소를 중심으로 한 세력균형이 이루어지고 있었으나 중국이 독자적인 행위자로 등장하였다. 이와 같이 1960년대에는 중국의 등장으로 동북아에는 미·소·중의 3극구조가 형성되었다.

1954년 후르시초프의 등장과 더불어 평화공존론이 제기되자 1956년부터 이념논쟁이 시작되어 1960년부터 본격적인 이념논쟁이 전개되었다. 1963년부터는 국경분쟁까지 겹치게 되어 1969년의 우수리강에서의 무력 충돌로 중·소 관계는 더욱 악화되었다. 이와 같이 중·소 분쟁으로 중국이 독자적 행위자로 등장하였으며, 1964년에 중국은 핵폭발실험을 성공하여 세계적인 국가로 등장하였다.

이때 미국은 일본과 1960년 1월 미·일 안보조약을 갱신하였으며 미국의 극동정책의 일환으로, 미국의 주선에 의하여 한일협정이 체결

201) 이호재, 한국외교정책의 이상과 현실 (서울 : 법문사, 1986), 181면.

202) U.S Department of State, Foreign Relations of the United States 1952-1954, Vol. XV, Korea Part 2 (Washington D.C. : U.S. Government Printing Office, 1984), pp.1303-1307.

되어 한·미·일 안보협력체제가 형성되기에 이르렀다.[203] 그러나 이때 일본은 아직 안전보장을 미국에 크게 의존하고 있었다.

이렇게 볼 때, 미·소간에는 세력균형이 이루어지고 있었으나 중·일 간에는 세력균형이 이루어지지 못하고 있었음으로 동북아에서의 미·소·중 3극 구조라는 불안정한 세력균형을 이루고 있었다고 할 수 있다.[204] 이와 같이, 불안정한 세력균형은 중립화에의 합의를 어렵게 하였을 것이라 볼 수 있다.

1970년대

1960년대에 심화되었던 중소분쟁을 계기로 중국이 독자적 행위자로 등장하게 되자 이에 소련은 중국 봉쇄를 시도하였다. 그 결과 중국은 반소 패권운동을 전개하며 세력균형 관계 수립에 열중하게 되었다. 이러한 상황에서 미국은 월남전으로 말미암아 아시아 지역분쟁으로부터의 불개입 기운이 높아지게 된 결과 1969년 7월 닉슨(Richard M. Nixon)독트린이 선언되게 되었다. 이때 미국은 중·소 대립을 이용하여 중국으로써 소련을 견제케 하고자 하였다. 여기서 미국과 중국의 이해관계가 일치하여 1972년 닉슨·주은래 상해 공동성명이 있게 되었다. 또한 이때 미국은 전후 미국의 핵우산의 보호 아래 고도의 경제대국으로 성장한 일본을 중소에 대한 견제와 균형에 참가시키고자 한 결과 1972년 田中角榮 수상의 북경 방문이 있게 되었다. 이러한 미·중국 데탕트는 소련으로 하여금 미소를 중심으로 한 국제적 긴장완화에 보다 능동적인 자세를 취하도록 재촉시켰다. 그 결과 이때 소련은 미국과는 전략무기 제한협정 등을 통하여 데탕트를 촉진시키면서 중국의 반소

203) 소련은 한·미·일 안보협력체제를 '동방의 NATO'라고 비난하였었다.
204) 이승헌, "한반도와 동북아 국제체제", 건국대학교 통일문제연구 제2집 (1978), 12-13면.

패권운동을 억제하는 한편, 일·중국 데탕트에 대처하여 일본에게 유연 정책을 취하여 접근하였다. 이러한 결과로 동북아에는 4강체제가 수립 되었으며 4강은 세력균형 속에서 현상유지를 추구하였다.205)

4강대국들은 한반도 문제에 대해 일차적으로 관심을 두고 있는 것은 통일이 아니라 현상유지였다. 한반도의 현상이 변경되는 경우 그것은 동북아시아의 국제체제에 동요를 일으킬 것이며 경우에 따라서는 4강대국의 개입을 초래시킬 것이라는 판단 아래, 4강대국은 세력균형 속에서 남북한 관계의 현상유지를 원하였다.206)

곧 한반도에서의 국지전의 위험과 국지전이 4강을 확전으로 유도할 수 있는 위험성을 포함하며 특히 중소의 입장에서는 한반도의 긴장이 일본 군국주의를 부활시킬 수 있기 때문에 4강은 현상유지를 원한다는 것이다.207)

이러한 세력균형 속에서의 현상유지라는 각도에서, 4강대국은 남북한이 우선적으로 추구해야 할 과제는 긴장완화를 거쳐 제도화된 평화를 수립하는 일이라 믿고 '제도화된 평화'를 이룩하기 위해서는 남북한 간의 직접적이며 건설적인 협상이 있어야 한다고 보았다.208) 그 결과 '한반도 문제의 한반도화'를 조장하였던 것이다. 한반도 통일문제는 주변 열강의 문제에서 점차 남북한의 문제로 그 초점이 이동하게 되었다. 주변 열강들은 한반도 문제를 남북한 간의 문제로 보고 주변 열강들이 한반도 문제에 직접 관여하여 갈등을 일으켜 데탕트에 영향을 미치는 것을 차단한다는 차원에서 한반도 정책을 추진하였다. 그렇

205) Sang Woo Rhee, "Implications of Eroding Super-Power Balance in East Asia" Korea and World Affairs, Vol. 8, No 1 (1984), p.178.

206) 김학준, "4강의 역학과 민족통일의 과제", 구영록, 김학준 외, 남북한 정치통합과 국제관계 (서울 : 경남대학교 극동문제연구소, 1986), 388면.

207) 여기서 미국방장관 Schlesinger는 1975년 2월 의회보고서에서 한반도를 4강의 세력균형을 위한 균형자로 지적하였던 것이다.

208) 김학준, "4강의 역학과 민족통일의 과제", 위의 책, 338면.

지만 '한반도 문제의 한반도화'가 남북한에 모든 것을 맡겨 놓는다는 것은 아니었다. 실질적인 협상은 4강대국 사이에서 하고, 남북관계는 그 하위에 위치시키려 했던 정책으로 이해할 필요가 있다.209)

이와 같이, 4강은 한반도의 긴장완화에만 관심이 있었으며 이를 위한 제도적 장치로서 남북분단의 합법화210)를 추구하였던 관계로 4강의 한반도 정책이 통일 지향적이 아니라 분단 지향적이었으므로211) 비록 4강의 세력균형은 형성되었으나 4강의 중립화에의 합의 가능성은 없었다고 할 수 있다.

그런데 1978년 11월 소련이 베트남과 우호 동맹조약을 맺자 미국은 일본 및 중국과 제휴하여 반소련권연합을 구축하여 삼국협력 체제가 형성되었다. 즉, 1978년 일·중 국교정상화와 1979년 미·중 국교정상화를 통하여 미·일·중 3국협력 체제가 형성되었던 것이다.212)

미·일·중 3국협력 체제는 동북아에서의 세력균형을 소련에게 결정적으로 불리하게 하였다.213) 여기서 소련은 베트남과 아프가니스탄을 이용하여 중국을 포위하며 중·소 국경에 병력을 집결시켰고214) 또한 일본의 북방에 위치한 소련의 4개 도서에도 군사시설과 병력을 집결시켜215) 일본의 안보를 위협하였다.

---

209) 홍석률, 앞의 논문, 82면.

210) 교차승인, 유엔동시가입, 불가침협정, 평화협정 등이 이에 해당한다.

211) 김학준, 한국문제와 국제정치(全訂版) (서울 : 박영사, 1987), 679면.

212) 안병준, 강대국관계와 한반도안보론(改訂版) (서울 : 법문사, 1989), 93면.

213) Sang Woo Rhee, "Implications of Eroding Super-Power Balance in East Asia" Korea and World Affairs, Vol. 8, No 1 (1984), p.81.

214) 1979년 소련은 T-72 탱크와 SS-20과 핵무기로 무장된 40만명의 지상군을 중·소 국경에 배치하였다.
Chi-Won Kang, "Power Equilibrium and Changing Alliance in Northeast Asia 1975-1985", Korea and World Affairs, Vol.10, No 3 (1986), p.503.

215) 쉬코탄에는 해군기지, 쿠나쉬리에는 해군기지와 공군기지, 에또로푸에는 비행장이 설치되어서 이들 북방영토에 주둔해 있는 소련군 총병력 수는 14,000명이 넘었다.
하만경, "소련과 동아시아정책 : 한반도 통일에 대한 인식", 김한교 외, 한반도의 통일전망 (서울 : 경남대학교 극동문제연구소, 1986), 141-142면.

이렇게 볼 때, 1978년 이후에는 미·일·중 3국협력 체제로 4강의 세력균형 자체가 불안정하였으므로 4강의 중립화에의 합의는 불가능하였다고 볼 수 있다.

1980년대

1981년 레이건 행정부의 출범과 더불어 미·소 관계가 악화되어 신냉전 체제가 형성된 틈을 타서, 중국은 자주 외교노선을 추구하기 시작했다. 중국은 미국과 거리를 두고 소련과 협상을 개시하는 태도를 취하였다. 4개 현대화 계획을 위해 소련과 불필요한 갈등을 가질 수 없는 처지였기 때문이다.[216] 당시 고르바초프는 중국이 요구해 온 3대 장애물 즉, 베트남의 캄보디아 점령, 소련의 아프가니스탄 점령, 중·소 국경에 소련군대 집결의 문제를 소련이 제거해 줌으로써 중·소 관계가 개선되었다. 여기서 소련은 중·소 관계 개선을 통하여 중국을 미·일·중 3국협력 체제로부터 이탈시키는 것을 목적으로 하고 있다.

레이건 행정부는 중국이 소련을 견제할 동맹으로서 약하다는 점과 중·소 화해를 예상하여 대 중국정책을 수정하였다.[217] 사실 미·중 간에는 경제협력은 확대되어 왔으나 군사협력은 상징적 정치적 수준에 머물러 있었다.[218] 그러면서도 미·중 관계는 개선되었다.

미·소 관계도 고르바초프의 등장과 더불어 중단거리 핵무기에 관한 군축협상 등으로 미·소 관계가 개선되었으며, 미·소는 탈이데올로기적인 외교로 동서권 국경을 초월하는 신외교를 전개하여 관계가 개선되었다. 그리고 일본은 미국과 심한 무역 마찰을 빚으면서 동시에

216) 안병준, 국제환경의 변화와 민족통일 (서울 : 정음사, 1986), 62면.
217) 이기택, 국제정치사 (서울 : 일신사, 1983), 530-531면.
218) 김학준, "4강의 역학과 민족통일의 과제", 구영록, 김학준 외, 남북한 정치통합과 국제관계 (서울 : 경남대학교 극동문제연구소, 1986), 380면.

독자적인 정치적 역할을 추구하였다.

이러한 결과로 사실상 4강은 상호간에 쌍무 관계를 통하여 협력도 하고 갈등도 보이면서 각자의 이익을 극대화하려고 노력하였다.

80년대에도 70년대와 마찬가지로 4강의 현상유지정책이 여전히 계속되고 있는 속에서도, 주변정세는 호전되었다고 할 수 있다. 고르바초프의 신사고와 더불어 전개된 신데탕트[219]는 한반도를 중심으로 한 안정된 세력균형에 긍정적으로 기여하였다.

그리고 4강이 남북한에 대한 교차승인과 유엔동시가입을 반대하지 않았고 (중·소는 교차승인을 공식적으로 반대하였으나, 그 후에는 소련은 교차승인을 공식적으로 인정하고 있고, 중국은 공식적으로는 반대하였지만 실질적으로는 인정하였다), 중·소 모두가 남북한 불가침조약의 보장자가 될 수 있을 것이라고 하였고,[220] 중국은 휴전협정을 평화협정으로 대체할 것을 제의한 바도 있었다.[221] 이러한 교차승인, 유엔동시가입, 불가침조약, 평화협정 등은 그 연장선상에서 평화공존을 정착시킬 수 있는 조치들이었다.

당시 소련공산당 기관지인 Novimir지가 남북대화를 균형있게 진행시키는 방법을 모색하기 위한 미·소 양국 및 남북한 대표로 상설위원회를 만들고 미·소가 각기 한반도 정책을 조정하여 소련은 북한에 대한 무기 공급을 줄이고 미국은 주한미군을 감축하여 한반도를 비핵지대로 만드는 방안을 협의하고 한반도에 남북한의 2개의 국가를 승인하는 기초위에서 이 지역 국가들의 국제회의를 열자고 제의한 바도 있었다.

또한 중·소의 정경분리 원칙에 입각한 남한과의 경제 협력과 남

219) 이에 대한 자세한 분석은 Yu-Nam Kim, "Perestroika and the Security of the Korean Peninsula" The Korean Journal of Defense Analysis Vol.1, No.1 (1989), pp.81-98 참조.
220) 김학준, "한반도 주변정세가 호전되고 있다." 월간조선 1989년 9월호, 250-251면.
221) 김학준, 한국문제와 국제정치(全訂版) (서울 : 박영사, 1987), 408면.

한 정부의 미·소·중·일이 참가하는 동북아시아 평화회의 제의와 활발한 북방외교의 전개가 이루어진 시기였다.

이렇게 볼 때, 고르바초프의 신사고와 더불어 한반도를 중심으로 한 안정된 세력균형의 방향으로 주변 정세가 호전되었으나, 70년대와 마찬가지로 4강의 현상유지정책이 여전히 계속되고 있었으므로, 4강의 중립화에의 합의는 어려웠다고 할 수 있다.

1990년대 이후

1991년 12월 소련의 해체로 냉전이 종식되고 탈냉전의 시대가 열렸다. 탈냉전기는 군사적인 측면에서는 미국의 헤게모니가 확립되었고, 경제적으로 미국, 중국, 일본, 유럽연합이 축을 이루는 단-다극체제라 할 수 있다.

그러나 냉전이 끝난 후에도 동북아에는 탈냉전의 국제질서가 완전히 정착되지 못하고 냉전의 유산이 상존하는 상태이며 군사적 긴장이 계속되고 있다. 중국은 세계 2위의 경제강국으로 부상하였으며, 군사적으로 미국에 가장 심각하게 도전하는 국가가 될 것이다. 미국에 대응하여 결정적인 영향력을 행사할 수 있는 나라는 중국인 것이다.

동북아에서 강력한 중국의 등장은 미국과의 대결 구도를 부추기고 있으며, 일본과의 지역내 경쟁 구도를 형성하고 있다. 미·중 간의 갈등은 냉전시대 미·소 간의 대립 구도를 대체하는 새로운 긴장을 조성하며, 미·일 관계 및 중·러 관계를 강화시키고 있다.

동북아에서 미국의 잠재적인 위협국은 이와 같이 중국이다. 여기서 미국은 미일동맹을 강화하고, 이에 한국을 끌어들여 미·일·한 동맹관계 구축을 통해 중국을 견제하고 봉쇄하는 대 중국 전략을 시도하고 있다. 아직도 미국의 군사력은 압도적으로 세계 최강이고 중국과는 상당한 격차가 있다.

중국의 부상에 못지 않게 일본이 군사 대국화하고 있다. 일본의 군사력 수준은 중국에 필적할 수준이라는 평가를 받고 있다. 일본은 중국과 지역패권 경쟁을 벌이고 있다.

그리고 소련 해체로 소련을 계승한 러시아는 국제적 위상은 하락하였으나, 아직도 군사적인 면에서는 여전히 강국이다. 기존의 군사력을 가지고서라도 동북아에서 군사 강국의 위치를 유지하는 데 문제가 없다.

이와 같이 동북아에는 미국의 중국 견제와 중·일 간의 지역패권 경쟁이라는 주요 특성을 보이고 있다. 동북아에서 미국, 중국, 일본이 각각 일정 지분의 영향력을 확대하려 하고 있으므로, 어느 국가도 동북아 문제에 대한 일방적인 주도권을 확보하기는 쉽지 않을 것으로 전망된다.

이러한 동북아의 국제정세 속에서의 주변 4강과 한반도의 관계는 다음과 같다. 먼저, 위에서 언급한 탈냉전으로 인한 러시아(소련)와 중국의 탈이데올로기적 정책과 경제적 이해 추구는 양국의 대 한국 관계개선을 가능하게 하였다. 그 결과 1990년 한국과 러시아(소련) 간에 국교가 정상화되고, 1992년에 한국과 중국 간에도 국교가 정상화되어 냉전의 한 축이 무너졌다.

그렇지만, 북한의 핵 문제(1993년 NPT 탈퇴, 2003년 NPT 탈퇴)로 인하여 냉전 구조의 다른 한 축인 북한과 미국, 일본과의 국교 정상화는 지연되고 있다. 앞으로 미·일과 북한 간에 국교 정상화가 이루어진다면, 남북한에 대한 주변 4강의 교차승인이 완성될 것이다. 미·일과 북한과의 관계 개선은 한반도의 안정에 도움이 된다. 교차승인은 한반도 평화체제 구축을 위한 주변 4강의 보장 역할을 제고할 것이다.

그리고 탈냉전으로 인한 화해와 협력의 분위기는 한반도에 영향을 미쳐 남북한 간 협상의 시대를 개막시켰다.1991년 1월에 남북한이 UN에 동시 가입하였으며, 1992년 12월에는 남북 사이의 화해와 불가침 및 교류 협력에 관한 합의서가 도출되었고, 1992년에는 남과 북이 한반도 비핵화에 관한 공동선언을 하였다.

특히 2000년 6월 15일 남북정상회담에 따른 6.15 공동선언은 대결과 갈등의 남북관계를 화해와 협력의 시대로 전환시키는 역사적인 계기가 되었다. 여기서 6.15 공동선언 제2항에서 남과 북은 남측의 연합제 안과 북측의 낮은 단계의 연방제 안이 서로 공통점이 있다고 인정한 점, 금강산 관광 사업과 개성공단 사업, 2007년 2차 남북정상회담에서의 남북관계 발전과 평화번영을 위한 선언 등은 4강의 중립화 합의에 긍정적으로 작용할 것이다.

다음으로, 위와 같은 한반도 화해와 협력과는 반대로 긴장을 고조시키는 것은 북한의 핵 문제이다. 북한의 핵 문제는 현재 동북아 안정을 위협하는 가장 심각한 요인이다. 북한은 1993년 3월에 NPT 탈퇴를 선언하였으며, 이어서 2003년 1월에 다시 NPT 탈퇴를 선언하였다.

북한이 2003년 1월 NPT 탈퇴를 선언한 후, 이러한 북한의 핵 문제를 해결하기 위해 2003년 8월 베이징에서 6자회담(미·러·중·일·남·북)이 개최되었다. 2004년 2월에 2차 6자회담, 2004년 6월에 3차 6자회담이 열렸으며, 2005년 7월-9월에 열린 4차 6자회담에서 9.19 공동성명이 채택되었다. 이 성명은 한반도 비핵화를 넘어 한반도와 동북아 전반의 평화와 안전을 목표로 하고 있다는 점에 그 의의가 있으며, 특히 직접 당사자가 별도의 포럼에서 한반도의 영구적 평화체제를 협상할 것이라고 규정하고 있어, 이것이 실현될 경우 남북관계에도 커다란 변화가 예상된다. 5차 6자회담의 제1단계 회담이 2005년 11월, 2006년 12월에 2단계 회담이 개최되었고, 2007년 2월 3단계 회담에서 9.19 공동성명의 초기단계 이행 조치를 담은 2.13 합의가 도출되었다. 2.13 합의에서는 초기단계 이행 조치 이후 다음 단계로 넘어가기 위한 한반도 비핵화, 에너지 경제 협력, 미북 관계 정상화, 북일 관계 정상화, 동북아 평화안보체제 등 5개의 실무 그룹과 6자회담과 별도의 포럼을 설치하도록 하고 있다. 이것은 동북아 냉전구조의 해체 나아가 동북아 평화안보체제(다자안보협력체제)라고 하는 새로운 질서 재편의 방향을 제시하고 있다. (이때 6자회담에서 거론되는 북미 관계 정상화, 북일 관계 정상화, 한반도 평화체제 등이 오히려 현상유지의 공고화로 흐르지 않도록 유의해야 할 필요가 있다.) 특히 9.19공동성명과 2.13합의에서의 한반도의 영구적 평화 체제를 위한 별도의 포럼은 4강의 한반도 중립화에의 합의에 대한 전망을 밝게 해주고 있는 것이다.

이렇게 볼 때, 탈냉전으로 80년대에 비하여 상대적으로 주변정세가 호전된 점, 남측의 연합제 안과 북측의 낮은 단계의 연방제 안의 공통점 인정, 금강산 관광 사업과 개성공단 사업 등은 4강의 중립화에의 합의에 긍정적으로 작용할 것이다. 특히 6자회담에서 앞으로 미북 관계 정상화, 북일 관계 정상화, 별도의 포럼에서 한반도의 영구적 평화체제를 협상하기로 한 점 등은 4강의 중립화에의 합의를 긍정적인 방향으로 이끌 것으로 보인다.

6자회담은 북핵 문제를 다루기 위한 다자적 틀이지만 미국을 비롯한 회담 참가국들은 6자회담을 동북아 다자안보체제로 전환할 의사를 밝힘으로써 이 지역에서 다자안보협력제도가 형성될 수 있는 가능성을 높였다. 6자회담에서 서로 다른 이해관계를 가진 6나라가 공통의 목표를 설정하고 그 달성을 위해 협력과 타협, 양보 등을 함으로써 다자적 협력을 경험해 보는 하나의 학습과정이 되었다고 판단된다.[222)]

실제로 6자회담의 각국은 이 6자회담이 순조롭게 진행될 경우 이를 동북아의 다자안보체제로의 발전을 염두에 두고 있다. 6자회담이

222) 유현석, 국제정세의 이해 (서울 : 한울, 2009), 222-223면.

성과를 내고 실질적인 9.19 프로세스가 시작된다면 향후 동북아 안보협력의 틀로서 6자회담이 발전할 가능성은 크다. 이미 9.19 공동성명안에도 6자는 '동북아의 항구적인 평화와 안정을 위해 공동 노력하기로 공약'하고 '동북아의 안보협력 증진을 위한 방안과 수단을 모색하기로 합의'했다는 내용이 포함되어 있다. 즉 9.19 공동성명이 제대로 실천되고 이행된다면 6자회담이 동북아의 다자안보협력을 위한 의미 있는 틀로 작용할 가능성이 있는 것이다. 6자회담이 북핵문제를 성공적으로 해결하고 이후 동북아의 공통 관심사와 공통의 협력사항을 함께 논의하는 생산적인 제도로 발전할 경우, 이는 동북아의 평화와 안정의 증대에 기여하게 될 것이다.[223] 바로 이 6자회담에서 '별도의 포럼을 통해 한반도의 영구적 평화체제를 협상'하기로 한 것은 4강의 중립화 합의 가능성을 높여 주고 있다고 할 수 있다.

여기서, 강광식 교수는 6자회담의 교착상태를 타개하기 위해서는, 제기된 모든 과제들을 동시에 해결해 주는 포괄적 대안으로 한반도 중립화 방안을 향후 '한반도의 영구적 평화체제 협상을 위해 별도로 개설하게 될 포럼'에서 정식 안건으로 상정하여 진지하게 협의할 것을 제안하고 있다. 그 핵심적 논거로 6자회담의 9.19공동성명에서 제시하고 있는 합의 사항 즉, 한반도 비핵화, 북미 관계 정상화, 북일 관계 정상화, 동북아의 항구적인 평화와 안정 등은 한반도 중립화 방안과 같은 포괄적 대안 속에 자동적으로 포함되어 해결되게 마련이기 때문이라 한다.[224]

223) 김근식, "북핵문제와 6자회담 그리고 제도화", 한국동북아논총 제12권 제1호 (2007), 17면.

224) 강광식, 중립화와 한반도 통일 (서울 : 백산서당, 2010), 303-304면.
그리고 향후 6자회담에서 '한반도의 영구적 평화체제 협상을 위해 별도로 개설하게 될 포럼'에 한반도 중립화 방안이 정식 안건으로 상정될 수 있도록 하기 위해서는, 남북한 당사자들이 6자회담에 적극 참여하여 9.19공동성명에 의한 합의사항 이행에 적극성과 성실성을 보이는 한편으로, 남북한 관계의 개선에 박차를 가하여 통합(적어도 국가연합 형태의 느슨한 통합) 전망을 참가국들에게 보여줄 필요가 있다고 한다.

이러한 긍정적인 상황속에서, 동북아에서 한국이 중요한 행위자로 등장할 수 있는 가장 중요한 자산은 경제력이다. 따라서 경제협력 기회 증대라는 측면에 대해서 기회를 적극적으로 활용해야 할 것이다. 동북아의 안보 구조는 냉전 상태이나, 경제협력 구조는 탈냉전적이라는 인식하에 이와 같은 동북아 국제질서의 이중성에 적절히 대처하는 것이 중요하다.[225] 말하자면, 중국에 있어 한국은 경제적, 문화적으로는 점점 더 중요해지는 우방이지만, 군사적, 정치적으로는 잠재적 위협이라는 모순된 존재인 것이다. 이러한 관계로 한국의 경제력을 전략적으로 활용함으로써 지정학적, 지경학적 입지에서 오는 유리함을 극대화하여 이를 4강이 중립화에 합의하도록 상황을 주도하는 데 활용할 수 있을 것이다.

이상에서 각 시기별 주변 4강의 세력균형과 중립화 합의 문제를 살펴보았는데 이를 요약하면 다음과 같다. 1945~1950년대에는 미·소 간에는 세력균형이 이루어졌으나 미·소가 중립화에 합의할 가능성이 없었고, 1960년대에는 미·소 간에는 1950년대와 같이 세력균형이 이루어지고 있었으나 중·일 간의 불균형으로 세력균형 자체가 불안정하였고, 1970년대에는 4강이 세력균형은 이루었으나 현상유지정책으로 중립화에 합의할 가능성은 없었으며 1978년 이후에는 미·일·중 3국협력 체제로 소련에 불리한 불안정한 세력균형이 형성되었다. 1980년대에는 고르바초프의 등장과 더불어 4강의 안정된 세력균형의 방향으로 주변정세가 호전되고 있었으나, 70년대와 마찬가지로 4강의 현상유지 정책이 여전히 계속되어 중립화에 합의할 가능성이 없었다고 할 수 있다. 1990년대 이후에는, 특히 6자회담에서 별도의 포럼에서 한반도의 영구적 평화체제를 협상하기로 하였기 때문에 4강의 중립화에의 합의는 긍정적인 방향으로 전개될 것으로 보인다.

225) 이동휘, "동북아 중심세력으로의 부상을 위한 한국의 지역전략", 박상섭 편, 세계화를 지향하는 한국정치 (서울 : 나남, 1996), 134면.

다. 장기적 전망

한반도 중립화에 대한 주변 강대국의 합의 가능성을 장기적 전망에서 살펴보면, 미국은 한반도에서 발생할지도 모를 새로운 전쟁을 우려하면서 한국통일 문제보다 중국과 러시아에 대한 관계에 우위를 두고 이곳에서의 세력균형이 그대로 유지되는 것을 한반도에 대한 정책의 기본으로 삼고 있다. 이와 같은 현상유지정책으로 2개의 한국정책을 추진하며 교차승인 등의 방안을 제시하고 있다. 그런데 한반도의 중립화 통일은 상존하고 있는 전쟁의 위험을 제거하는 동시에 4강국 간에 유지되고 있는 현재의 세력균형 상태가 그대로 안정적으로 유지될 수 있는 유일한 통일 방안이므로 미국이 이를 수락할 가능성은 높다고 볼 수 있다.226)

더구나 한반도의 중립화는 다른 강대국이 한반도의 '진공 상태'를 채우게 될지도 모른다는 불안을 남겨두지 않으면서 미국으로 하여금 주한미군 철수를 가능케 하는 대안이 될 것이다. 중립화하에서는 주한미군이 철수한다 하더라도 남북한과 4강과의 협약에 의해서 한반도에의 안전은 물론 4강 간의 세력균형도 파괴되지 않고 그대로 유지되며, 미군철수 후에 생길지도 모르는 힘의 공백은 한반도가 통일된 후 주변의 어느 한 강국에 속하게 되지 않으므로 생기지 않는다. 중립화는 한반도의 통일을 보장할 수 있게 하는 유일한 방안이 될 수 있다.227)

주한미군의 문제는 미국으로서는 급격히 성장하는 중국을 견제하기 위해 필요한 것이다. 그런데 중국은 냉전이 끝난 후 동북아에 주둔하는 미군은 중국을 견제하기 위한 것이라고 보고 있으며, 이에 대하여 반대하는 입장을 취하고 있다. 이제 중국은 미국과 세계 질서를

226) In K. Hwang, One Korea via Permanent Neutrality : Peaceful Management of Korean Unification (Cambridge : Schenkman Books. 1987), p.72.

227) In K. Hwang, The Neutralized Unification of Korea in Perspectives (Cambridge : Schenkman Books, 1980), p.113.

논하는 G2의 위치에 올라섰다. 만약 중국의 국력과 군사력이 2030년 경 미국에 필적할 수준으로 성장한다면, 한반도에 주한미군의 주둔을 계속 수용할 가능성은 희박할 것으로 예상되고 있다. 따라서 앞으로 중국과 러시아가 주한미군 주둔을 반대하여 장차 주한미군 철수가 불가피할 경우 미국은 한반도 중립화를 찬성할 것으로 전망된다.[228] 사실, 중국과 러시아의 전문가들은 통일한국의 중립화를 바라고 있으며, 특히 주한미군의 계속 주둔에 대해서 반대 의사를 분명히 하고 있다. 통일한국에서 미국의 영향력이 증대되는 것을 원치 않는 것이다.[229]

따라서 미국은 2개의 한국정책으로부터 주변 4강이 인정하는 영세중립화를 추진하는 것이 장기적으로는 미국의 국익에도 부합될 것이라고 생각된다. 그러므로 영세중립 협상은 미국이 능동적으로 주도하여 러·중·일의 동의를 유도해야 할 것이라고 본다.[230] 미국이 현실적으로 동북아 질서를 주도하는 결정적인 비중을 차지하고 있다고 보고, 앞으로 성실한 중재자의 역할을 하여 궁극적으로 한반도를 중립화시킬 필요가 있다는 것이다.

러시아 역시 한반도의 중립화를 받아들일 가능성이 크다. 왜냐하면 한반도의 중립화는 잠재적인 중국과 북한과의 결속 및 한·일 관계를 약화시킴과 동시에 이 지역에서의 미국의 영향력을 감퇴시키면서 미·러 관계를 개선할 수 있기 때문이다. 그리고 러시아는 중국과 동맹한 사회주의하의 친중국적인 한반도 통일도 원치 않기 때문이다. 동시에 친미국적인, 친일본적인 한반도 통일도 원하지 않고 있다. 한반

228) 강종일, "동북아 평화를 위한 한반도 중립화통일 방안", 안청시 편, 비살생정치학과 지구평화운동 (서울 : 집문당, 2004), 186면.

229) 문수언 외, "한반도 통일의 국제정치와 동북아 다자안보협력", 국제정치논총 제37집 3호 (1998), 104면.

230) Bong-Youn Choy, A History of the Korean Reunification Movement : Its Issues and Prospects (Peoria : Research Committee on Korean Unification, Bradley University, 1984), pp.241-242.

도 중립화는 일본과의 관계 개선 및 경제 협력, 중·러 간의 긴장을 완화시키는 데도 도움이 될 것이기 때문이다. 그리고 동북아시아의 러시아 병력 유지에 따르는 부담을 경감시켜 줄 것이다.[231] 특히 4강이 참여하는 한반도 문제 국제원탁회의를 제의한 점, 그리고 주한미군 감축과 동시에 남북한이 통일 협상을 주도하도록 하자는 제안 등은 한반도 중립화 통일에 고무적인 일이라 할 것이다.

중국이 가장 바라는 것은 통일한국이 친중국적이거나 중립화되는 것일 것이다.[232] 중국은 통일된 한반도가 중국에 비우호적이거나, 친미국적이거나 친러시아적인 것을 원치 않고 있다. 더구나 한반도 전체가 미국이나 러시아 또는 일본의 세력권에 들어간다면 중국에 대한 위협은 더욱 커질 것이라고 본다. 한반도의 중립화는 중국을 러시아로부터 감싸줄 뿐만 아니라 일본 군국주의의 부활을 저지하며 일본으로부터도 보호할 수 있는 완충지대로서도 도움이 될 것이다. 이렇게 볼 때, 중국 역시 한반도 중립화를 받아들일 가능성은 크다고 본다.[233] 이에 대하여, 중국의 중앙민족대학의 황유복 교수도 "중국은 통일한국이 중립화 되어 중국과 우호적인 관계를 유지하기를 바란다. 동북아 전략의 입장에서 보면, 4강 사이에 있는 한반도의 지위는 독특하며 강대국 사이에서 중립화를 유지해야 한다."고 보고 있다.[234]

일본은 한반도의 중립화가 일본이 말려들지도 모르는 전쟁의 가장 위험스러운 요인을 제거해 주고 러시아와 중국이라는 잠재적인 전쟁 상대국과 일본 사이에 안정된 완충지대가 형성되는 것을 의미하므

231) Bong-Youn Choy, 앞의 책, pp.231-234.
In K. Hwang, 앞의 책, pp.123-125.

232) 이태환, "중국의 대외전략과 한반도 정책", 김성철 편, 외교환경과 한반도 (서울 : 세종연구소, 2009), 113면.

233) Bong-Youn Choy, 앞의 책, p.228.
In K. Hwang, 앞의 책, pp.131-132.

234) 황유복, "한반도의 중립화와 중국의 시각", 평화학연구 제6호 (2005), 91면.

로 일본으로서도 이를 받아들일 가능성은 크다. 그리고 통일한국이 중국과 더불어 일본을 견제하는 시나리오도 피할 수 있게 하는 것이다. 더구나 최대의 경제적 이익을 얻기 위해 노력해 오고 있는 일본의 추세에서 볼 때 중립화된 통일한국은 이러한 일본의 욕구를 더욱 크게 충족시켜줄 수 있을 것이다.[235]

이와 같이, 4강의 세력균형 속에서 한반도가 가장 중요한 완충적 역할을 담당하고 있으므로, 앞으로 4강 체제하의 개선된 2개의 한국 체제로 정착된다면 주변 4강이 중립화를 지지할 가능성은 큰 것이다.[236]

235) Bong-Youn Choy, 위의 책, pp.223-224.
In K. Hwang, 위의 책, p.135.

236) 이호재, 한국외교정책의 이상과 현실 (서울 : 법문사, 1986), 469면.

제5장

결 론

본 연구에서 중립화가 한반도의 통일을 위해서나 통일 이후의 지속적인 발전을 위해서도 가장 바람직한 방안이라는 인식을 바탕으로 하여, 조선조 말기에서 현재까지 한반도 중립화와 관련하여 제시된 바 있는 논의들을 체계적으로 종합 고찰하고, 특히 지금까지 계속하여 한반도 중립화론이 제기되어 왔음에도 불구하고 중립화가 실현되지 못한 원인을 중점적으로 분석하여 보았다.

먼저 조선조 말기와 해방 이후에 제기된 다양한 중립화론들이 어떠한 특징을 가지고 있는가 하는 문제에 대해 본론에서 논의된 종합적 고찰의 내용을 요약, 비교 정리하면 다음과 같다.

1) 중립화의 시대적 배경에 대해서는 조선조 말기에는 임오군란~청일전쟁까지는 청·일 대립과 영·러 견제, 청일전쟁 이후 러·일전쟁까지는 러·일 대립이라는 시대적 배경을 반영하고 있다. 해방 이후는 한반도가 분단된 상태에서 1945~1950년대는 미·소 대립, 1960년대는 미·중·소 3극 구조, 1970년 이후 미·소·중·일의 세력균형 체제를 반영하고 있다. 90년대 탈냉전 이후 군사적으로 미국이 패권적 지위를 차지하고 있다는 점, 미국의 중국 견제와 봉쇄, 중국과 일본 간의 지역패권 경쟁이라는 특성을 반영하고 있다.

조선조 말기와 해방 이후의 공통점은 대륙세력과 해양세력의 대립과 갈등이라는 양상으로 대체로 국제정치가 러시아(소련)와 앵글로색슨의 2대 세력의 대립이라는 역학 구조라는 점이다.[1] 조선조 말기 때의 유럽의 해양세력을 현재 미국이 대신하고 있다고 볼 수 있다. 또한 자국의 국가이익을 중시하는 국제정치가 전개되고 있다는 것이다. 조선조 말기에 청·러·일·영·미 등 주변 열강들은 경제적으로 제국주의적 이권 쟁탈전을 추구하였다. 그런데 해방 이후 양극체제에 의한

1) 최영, 한반도의 국제정치적 분석 (서울 : 법문사, 1986), 253면.

냉전 상태의 붕괴 이후, 다극화 현상이 증대되고 데탕트 체제가 성립됨에 따라서 현실주의적인 국가이익을 최우선시 하는 오늘날의 실용주의적 국제정치와 너무나도 유사한 것이다.

그리고 차이점은 조선조 말기에는 한반도가 제국주의 세력들의 경제적, 군사적 이해관계의 각축장이 되었으나, 해방 이후에는 남북분단으로 미·러(소)를 중심으로 하는 이데올로기적, 군사적 대립 양상을 보였다는 점이다.[2] 그리고 냉전 종식 후에는 미·중 간의 견제가 중심을 이루고 있다. 물론 탈냉전 이후에도 동북아에는 안보 구조는 여전히 냉전적 상태이나, 경제협력 구조는 탈냉전적 이라는 특성을 보이고 있다.

또 하나의 차이점은 조선조 말기 때에는 주변 열강의 패권주의적 정책이 전개되었으며 그 결과 한반도가 식민지화되는 역사적 과정을 겪게 되었으나, 해방 이후에는 한반도를 위요하는 국제질서는 패권주의적 성격과는 다른 성격으로 나타나고 있는 것이다. 즉, 주변 열강들 중 어느 한 나라가 동아시아의 세력균형에 치명적인 영향을 주는 한반도의 전략적 가치를 독점할 수 없다는 '반패권'의 적용인 것이다. 미·소에 의한 한반도 분단이 그 좋은 예인 것이다.[3]

2) 제안자의 성격에 대하여, 조선조 말기에는 비록 체계적이고 구체적이며 정책적인 접근은 아니지만 한국정부 차원에서의 제안(김윤식, 김가진, 조병식, 이하영, 이한응)이 있었으나, 해방 이후에는 한국정부 차원에서의 제안이 없을 뿐만 아니라 오히려 중립화에 반대하였다. 이는 남북분단의 결과 남북한 정부가 기득권 유지에 근거한 일방적, 승리적, 독선적인 입장에서 남북 통합의 문제에 접근하고 있기 때

2) 오기평, "개항백년, 한반도 「중립화」안의 역사적 논거의 분석", 한국정치학회보 제10집 (1976), 283면.
3) 이기택, "한말국제정치와 현재의 국제정세", 국책연구 통권 10호 (1986), 169면.

문이다. 그렇지만 2004년 국가원로회의가 대통령에게 정식으로 중립화 통일을 정책 건의한 바 있으며, 이러한 움직임들이 모여 앞으로 중립화에 대한 긍정적인 변화를 가져오게 하는 계기가 될 것이다. 그리고 외세의 입장에서 조선조 말기에는 주변 열강 가운데, 영·일·러에 의해 제안되었으나, 해방 이후에는 미국에 의해서 제안되고 있다. 이는 미국이 한반도에 군대를 주둔시키고 있는 유일한 외세라는 점을 반영하며, 미군철수의 대안으로 제안하고 있는 것이다.

한국 정부 차원에서의 제안이 아닌, 일반 한국인에 의한 중립화 제안은 통일 논의가 개방된 제2공화정과, 다시금 통일 논의가 개방된 1985년부터 제6공화정에 들어서 대부분 제안되고 있다.

90년대 이후에는, 2000.6.15 남북공동선언을 통하여 대결과 갈등의 남북관계에서 화해와 협력의 시대로의 전환 속에서 2000년에서 2002년 사이에 중립화안이 집중적으로 제기되고 있고, 6자회담의 2005년 9.19공동성명과 2007년 2.13합의에서 한반도의 영구적 평화체제를 위한 별도의 포럼을 마련한다는 논의와 관련하여 2006년에서 2007년 사이에 또한 중립화안이 제기되고 있다. 앞으로 남북 간의 화해와 협력이 증진되고, 6자회담과 관련하여 별도의 포럼에서 한반도의 영구적 평화체제에 대한 논의에 진전이 있으면 더욱 많은 중립화안이 제기될 것으로 본다.

3) 제안 목적에서는 한국인에 의한 제안의 경우, 조선조 말기에는 한반도의 안전보장과 독립을 위한 것이었으나, 해방 이후에는 외세 격리를 통한 통일 방안으로서 통일 독립국가의 실현을 위해 제안되고 있다. 통일과 동시에 외세의 재개입을 격리시키는 방안(선통일, 후중립화)이나, 남북한의 중립화로 먼저 외세를 격리시킨 후 긴장완화와 평화공존 속에서의 평화적 방법에 의한 통일 성취 방안(선중립화, 후통일)으로 제안되고 있는 것이다.

80년대부터 시작하여, 특히 90년대 이후에는 대부분이 선중립화, 후통일의 입장을 제안하고 있다. 남한과 북한이 2000년 6.15 남북공동선언에서 합의한 낮은 단계의 연방제 / 연합제를 바탕으로 남과 북이 중립화되어 장기적으로 공존하면서 점진적, 단계적 접근 방식에 따라 연방제로 최종 단계의 통일을 성취할 것이라는 방안이 가장 큰 흐름이다.

그리고 외세에 의한 제안의 경우, 조선조 말기에는 타국 세력의 한반도에서의 세력 팽창이나 한반도 독점을 막기 위한 일시적인 수단으로서 제안한 것으로서 한반도의 안전보장과 독립을 부정하는 것이라 할 수 있다(일본의 안, 러시아의 안). 해방 이후에는 한반도가 지역적인 문제일 뿐만 아니라 국제적인 문제라는 전제 아래 한반도를 완충지대로 설정하여 평화를 유지하고자 하는데 목적이 있다(미국의 안). 이는 앞에서의 시대적 배경 문제에서 언급한 바와 같이 조선조 말기 때에는 주변 열강이 「패권주의」정책을 전개한 결과 그 '수단'으로서 제기한 것이고, 해방 이후에는 세력균형을 위한 「반패권」의 적용의 반영이라 할 수 있다.

4) 중립화 모델에 대하여 조선조 말기에는 스위스, 벨기에형을 제시하고, 해방 이후에는 스위스(벨기에), 오스트리아형을 제시하고 있는데 1955년 오스트리아 중립화 이후에는 대부분 오스트리아형을 선호하고 있다. 이는 4개국에 의한 분할 점령 후 중립화된 오스트리아와 미·소에 의해 분단된 한국의 경우를 관련시키고 있는 것이다.

5) 중립화 보장국에 대하여 조선조 말기에는 청·일·러·영 외에 역외 세력인 미·불·독·이를 중재 세력으로 들고 있고, 해방 이후에는 미·러(소)·중·일을 중립화 보장국으로 대부분 들고 있고 여기에다 유엔을 포함하는 경우도 있다. 이는 그 시대의 세력 관계를 반영하는 것이다.

6) 중립화 주도국에 대하여 조선조 말기에는 청일전쟁 이전까지는 청국이 한반도 안보의 보호자였던 관계로 청국을 주도국으로, 러·일 대립시에는 러·일 간의 중재자로서 미국이 중립화를 주도할 것을 제안하고 있다. 해방 이후에는 주한미군 철수와 관련하여 미국이 주도할 것을 제안하고 있다.

7) 그리고 해방 이후의 중립화론은 통일 방안으로서 제기되는 것으로서, 시대별로 그 내용도 비교가 되기 때문에 80년대 및 90년대 이후의 안과 그 이전의 안의 차이점을 비교해보면 ⓐ 중립화 통일의 합의의 주체와 관련하여 현정권 해체에서, 존립으로, ⓑ 중립화 통일의 정부형태에 대하여는 총선거를 통한 단일국가에서, 국가연합 단계를 거친 후 연방국가로의 중립화 통일을 주장하고 있고, ⓒ 중립화 통일의 단계와 관련하여 선통일 후중립화가 주장되고 있었으나, 대부분 선중립화 후통일의 안이 제기되고 있다.

80년대 및 90년대 이후의 안과 그 이전의 안의 공통점은 ⓐ 중립화 통일을 위한 전제 조건(여건 조성)을 위하여 군사적 긴장완화를 강조하는 점(신기능주의적 입장), ⓑ 중립화 통일 정부의 정치체제로 민주사회주의 체제를 주장하고 있는 점이다.

다음으로 조선조 말기와 해방 이후에 다양한 중립화 논의들이 제기되어 왔음에도 불구하고 중립화가 실현되지 못한 원인 분석을 위하여 중립화의 가능 조건 충족 문제를 검토하였다. 이러한 중립화의 가능 조건 충족 문제 검토를 위한 분석틀을 마련하기 위해서 먼저 중립화의 가능 조건에 대한 기존의 논의들을 종합 분석한 결과 다음과 같이 내적 조건과 외적 조건으로 양대별 할 수 있었다. 내적 조건으로는 ① 중립화에 대한 초당적 범국민적 지지와 결의 즉 국민의 내적 합의 ② 중립에 대한 전통과 시종일관된 중립정책 추구로 주변 열강으로부터 중립에 대한 신뢰와 존중 확보 ③ 효율적인 방위력 보유 ④ 경제적 자립 ⑤ 약소국이며 현상유지국일 것 등이다. 외적 조건으로는 ① 지정학적 위치가 완충지대일 것 ② 주변 열강들의 세력균형 및 중립화에 대한 이해관계 일치를 통한 합의와 보장 등을 들고 있다. 그런데 이러한 내적, 외적 조건 가운데 어떠한 조건이 보다 경험적인 적실성이 있는가 하는 문제를 국제법상의 중립화된 국가인 스위스와 오스트리아의 경우로 검증한 결과 내적 조건에서는 국민적 합의가 외적 조건에서는 주변 열강의 세력균형과 중립화에의 합의의 조건이 중요한 조건으로 나타났다. 본 연구에서는 중립화의 가능 조건을 전체적으로 다루기 위해 앞에서 제시된 내적, 외적인 중립화의 가능 조건 모두를 바탕으로 하여 분석하되, 경험적인 면에서 검증한 결과 보다 더 적실성이 있는 중요한 조건으로 나타났던 국민적 합의와 주변 열강의 세력균형과 중립화에의 합의의 조건을 중심으로 하여 조선조 말기와 해방 이후의 중립화론들에 대한 중립화 가능 조건 충족 문제를 분석하였는데, 본론에서 논의된 내용을 요약, 비교 정리하면 다음과 같다.

먼저 내적 조건부터 비교 정리해 보기로 한다.

1) 중립화에 대한 국민적 합의 문제는 조선조 말기에는 친청, 친일, 친러, 친미파로의 분열과 갈등, 그리고 위정척사, 개화, 동학파의 대립으로 국민적 합의가 어려웠고 비록 정부 차원에서 중립화를 제안하였으나 국민적 합의에 기초한 체계적이고 구체적이며 정책적 차원에서의 접근은 아니었다.

해방 이후에는 남북한 정부가 중립화를 반대하였을 뿐만 아니라, 북한이 중립화를 전술적으로 이용하며 남조선혁명 전략 입장을 양보하거나 포기하지 않고 있기 때문에 남북한의 중립화에 대한 국민적 합의는 어려웠다고 할 수 있다. 그렇지만 2000년 6.15공동선언 이후 긍정적인 변화가 일어나고 있다. 남측의 연합제 안과 북측의 낮은 단계의 연방제 안의 공통점 인정, 금강산관광사업과 개성공단사업, 2차례의 남북정상회담 등은 앞으로 남북이 중립화에 합의할 가능성을 높이고 있다.

2) 중립의 전통과 중립의 신뢰와 존중 확보 문제는 조선조 말기에는 외세 의존적이거나 외세 유인적이어서 중립의 전통과 중립의 신뢰와 존중 확보와는 거리가 멀었다.

해방 이후에도 남한은 대미 일변도, 북한은 친러(소) 일변도였다. 그러나 북한의 대서방 국가 접근과, 남한의 대공산권 국가 접근은 중립화를 위한 여건 조성에 긍정적으로 작용할 것이다. 노태우 정부의 북방외교와 그 결과 한러(소)수교, 한중수교, 김대중 정부의 대북 포용정책과 그 결과 1차 남북정상회담, 노무현 정부의 평화번영정책과 그 결과 2차 남북정상회담 그리고 6자회담에서의 적극적인 역할 등은 중립에 대한 신뢰와 존중 확보에 긍정적으로 작용할 것이다.

3) 효율적인 방위력 문제는 조선조 말기에는 1894년에 중앙군이 3,000명 정도였고, 조선조 후기에는 가장 군사력이 강했던 1900~1905년 사이의 총병력이 25,000명 정도였으며 이 병력도 국방이 아닌 의병 진압에 목적이 있었던 관계로 효율적인 군사력을 가지지 못했다.

해방 이후에는 60년대까지는 문제가 제기될 수도 있으나 70년대 이후부터는 효율적인 방어력을 가지고 있다고 할 수 있다. 남북한을 합한 총병력은 185만 명이나 유지되고 그 기능 수준도 상당하다는 점을 고려할 때 이 조건은 충족되고 있다.

4) 경제적 자립 문제는 조선조 말기에는 국내의 봉건적 착취와 무역, 이권, 차관을 통한 외국 열강의 자본주의적 착취의 결과로 일본의 반식민지로 전락하여 이 조건은 충족되지 못하였다.

해방 이후에는 60년대까지는 문제가 제기될 수도 있으나 70년대 이후부터는 남한의 경제력이 크게 성장하였다. 앞으로 북한이 적극적인 경제 개방 개혁 정책으로 경제성장을 이룩한다면 이 조건은 더욱 충족될 수 있을 것이다.

5) 현상유지국이며 약소국 문제는 조선조 말기에는 사대자소의 계서적 질서 속에서 청국에 국가안보를 의존하였고, 그후 청·일, 러·일 간의 각축장이 되었고, 군사력은 국방 능력은 물론 치안 능력마저도 없었고, 경제력은 반식민지로 전락한 상태였다.

해방 이후에는 경제력과 군사력이 상당한 성장을 하였고, 남한이 현재 세계무역 9-11위 사이에 있으며 G20 정상회의를 개최하는 등 중립화하기에 과대 규모의 국가가 아닌가 하는 의문을 제기하기도 하나, 미·러·중이라는 핵무장국과 일본이라는 경제대국을 감안한다면 4강과의 실질적인 국력 격차는 현저하여 상대적으로 약한 국가일 수밖에 없으므로 이 조건도 충족될 수 있다고 할 수 있다.

이렇게 볼 때, 조선조 말기에는 내적 조건 중 국민적 합의 문제, 중립 전통과 중립의 신뢰와 존중, 방어력, 경제적 자립 문제는 충족되지 못하였고, 현상유지국이며 약소국이라는 조건만 충족되고 있었던 것이다. 해방 이후에는 국민적 합의 문제와 중립 전통과 중립의 신뢰와 존중 문제는 충족되지 않고 있으나, 방어력과 경제적 자립은 충족되고 있다고 볼 수 있다. 그렇지만 6.15공동선언 이후 국민적 합의의 문제, 중립의 신뢰와 존중이라는 조건도 충족되는 긍정적인 방향으로 진행되고 있는 것이다.

다음으로 외적 조건에 대해서 보면 다음과 같다.

1) 지정학적 위치 문제는 조선조 말기에는 청·일·러의 각축장이었다. 해방 이후에는 미·러(소)·중·일이라는 4강의 중간 지역에 위치하여 세력균형의 축이자 완충국으로서의 역할을 담당할 수 있는 지정

학적 여건을 갖추고 있다. 지정학적 조건은 조선조 말기나 해방 이후나 거의 영구적인 것이다. 대륙세력과 해양세력이 군사적, 경제적, 전략적 이해에 얽혀 대치하는 전략적 요충지가 되고 있다는 점이다.

2) 주변 열강들의 세력균형과 중립화 합의 문제는 조선조 말기에는 갑신정변, 거문도사건~청일전쟁(1885~1894)까지의 10년 정도와 청·일전쟁 후 Waeber-小村협정~러일개전(1896~1904)까지의 9년에 걸쳐 2차례 세력균형이 형성되었다. 1885~1894년 사이에는 세력균형의 주요국가가 청·일이었으며 1896~1904년 사이에는 러·일이었다. 먼저 1885~1894년의 경우에, 청국은 청한종속관계를 내세워 중립화를 반대하였고, 일본은 정한론 이래 탈아론, 동양맹주론, 대동합방론 등으로 대한침략 야욕이 팽배되어 있었고, 1888~1889년에는 어느 대륙에서의 작전에도 사용할 수 있을 정도로 군사력이 증강되었으며, 1893년에는 군사비가 총지출의 32%로 그 비율이 세계 최고를 나타내는 등 대한침략의 실현 시기만을 노리고 있었으므로 중립화에 합의할 가능성은 없었다.

다음, 1896~1904년의 경우, 러시아는 1898년 이후의 불리한 세력관계를 타개하기 위한 수단으로서 중립화를 제기한데 불과한 것이었고, 일본은 3국간섭에 대한 대러시아 복수전을 계획하고 있었고 영일동맹으로 영국이 일본을 지원하였고 미국도 반러친일 정책을 추진하였기 때문에 일본의 한반도 침략에 결정적으로 유리한 상황에서 중립화에 합의할 이유가 없었다.

해방 이후에는 1945~1950년대는 미·소 간에 세력균형이 이루어졌으나 극단적인 냉전으로 중립화에 합의할 가능성은 없었고, 1960년대는 미·소 간에는 세력균형이 이루어지고 있었으나 중·일 간에는 불균형을 나타내었고, 1970년대에는 미·러(소)·중·일 4강의 세력균형 체제가 확립되었으나 현상유지 정책으로 중립화에 합의할 가능성은 없었다. 80년대에는 고르바초프의 신사고와 더불어 신데탕트가 전개되면서 4강은 안정된 세력균형체제로 나아가 주변정세가 크게 호전되었으나, 70년대와 같이 4강의 현상유지정책이 여전히 계속되고 있었으므로 중립화에의 합의를 어렵게 하였다. 그런데 90년대 이후에는 특히 6자회담에서 별도의 포럼에서 한반도의 영구적 평화체제를 협상하기로 한 점은 앞으로 4강의 중립화에의 합의 가능성을 높여 줄 것으로 보인다.

이렇게 볼 때, 조선조 말기에는 대외적 조건 중 지정학적 위치와 세력균형은 충족되었으나, 청·일과 러·일의 갈등으로 주변 열강의 중립화 합의 가능성이 없었던 것이다. 해방 이후에도 지정학적 위치와 대체로 세력균형은 충족되었으나 미·러(소)의 냉전과 4강의 현상유지 정책으로 주변 열강의 중립화 합의의 가능성은 없었다고 볼 수 있다. 그런데 최근 6자회담에서 '별도의 포럼을 통해 한반도의 영구적 평화체제를 협상'하기로 한 점은, 한반도를 중심으로 한 세력균형이 통일 후에도 지속될 수 있는 방안인 중립화에 주변 4강이 합의할 가능성을 높이고 있다고 볼 수 있다.

따라서 남북한의 중립화에 대한 국민적 합의가 주변 열강의 한반도 중립화 통일에 대한 합의 여부에 중요한 변수로 작용하게 될 것이다. 여기서 국민적 합의를 위해 남북한 양 정권은 한민족 전체를 전제로 하는 범민족주의에 입각하여 통일을 하나의 새로운 민족공동체를 창출하는 창조적 운동 과정으로 인식하고 실천적 노력을 상호간에 능동적으로 전개하여야 할 것이다. 우선 남한에서부터 중립화 통일에 대한 국민적 공감대를 형성하면서 이를 확산시켜 나갈 필요가 있다.

한반도 중립화를 위해서는 먼저 남북한이 현재의 적대적 공존 관계를 평화적 공존 관계로 개선하여야 한다. 즉, 긴장완화를 위해 교류와 협력, 미북 관계 정상화, 북일 관계 정상화 등을 추진하고, 이어서 평화의 제도화를 위한 상호불가침협정, 휴전협정의 평화협정으로의 대체, 비무장지대의 국제감시, 군비통제 등을 통하여 2개 한국의 평화공존체계를 수립하여야 할 것이다.

이러한 2개 한국의 평화공존체제는 남의 연장도 아니고 북의 연장도 아니면서 평화적 방법에 의한 통일방안인 중립화에 대한 국민적 합의를 가능하게 해 줄 것이다. 남측의 연합제 안과 북측의 낮은 단계의 연방제 안이 서로 공통성이 있다고 인정한 점은 중립화에 긍정적으로 작용할 수 있을 것이다.

그리하여 4강 체제하에서 개선된 2개의 한국체제가 성공적으로 형성된다면, 4강은 미·일과 중·러가 가장 용이하게 합의에 도달할 수 있는 한반도 중립화에 합의할 가능성은 큰 것이다.

그리고 앞으로 제기될 한반도 중립화안도 최근 제기되고 있는 방안과 크게 다르지 않을 것이다. 중립화 통일을 위한 전제조건으로 군사적 긴장완화를 이루며, 6.15남북공동선언에서 합의한 낮은 단계의 연방제 / 연합제를 바탕으로 남과 북이 중립화되어 장기적으로 공존하면서 점진적, 단계적 방식에 따라 연방제로 최종 단계의 통일을 성취하고, 체제는 민주사회주의 체제로 한다는 방안이 앞으로도 주류를 이룰 것으로 전망된다.

한반도 중립화를 위한 동북아 환경을 조성하기 위해서, 6자회담을 적극 활용할 필요가 있다. 이는 6자회담에서 '별도의 포럼을 통해 한반도의 영구적 평화체제를 협상'하기로 한 점과, 또 이 6자회담이 앞으로 동북아 다자안보체제로 발전될 가능성이 크기 때문이다. 이때 경제협력 기회를 적극적으로 활용해야 할 것이다. 왜냐하면, 동북아의 안보 구조는 냉전적 상태이지만, 경제협력 구조는 탈냉전적이기 때문이다. 또한, 주변 4강에게 한반도 중립화가 동북아에 평화와 안정과 번영을 가져올 수 있는 가장 현실적이고 합리적인 방안이라는 점을 알리는 통일외교를 전개하여 중립화에 대한 주변 4강의 신뢰를 구축할 필요가 있다.

그런데 6자회담에서 거론되는 미북 관계 정상화, 북일 관계 정상화, 한반도 평화체제 등이 오히려 현상유지의 공고화로 흐르지 않도록 유의해야 할 것이다.

그리고 6자회담과 남북대화와 협력을 동시에 병행해서 추진할 필요가 있다. 남북대화와 협력을 6자회담의 결과에 따라 맞추려다 보면, 변화하는 동북아 질서재편 과정에 능동적으로 대처할 수가 없다. 능동적으로 대처하기 위해서는, 비록 남북관계가 상황에 따라 결렬과 중단 그리고 재개와 복원을 거듭하면서 부침을 거듭하고 있지만, 대북 포용정책을 필요하다면 수정은 하더라도 지속적으로 유지해 나갈 필요가 있을 것이다.

부 록

〈부록1〉

남북 사이의 화해와 불가침 및 교류·협력에 관한 합의서

(1991. 12. 13)

남과 북은 분단된 조국의 평화적 통일을 염원하는 온 겨레의 뜻에 따라, 7·4남북공동성명서에서 천명된 조국통일 3대 원칙을 재확인하고, 정치·군사적 대결상태를 해소하여 민족적 화해를 이룩하고, 무력에 의한 침략과 충돌을 막고 긴장완화와 평화를 보장하며, 쌍방 사이의 관계가 나라와 나라 사이의 관계가 아닌 통일을 지향하는 과정에서 잠정적으로 형성되는 특수관계라는 것을 인정하고, 평화통일을 성취하기 위한 공동의 노력을 경주할 것을 다짐하면서, 다음과 같이 합의하였다.

제1장 남북화해

제1조 남과 북은 서로 상대방의 체제를 인정하고 존중한다.

제2조 남과 북은 상대방의 내부문제에 간섭하지 아니한다.

제3조 남과 북은 상대방에 대한 비방·중상을 하지 아니한다.

제4조 남과 북은 상대방을 파괴·전복하려는 일체 행위를 하지 아니한다.

제5조 남과 북은 현 정전상태를 남북 사이의 공고한 평화상태로 전환시키기 위하여 공동으로 노력하며 이러한 평화상태가 이룩될 때까지 현 군사정전협정을 준수한다.

제6조 남과 북은 국제무대에서 대결과 경쟁을 중지하고 서로 협력하며 민족의 존엄과 이익을 위하여 공동으로 노력한다.

제7조 남과 북은 서로의 긴밀한 연락과 협의를 위하여 이 합의서 발효 후 3개월 안에 판문점에 남북연락사무소를 설치·운영한다.

제8조 남과 북은 이 합의서 발효 후 1개월 안에 본 회담 테두리 안에서 남북정치분과위원회를 구성하여 남북화해에 관한 합의의 이행과 준수를 위한 구체적 대책을 협의한다.

제2장 남북 불가침

제9조 남과 북은 상대방에 대하여 무력을 사용하지 않으며 상대방을 무력으로 침략하지 아니한다.

제10조 남과 북은 의견대립과 분쟁문제들을 대화와 협상을 통하여 평화적으로 해결한다.

제11조 남과 북의 불가침 경계선과 구역은 1953년 7월 27일자 군사정전에 관한 협정에 규정된 군사분계선과 지금까지 쌍방이 관할하여 온 구역으로 한다.

제12조 남과 북은 불가침의 이행과 보장을 위하여 이 합의서 발효 후 3개월 안에 남북군사공동위원회를 구성·운영한다. 남북군사공동위원회에서는 대규모 부대이동과 군사연습의 통보 및 통제문제, 비무장지대의 평화적 이용문제, 군 인사교류 및 정보교환 문제, 대량살상무기와 공격능력의 제거를 비롯한 단계적 군축실현 문제, 검증문제 등 군사적 신뢰조성과 군축을 실현하기 위한 문제를 협의 추진한다.

제13조 남과 북은 우발적인 무력충돌과 그 확대를 방지하기 위하여 쌍방 군사당국자 사이에 직통전화를 설치·운영한다.

제14조 남과 북은 이 합의서 발효 후 1개월 안에 본 회담 테두리 안에서 남북군사분과위원회를 구성하여 불가침에 관한 합의의 이행과 준수 및 군사적 대결상태를 해소하기 위한 구체적 대책을 협의한다.

제3장 남북 교류·협력

제15조 남과 북은 민족경제의 통일적이며 균형적인 발전과 민족 전체의 복리 향상을 도모하기 위하여 자원의 공동개발, 민족 내부교류로서의 물자교류, 합작 투자 등 경제교류와 협력을 실시한다.

제16조 남과 북은 과학·기술, 교육, 문화·예술, 보건, 체육, 환경과 신문, 라디오, 텔레비전 및 출판물을 비롯한 출판·보도 등 여러 분야에서 교류와 협력을 실시한다.

제17조 남과 북은 민족구성원들의 자유로운 왕래와 접촉을 실시한다.

제18조 남과 북은 흩어진 가족·친척들의 자유로운 서신왕래와 상봉 및 방문을 실시하고 자유의사에 의한 재결합을 실시하며, 기타 인도적으로 해결할 문제에 대한 대책을 강구한다.

제19조 남과 북은 끊어진 철도와 도로를 연결하고 해로, 항로를 개설한다.

제20조 남과 북은 우편과 전기통신 교류에 필요한 시설을 설치·연결하며, 우편·전기통신 교류의 비밀을 보장한다.

제21조 남과 북은 국제무대에서 경제와 문화 등 여러 분야에서 서로 협력하며 대외에 공동으로 진출한다.

제22조 남과 북은 경제와 문화 등 각 분야의 교류와 협력을 실현하기 위한 합의의 이행을 위하여 이 합의서 발효 후 3개월 안에 남북경제교류·협력공동위원회를 비롯한 부문별 공동위원회를 구성·운영한다.

제23조 남과 북은 이 합의서 발효 후 1개월 안에 본 회담 테두리 안에서 남북교류협력분과위원회를 구성하여 남북 교류·협력에 관한 합의의 이행과 준수를 위한 구체적 대책을 협의한다.

제4장 수정 및 발효

제24조 이 합의서는 쌍방의 합의에 의하여 수정 보충할 수 있다.

제25조 이 합의서는 남과 북이 각기 발효에 필요한 절차를 거쳐 그 본문을 서로 교환한 날부터 효력을 발생한다.

〈부록2〉

한반도 비핵화에 관한 공동선언

(1992. 1. 20)

남과 북은 한반도를 비핵화함으로써 핵전쟁 위험을 제거하고 우리나라의 평화와 평화통일에 유리한 환경을 조성하며 아시아와 세계의 평화와 안전에 이바지하기 위하여 다음과 같이 선언한다.

1. 남과 북은 핵무기의 시험, 제조, 생산, 접수, 보유, 저장, 배비, 사용을 하지 아니한다.
2. 남과 북은 핵에너지를 오직 평화적 목적에만 이용한다.
3. 남과 북은 핵 처리시설과 우라늄 농축시설을 보유하지 아니한다.
4. 남과 북은 한반도의 비핵화를 검증하기 위하여 상대측이 선정하고 쌍방이 합의하는 대상들에 대하여 남북핵통제공동위원회가 규정하는 절차와 방법으로 사찰을 실시한다.
5. 남과 북은 이 공동선언의 이행을 위하여 공동선언이 발효된 후 1개월 안에 남북핵통제공동위원회를 구성·운영한다.
6. 이 공동선언은 남과 북이 각기 발효에 필요한 절차를 거쳐 그 본문을 교환한 날부터 효력을 발생한다.

〈부록3〉

6·15남북공동선언

(2000. 6. 15)

조국의 평화적 통일을 염원하는 온 겨레의 숭고한 뜻에 따라 대한민국 김대중 대통령과 조선민주주의인민공화국 김정일 국방위원장은 2000년 6월 13일부터 6월 15일까지 평양에서 역사적인 상봉을 하였으며 정상회담을 가졌다.

남북정상들은 분단 역사상 처음으로 열린 이번 상봉과 회담이 서로 이해를 증진시키고 남북관계를 발전시키며 평화통일을 실현하는데 중대한 의의를 가진다고 평가하고 다음과 같이 선언한다.

1. 남과 북은 나라의 통일문제를 그 주인인 우리 민족끼리 서로 힘을 합쳐 자주적으로 해결해 나가기로 하였다.
2. 남과 북은 나라의 통일을 위한 남측의 연합제 안과 북측은 낮은 단계의 연방제 안이 서로 공통성이 있다고 인정하고 앞으로 이 방향에서 통일을 지향시켜 나가기로 하였다.
3. 남과 북은 올해 8·15에 즈음하여 흩어진 가족, 친척 방문단을 교환하며, 비전향 장기수 문제를 해결하는 등 인도적 문제를 조속히 풀어 나가기로 하였다.
4. 남과 북은 경제협력을 통하여 민족경제를 균형적으로 발전시키고 사회, 문화, 체육, 보건, 환경 등 제반 분야의 협력과 교류를 활성화하여 서로의 신뢰를 다져 나가기로 하였다.

5. 남과 북은 이상과 같은 합의사항을 조속히 실천에 옮기기 위하여 빠른 시일 안에 당국 사이의 대화를 개최하기로 하였다.

김대중 대통령은 김정일 국방위원장이 서울을 방문하도록 정중히 초청하였으며, 김정일 국방위원장은 앞으로 적절한 시기에 서울을 방문하기로 하였다.

〈부록4〉

제4차 6자회담 공동성명

(9·19공동성명, 2005. 9. 19)

제4차 6자회담이 베이징에서 중화인민공화국, 조선민주주의인민공화국, 일본, 대한민국, 러시아연방, 미합중국이 참석한 가운데 2005년 7월 26일부터 8월 7일까지 그리고 9월 13일부터 19일까지 개최되었다.

우다웨이 중화인민공화국 외교부 부부장, 김계관 조선민주주의인민공화국 외무성 부상, 사사에 켄이치로 일본 외무성 아시아대양주국장, 송민순 대한민국 외교통상부 차관보, 알렉세예프 러시아 외무부차관, 그리고 크리스토퍼 힐 미합중국 국무부 동아태 차관보가 각 대표단의 수석대표로 동 회담에 참석하였다.

우다웨이 부부장은 동 회담의 의장을 맡았다.

한반도와 동북아시아 전반의 평화와 안정이라는 대의를 위해, 6자는 상호 존중과 평등의 정신하에, 지난 3회에 걸친 회담에서 이루어진 공동의 이해를 기반으로, 한반도의 비핵화에 대해 진지하면서도 실질적인 회담을 가졌으며, 이러한 맥락에서 다음과 같이 합의 하였다.

1. 6자는 6자회담의 목표가 한반도의 검증가능한 비핵화를 평화적인 방법으로 달성하는 것임을 만장일치로 재확인하였다.

조선민주주의인민공화국은 모든 핵무기와 현존하는 핵계획을 포기할 것과, 조속한 시일 내에 핵확산금지조약(NPT)과 국제원자력기구

(IAEA)의 안전조치에 복귀할 것을 공약하였다.

미합중국은 한반도에 핵무기를 갖고 있지 않으며, 핵무기 또는 재래식 무기로 조선민주주의인민공화국을 공격 또는 침공할 의사가 없다는 것을 확인하였다.

대한민국은 자국 영토 내에 핵무기가 존재하지 않는다는 것을 확인하면서, 1992년도「한반도의 비핵화에 관한 남북 공동선언」에 따라, 핵무기를 접수 또는 배비하지 않겠다는 공약을 재확인하였다.

1992년도「한반도의 비핵화에 관한 남북공동선언」은 준수, 이행되어야 한다.

조선민주주의인민공화국은 핵에너지의 평화적 이용에 관한 권리를 가지고 있다고 밝혔다. 여타 당사국들은 이에 대한 존중을 표명하였고, 적절한 시기에 조선민주주의인민공화국에 대한 경수로 제공 문제에 대해 논의하는데 동의하였다.

2. 6자는 상호 관계에 있어 국제연합헌장의 목적과 원칙 및 국제관계에서 인정된 규범을 준수할 것을 약속하였다.

조선민주주의인민공화국과 미합중국은 상호 주권을 존중하고, 평화적으로 공존하며, 각자의 정책에 따라 관계정상화를 위한 조치를 취할 것을 약속하였다.

조선민주주의인민공화국과 일본은 평양선언에 따라, 불행했던 과거와 현안사항의 해결을 기초로 하여 관계정상화를 위한 조치를 취할 것을 약속하였다.

3. 6자는 에너지, 교역 및 투자 분야에서의 경제협력을 양자 및 다자적으로 증진시킬 것을 약속하였다.

중화인민공화국, 일본, 대한민국, 러시아연방 및 미합중국은 조선민주주의인민공화국에 대해 에너지 자원을 제공할 용의를 표명하였다.

대한민국은 조선민주주의인민공화국에 대한 2백만 킬로와트의 전력공급에 관한 2005.7.12자 제안을 재확인하였다.

4. 6자는 동북아시아의 항구적인 평화와 안정을 위해 공동 노력할 것을 공약하였다.

직접 관련 당사국들은 적절한 별도 포럼에서 한반도의 항구적 평화체제에 관한 협상을 가질 것이다.

6자는 동북아시아에서의 안보협력 증진을 위한 방안과 수단을 모색하기로 합의하였다.

5. 6자는 '공약 대 공약', '행동 대 행동'원칙에 입각하여 단계적 방식으로 상기 합의의 이행을 위해 상호조율된 조치를 취할 것을 합의하였다.

6. 6자는 제5차 6자회담을 11월 초 북경에서 협의를 통해 결정되는 일자에 개최하기로 합의하였다.

〈부록5〉

9·19공동성명 이행을 위한 초기조치

(2·13합의, 2007. 2. 13)

제5차 6자회담 3단계회의가 베이징에서 중화인민공화국, 조선민주주의인민공화국, 일본, 대한민국, 러시아연방, 미합중국이 참석한 가운데 2007년 2월 8일부터 13일까지 개최되었다.

우다웨이 중화인민공화국 외교부 부부장, 김계관 조선민주주의인민공화국 외무성 부상, 사사에 켄이치로 일본 외무성 아시아대양주국장, 천영우 대한민국 외교통상부 한반도평화교섭본부장, 알렉산더 로슈코프 러시아 외무부 차관, 그리고 크리스토퍼 힐 미합중국 국무부 동아태 차관보가 각 대표단의 수석대표로 동 회담에 참석하였다.

우다웨이 부부장은 동회담의 의장을 맡았다.

Ⅰ. 참가국들은 2005년 9월 19일 공동성명의 이행을 위해 초기단계에서 각국이 취해야 할 조치에 관하여 진지하고 생산적인 협의를 하였다. 참가국들은 한반도 비핵화를 조기에 평화적으로 달성하기 위한 공동의 목표와 의지를 재확인하였으며, 공동성명상의 공약을 성실히 이행할 것이라는 점을 재확인하였다. 참가국들은 '행동 대 행동'의 원칙에 따라 단계적으로 공동성명을 이행하기 위해 상호 조율된 조치를 취하기로 합의하였다.

Ⅱ. 참가국들은 초기단계에서 다음과 같은 조치를 병렬적으로 취

하기로 합의 하였다.

1. 조선민주주의인민공화국은 궁극적인 포기를 목적으로 재처리 시설을 포함한 영변 핵시설을 폐쇄·봉인 하고 IAEA와의 합의에 따라 모든 필요한 감시 및 검증활동을 수행하기 위해 IAEA요원을 복귀토록 초청한다.

2. 조선민주주의인민공화국은 9·19공동성명에 따라 포기하도록 되어 있는, 사용후 연료봉으로부터 추출된 플루토늄을 포함한 공동성명에 명기된 모든 핵프로그램의 목록을 여타 참가국들과 협의한다.

3. 조선민주주의인민공화국과 미합중국은 양자간 현안을 해결하고 전면적 외교관계로 나아가기 위한 양자대화를 개시한다. 미합중국은 조선민주주의인민공화국을 테러지원국 지정으로부터 해제하기 위한 과정을 제시하고, 조선민주주의인민공화국에 대한 대적성국 교역법 적용을 종료시키기 위한 과정을 진전시켜 나간다.

4. 조선민주주의인민공화국과 일본은 불행한 과거와 미결 관심사안의 해결을 기반으로, 평양선언에 따라 양국관계 정상화를 취해 나가는 것을 목표로 양자대화를 개시한다.

5. 참가국들은 2005년 9월19일 공동성명의 1조와 3조를 상기하면서, 조선민주주의인민공화국에 대한 경제·에너지·인도적 지원에 협력하기로 합의하였다. 이와 관련, 참가국들은 초기단계에서 조선민주주의인민공화국에 긴급 에너지 지원을 제공하기로 합의하였다. 중유 5만톤 상당의 긴급 에너지 지원의 최초 운송은 60일 이내에 개시된다.

참가국들은 상기 초기 조치들이 향후 60일 이내에 이행되며, 이러한 목표를 향하여 상호 조율된 조치를 취한다는데 합의하였다.

Ⅲ. 참가국들은 초기조치를 이행하고 공동성명의 완전한 이행을 목표로 다음과 같은 실무그룹(W/G)을 설치하는데 합의하였다.

1. 한반도 비핵화
2. 미·북 관계 정상화
3. 일·북 관계정상화
4. 경제 및 에너지 협력
5. 동북아 평화·안보 체제

실무그룹들은 각자의 분야에서 9·19공동성명의 이행을 위한 구체적 계획을 협의하고 수립한다. 실무그룹들은 각각의 작업진전에 관해 6자회담 수석대표 회의에 보고한다. 원칙적으로 한 실무그룹의 진전은 다른 실무그룹의 진전에 영향을 주지 않는다. 5개 실무그룹에서 만들어진 계획은 상호조율된 방식으로 전체적으로 이행될 것이다.

참가국들은 모든 실무그룹 회의를 향후 30일 이내에 개최하는데 합의하였다.

Ⅳ. 초기조치 기간 및 조선민주주의인민공화국의 모든 핵프로그램에 대한 완전한 신고와 흑연감속로 및 재처리 시설을 포함하는 모든 현존하는 핵시설의 불능화를 포함하는 다음 단계기간 중, 조선민주주의인민공화국에 최초 선적분인 중유 5만톤 상당의 지원을 포함한 중유 100만톤 상당의 경제·에너지·인도적 지원이 제공된다.

상기 지원에 대한 세부사항은 경제 및 에너지 협력 실무그룹의 협의와 적절한 평가를 통해 결정된다.

Ⅴ. 초기조치가 이행되는 대로 6자는 9·19공동성명의 이행을 확

인하고 동북아 안보협력 증진방안 모색을 위한 장관급 회담을 신속하게 개최한다.

Ⅵ. 참가국들은 상호신뢰를 증진시키기 위한 긍정적인 조치를 취하고 동북아에서의 지속적인 평화와 안정을 위한 공동노력을 할 것을 재확인하였다. 직접관련 당사국들은 적절한 별도 포럼에서 한반도의 항구적 평화체제에 관한 협상을 갖는다.

Ⅶ. 참가국들은 실무그룹의 보고를 청취하고 다음 단계 행동에 관한한 협의를 위해 제6차 6자회담을 2007년 3월19일에 개최하기로 합의하였다.

대북 지원부담의 분담에 관한 합의 의사록

미합중국, 중화인민공화국, 러시아연방, 대한민국은 각국 정부의 결정에 따라, Ⅱ조 5항 및 Ⅳ조에 규정된 조선민주주의인민공화국에 대한 지원부담을 평등과 형평의 원칙에 기초하여 분담할 것에 합의하고, 일본이 자국의 우려사항이 다루어지는 대로 동일한 원칙에 따라 참여하기를 기대하며, 또 이 과정에서 국제사회의 참여를 환영한다.

〈부록 6〉

9·19공동성명 이행을 위한 제2단계조치

(10·3합의, 2007. 10. 3)

제6자회담 2단계회의가 베이징에서 중화인민공화국, 조선민주주의인민공화국, 일본, 대한민국, 러시아연방, 미합중국이 참석한 가운데, 2007년 9월 27일부터 30일까지 개최되었다.

우다웨이 중화인민공화국 외교부 부부장, 김계관 조선민주주의인민공화국 외무성 부상, 사사에 켄이치로 일본 외무성 아시아대양주국장, 천영우 대한민국 외교통상부 한반도평화교섭본부장, 알렉산더 로슈코프 러시아 외무부 차관, 그리고 크리스토퍼 힐 미합중국 국무부 동아태 차관보가 각 대표단의 수석대표로 동 회담에 참석하였다.

우다웨이 부부장은 동 회담의 의장을 맡았다.

참가국들은 5개그룹의 보고를 청취, 승인하였으며, 2·13합의상의 초기조치 이행을 확인하였고, 실무그룹회의에서 도달한 컨센서스에 따라 6자회담 과정을 진전시켜 나가기로 합의하였으며, 또한 평화적인 방법에 의한 한반도의 검증가능한 비핵화를 목표로 하는 9·19공동성명의 이행을 위한 제2단계 조치에 관한 합의에 도달하였다.

Ⅰ. 한반도 비핵화

1. 조선민주주의인민공화국은 9·19공동성명과 2·13합의에 따라 포기하기로 되어 있는 모든 현존하는 핵시설을 불능화하기로 합의하였다.

영변의 5MWe 실험용 원자로, 재처리시설(방사화학실험실) 및 핵연료봉 제조시설의 불능화는 2007년 12월 31일까지 완료될 것이다. 전문가 그룹이 권고하는 구체 조치들은, 모든 참가국들에게 수용 가능하고, 과학적이고, 안전하고, 검증가능하며, 또한 국제적 기준에 부합되어야 한다는 원칙들에 따라 수석대표들에 의해 채택될 것이다. 여타 참가국들의 요청에 따라, 미합중국은 불능화 활동을 주도하고, 이러한 활동을 위한 초기 자금을 제공할 것이다. 첫번째 조치로서, 미합중국측은 불능화를 준비하기 위해 향후 2주내에 조선민주주의인민공화국을 방문할 전문가 그룹을 이끌 것이다.

2. 조선민주주의인민공화국은 2·13합의에 따라 모든 자국의 핵프로그램에 대해 완전하고 정확한 신고를 2007년 12월 31일까지 제공하기로 합의하였다.

3. 조선민주주의인민공화국은 핵물질, 기술 또는 노하우를 이전하지 않는다는 공약을 재확인하였다.

Ⅱ. 관련국간 관계정상화

1. 조선민주주의인민공화국과 미합중국은 양자관계를 개선하고 전면적 외교관계로 나아간다는 공약을 유지한다. 양측은 양자간 교류를 증대하고, 상호 신뢰를 증진시킬 것이다. 조선민주주의인민공화국을 테러지원국 지정으로부터 해제하기 위한 과정을 개시하고 또 조선민주주의인민공화국에 대한 대적성국 교역법 적용을 종료시키기 위한 과정을 진전시켜 나간다는 공약을 상기하면서, 미합중국은 미·북관계정상화 실무그룹 회의를 통해 도달한 컨센서스에 기초하여, 조선민주주의인민공화국의 조치들과 병렬적으로 조선민주주의인민공화국에 대한 공약을 완수할 것이다.

2. 조선민주주의인민공화국과 일본은 불행한 과거 및 미결 관

심사안의 해결을 기반으로, 평양선언에 따라 양국관계를 신속하게 정상화하기 위해 진지한 노력을 할 것이다. 조선민주주의인민공화국과 일본은 양측간의 집중적인 협의를 통해, 이러한 목적 달성을 위한 구체적인 조치를 취해 나갈 것을 공약하였다.

Ⅲ. 조선민주주의인민공화국에 대한 경제 및 에너지 지원

2·13합의에 따라, 중유 100만톤 상당의 경제·에너지·인도적 지원(기전달된 중유 10만톤 포함)이 조선민주주의인민공화국에 제공될 것이다. 구체 사항은 경제 및 에너지협력 실무그룹에서의 논의를 통해 최종 결정될 것이다.

Ⅳ. 6자 외교장관회담

참가국들은 적절한 시기에 북경에서 6자 외교장관회담이 개최될 것임을 재확인하였다.

참가국들은 외교장관회담 이전에 동 회담의 의제를 협의하기 위해 수석대표 회의를 개최하기로 합의하였다.

〈부록7〉

남북관계 발전과 평화번영을 위한 선언

(10·4공동선언: 2007.10.4)

대한민국 노무현 대통령과 조선민주주의인민공화국 김정일 국방위원장사이의 합의에 따라 노무현 대통령이 2007년 10월 2일부터 4일까지 평양을 방문하였다. 방문기간 중 역사적인 상봉과 회담들이 있었다. 상봉과 회담에서는 6·15공동선언의 정신을 재확인하고 남북관계 발전과 한반도 평화, 민족 공동의 번영과 통일을 실현하는 데 따른 제반 문제들을 허심탄회하게 협의하였다. 쌍방은 우리 민족끼리 뜻과 힘을 합치면 민족번영의 시대, 자주통일의 새 시대를 열어 나갈 수 있다는 확신을 표명하면서 6·15공동선언에 기초하여 남북관계를 확대·발전시켜 나가기 위하여 다음과 같이 선언한다.

1. 남과 북은 6·15공동선언을 고수하고 적극 구현해 나간다.

남과 북은 우리 민족끼리 정신에 따라 통일문제를 자주적으로 해결해 나가며 민족의 존엄과 이익을 중시하고 모든 것을 이에 지향시켜 나가기로 하였다.

남과 북은 6·15공동선언을 변함없이 이행해 나가려는 의지를 반영하여 6월15일을 기념하는 방안을 강구하기로 하였다.

2. 남과 북은 사상과 제도의 차이를 초월하여 남북관계를 상호 존중과 신뢰의 관계로 확고히 전환시켜 나가기로 하였다.

남과 북은 내부문제에 간섭하지 않으며 남북관계 문제들을 화해와 협력, 통일에 부합되게 해결해 나가기로 하였다.

남과 북은 남북관계를 통일 지향적으로 발전시켜 나가기 위하여 각기 법률적·제도적 장치들을 정비해 나가기로 하였다.

남과 북은 남북관계의 확대와 발전을 위한 문제들을 민족의 염원에 맞게 해결하기 위해 양측 의회 등 각 분야의 대화와 접촉을 적극 추진해 나가기로 하였다.

3. 남과 북은 군사적 적대관계를 종식시키고 한반도에서 긴장완화와 평화를 보장하기 위해 긴밀히 협력하기로 하였다.

남과 북은 서로 적대시 하지 않고 군사적 긴장을 완화하며 분쟁문제들을 대화와 협상을 통하여 해결하기로 하였다.

남과 북은 한반도에서 어떤 전쟁도 반대하며 불가침 의무를 확고히 준수하기로 하였다.

남과 북은 서해에서의 우발적 충돌방지를 위해 공동어로수역을 지정하고 이 수역을 평화수역으로 만들기 위한 방안과 각종 협력사업에 대한 군사적 보장조치 문제 등 군사적 신뢰구축 조치를 협의하기 위하여 남측 국방부장관과 북측인민무력부부장 간 회담을 금년 11월 중에 평양에서 개최하기로 하였다.

4. 남과 북은 현 정전체제를 종식시키고 항구적인 평화체제를 구축해나가야 한다는 데 인식을 같이하고 직접 관련된 3자 또한 4자 정상들이 한반도지역에서 만나 종전을 선언하는 문제를 추진하기 위해 협력해 나가기로 하였다.

남과 북은 한반도 핵문제 해결을 위해 6자 회담, 9·19공동성명과 2·13합의가 순조롭게 이행되도록 공동으로 노력하기로 하였다.

5. 남과 북은 민족경제의 균형적 발전과 공동의 번영을 위해 경제협력사업을 공리공영과 유무상통의 원칙에서 적극 활성화하고 지속적으로 확대 발전시켜 나가기로 하였다.

남과 북은 경제협력을 위한 투자를 장려하고 기반시설 확충과 자원개발을 적극 추진하며 민족 내부 협력사업의 특수성에 맞게 각종 우대조건과 특혜를 우선적으로 부여하기로 하였다.

남과 북은 해주지역과 주변해역을 포괄하는 '서해평화협력특별지대'를 설치하고 공동어로구역과 평화수역설정, 경제특구 건설과 해주항 활용, 민간선박의 해주 직항로 통과, 한강하구 공동이용 등을 적극 추진해 나가기로 하였다.

남과 북은 개성공업지구 1단계 건설을 빠른 시일 안에 완공하고 2단계 개발에 착수하여 문산-봉동간 철도 화물수송을 시작하고, 통행·통신·통관문제를 비롯한 제반 제도적 보장 조치들을 조속히 완비해 나가기로 하였다.

남과 북은 개성-신의주 철도와 개성-평양 고속도로를 공동으로 이용하기 위해 개보수 문제를 협의·추진해 가기로 하였다.

남과 북은 안변과 남포에 조선협력단지를 건설하여 농업, 보건의료, 환경보호 등 여러 분야에서의 협력사업을 진행해 나가기로 하였다.

남과 북은 남북 경제협력 사업의 원활한 추진을 위해 현재의 '남북경제협력추진위원회'를 부총리급 '남북경제협력공동위원회'로 격상하기로 하였다.

6. 남과 북은 민족의 유구한 역사와 우수한 문화를 빛내기 위해 역사, 언어, 교육, 과학기술, 문화예술, 체육 등 사회문화 분야의 교류와 협력을 발전시켜 나가기로 하였다.

남과 북은 백두산 관광을 실시하며 이를 위해 백두산-서울 직항로를 개설하기로 하였다.

남과 북은 2008년 북경올림픽경기대회에 남북 응원단이 경의선 열차를 처음으로 이용하여 참가하기로 하였다.

7. 남과 북은 인도주의 협력사업을 적극 추진해 나가기로 하였다.

남과 북은 흩어진 가족과 친척들의 상봉을 확대하며 영상편지 교환사업을 추진하기로 하였다 .

이를 위해 금강산면회소가 완공되는 데 따라 쌍방 대표를 상주시키고 흩어진 가족과 친척의 상봉을 상시적으로 진행하기로 하였다.

남과 북은 자연재해를 비롯하여 재난이 발생하는 경우 동포애와 인도주의, 상부상조의 원칙에 따라 적극 협력해 나가기로 하였다.

8. 남과 북은 국제무대에서의 민족의 이익과 해외동포들의 권리와 이익을 위한 협력을 강화해 나가기로 하였다.

남과 북은 이 선언의 이행을 위하여 남북총리회담을 개최하기로 하고, 제1차 회의를 금년 11월 중 서울에서 갖기로 하였다.

남과 북은 남북관계 발전을 위해 정상들이 수시로 만나 현안문제들을 협의하기로 하였다.

참/고/문/헌

I. 한국문헌

<단행본>

강광식, 통일이념 정립을 위한 연구, 성남 : 한국정신문화연구원, 1985.
강광식, 중립화 정치론, 서울 : 인간사랑, 1989.
강광식, 통일한국의 체제 구상, 서울 : 백산서당, 2008.
강광식, 중립화와 한반도 통일, 서울 : 백산서당, 2010.
강덕상 외, 갑신갑오기의 근대변혁과 민족운동, 서울 : 청아출판사, 1983.
강만길, 분단시대의 역사인식, 서울 : 창작과 비평사, 1979.
강만길 외, 분단현실과 통일운동, 서울 : 민중사, 1984.
강만길 외, 해방전후사의 인식 2, 서울 : 한길사, 1985.
강성학, 새우와 고래싸움: 한민족과 국제정치, 서울 : 박영사, 2004.
강종일,이재봉 편저, 한반도의 중립화통일은 가능한가, 서울 : 들녘, 2001.
고려대학교 아세아문제연구소, 구한국외교문서 제6, 14, 15, 16, 21권.
고병익, 동아시아의 전통과 근대사, 서울 : 삼지원, 1984.
곽순모, 민주사회주의란 무엇인가, 서울 : 예지사, 1988.
구영록 외, 남북한 정치통합과 국제관계, 서울 : 경남대학교 극동문제연구소, 1986.
구영록·배영수 (편), 한미관계 1882-1982 자료집, 서울 : 서울대미국학연구소, 1982.
국사편찬위원회, 고종시대사 Ⅰ, Ⅱ, Ⅲ, 서울 : 탐구당, 1967.
국사편찬위원회, 국사상의 제문제 Ⅰ, 서울 : 국사편찬위원회, 1959.
국사편찬위원회, 일제침략하 한국 36년사 4, 서울 : 국사편찬위원회, 1969.
국사편찬위원회, 자료 대한민국사 1~7권, 서울 : 국사편찬위원회, 1948.
국사편찬위원회, 주한일본공사관기록 1, 2, 3, 서울 : 국사편찬위원회, 1988.
국제신보사, 중립의 이론, 서울 : 샛별출판사, 1961.
국토통일원, 남북한 통일방안 및 주요제의 비교, 서울 : 국토통일원, 1984.
국토통일원, 분단국가 통합이론연구, 서울 : 국토통일원, 1986.

국토통일원, 통일대화의 광장, 서울 : 국토통일원, 1985.
국회도서관입법조사국, 통일백서(국회국토통일연구 특별위원회보고서), 1967.
권석봉, 청말대조선정책사연구, 서울 : 일조각, 1986.
권희경, 한국혁신정당과 사회주의 인터내셔널, 서울 : 태양, 1989.
금종우, 국가론, 서울 : 형설출판사, 1982.
김갑철, 강대국과 한반도, 서울 : 일신사, 1974.
김경창, 동양외교사, 서울 : 집문당, 1984.
김낙중, 노중선 편저, 현단계 제 통일방안, 서울 : 한백사, 1989.
김달중(편), 소련의 아세아정책과 한반도, 서울 : 법문사, 1987.
김동성 외, 통일 어떻게 할 것인가, 서울 : 동아일보사, 1988.
김명기, 남북한연방제통일론, 서울 : 탐구원, 1988.
김명기, 분단한국의 평화보장론, 서울 : 법지사, 1988.
김민하, 한국정당정치론, 서울 : 대왕사, 1983.
김병오, 민족분단과 통일문제, 서울 : 한울, 1985.
김석길, 민주중립화 통한의 신방안, 서울 : 국제정경연구소, 1961.
김성철 편, 외교환경과 한반도, 서울 : 세종연구소, 2009.
김성환 외, 1960년대, 서울 : 거름, 1984.
김영모, 조선지배층연구, 서울 : 일조각, 1977.
김옥근, 조선왕조재정사연구, 서울 : 일조각, 1984.
김용욱, 국제환경과 국제정치, 서울 : 법문사, 1986.
김용욱, 조선시대 정치체계, 이리 : 원광대학교출판부, 1988.
김용운, 한민족 르네상스, 서울 : 한문화, 2002.
김운태 외, 한국정치론(제 2전정판), 서울 : 박영사, 1989.
김의환, 한국근대사연구논총, 서울 : 성진문화사, 1972.
김인곤, 한국정치론, 대구 : 이문출판사, 1987.
김재홍, 한국정치와 현대정치사상, 서울 : 백산출판사, 1987.
김정원 외, 한국현대사의 재조명, 서울 : 돌베개, 1982.
김학준, 반외세의 통일이론, 서울 : 형성사, 1983.
김학준, 이동화평전, 서울 : 민음사, 1987.
김학준, 한국문제와 국제정치(전정판), 서울 : 박영사, 1987.
김학준, 한국전쟁, 서울 : 박영사, 1989.
김학준, 한국정치론 : 연구의 현황과 방향, 서울 : 한길사, 1983.
김한교 외, 한반도의 통일전망, 서울 : 경남대학교 극동문제 연구소, 1986.
김해명, 중립화 통일론, 익산 : 동남풍, 2006.
김홍명 외, 국가이론과 분단한국, 서울 : 한울, 1986.

김현욱, 현대소국가의 정치와 외교, 서울 : 동서문화사, 1984.
남궁 영, 분단 한반도의 정치경제, 서울 : 오름, 2010.
노계현, 한국외교사론, 서울 : 대왕사, 1984.
노계현, 한국외교사연구, 서울 : 갑인출판사, 1983.
노중선, 민족과 통일 I 자료집, 서울 : 사계절, 1983.
돌베개편집부, 북한 '조선노동당' 대회주요문헌집, 서울 : 돌베개, 1988.
대한민국국방부, 한국전쟁 1년지~5년지, 서울 : 국방부, 1951.
대한민국국방부, 2008 국방백서, 유진피앤피, 2009.
대한민국국회사무처, 국회사 제1권, 서울 : 대한민국국회사무처, 1971.
대한민국공보부, 한국의 중립화 통일은 이래서 불가능하다. 서울 : 대한민국공보부, 1964.
미국무성비밀외교문서, 김국태 옮김, 해방3년과 미국 I, 미국의 대한정책 1945~1948, 서울 : 돌베개, 1984.
문일평, 한미오십년사, 서울 : 탐구당, 1975.
문창주, 한국정치론, 서울 : 일조각, 1982.
민병천, 민족통일론, 서울 : 고려원, 1985.
민병천, 한국안보론, 서울 : 대왕사, 1985.
박문갑 외, 남북한비교론, 서울 : 문우사, 1987.
박상섭(편), 세계화를 지향하는 한국정치, 서울 : 나남, 1996.
박재규, 냉전과 미국의 대아시아정책, 서울 : 박영사, 1981.
박종근, 청일전쟁과 조선, 서울 : 일조각, 1989.
박준규, 한반도국제정치사론, 서울 : 서울대출판부, 1986.
박준홍(편), 한반도의 평화와 안보, 서울 : 박영사, 1985.
박충석, 유근호, 조선조의 정치사상, 서울 : 평화출판사, 1982.
박충석, 한국정치사상사, 서울 : 삼영사, 1982.
박현채 외, 해방전후사의 인식3, 서울 : 한길사, 1987.
박후건, 중립화 노선과 한반도의 미래, 서울 : 선인, 2007.
백경남, 국제관계사, 서울 : 법지사, 1987.
백종기, 근대한일교섭사, 서울 : 정음사, 1977.
변영태, 외교여록, 서울 : 한국일보사, 1959.
변형윤 외, 분단시대와 한국사회, 서울 : 까치, 1985.
브루스커밍스 외, 분단전후의 현대사, 서울 : 일월서각, 1983.
서울대학교인문대학현대사연구회, 해방정국과 민족통일전선, 서울 : 세계, 1987.
서중석, 극동국제정치사(상), 서울 : 신아사, 1960.
서중석, 미국의 대극동정책 1900-1905, 서울 : 경희대학교한일문화연구소, 1973.

서중석, 한국근현대의 민족문제연구, 서울 : 지식산업사, 1989.
성황용, 일본의 대한정책, 서울 : 명지사, 1981.
송건호 외, 해방 40년대의 재인식 Ⅰ, Ⅱ, 서울 : 돌베개, 1985.
송건호 외, 해방전후사의 인식, 서울 : 한길사, 1980.
송건호 외, 해방전후사의 인식 Ⅱ, 서울 : 한길사, 1983.
송건호 외, 한국민족주의론, 서울 : 창작과 비평사, 1982.
송남헌, 해방3년사 Ⅰ, Ⅱ, 서울 : 까치, 1985.
송병기, 근대한중관계사연구, 서울 : 단국대출판부, 1985.
신기석, 동양외교사연구, 서울 : 탐구당, 1978.
신기석, 한말외교사연구, 서울 : 일조각, 1967.
신영석, 역대정권의 통일정책 변천사, 서울 : 평화문제연구소, 2008.
신용하, 독립협회연구, 서울 : 일조각, 1985.
신용하, 한국근대사회사상사연구, 서울 : 일지사, 1987.
심지연, 민족주의 논쟁과 통일정책, 서울 : 한울, 1985.
심지연, 조선혁명론 연구, 서울 : 실천문학사, 1987.
심지연, 한국현대정당론, 서울 : 창작과 비평사, 1984.
심지연, 해방정국 논쟁사 Ⅰ, 서울 : 한울, 1986.
아세아문화사(편), 김옥균전집, 서울 : 아세아문화사, 1979.
안병준, 국제환경의 변화와 민족통일, 서울 : 정음사, 1986.
안병준, 강대국관계와 한반도 안보론, 서울 : 법문사, 1989.
안성호, 스위스연방민주주의 연구, 서울 : 대영문화사, 2001.
안청시 편, 비살생정치학과 지구평화운동, 파주: 집문당, 2004.
양상현, 한국근대정치사연구, 서울 : 사계절, 1985.
양성철(편), 남북통일이론의 새로운 전개, 서울 : 경남대학교 극동문제연구소, 1989.
양성철, 분단의 정치, 서울 : 한울, 1987.
양호민 외, 민족통일론의 전개, 서울 : 형성사, 1986.
양호민(편), 사회민주주의, 서울 : 종로서적, 1985.
양호민 외, 한국민족주의의 이념, 서울 : 아세아정책연구원, 1977.
양흥모, 현대사상과 체제비교론, 서울 : 형설출판사, 1984.
역사학회, 러일전쟁전후 일본의 한국침략, 서울 : 일조각, 1986.
오기평, 세계외교사, 서울 : 박영사, 1986.
외무부, 한국외교 30년(1948-1978), 1978.
외무부외교연구원, 통일문제연구 제1집, 1966.
외무부외교연구원, 통일문제연구 제3집, 오지리, 1968.
유길준전서편찬위원회, 유길준전서 권3 「역사편」, 권4 「정치경제편」, 서울 : 일조각, 1971.

유영준 외, 현대사를 어떻게 볼 것인가(Ⅰ), (Ⅱ), 서울 : 동아일보사, 1987, 1988.
유석렬, 남북한관계론, 서울 : 정음사, 1987.
유현석, 국제정세의 이해, 서울 : 한울, 2009.
윤근식, 사회민주주의론, 서울 : 석탑, 1984.
윤정석, 일본의 대외정책과 한국, 서울 : 형성사, 1982.
윤형섭, 한국정치론, 서울 : 박영사, 1988.
이기하 외, 한국의 정당, 서울 : 한국일보사, 1987.
이기하, 한국정당발달사, 서울 : 의회정치사, 1961.
이기택, 국제정치사, 서울 : 일신사, 1983.
이기택, 한반도와 국제정치, 서울 : 가남사, 1984.
이기택, 한반도의 정치와 군사, 서울 : 일신사, 1988.
이광린, 개화당연구, 서울 : 일조각, 1981.
이달순, 한국정치사 Ⅰ, 서울 : 중앙대출판부, 1971.
이동희, 한국군사제도론, 서울 : 일조각, 1982.
이무웅, 안보와 통일정책, 서울 : 대왕사, 1982.
이무웅, 한국의 안보전략, 서울 : 대왕사, 1983.
이상우, 국제관계이론 : 국가간의 갈등원인과 질서유지, 서울 : 박영사, 1987.
이상우 외, 통일한국의 모색, 서울 :박영사, 1987.
이상두, 남북한의 이데올로기와 정치, 서울 : 거목, 1986.
이선근, 한국사(최근세편), 서울 : 진단학회, 1974.
이수인(편), 한국현대정치사 1, 서울 : 실천문학사, 1989.
이승만 저, 정인섭 역, 이승만의 전시중립론: 미국의 영향을 받은 중립, 서울 : 나남, 2000.
이정복 편, 21세기 한국정치의 발전방향, 서울 : 서울대출판부, 2009.
이정식, 한국현대정치사 3, 서울 : 성문각, 1985.
이정식 외, 현대한국정치사, 서울 : 한국정신문화연구원, 1987.
이한, 북한의 통일정책변천사(상)(하), 청주 : 온누리, 1989.
이한기, 국제법(상)(하), 서울 : 박영사, 1982.
이혁섭, 한국국제정치론, 서울 : 일신사, 1987.
이호재, 새로운 한민족외교, 서울 : 나남, 1987.
이호재, 약소국외교정책론, 서울 : 법문사, 1982.
이호재, 한국외교정책의 이상과 현실, 서울 : 법문사, 1986.
이호재 외, 한국통일의 이론적 기초, 서울 : 고대아세아문제연구소, 1973.
이호재, 북방외교의 길, 서울 : 홍사단출판부, 1987.
이호재, 핵의 세계와 한국핵정책, 서울 : 법문사, 1987.
이호재(편), 한반도평화론, 서울 : 법문사, 1989.

이홍구 외, 분단과 통일 그리고 민족주의, 서울 : 박영사, 1985.
임덕순, 정치지리학원론, 서울 : 일지사, 1986.
임종국, 일본군의 한반도 침략사 Ⅰ, 서울 : 일월서각, 1988.
임종국, 일제침략과 친일파, 서울 : 청사, 1982.
전국경제인연합회, 2009년판 한국경제연감, 서울 : 신정프린테크, 2009.
전득주, 분단국통일의 재인식, 서울 : 대왕사, 1989.
전웅, 제3이데올로기 : 수렴이론과 자유-공산체제의 접근과정연구, 서울 : 전예원, 1983.
정대철, 북한의 통일전략연구, 서울 : 백산서당, 1986.
정상구, 한반도 통일의 길, 서울 : 내외신서, 1988.
정용길, 분단국통일론, 서울 : 고려원, 1988.
정용석, 미국의 대한정책 1845-1980, 서울 : 일조각, 1984.
정용석, 전환기의 통일논쟁, 서울 : 나남, 1989.
조규하 외, 남북의 대화, 서울 : 한얼문고, 1972.
조기준, 한국자본주의성립사론, 서울 : 대왕사, 1982.
조민, 한반도 평화체제와 통일전망, 서울 : 해남, 2007.
조성렬, 한반도 평화체제, 서울 : 푸른나무, 2007.
조순구, 국제관계와 한반도, 서울 : 법문사, 2005.
조순승 외, 전환기의 한국정치, 서울 : 박영사, 1989.
조일문 외, 한국민족운동사연구논총, 대구 : 영남대출판부, 1988.
중앙선거관리위원회, 정당연구 자료 제1집, 서울 : 중앙선거관리위원회, 1965.
진덕규 외, 1950년대의 인식, 서울 : 한길사, 1981.
차문섭, 조선시대군제연구, 서울 : 단대출판부, 1982.
채중묵, 한국외교사, 서울 : 형설출판사, 1986.
최문형, 열강의 동아시아정책, 서울 : 일조각, 1982.
최문형 외, 청일전쟁을 전후한 한국과 열강, 성남 : 한국정신문화연구원, 1984.
최봉윤, 노승우, 민중주체 중립화 통일론, 서울 : 전예원, 1988.
최상용, 미군정과 한국민족주의, 서울 : 나남, 1988.
최영, 한반도의 국제정치분석, 서울 : 법문사, 1986.
최장집(편), 한국현대사 Ⅰ, 1945-1950, 부산 : 열음사, 1985.
최종고, 한독교섭사, 서울 : 홍성사, 1983.
최종기, 현대국제관계론, 서울 : 박영사, 1987.
하영선, 한반도 군비경쟁의 재인식, 서울 : 인간사랑, 1988.
한국사연구회, 청일전쟁과 한일관계, 서울 : 일조각, 1985.
한국사연구회, 한국근대사회와 제국주의, 서울 : 삼지원, 1981.
한국사연구협의회, 한독수교100년사, 서울 : 정화인쇄문화사, 1984.

한국사연구협의회, 한러수교100년사, 서울 : 정화인쇄문화사, 1984.
한국사연구협의회, 한불수교100년사, 서울 : 정화인쇄문화사, 1986.
한국사연구협의회, 한영수교100년사, 서울 : 정화인쇄문화사, 1984.
한국사연구협의회, 한국현대사의 전개, 서울 : 탐구당, 1988.
한국정치학회, 현대한국정치론, 서울 : 법문사, 1986.
한국정치외교사학회, 조선조정치사상연구, 서울 : 평민사, 1987.
한국정치외교사학회, 한불외교사, 서울 : 평민사, 1987.
한국정치외교사학회, 한국전쟁의 정치외교사적고찰, 서울 : 평민사, 1989.
한국혁명재판사편찬위원회, 한국혁명재판사 제1, 3집, 1962.
한배호 외, 분단국의 대화, 서울 : 동아일보사, 1979.
한승주, 제2공화국과 한국의 민주주의, 서울 : 종로서적, 1983.
허만, 한반도와 외교정책론, 서울 : 교육과학사, 1988.
허문영 외, 한반도 비핵화와 평화체제 구축전략, 서울 : 통일연구원, 2007.

<논문>

강광식, "동북아 안보정세에 비추어 본 한반도의 중립화 통일 방안", 평화학연구 제6호, 2005.
강광식, "남북한 분단체제의 복합적 갈등구조와 통일지향적 체제모형 탐색", 한국정치학회보 42집 2호, 2008.
강성윤, "한국정당의 통일정책에 관한 고찰", 동국대학교안보연구, 제7호, 1978.
강종일, "한반도 영세중립통일방안 연구", 국제정치논총 제41집 1호, 2001.
강종일, "국제관계 역학 속에서 한반도 중립화 통일방안", 통일논총 제19호, 2002.
강종일, "미국의 대한정책: 한반도의 영구적 평화와 안정을 위한 대안", 평화학연구 제7권 제3호, 2006.
고문석, "현대중립주의소고 : 한국의 통일과 관련하여", 한양대학교 논문집 제8집, 1974.
고문승, "민주발전에 따른 제통일논의 대두와 그 대책", 대학사회와 이데올로기 제4집(Ⅰ) - 논문편, 대학이데올로기비판교육교수협의회, 1987.
구대열, "대한제국시대의 국제관계", 대한제국연구(Ⅲ), 이화여자대학교한국문화연구원, 1985.
구대열, "이한응과 한영관계", 성곡논총 제16집, 1985.
구영록, "통합이론에 관한 연구 : 통합의 유형과 갈등", 국제정치논총 제13,14집, 한국국제정치학회, 1974.
국토통일원, "중립화통일론에 관한 연구", 국토통일원, 1986.
김갑철, "한반도 중립화 구상에 대한 이론", 국제문제 제5권 제19호, 극동문제연구소, 1974. 10.

김갑철, "한반도 중립화통일은 가능한가?", 현대이념연구 제5집, 건국대학교 현대이념연구소, 1987.

김근식, "북핵문제와 6자회담 그리고 제도화", 한국동북아논총 제12권 제1호, 2007.

김기혁, "근대초기의 한, 청, 일 관계의 전개", 계간경향 사상과 정책 통권 제4호, 경향신문사, 1984.

김달중, "4강과 남북한 관계 : 교차승인과 교차접촉을 중심으로" 연세논총 제21집, 1985.

김달중, "1880년대 한국국내정치와 외교정책", 한국정치학회보 제10집, 1976.

김복수, "사회민주주의의 탈 Marxism化", 동의대학교 동의논집 제14집, 1987.

김삼규, "한국의 중립화는 가능한가", 세계 1960년 8월호.

김삼규, "통일독립공화국에의 길", 사상계 1960년 9월호.

김세균, "통일과정의 정당성과 남북한의 체제개혁", 제3회 한국정치세계학술대회 논문집, 1993.

김영국, "중립화안의 검토 및 국내외 여건이 이를 강요할 경우의 대비책", 국토통일원, 1970.

김영작, "한말내쇼날리즘과 김옥균", 법정논총 제4집, 국민대학교 법학연구소, 1981.

김용구·박상섭, "냉전의 기원과 수정주의", 서울대학교 국제문제연구소논문집 제10집, 1986.

김용서, "스위스영세중립화제도의 적용가능성 연구", 외무부외교안보연구원, 1983.

김우태, "한국민족주의연구", 부산대박사논문, 1983.

김우현, "P.G. von Möllendorff의 조선중립화 구상", 평화연구 제8집, 경북대평화문제연구소, 1983.

김인곤, "남북분단의 경위", 한국정치학회보 제19집, 1985.

김인홍, "한국전쟁과 미소의 대한전쟁정책 : 균형적 입장에서 본 한국전쟁", 동국대학교논문집 제14집, 1975.

김재홍, "한국의 좌우익이념과 해방후 정당활동에 관한 연구", 서울대학교 박사학위논문, 1987.

김종헌, "1900년 이후 러, 일간의 한반도 중립화 및 분할논의: 서울주차 러시아공사 빠블로프의 역할을 중심으로", 한국동북아논총 제14권 제4호, 2009.

김준희, "새로운 통일시론 : 남북한 UN동시가입 전망을 중심으로", 제7회 합동학술대회 논문집, 한국정치학회. 1987.

김진웅, "후수정주의(Post-Revisionism)와 냉전의 기원", 경북대학교 교육대학원논문집 제19집, 1987.

김찬규, "오지리의 주권회복과정 및 중립에 관한 고찰", 국제법학회논총 제8권 제1호, 1963.

김찬규, "한반도의 지정학적 중요성", 국제문제 10월호, 1965.

김학준, "대한민국 국회에 있어서의 통일논의 : 1948년부터 1978년까지", 의정연구 제1집, 한국의회발전연구소, 1984
김학준, "동북아 집단안보체제 구축과 한반도 중립화 통일 전략", 팍스코리아나 연구소 세미나, 2009.
나창주, "오지리 중립화과정", 국토통일원조사연구실, 1976.
남주기, "한미안보관계 : 정치군사적 과제와 문제", 제7회 합동학술대회 논문집, 한국정치학회, 1987.
노동일, "국제갈등원인이론의 유형별 분석", 경북대학교 사회과학연구 제1권 제1호, 1985.
문수언 외, "한반도 통일의 국제정치와 동북아 다자안보협력", 국제정치논총 제37집 3호, 1998.
민병천, "중립통일의 형태와 가능조건에 관한 연구", 동국대학교행정논총 제15집, 1986.
민병천, "한반도의 통합과 분열요인에 관한 연구", 동국대학교안보연구, 제13호, 1983.
박상식, "비동맹 및 중립주의 : 통일한국의 외교원칙과 관련하여", 민족지성 6월호, 1987.
박정원, "한반도 통일모델의 탐색: 중립화통일론의 적용가능성", 통일정책연구 제16권 2호, 2007.
박준용, "중립화론에 대한 연구", 부산대학교법학연구 제13권 제1호, 1971.
박준용. "한반도의 통일과 4강의 이해관계 및 역할", 부산대통일논총 제8집, 1986.
박희호, "구한말 한반도중립화론 연구", 동국대 박사논문, 1997.
백종기, "사대교린외교의 지정학적 및 역사적 고찰", 성균관대학교 인문과학 제10집, 1986.
서병한, "오스트리아의 통일", 통일문제연구 제3집, 영남대통일문제연구소, 1973.
서중석, "근대극동국제관계와 한국영세중립론에 대한 연구", 경희대학교논문집 제4집, 1965.
송인재, "한·만을 중심한 열강간의 관계 1895-1905", 성신여자사범대학연구논문집 제7집, 1974.
송인재, "한반도를 위요한 열강간의 교섭관계 1895-1902", 성곡논총, 제7집, 1976.
송인재, "한반도의 분단을 전후한 H.Truman정권의 대한정책과 국제환경", 성신여대연구논문집 제23집, 1986.
신기석, "안전보장과 한말정국", 국제법학회논총 제11권 제1호, 1966.
안병영, "세계사속의 통일접근사례 : 오스트리아의 예", 국제정치논총 제27집 1호, 1987.
양문경, "한반도의 80년대 정치지리적 구조", 국방연구, 제19권 제1호, 국방대학원 안보문제연구소, 1976.
양성철, "남북한 군비통제 제안분석 및 평가", 한국정치학회보 제21집 1호, 1987.

엄상윤, "제2공화국시대의 중립화통일론과 21세기의 한반도통일: 맨스필드, 김삼규, 김용중의 논리분석을 중심으로", 국제정치논총 제43집 2호, 2003.

오기평, "개항백년, 한반도「중립화」안의 역사적 논거의 분석", 한국정치학회보 제10집, 1976.

유광진, "한국사회주의정당의 통일정책연구", 한국정치학회보 제18집, 1984.

유병묵, "사회대중당의 산업국유화정책", 사상계 1960년 10월호.

이기택, "한말국제정치와 현재의 국제정세", 국책연구 통권 10호, 1986.

이명영, "남북한의 통일정책의 전략 전술비교", 제7회 합동학술대회논문집, 한국정치학회, 1987.

이문규, "남북한 통합의 이론적 고찰", 통일연구논총, 제8권 1호, 1988.

이상우, "기능주의 통합이론과 남북관계 개선방안", 통일정책 제2권 1호, 1976.

이성근, "해방직후 미군정하의 여론동향에 관한 분석" 국제정치논총 제25집, 1985.

이승헌, "한반도와 동북아 국제체제", 건국대학교 통일문제연구 제2집, 1978.

이우영, "국제환경과 일본의 통합전략 추이", 경북대학교 평화연구 제10권 제1호, 1985.

이우영, "미소의 군정과 대한반도통일정책", 경북대학교 사회과학 제2집, 1983.

이재봉, "한반도의 통일과 동아시아의 평화: 한반도의 중립화 및 동아시아 공동시장을 통하여", 통일문제연구 제13권 1호, 2001.

이재봉, "동북아 균형자 역할과 한반도 영세 중립", 한국동북아논총 제12권 제2호, 2007.

이호재, "러일전쟁을 전후한 한국인의 대외인식변화", 고려대학교사회과학논총 제6집, 1977.

이호재, "한국인의 대외인식변화", 한국정치학회보 제10집, 1976.

이혁섭, "남북한 정치군사적 억제모델", 제7회 합동학술논문집, 한국정치학회, 1987.

임명덕, "갑신정변 전후기의 청국의 대한정책", 계간경향 사상과 정책 통권 제4호, 경향신문사, 1984.

장명하, 인터뷰: 장명하 전 콜롬비아 대사의 영세중립화통일방안, 민족 21 제11호, 2002.

장원석, "미군철수와 한반도 비핵중립화의 정치학-셀리그 해리슨의 경우-", 법과 정책 제8호, 2002.

정대화, "80년대 통일의 가능성과 통일방안", 부산대학교 통일논총 제3집, 1981.

정동귀, "구한말의 대미국 태도의 한가지 유형", 한국정치학회보 제17집, 1983.

정용길, "통일로 가는 과도체제의 제형태", 한국정치학회 통일문제 특별 심포지엄「통일의 이론과 정책방향」, 1989, 2.

정용석, "민주발전에 따른 제통일논의의 대두와 그 대책", 대학사회와 이데올로기 제4집(Ⅰ) - 논문집 -, 대학 이데올로기비판교육교수협의회, 1987.

정용태, "영세중립과 집단보장", 청주대학 논문집, 제7집, 1972.

정지웅, "한반도 중립화 통일의 긍정적, 부정적 요인 분석" 북한연구학회보 제9권 제2

호, 2005.
정지웅, "한반도 중립화 통일의 조건과 실현가능성 검토", 국가전략 제12권 1호, 2006.
조순구, "중립화의 적용가능지역에 관한 사례연구", 전북대학교논문집 제17집, 1975.
조순승, "한국중립화는 가능한가 : 김삼규씨의 이론을 중심으로", 사상계 1960년 12월호.
조일문, 김명진, "한국통일방안에 관한 고찰", 건국대학술지 제17집, 1974.
주종환, "영세중립만이 자주국방의 길", 평화만들기 136호, 2004.
차기벽, "한말정치사연구", 성곡논총 제1집, 1970.
차문섭, "구한말군사제도의 변천", 군사5호, 국방부전사편찬위원회, 1982.
차윤, "한국의 지정학적 위치와 안전보장", 한국안전보장논총 제3집, 국가안전보장회의, 1968.
차준회, "한말군제개편에 대하여", 역사학보 제22집, 1964.
천대승, "민주사회주의연구", 부산대학교 사회과학논총, 제1권 제2호, 1982.
최영, "구한말과 한국의 국제정치역학구조 비교", 계간경향 사상과 정책 통권 4호, 경향신문사, 1984.
최영, "한·미·일 삼국안보협력의 타당성검토", 국방연구 제28권 제2호, 국방대학원 안보문제연구소, 1985.
프랑소아 주아이오, "통일을 위하여 한반도를 중립화할 것인가?" 국제정치논총 제27집 1호, 1987.
하영선, "냉전과 한국", 서울대학교 국제문제연구소논문집 제10집, 1986.
한형건, "세계기구와 영세중립", 국제법학회논총 제19권 제2호, 1974.
홍석률, "중립화 통일 논의의 역사적 맥락", 역사문제연구 제12호, 2004.
황유복, "한반도의 중립화와 중국의 시각", 평화학연구 제6호, 2005.
황인관, "한반도 중립화통일은 가능한가?", 제6회 합동학술대회논문집, 한국정치학회, 1985.
황인관, "중립화 통일이 돼야 할 10가지 이유: 남북과 주변 4강의 합의를 이끌 수 있는 민족주의적 방안", 자유공론 395, 2000.

II. 일본, 중국문헌

<단행본>

高山岩男, 國際的 中立の硏究, 東京 : 原書房, 1980.
古屋哲夫, 日露戰爭, 東京 : 中央公論社, 1966.
金榮作, 韓末 ナショナリズムの硏究, 東京 : 東京大學出版社, 1975.
金正明, 日韓外交資料集成, 卷1~卷8, 東京 : 巖南書堂書店, 1966.

大西公照, 中立の論理, 東京 : 日本工業新聞社, 1980.
稻葉岩吉, 光海君時代之滿鮮關係, 東京 : 大阪屋號書店, 1933.
藤村道生, 日淸戰爭, 東京 : 岩波書店, 1973.
木內信藏, 政治地理學, 東京 : 朝倉書店, 1968.
坂野正高, 近代中國政治外交史, 東京 : 東京大學出版社, 1975.
不破哲三, 日本の中立化と安全保障, 東京 : 新日本出版社, 1969.
三谷靜夫(編), 朝鮮半島の政治經濟構造, 東京 : 日本國際問題硏究所, 1983 (송석원 역, 남북한 정치경제론, 서울 : 인간사랑, 1989).
石本泰雄, 中立制度の史的硏究, 東京 : 有斐閣, 1958.
小此木政夫, 朝鮮戰爭, 東京 : 中央公論社, 1986 (현대사연구소譯, 한국전쟁, 서울 : 청계연구소, 1986).
信夫淸三郞·中山治一, 日露戰爭史の硏究, 東京 : 河出書房新社, 1959.
信夫淸三郞, 日淸戰爭, 東京 : 南窓社, 1970.
アジア太平洋平和政策硏究所(編) 朝鮮統一とアジアの平和 (東京 : 三省堂, 1987), (이승렬 역, 조선통일론, 서울 : 세계, 1989).
伊藤博文, 秘書類纂 朝鮮交涉資料 上, 中, 下, 東京 : 原書房, 1970.
伊藤正德(編), 加藤高明 上卷, 東京 : 原書房, 1929.
伊津野重滿, 永世中立と國際法, 東京 : 學陽書房, 1982.
日本國際問題硏究所(編), 中立主義の硏究, 上, 下, 東京 : 日本國際問題硏究所, 1961.
日本外交文書, 第 18, 27, 28, 29, 31, 33, 34, 35, 36, 37卷.
日本憲法硏究所, 永世中立の諸問題, 東京 : 法律文化社, 1969.
田保橋潔, 近代日鮮關係の硏究, 上, 下, 朝鮮總督府 中樞院, 1940.
田畑忍, 非戰·永世中立國, 東京 : 法律文化社 1981.
故宮博物院(編), 淸光緖朝中日交涉史料 卷 5, 8, 台北 : 文海出版社, 1963.
王信忠, 中日甲午戰爭之外交背景, 台北 : 文海出版社, 1937.

<논문>

廣瀨貞三, "李容翊の政治活動(1904-7)", 朝鮮史硏究會論文集, No.25, 朝鮮史硏究會, 東京 : 綠蔭書房, 1988.
原田環, "1880年代前半の閔氏政權と金允植", 朝鮮史硏究會論文集, No.22, 朝鮮史硏究會, 東京 : 綠蔭書房, 1985.
原田環, "19世紀の朝鮮における對外的 危機意識", 朝鮮史硏究會論文集, No.21, 朝鮮史硏究會, 東京 : 綠蔭書房, 1984.
林子侯, "朝鮮壬午軍亂之探討(下)," 食貨 第 16卷 第 5, 6期, 中華民國, 1987.
長谷川直子, "壬午軍亂後の日本の朝鮮中立化構想", 朝鮮史硏究會論文集, No.32, 朝鮮史硏究會, 東京 : 綠蔭書房, 1994.
趙景達, "朝鮮における大國主義と小國主義の相克", 朝鮮史硏究會論文集, No.22, 朝鮮史硏究會, 東京 : 綠蔭書房, 1985.
河村一夫, "青木外相の韓國に關連する對露强硬對策の發展と日英同盟の成立關係(上), (下), (補遺)", 朝鮮學報, 第54輯, 第55輯, 第63輯, 1969, 1969, 1971.

Ⅲ. 구미문헌

<단행본>

Adams, Nina and McCoy, Alfred W.(eds.), Laos : War and Revolution, New York : Harper & Row, 1970.
Bader, William B., Austria between East and West 1945-1955, Stanford : Stanford University Press, 1966.
Barnds, William J., The Two Koreas in East Asian Affairs, New York : New York University Press, 1976.
Barnett, A. Doak, China and the Major Powers in East Asia, Washington D.C. : The Brooking Institutution, 1977.
Barnett, A. Doak, China Policy : Old Problems and New Challenges, Washington D.C. : The Brooking Institutution, 1977.
Barnett, A. Doak, Communist China and Asia, New York : Harper and Brothers, 1960.
Bauer, Robert A., The Austrian Solution, Charlottesville : The University Press of Virginia, 1982.
Beaton, L. and Maddox, J., The Spread of Nuclear Weapon, London : Chatto & Windus, 1962.
Beloff, Max, Soviet Policy in the Far East : 1944-1951, London : Oxford University Press, 1953.
Birnbaun, K. and Neuhold, H.(eds), Neutrality and Nonalignment in Europe, Vienna : Bruaumuller for Austrian Institute for International Affairs, 1982.
Bischof, G., Pelinka, A., and Wodak, R., Neutrality in Austria, New Brunswick : Transaction Publishers, 2001.
Black, Cyril E., Falk, Richard A., Knorr, Klaus, and Young, Oran R., Neutralization and World Politics, Princeton : Princeton University Press, 1968.
Blix, Hans, Sovereignty, Aggression, and Neutrality, Stockholm : Almqvist & Wiksell, 1970.
Bonjour, Edgar, Swiss Neutrality : Its History and Meaning, London : George Allen and Unwin, 1946.
Burton, John W.(ed.), Nonalignment, London : Andre Deutsch, 1966.

Burton, John W., International Relations : A General Theory, Cambridge : Cambridge University Press, 1965.

Buss, C. A., The United States and the Republic of Korea, Stanford : Hoover International Studies, 1982.

Chay, Hohn and Kwak, Tae-Hwan(eds.), U.S.- Korean Relations 1882-1982, Seoul : The Institute for Far Eastern Studies, Kyungnam University Press, 1982.

Cho, Soon Sung, Korea in World Politics 1940-1950, Berkeley : University of California Press, 1967.

Choue, Chung-Won, Towards Korean Integration, Seoul : The Institute of International Peace Studies, Kyung Hee University, 1986.

Choy, Bong-Youn, A History of the Korean Reunification Movement : Its Issues and Prospects, Peoria : Research Committee on Korean Unification, Bradley University, 1984.

Clyde, P, H., Beers, B.F., The Far East, Englewood Cliffs : Prentice-Hall, 1975.

Cronin, Audrey K., Great Powers Politics and the Struggle over Austria 1945-1955, London : Cornell University Press, 1986.

Cumings, Bruce(ed), Child of Conflict : The Korean-American Relations 1943-1953, Washington : University of Washington Press, 1983.

Cumings, Bruce, The Origins of the Korean War : Liberation and the Emergence of Separate Regimes : 1945-1947, New Jersey : Princeton University Press, 1981.

Cunningham, Frank, Democratic Theory and Socialism, Cambridge : Cambridge University Press, 1987.

Däniker, Gustav, Strategies des Kleinstaats, Frauenfeld : Verlag Huber, 1966.

Denitch, B., Democratic Socialism, Montclair : Allanheld, Osmun, 1981.

Dennet, Tyler, Roosevelt and Russo-Japanese War, Gloucester : Peter Smith, 1959.

Divine, Robert A., The Illusion of Neutrality, Chicago : The University of Chicago Press, 1962.

Dommen, Arthur J., Conflict in Laos : The Politics of Neutralization, New York : Frederick A. Praeger, 1967.

Fairbank, John K. and Liu, Kwang-Ching, The Cambridge History of China, Vol II, Late Ching 1800-1911, Cambridge : Cambridge University Press, 1980.

Fox, Annette B., The Power of Small States, Chicago : The University of Chicago Press, 1951.

Frei, Daniel, Dimension Neutralen Politik, Geneva : Ein Beitrag Zur Theorie der International Beziehungen, 1969.

Fuehr, Alexander, The Neutrality of Beligium, New York : Funk & Wagnalls, 1915.

Grenville, J.A.S.(ed.), The major International Treaties 1914-1973, London : Methuen & Co. 1974.

Grossman, Gregory, Economic System, Englewood Cliffs : Prentice Hall, 1974. (김희욱 역, 비교경제체제론, 서울 : 서문당, 1987).

Guttmann, Allen, Korea : Cold War and Limited War, Lexington : D.C. Heath and Company, 1972.

Haas, Michael (ed.), Korean Reunification : Alternative Pathways, New York : Praeger, 1989.

Hakovirta, Harto, East-West Conflict and European Neutrality, Oxford : Oxford University Press, 1988.

Han, Sung-Joo, Soviet Policy in Asia : Expansion or Accomodation?, Seoul : The Asiatic Research Center, 1980.

Handel, Michael, Weak States in the International System, London : Frank Cass and Company Ltd., 1981.

Harrington, F.H., God, Mammon and Japanese : Dr. Horace N. Allen and Korean-American Relations, 1884-1905, Wisconsin : The University of Wisconsin Press, 1944. (이광린 역, 개화기의 한미관계, 서울 : 일조각, 1983).

Harrison, Selig S., Korean Endgame: A Strategy for Reunification and U.S. Disengagement, Princeton : Princeton University Press, 2002 (이홍동 외 옮김, 셀리그 해리슨의 코리안 엔드게임, 서울 : 삼인, 2003)

Healey, Dennis, Neutralism, London : Ampersand, 1955.

Henderson, G., Lebow, R.N., and Stossinger, J.G., Divided Nations in a Divided World, New York : David Mckay Co, 1974.

Henderson, G., Korea : The Politics of the Vortex, Cambridge : Harvard University Press, 1968.

Hewett, Robert B.(ed.), Political Change and the Economic Future of East Asia, Honolulu : Pacific Forum, 1981.

Hofer, Walter, Neutrality as the Principle of Swiss Foreign Policy, Zurich : Schweizer Spiegel Verlag, 1957.

Holsti, K.J., International Politics, Englewood Cliffs : Prentice-Hall, 1972.

Huldt, Bo(ed.), Neutrals in Europe : Austria, Stockholm : The Swedish Institute of International Affairs, 1987.

Hwang, In K., The Neutralized Unification of Korea in Perspectives, Cambridge : Schenkman Books, 1980.

Hwang, In K., One Korea via Permanent Neutrality : Peaceful Management of Korean Unification, Cambridge : Schenkman Books. 1987.

Jacobson, Max, Finnish Neutrality, London : Hugh Evelyn, 1968.

Jessup, Philip C. and Francis Deak, Neutrality : Its History, Economy and Law, Vol. Ⅰ : The Origins, New York : Columbia University Press, 1935.

Karsh, Efraim, Neutrality and Small States : The European Experience in World War Ⅱ and Beyond, London : Routledge, 1988.

Kaminski, Gern, Bewaffnete Neutralität, Wien : Batei-Verlag, 1970.

Kaplan, Morton A., System and Process in International Politics, New York : John Wiley and Sons, 1962.

Kennan, George F., American Diplomacy 1900-1950, Chicago : University of Chicago Press, 1954.

Kihl, Young Whan, Politics and Policies in Divided Korea : Regime in Contest, Boulder : Westview Press, 1984.

Kim, C.I. Eugene, Kim, Han-Kyo, Korea and The Politics of Imperialism, 1876-1910, Berkeley : University of California Press, 1967.

Kim, Hak Joon, Unification Policies of South and North Korea : A Comparative Study, Seoul : Seoul National University, 1986.

Kim, Key Hiuk, The Last Phase of the East Asian World Orders, Berkeley : University of California Press, 1980.

Koh, Byung Chul, The Foreign Policy Systems of North and South Korea, Berkeley : University of California Press, 1984.

Kwak, Tae-Hwan, In Search of Peace and Unification on the Korean Peninsula, Seoul : Seoul Computer Press, 1986.

Langer, W.L., The Diplomacy of Imperialism 1890-1902, New York : Alfred A. Knopf, 1972.

Lauterpacht, Hersh (ed.), Oppenheim's International law. Vol.2., London : Longmans, 1965.

Lee, Chong Sik, The Politics of Korean Nationalism, Berkeley : University of California Press, 1963.

Löser, Jochen, Neutralität Für Mitteleuropa : das Ende der Blöck, C, Bertelsmann Verlag, 1984.

Lowe, Peter, The Origins of the Korea War, London : Longman, 1986.

Lyon, Peter, Neutralism, Leicester : Leicester University Press, 1963.

MacArthur, Douglas, Reminiscences, New York : McGraw-Hill Book Co., 1964.

MacCune, Shanon, Korea's Heritage : A Regional and Social Geography, Rutland, VT : Charles E. Tuttle Co., 1956.

MacNair, H.F. and Lach, D.F., Modern Far Eastern International Relations, New York : D.

Van Nostrand, 1955.

Malozemoff, A., Russian Far Eastern Policy 1881-1904, Berkeley : University of California Press, 1958.

Martin, Lawrence W., Neutralism and Non-Alignment : The New States in World Affairs, New York : Frederick A. Praeger, 1962.

Matray, James Irving, The Reluctant Crusade : American Policy in Korea 1941-1950, Honolulu : University of Hawaii Press, 1985 (구대열 역, 한반도의 분단과 미국, 서울 : 을유문화사, 1989).

Maude, G., The Finnish Dilemma : Neutrality in the Shadow of Power, London : Oxford University Press, 1976.

McCordock, R.S., British Far Eastern Policy 1894-1900, New York : Columbia University Press, 1931.

Merrill. J.R., Internal Warfare in Korea 1948-1950, Delaware University Ph. D. dissertation, 1982 (신성환 역, 침략인가 해방전쟁인가, 서울 : 과학과사상사, 1988).

Meyer, Thomas, Demokratischer Sozialismus, Bonn : Verlag Neue Gesellschaf Gmblt, 1982.

Moon, Chang Joo, The Balance of Power in Asia and U.S.-Korea Relations, Seoul : Gimm Young Press, 1983.

Morgenthau, H.J., Politics among Nations, New York : Alfred A. Knopf, 1973.

Mouritzen, Hans., Finlandization : Towards a General Theory of Adaptive Politics, Vermont : Gower Publishing Group, 1988.

Nagai, Yonosuke and Iriye, Akira, The Origins of the Cold War in Asia, Tokyo : University of Tokyo Press, 1977.

Nelson, M.F., Korea and the Old Orders in Eastern Asia, Baton Rouge : Louisiana State University Press, 1945.

Nish, Ian, Japanese Foreign Policy 1869-1942, London : Routlege & Kegan Paul, 1977.

Nish, Ian, The Anglo-Japanese Alliance : The Diplomacy of Two Island Empire 1894-1907, London : Athlone Press, 1966.

Ogley, Roderick., The Theory and Practice of Neutrality in the Twentieth Century, New York : Barnes and Noble, 1970.

Oliver, Robert T., Verdict in Korea, Lebanon PA : Bald Eagle Press, 1952.

Park Il Keun, Anglo-American and Chinese Diplomatic Materials Relating to Korea 1887-1897, Institute of Chinese Studies, Pusan National University, 1984.

Paterson, William E. and Thomas, Alastair H., The Future of Social Democracy, Oxford : Oxford University Press, 1986.

Pelinka, Anton, Social Democracy Parties in Europe, New York : Praeger, 1983.

Phillips, W. Alison and Reede Arthur H., Neutrality : Its History, Economic and Law, Vol. Ⅱ : The Napoleonic Period, New York : Columbia University Press, 1935.

Pierre, Renouvian, La Question d'Extrême : Orient 1840-1940, Paris, 1946 (박대원 역, 동아시아외교사, 서울 : 서문당, 1988)

Przeworski, A., Capitalism and Social Democracy, London : Cambridge University Press, 1985.

Rappart, William E., The Government of Switzerland, New York : D. Van Nostrand Co, 1936.

Rhee, Syngman, Neutrality as Influenced by United States, New Jersey : Princeton University Press,1912 (이승만 저, 정인섭 역, 이승만의 전시중립론: 미국의 영향을 받은 중립, 서울 : 나남, 2000).

Rosalie von Möllendorff, P.G. von Möllendorff: Ein Lebensbild, Leipzig : Otto Harrasswitz, 1930. (묄렌도르프부부 지음, 신복룡,김운경 옮김, 묄렌도르프문서, 서울 : 평민사, 1987)

Sands, W.F., Undiplomatic Memories, McGraw-Hill Book Company, 1930.

Scalapino, Robert A., Asia and Major Powers : Implication for the International Order, Washington D.C. : American Enterprise Institute for Public Policy Research, 1972.

Scalapino, R.A., Asia & the Road Ahead Issues for Major Powers, Berkeley : University of California Press, 1975.

Scalapino, R.A., Lee, Hong Koo, North Korea in a Regional and Global Context, Berkeley : Institute of East Asian Studies, 1986.

Scalapino, R.A.(ed), United States-Korea Relation, Berkeley : University of California Press, 1980.

Schlesinger, Thomas O., Austrian Neutrality in Postwar Europe, Wien : Wilhelm Braumüller, 1972.

Siegler, Heinrich., Austria : Problems and Achievements since 1945, Bonn : Siegler and Co. KG., 1969.

Singer, Marshall R., Weak States in a World of Powers, New York : The Free Press, 1972.

Sundelius, B.(ed.), The Neutral Democracies and the New Cold War, Boulder, Colorado : Westview, 1987.

Sunoo, H.H., Americas Dilemma in Asia : The Case of South Korea, Chicago : Nelson-Hall, 1979.

Synn, Seung Kwon, The Russo-Japanese Rivalry over Korea 1876-1904, Seoul : Yuk Phub Sa, 1981.

Turlington, Edgar, Neutrality : Its History, Economics and Law, Vol. Ⅲ : The World War

Period, New York : Columbia University Press, 1936.

U.S. Department of State, Korea : 1945-1948, Far Eastern Series 28, Washington D. C. : U.S. Government Printing Office, 1948.

U.S Department of State, Foreign Relations of the United States 1950, Vol. Ⅶ, Korea, Washington D.C. : U.S. Government Printing Office, 1976

U.S. Department of State, Foreign Relations of the United States 1952-1954, ⅩⅤ, Part 2, Washington D.C. : U.S. Government Printing Office, 1984.

Verdross, Alfre, Die immerwährende Neutralität der Republik Österreich, Vienna : Verlag für Geschichte und Politik, 1967.

Verosta, Stephen., Die Dauernde Neutralität, Wien : Manzsche Verlags und Universitätbuchhandlung, 1967.

Vigor, P.M., The Soviet View of War, Peace and Neutrality, London : Routledge & Kegan Paul, 1975.

Vital, David., The Survival of Small States : Studies in Small Power Conflict, Oxford : Oxford University Press, 1971.

Waldheim, Kurt., The Austrian Example, London : Weidenfeld & Nicolson, 1971.

Wilson, Dick, The Neutralization of Southeast Asia, New York : Praeger Pubishers, 1975.

Wright, Martin, Power Politics, Harmondsworth : Penguin Books, 1979.

<논문>

Adu, Emmanuel Ofori, "British Diplomatic toward Japanese Economic and Political Activities in Korea, South Manchuria, Kwantung and Shantung 1904-1922", University of London, Ph. D. dissertation, 1976.

Anabtqwi, Samir H., "Neutralists and Neutralism", The Journal of Politics Vol.27, No.2, May, 1965.

Armstrong, Hamilton F., "Neutrality : Varing Tunes", Foreign Affairs, Vol.35, 1958.

Bechtoldt, Heinrich, "Finland and Its Specific Neutrality", Aussen Politik, Vol,30, No.3, 1971.

Bohn, David E., "Neutrality-Swizerland's Policy Dilemma : Options in the New Europe", ORBIS, Vol.21, No.2, 1977.

Brecher, Michael, "Neutralism : An Analysis", International Journal. Vol,17, No.3, 1962.

Cha, Young Koo, "New Detente and the Korean Peninsula", The Korean Journal of Defense Analysis Vol,1, No.1, 1989.

Cha, Young Koo, "Strategic Environment of Northeast Asia", Korea and World Affairs, Vol.10, No.2, 1986.

Coddings, G.A., "The New Swiss Military Capability", Foreign Affairs, April, 1962.

Deutsch, Karl W. and Singer J. David, "Multipolar Power Systems and International Stability", World Politics, Vol. XVI, 1964.

Fox, Annette Baker, "The Small States in the International System 1919-1969, International Journal, Vol.24, 1969.

Frei, Daniel, "Neutrality and Non-Alignment", Korea and World Affairs, Vol.3, No.3, 1979.

Gleysteen, W.H. and Romberg, A.D., "Korea : Asian Paradox", Foreign Affairs, Vol.64, No.4, summer, 1987.

Green, Fred, "Neutralization and the Balance of Power", The American Political Science Review Vol.47, No.4, 1953.

Haas, Ernest B, "The Balance of Power-Prescription, Concept or Propaganda?", World Politics, Vol.5, 1953.

Habicht, M, "The Special Position of Switzerland in International Affairs", International Affairs Vol.29, 1953.

Hägglöf, M. G., "A Test of Neutrality : Sweden in the Second World War", International Affairs, Vol.36, No.2, 1962.

Hakovirta, Harto, "The Soviet Union and Varieties of Neutrality in Western Europe", World Politics, Vol.35, 1983

Kang, In duk, "Sino-Soviet Summit and Its Impact on East Asia", East Asia Review Vol.1, No.2, 1989.

Harrison, Selig S., "One Korea", Foreign Policy, Vol.17, Winter 1974-1975.

Hartlmayr, Fritz, "The European Doctrine of Neutrality : Austrian Case", Korea and World Affairs, Vol.6, No.2, 1982.

Henderson, G., "Korea : The Preposterous Division", Journal of International Affairs, Vol.27, No.2, 1973.

Hwang, In Kwan, "A Translation and Critical Review of Yu Kil Chun's on Neutrality," Korean Studies, Vol.9, 1985.

Hwang, In Kwan, "The 1953 U.S Initiative for Korean Neutralization", Korea and World Affairs, Vol.10, No.4, 1986.

Jakobson, Max, "Finland's Foreign Policy", Foreign Affairs, Vol.38, April 1962.

Jakobson, Max, "Substance and Appearance : Finland", Foreign Affairs Vol.58, Summer 1980.

Kang, Chi-Won, "Power Equilibrium and Changing Alliance in Northeast Asia 1975-1985", Korea and World Affairs, Vol.10, No 3, 1986.

Karber, Phillip A., "Nuclear Weapons and Flexible Response", Orbis, Vol.14, 1970.

Karsh, Efraim, "Finland : Adaptation and Conflct", International Affairs, Vol.62, No.2, 1986.

Kerensky, B., "Austria draws a Balance", Foreign Affairs, Vol.42, No.2, January 1959.

Kim, Booki, "Gorbachev's Restructuring of Soviet Foreign Policy and Its Prospect on the Korean Peninsula", East Asian Review Vol.1, No.2, 1989.

Kim, C.I. Eugene, "Various Formula for Korean Unification", Korea and World Affairs, Vol.6, No.1, 1982.

Kim, Hak Joon, The Soviet Unions Northeast Asian Policy and the Korean Peninsula in the 1980's, Journal of East and West Studies, Vol.15, No.1, 1986.

Kim, Young Jeh, "The Future Alternatives of South Korea's Unification Policy", Korea and World Affairs, Vol. 6, No 1, 1982.

Kim, Young Jeh, "Toward a Unified Korea : History and Alternatives", University of Tennessee, Ph. D. dissertation, 1977.

Kim, Yu-Nam, "Perestroika and the Security of the Korean Peninsula" The Korean Journal of Defense Analysis Vol.1, No.1, 1989.

Kotani, Hidejiro, "Peace-Keeping : Problems for Smaller Countries", International Journal, Vol.19, 1964.

Kunz, Josef L., "Austria's Permanent Neutrality", American Journal of International Law, Vol.50, April 1956.

Lee, Hong Koo, "Political Unification and Social Welfare", Korea and World Affairs, Vol.8, No.1, 1984.

Lhee, Ho-Jeh, "The Prospect of Neutralized Reunification of Korea by 2,000 in Relation with the Regional and World Politics", The Journal of Asiatic Studies, Vol.28, No.2, 1985.

Low, Beer Francis, "The Concept of Neutralism", The American Political Science Review, Vol,58, 1964.

Lowenthal, Richard, "Democratic Socialism as an International Force", Social Research, Spring 1980.

Lyon, Peter, "Neutrality and the Emergence of the Concept of Neutrality", The Review of Politics, Vol.22, 1960.

Lyon, Peter, "Neutrality, Neutralism, Nonalignment", International Relations, Vol.3 No.6, 1968.

Mansfield, Mike, "The U.S. and Japan : Sharing Our Destinies", Foreign Affairs, Vol.68, No.2, 1989.

Mansfield, Mike, "U.S. Foreign Policy in a Changing Pacific and Asia", Pacific Community Vol.Ⅴ, No.4, July 1974.

McCormack, Gavan, "The Reunification of Korea : Problems and Prospecst", Pacific Affairs, Vol.55, No.1, 1982.

Morely, James W., "Some Prospects for Restructuring the International Environment to Favor the Peaceful Reunification of Korea", The Journal of Asiatic Studies, Vol.13, No.4, 1970.

Morgenthau, H.J., "Neutrality and Neutralism", The Year Book of World Affairs, Vol.2 1957.

Nam, Joo-Hong, "The Entangling Conflict in Korea", Journal of International Affairs, Vol.41, No.1, 1987.

Niksch, Larry A., "The Military Balance on the Korean Peninsula", Korea and World Affairs, Vol.10, No.2, 1986.

Olsen, Edward A., "Korean Politics and U.S. Policy", Asian Survey, Vol.XXVII, No.8, 1987.

Pak, Moon J., "The Perry Report and Fundamental Problems in The Korean Peninsula", Military Forum, Vol.23, No.1, 2000.

Park, Sang-Seek, "The Situation in Northeast Asia and the Security of the Republic of Korea", Korea and World Affairs, Vol.II, No.2, 1987.

Park, Joon Yong, "The Reunification of Korea : An Examination of Origins of the Problem and Policies and Prospects for its Solution", University of Exeter, Ph. D. dissertation, 1980.

Pfaltzgraff, Robert L. "Korea's Emerging Role in World Politics", Korea and World Affairs, Vol.II, No.1, 1987.

Pond, Elizabeth, "Conscious Cultivation", The Christian Science Monitor, July 1, 1972.

Porter, Pitman B, "Neutrality-1955", The American Journal of International Law. Vol.47, 1953.

Raymond, R.J., "Irish Neutrality : Ideology or Pragmatism?", International Affairs, Vol.60, No.1, Winter 1983-84.

Reischauer, Edwin O., "Time for a New American Policy in Korea", The Christian Science Monitor, July 26, 1976.

Rhee, Sang Woo, "Implications of Eroding Super-Power Balance in East Asia", Korea and World Affairs, Vol.8, No1, 1984.

Ro, Kwang Hai, "Power Politics in Korea and Impact on Korean Foreign and Domestic Affairs, 1882-1907", The University of Oklahoma Ph. D. dissertation, 1966.

Rosecrance, Richard N. "Bipolarity, Multipolarity, and the Future", Journal of Conflict Resolution, Vol.10, 1966.

Scalapino, R.A., "Current Dynamics of the Korean Peninsula", Problems of Communism, Nov-Dec, 1981.

Scalapino, R.A., "Neutralism in Asia", The American Political Science Review, Vol.48, March 1954.

Shapiro, J.P., "Soviet Policy toward North Korean Unification", Pacific Affairs, Vol.48, No.3, 1975.

Shin, Sung Kwon, "Changes in Chinese Policies toward Republic of Korea and Their Prospects", East Asian Review, Vol.1, No.2, 1989.

Simmon, S., "ASEAN Security Prospects", Journal of International Affairs, Vol.41, No.1, 1987.

Stourgh, Gerald, "Austrian Neutrality : Its Establishment and Significance", International Spectator, March 8, 1960.

Synn, Seung Kwon, "Korea-Japanese Relations 1894-1904(I)(II)" Korea Journal, Vol.21, No.23, 1981.

Synn, Seung Kwon, "The Russo-Korean Relations in the 1880's", Korea Journal, Vol.18, No.12, 1978.

Tarschys, Daniel, "Neutrality and the Common Market : the Soviet View", Cooperation and Conflict Vol.7, 1971.

Taubenfeld, Howards, "International Actions and Neutrality", The American Journal of International Law, Vol.47, 1953.

Thompson, W. Scott, "Korea and the World Balance of Forces", Korea and World Affairs, Vol.10, No.3, 1986.

Tingsten, Herbert, "Issues in Swedish Foreign Policy", Foreign Affairs, Vol.37, No.3, April 1959.

Töngren, Ralf, "The Neutrality of Finland", Foreign Affairs, Vol.39, No.4, July 1961.

Treat, P.J. "Chana and Korea 1885-1894", Political Science Quarterly, Vol.49, 1934.

Tsiang, T.F., "Sino-Japanese Diplomatic Relations 1870-1894", The Chinese Social and Political Science Review, Vol.17, No.1, 1933.

Vandenbosch, Amry, "The Small States in International Politics and Organization", The Journal of Politics, Vol.26, 1964.

Vayrynen, Paar, "Finnish Foreign Policy in Today's World", Aussen Politik, Vol.30, No.1, 1979.

Verdross, Alfred, "Austria's Permanent Neutrality and the United Nations Organization", The American Journal of International Law. Vol.50, No.1 January 1956.

Waltz, Kenneth N., "International Structure, National Force, and the Balance of World Power" Journal of International Affairs XXI, 1967.

Weitnauer, Albert, "Switzerland's Foreign Policy Today", Aussen Politik. Vol.28, No.2, 1977.

Young, Oran R., "Korean Unification : Alternative Theoretical Perspectives", Korea and World Affairs, Vol.7, No.1, 1983.

Zemanek, Karl, "Neutral Austria in the United Nations", International Organization, No.15, Summer, 1961.

찾/아/보/기

I. 주제색인

II. 인명색인

■ 저자소개

유명철

경북대학교 사범대학 사회교육과(문학사)
경북대학교 대학원 정치학과(정치학 석사)
경북대학교 대학원 정치학과(정치학 박사)

경북대학교 사범대학 일반사회교육과 교수

대한정치학회 부회장(역임)
한국 정치·정보학회 부회장(역임)
한국사회과교육연구학회 회장(역임)

민주시민교육론
민족의 분단과 통일(공저)
사회과 교육(공저)
사회과교육의 실천과 대안(공저)

한반도중립화

2010년 8월 25일 1판 1쇄 인쇄
2010년 8월 31일 1판 1쇄 발행

저 자 : 유 명 철
발행인 : 김 동 규
발행처 : 교 육 과 학 사

경기도 파주시 교하읍 문발리
파주출판문화정보산업단지 514-5
전화 (031) 955-6956~8 / 팩스 (031) 955-6037
Home-page : www.kyoyookbook.co.kr
E-mail : kyoyook@chol.com
등록 : 1970년 5월 18일 제2-73호

낙장·파본은 교환해 드립니다.
Printed in Korea.

정가 20,000 원
ISBN 978-89-254-0432-5